POLITIQUES *ET* INTERVENTIONS *SOCIALES*

Collection dirigée par

Cristina **De Robertis**

Éliane **Leplay**

Henri **Pascal**

traité
de
travail social

Guy **Bilodeau**

POLITIQUES ET INTERVENTIONS SOCIALES

2005
ÉDITIONS DE L'ÉCOLE NATIONALE DE LA SANTÉ PUBLIQUE

© 2005, Éditions ENSP, avenue du Professeur-Léon-Bernard - CS 74312 - 35043 Rennes Cedex
ISBN : 2-85952-894-6 – ISSN : 1281-5845
www.editions.ensp.fr

Je tiens à remercier les personnes qui m'ont aidé et soutenu dans l'élaboration de cet ouvrage.

Je dois tout d'abord ma gratitude à Madame Lise Gagnon, agente de secrétariat à l'École de service social de l'université Laval, qui a été, dès le début du travail de publication de cet ouvrage, responsable de la transcription électronique et des nombreux remaniements des textes. Son expertise et son dévouement ont toujours été constants ; elle fut également une inlassable correctrice et une conseillère judicieuse pour l'ensemble de la publication.

Je dois également à Monsieur André Dion, graphiste et ami personnel, de vifs remerciements pour le soutien dans la réalisation du Paradigme du travail social et des tableaux sans compter son assistance technique et ses suggestions quant à l'écriture finale. Je remercie aussi Monsieur Paul-Hubert Poirier, professeur à l'université Laval, pour avoir partagé sa vaste expérience de l'édition.

J'ai eu la très grande chance d'avoir pour conseillère à l'édition Madame Cristina De Robertis, directrice de l'Institut de formation des travailleurs sociaux de Toulon. Sa rigueur, son dévouement et sa grande expérience ont contribué, dans une large mesure, à enrichir ce livre à caractère international.

Que tous les quatre trouvent ici l'expression de ma sincère reconnaissance.

PRÉFACE

Cristina De Robertis

Guy Bilodeau a été professeur titulaire à l'École de service social de l'université Laval à Québec. Pendant plus de trente ans, il a enseigné le travail social, la supervision professionnelle et la supervision pédagogique, il a assuré l'organisation de l'alternance théorie/pratique des étudiants entre l'école et les lieux de stage. L'auteur est aussi un grand voyageur : ses déplacements l'ont conduit à enseigner le travail social dans de nombreux pays francophones d'Europe, d'Afrique et du Moyen-Orient. Il a vécu et enseigné en France plusieurs années.

Ce livre est le fruit, mûrement élaboré, de ce parcours de formateur. Il est aussi le résultat de l'engagement et de l'enthousiasme, jamais démentis, de Guy Bilodeau pour cette profession qui cherche autant à améliorer la situation des personnes qu'à transformer les sociétés.

Il met ici en lumière la réalité internationale du service social, tant dans la diffusion de ses connaissances et savoir-faire que dans les influences réciproques entre les deux rives de l'Atlantique. L'aspect francophone reste prédominant. Toutefois, ce livre nous dépayse et nous sort d'une vision exclusivement franco-française de l'intervention en travail social.

L'ouvrage de Guy Bilodeau nous propose une organisation aussi claire et complète que possible de la somme des connaissances existantes sur le travail social, son évolution, ses caractéristiques, ses méthodologies. Il présente un vaste panorama du service social en tant que profession et discipline d'intervention sociale et donne une vision globale, complexe et claire, de sa réalité actuelle et de son passé à travers une approche à la fois éclectique et diversifiée, d'où ressortent les caractéristiques communes dans un ensemble cohérent et compréhensible. Il s'agit d'un effort de synthèse remarquable puisqu'il présente un ensemble d'aspects, leur donne forme, les organise et qu'il classe la diversité des pratiques et des savoirs du service social.

Ce *Traité de travail social* constitue un apport considérable pour la profession et sa formation. En effet, l'auteur construit un véritable *paradigme* du travail social : il présente l'ensemble des connexions et interférences entre les personnes et l'environnement, dont il explique la complexité de manière claire et précise, et montre ainsi le rôle essentiel du travail social au cœur même de cette dynamique.

Cet ouvrage est le bienvenu dans un contexte français où la quête identitaire prédomine chez les professionnels et où la reconnaissance de leur discipline s'enracine, hors de l'université, dans une dynamique européenne.

En effet, face aux mutations et aux transformations de la société, la quête d'identité du corps professionnel est très forte. Aujourd'hui, alors que les professionnels français sont aux prises avec l'accroissement des problèmes sociaux dont souffrent les populations auprès desquelles ils assurent aide et accompagnement, ils subissent en même temps des injonctions paradoxales des institutions : faire mieux et plus sans accroissement voire avec moins de moyens, assurer un accompagnement social mais dans le cadre d'une organisation du travail décidée et instrumentalisée sur des critères prioritairement gestionnaires et administratifs. La perte de repères professionnels devient alors importante et la quête d'identité se transforme en moteur de réflexion et de lutte contre la démobilisation et l'usure. Ce livre pourra leur apporter les fondements et les invariants sur lesquels argumenter les choix de leur action.

Par ailleurs, la construction de la discipline travail social en France est alimentée depuis plus de vingt ans par une triple dynamique de développement de la recherche, de la recherche historique et de la publication d'ouvrages de travail social.

• La recherche en travail social et la revendication par les travailleurs sociaux d'une place de « praticiens chercheurs » se sont développées, au cours des années quatre-vingt, suite à la création du diplôme supérieur en travail social (1978), avec un mémoire de recherche validant la fin de la formation, et la réforme du diplôme d'État d'assistant de service social (1980), avec un mémoire de fin d'études d'initiation à recherche. La réflexion sur la recherche est portée, à l'époque, par le Comité national des écoles de service social et le Comité de liaison des centres de formation supérieure et continue du travail social. Ceux-ci ont organisé plusieurs journées d'études et trois colloques (entre 1981 et 1987) sur la recherche en travail social, qui ont lancé la dynamique de la place à lui assigner. La revue *Forum* du Comité de liaison sera le porte-voix des travaux ultérieurs. La publication d'un livre sur le thème, premier ouvrage symbolique de la nouvelle collection de Bayard Éditions, « Travail social, des savoirs pour l'action », est venue conforter la place et la légitimité des professionnels dans la recherche. L'Association française pour les formations universitaires de troisième cycle en travail social (AFFUTS), dans le prolongement de cette dynamique, a regroupé les professionnels ayant fait des études de troisième cycle (DEA ou doctorats) ou assimilées et organisé des journées de valorisation de la recherche des praticiens chercheurs dans toute la France.

• La recherche sur l'histoire en travail social s'est développée tout au long des années quatre-vingt/quatre-vingt-dix et se poursuit encore aujourd'hui.

Le Réseau national histoire du travail social (RHTS), au sein du Centre d'études, de documentation, d'information et d'actions sociales-Musée social (CEDIAS), a élaboré, produit et publié un nombre considérable de travaux relatifs à ce domaine devenu aussi, sous l'effet de la stimulation de la recherche, le sujet d'articles regroupés dans plusieurs numéros de la revue *Vie sociale*, publiée par cet organisme. Quatre associations poursuivent cette tâche fondamentale de construction des repères historiques, convaincues que s'approprier son histoire est une manière d'affirmer son présent et d'orienter son avenir. Les recherches continuent dans le cadre des associations nationales spécialisées dans l'histoire : RHTS, Conservatoire national des archives et de l'histoire de l'éducation spécialisée (CNAHES), Mémoires vives centres sociaux et Association pour l'histoire de l'éducation surveillée et la protection judiciaire des mineurs (AHES-PJM).

• Au cours des vingt dernières années, un nombre très conséquent de livres ont été publiés sur les méthodes et techniques d'intervention sociale individuelle et collective. Au début des années quatre-vingt, certains ont balisé la méthodologie d'intervention et les approches du service social. Sur le travail social collectif, plusieurs autres ont enrichi la théorie et l'enseignement de ces méthodes. Diverses publications sont venues traiter de différentes techniques en travail social : le contrat, le travail en réseaux, la médiation en travail social… Les travaux du Conseil supérieur du travail social ont alimenté cette dynamique de conceptualisation et de théorisation des pratiques, les travaux les plus notables dans ce domaine étant les rapports sur *L'intervention sociale d'intérêt collectif* (1986) et *L'intervention sociale d'aide à la personne* (1996).

Issue de cette triple dynamique, la création en 2001 en France, au sein du Conservatoire national des arts et métiers (CNAM), de la première chaire de travail social, préparant des diplômes de troisième cycle, permet d'augurer un développement continu et une visibilité accrue de la recherche dans ce champ, de la construction des connaissances et de leur diffusion. Brigitte Bouquet, première titulaire de cette chaire, est l'auteure principale du livre *La recherche en travail social* et du premier *Dictionnaire critique de l'action sociale* publié en France ; elle a aussi animé le RHTS au sein du CEDIAS. Elle est aujourd'hui vice-présidente du Conseil supérieur du travail social.

En lien avec cette chaire et impulsé par une volonté européenne, s'est mis en place en 2002 le Centre européen de ressources pour la recherche en travail social (CERTS), qui se propose d'en rendre visibles les travaux et d'en dynamiser le milieu. Un réseau de correspondants régionaux est en voie de constitution.

Dans ce contexte français de construction des savoirs professionnels, de reconnaissance des formations supérieures, d'affirmation de la place du travail social dans la société, le livre de Guy Bilodeau représente un apport de premier plan.

En effet, il nous offre une réflexion à la fois vaste et ciblée sur la professionnalité du travail social. Dans un premier temps, il présente l'action sociale et le bien-être social, leurs finalités et leurs institutions, et il situe les professions sociales dans ce contexte. Une série internationale de définitions nous apporte une compréhension de la profession et de ses caractéristiques (ch. 2).

Le chapitre 3, qui se réfère au paradigme du travail social, enrichit notre perception des spécificités du métier. Il y est défini comme une articulation d'interférences et de connexions entre différents éléments composant la pratique sociale : l'établissement ou service, le travailleur social et sa méthodologie, le client, personne ou groupe, et l'environnement dans toutes ses composantes internes et externes, microsociales et macrosociales. Cette perception multiple et dynamique du travail social facilite notre appréhension des méthodologies d'intervention et des approches du travailleur social qui sont traitées dans le chapitre suivant. Le dernier chapitre situe le travail social dans l'histoire de la charité et de la solidarité, du Moyen Âge à nos jours. Il rappelle les acteurs importants des différentes époques et les réalisations dans la difficile tâche de « porter secours » et d'aider les personnes. Il nous permet enfin de réinscrire l'histoire du travail social dans une perspective internationale, les mêmes actions ayant été mises en place à peu d'intervalle dans des lieux différents.

Dans les pays francophones, ce livre complet et détaillé sera un outil de réflexion et d'enseignement destiné aux professionnels du travail social (chercheurs, formateurs, praticiens, étudiants), leur apportant une perception globale et internationale de leur profession.

Avertissement au lecteur

Le terme *travail social* employé dans cet ouvrage — à l'exception du titre — correspond plutôt à ce qui, en France, est désigné comme *service social*. L'auteur étant québécois, nous avons cependant préféré maintenir ses références d'origine, qui sont d'ailleurs partagées par la grande majorité des pays. Selon l'« exception française », le terme *travail social* englobe différentes professions et métiers exerçant dans le champ du social, parmi lesquelles la profession de *service social*. Ce n'est le cas ni au Québec ni dans plusieurs pays du monde.

AVANT-PROPOS

« Le service social ne remplira complètement sa mission que le jour où il fera l'objet d'un enseignement universel comme l'histoire et les mathématiques, où la presse le discutera quotidiennement, où aucun homme instruit n'osera s'en révéler ignorant. Une culture peut-elle se dire générale lorsqu'elle ne fait aucune place à la souffrance et au travail des hommes ? ».

René Sand

Il y a nécessité pour les êtres humains d'entretenir des échanges les uns avec les autres et de se regrouper afin de constituer des ensembles, c'est-à-dire des communautés capables de faire face à la nature et à d'autres groupes humains, dans des aires géographiques plus ou moins larges. Les êtres humains ont dû, en groupe, cueillir, chasser, semer et récolter ; ils ont, à l'ère de l'industrialisation, fabriqué des objets pour leur usage et celui d'autres individus. Ils ont, en somme, travaillé pour eux-mêmes et leurs unités immédiates. C'est ainsi que fut inventé le travail comme « mode de transformation de la nature et aussi comme mode de relations interpersonnelles » (Delors, 1979).

C'est généralement par un travail salarié que les êtres humains gagnent leur pain pour eux et leurs descendants. Le travail salarié procure une identité sociale, crée des liens sociaux et ouvre l'accès aux systèmes de lois et de droits sociaux (Witmer, 1942 ; Castel, 1991, 1997 ; Rosanvallon, 1995, 1997 ; Bruto da Costa, 1995 ; Crespo, 1997) ainsi qu'aux organismes chargés d'assurer les biens et les services fondamentaux nécessaires à la survie et au développement des personnes et de la société.

Un certain nombre d'individus, cependant, se révèlent incapables de satisfaire par eux-mêmes, en tout ou en partie, à leurs besoins, en raison de leur âge (enfants, personnes âgées), de leur état de santé (maladie physique, état mental, handicap de toutes sortes), de leur situation personnelle (veuvage, abandon, orphelinage, crises familiales, parcours familial brisé [séparation, divorce], décès des parents, monoparentalité) ou en raison d'éléments conjoncturels (épidémies, disettes), de cataclysmes (incendie, tremblement de terre, inondations) ou encore de facteurs socioéconomiques et politiques (chômage, salaires insuffisants, surendettement, changements technologiques, mondialisation des marchés), ou encore parce que les personnes ne participent plus à la vie sociale, selon les normes en vigueur dans la société et qu'elles n'en reçoivent plus les gratifications habituelles (Pray, 1947 ; Hahn, 1983 ; Dutrenit, 1996 ; De Ridder, 1997).

Les sociétés, de tout temps, ont mis au point des dispositifs de soins et d'assistance — des arrangements sociétaux — pour protéger leurs membres faibles, démunis, fragilisés ou non productifs et pour se protéger également de ceux qui sont plus ou moins aptes à la vie en société (Siporin, 1975). Ce faisant, les sociétés veulent bien sûr leur éviter de mourir, mais elles veulent aussi développer leurs aptitudes à demeurer ou à devenir des membres actifs de la société (Dutrenit, 1982) d'une part, enrichir et entretenir le capital humain (Frankel, 1990) d'autre part, questions qui, depuis quelques décennies, préoccupent les sociétés modernes.

Pendant longtemps et dans une très large mesure, ces soins et attentions furent assurés par les familles et les réseaux de proximité (voisinage, compagnonnage), puis par les églises, par la seigneurie ou par la bourgeoisie. Ce n'est que vers le XVIe siècle en Europe, que les pouvoirs publics ont commencé à élaborer des politiques d'assistance : par l'établissement de sortes de commissions chargées de décider des mesures à prendre face aux démunis, par la création d'institutions destinées à les accueillir et à en prendre soin, par la délégation de responsabilité à des personnes spécialement chargées de s'occuper des populations impliquées par ces mesures d'assistance (Witmer, 1942). Cet ensemble d'institutions publiques et de mouvements de bienfaisance a constitué ce qu'on a appelé le bien-être social ou l'action sociale, au sein duquel les professionnels du service social ont commencé à exercer leurs activités, vers la fin du XIXe siècle, en Europe de l'Ouest et en Amérique du Nord (Leiby, 1978). Les travailleurs sociaux sont des professionnels à part entière du bien-être social ou de l'action sociale. Le fait que le service social soit issu du bien-être social explique qu'on ait longtemps confondu service social et bien-être social, et que ces deux termes aient été employés l'un pour l'autre (Stroup, 1948).

Le service social, comme système professionnel, a énoncé dès ses débuts ses idées et ses conceptions de l'homme, de la société, de la réhabilitation morale et psychologique des marginaux et des laissés-pour-compte. Ces idées et ces conceptions ont modelé des méthodologies d'action, des façons d'être et de faire de la part des professionnels du service social face aux personnes en situation d'aide, des méthodologies d'intervention originales, souvent surprenantes et avant-gardistes à l'époque de leur naissance. C'est ainsi que les travailleurs sociaux, dès la fin du XIXe siècle ont affirmé les droits fondamentaux des chômeurs, des délinquants, des vagabonds, des prostituées ; ils ont pris position contre le travail des enfants et des mères, contre les traitements inhumains des malades mentaux, et contre bien d'autres situations jugées inacceptables.

Le service social a accumulé une somme inestimable de savoirs, issus principalement de la pratique sur le terrain — des savoirs d'expérience ou des savoirs d'action — dans des secteurs que les autres professions délaissaient ou dans lesquels elles n'investissaient ni temps, ni énergie, ni recherche, parce qu'on croyait qu'il n'y avait guère de chose à y faire ou par sentiment d'impuissance. Les travailleurs sociaux ont exercé leurs activités dans tous les champs de la société (éducation, santé, sécurité sociale, habitation, immigration…) et dans toutes les situations problématiques.

Bien que l'apparition du service social comme profession soit liée à la complexité de la société industrialisée, le service social demeure toujours et plus que jamais indispensable, dans la société postindustrielle et à l'ère du postmodernisme. Un siècle après l'émergence du service social, les mêmes problèmes affectent les sociétés contemporaines : chômage, maladie, délinquance, violence. Vers la fin du XXe siècle, le domaine d'intervention des travailleurs sociaux s'est élargi à celui des droits sociaux tout en maintenant leurs activités traditionnelles. Un nombre grandissant de minorités opprimées s'adressent aux travailleurs sociaux pour reprendre leur destinée en main (Moreau, 1991). Avec le soutien des travailleurs sociaux, ces minorités deviennent capables non seulement d'appréhender des réalités complexes mais aussi d'envisager des solutions viables et durables, tant pour les personnes et les communautés que pour les sociétés.

Dans les pages qui suivent, nous aborderons les aspects fondamentaux du service social : la délimitation du champ du bien-être social ou de l'action sociale, la professionnalisation du service social, ses méthodes d'intervention et enfin les origines et l'histoire du service social.

Ce livre s'adresse tout particulièrement aux débutants qui choisissent le métier de travailleur social ainsi qu'aux professionnels qui désirent en savoir un peu plus sur l'univers du service social. Le service social ou travail social est une discipline professionnelle entièrement incluse dans l'action sociale ou le bien-être social dont nous identifions, au chapitre 1, « Le bien-être social – l'action sociale », les éléments constitutifs, la fonction dans la société et les manières multiples de l'exercer.

Nous avons donc construit cet ouvrage avec l'objectif de rendre explicites les bases du travail social et nous sommes retournés aux textes fondateurs des pionniers du service social, dont les origines sont européennes et dont les élaborations théoriques des premières heures sont davantage nord-américaines. La discipline du service social ou du travail social est une œuvre collective, construite par l'apport de nombreux acteurs et systèmes institutionnels dont nous rendons compte dans le chapitre 2, « Le service social, une profession du bien-être social et de l'action sociale ».

Le travail social est une profession fondamentalement liée à l'homme dans son environnement, un environnement aux strates multiples qui façonne les personnes et qui en est l'une des composantes ; un environnement qui peut être utilisé comme thérapeutique sociale dans les soins et les aides qu'une société prodigue à ses membres pour leur assurer survie et développement, par l'intermédiaire d'institutions et d'opérateurs spécifiquement désignés à cet effet.

Ce thème est l'objet du chapitre 3, « Paradigme du travail social. Interférences et connexions dans le tissu social », dans lequel le service social est présenté comme une profession qui produit des interférences et des connexions dans le tissu social des personnes et des environnements. La schématisation, qui est la représentation graphique des éléments constitutifs de ce paradigme, se veut un outil conceptuel à la fois pour appréhender la complexité des réalités sociales et pour repérer les niveaux d'action du travail social, une des composantes majeures du bien-être social contemporain. Le paradigme est en quelque sorte une topographie — une carte détaillée — des transactions personne-environnement, lesquelles transactions constituent l'objet d'attention et d'intervention des professionnels du service social. Nous avons accordé beaucoup d'importance à la notion d'environnement social et à ses composantes. Le paradigme du travail social constitue donc un concept novateur pour la compréhension du travail social, sa nature, ses éléments constitutifs et sa spécificité dans l'ensemble des professions d'aide.

Le travail social n'est pas un agrégat hétéroclite de concepts et de techniques issus des univers de la psychologie et de la sociologie bien qu'il y puise beaucoup d'éléments. Le travail social a une idée-force qui le guide : connaître l'être humain par ses relations sociales (Richmond, 1922, trad. fr. 1926). Les travailleurs sociaux ont développé au cours du XXᵉ siècle un ensemble de méthodes et des technologies qui rendent opérante la thérapeutique sociale. Le chapitre 4, consacré aux méthodes et aux approches du travail social auprès des individus, auprès des groupes et auprès des communautés est le « noyau dur » du livre. Ce chapitre dévoile et illustre les idées qui ont guidé les pionniers et qui constituent de nos jours l'originalité de cette profession.

Le chapitre 5 nous conduit aux origines et à l'histoire du service social qui est une formidable pièce tissée par de multiples mains, par toutes sortes de personnes et d'associations « de bonne volonté », animées par le désir de justice et de solidarité.

Ce livre est destiné à un public international : à l'ère de la mondialisation, il est plus que nécessaire que les débutants dans le métier aient des outils pour appréhender les facettes du service social dans le monde. C'est dans le monde de la francophonie de l'Europe de l'Ouest et de l'Amérique française, avec quelques incursions dans les pays d'Afrique, que nous entreprenons cette démarche. Nous avons également tenté d'adopter un vocabulaire qui s'adapte à ces différents contextes et d'utiliser les écrits produits par les chercheurs et scientifiques du travail social, de par le monde.

Enfin, ce livre est le fruit des expériences de formation en méthodologie du travail social qui ont conduit l'auteur, depuis plus de trente ans, dans plusieurs instituts de travail social : en France (Clermont-Ferrand, Lille, Lyon [Aldes], Marseille, Montrouge, Nice, Poitiers, Toulon ainsi qu'à l'île de La Réunion) ; en Belgique, les instituts de formation sociale (Liège, Namur) ; au Québec (université de Sherbrooke, université Laval, université du Québec à Chicoutimi, à Rimouski et en Abitibi-Témiscamingue) ; au Liban (École libanaise de formation sociale de l'université Saint-Joseph à Beyrouth) ; au Sénégal (École nationale des travailleurs sociaux à Dakar) ; et en Côte d'Ivoire (Institut national de formation sociale à Abidjan).

Nous avons assuré également de nombreux séminaires de formation aux méthodes de travail social dans des organismes d'action sociale, parmi lesquels, entre autres, en France, les directions départementales d'action sanitaire et sociale (DDASS) à La Rochelle, Niort, Poitiers et Valence ; les caisses régionales d'assurance-maladie (CRAM) à Dijon et Limoges ; les mutualités sociales agricoles (MSA) à Angoulême, Nantes, Poitiers et Saintes ; les caisses d'allocations familiales (CAF) à Avignon, Dijon et Limoges ; le Service municipal de la ville de Nice ; à Tahiti, la Caisse de prévoyance sociale de la Polynésie française ainsi que le service des Affaires sociales à Papeete ; en Belgique, le Centre public d'aide sociale (CPAS) à Namur ; au Cameroun, le ministère des Affaires sociales et de la condition féminine ; au Québec, les centres de services sociaux (les centres Jeunesse actuels) à Gaspé, Hull, Joliette, Longueuil, Montréal, Québec, Rimouski et Trois-Rivières ; les centres locaux de services communautaires (CLSC) de Haute-Ville-des-Rivières à Québec, des Chutes-de-la-Chaudière-Desjardins à Lévis, Le Norois à Alma et le Conseil de la Nation Atikamekw, à La Tuque.

Les échanges avec les travailleurs sociaux de tous ces pays, aux appartenances institutionnelles très diversifiées, ont permis de constater la vitalité de la profession, son dynamisme et l'universalité des valeurs de solidarité et de justice sociale dont elle est porteuse. Est-ce trop demander à ces professionnels que de demeurer dignes de l'idéal de Montesquieu : « Tout homme est capable de faire du bien à un autre homme, c'est ressembler aux dieux que de contribuer au bonheur d'une société entière ».

1. LE BIEN-ÊTRE SOCIAL / L'ACTION SOCIALE

C'est seulement au début des années 1900, à l'ère de la révolution indus-trielle, de l'urbanisation et de l'immigration (Siporin, 1975) que seront utilisés les concepts de bien-être social *(Social Welfare)* en Amérique du Nord et d'ac-tion sociale en Europe de l'Ouest, pour rendre compte des mesures que prend une société, sous forme de programmes, de secours ou de services, pour aider les individus à satisfaire des besoins sociaux fondamentaux, économiques, édu-cationnels et sanitaires, en vue d'une participation effective en tant que citoyens et pour assurer le maintien de la société (Barker, 1995). « La citoyenneté sociale constitue donc le cœur de l'idée du bien-être social » (Esping-Andersen, 1999).

1.1. Définition

D'après l'*Oxford English Dictionary*, le terme *Welfare* est cité pour la première fois en 1303, et il signifie « état ou condition de faire ou d'être bien ; bonne for-tune ; bonheur ; bien-être d'une personne, d'une communauté ou d'une chose » (Handel, 1982). Dans les années 1910, Charles Stewart Loch, directeur de la *London Charity Organization Society* en Angleterre utilise le terme *Social Welfare* pour remplacer les mots charité et réhabilitation. Le *Social Welfare* était en quelque sorte un euphémisme pour masquer les éléments de contrôle et de moralisme qui leur étaient associés. On voulait mettre en évidence une nou-velle connotation démocratique par rapport aux anciennes formes de charité (Leiby, 1978). Mais, bien avant Loch, des philosophes français du XVIIIᵉ siècle, Joseph de Maistre, Charles Fourrier, Pierre Leroux et du XIXᵉ siècle, Célestin Bouglé, avaient déjà proposé de remplacer « la charité du christianisme par la solidarité humaine » (Policar, 1998).

Le bien-être social *(Welfare State)* a été défini en Amérique du Nord comme étant un système organisé de services sociaux et d'institutions, conçu pour aider les individus et les groupes à atteindre des standards satisfaisants de vie et de santé ainsi que des rapports personnels et sociaux qui leur permettent de développer pleinement leurs aptitudes et de promouvoir leur bien-être en harmonie avec les besoins de leurs familles et de la communauté (Friedlander, 1955). Par contre, en Europe, l'action sociale avait une visée plus restreinte et se voulait «l'ensemble des activités exercées par des personnes, par des groupes organisés, par les pouvoirs publics, par des institutions ou par des organismes visant à améliorer les conditions de vie de certaines catégories de la population» (Veillard-Cybulsky, 1969). L'action sociale, par la suite, s'est engagée dans des interventions visant à «promouvoir un type de rapports sociaux, un mode de convivialité, des relations de services, susceptibles d'améliorer les conditions d'existence de l'ensemble de la population» (Barrère, 1987). L'action sociale exerce donc une fonction collective destinée à améliorer la qualité de la vie en société (Lory, 1975).

Le terme *Welfare State* fut traduit en français par diverses expressions (État-providence, État-protecteur, État du bien-être) toutes plus ou moins correctes, car elles ne rendaient pas compte «de l'ensemble des réalités couvertes par ce terme […] qui signifie littéralement qui promeut le bien-être, […] à savoir l'existence d'un système politique et social fondé sur des principes, des règles et des institutions qui visent à promouvoir la réalisation du bien commun» (Petrella, 1996). Le bien-être social reflète en quelque sorte l'idéal moral d'une existence normale et d'une bonne société en référence à la conception qu'on se fait de la vertu, de la liberté et de la justice sociale (Frankel, 1990), conception étayée par une philosophie humaniste, égalitaire et démocratique (Gil, 1976), dans une société dont les «principes fondateurs […] sont la citoyenneté et la solidarité, et les principes-ciment […], la sécurité d'existence et la garantie des droits» (Petrella, 1996).

1.2. Bien-être social et arrangements sociétaux

Le *Welfare* constitue une réponse institutionnalisée et collective pour satisfaire les besoins des citoyens d'une société, par un ensemble de dispositifs législatifs et réglementaires mis en œuvre par des institutions sociales, publiques ou semi-publiques, par des associations partenaires et par une grande diversité de professions (Morales et Sheafor, 1989 ; Bouquet et Garcette, 1998).

Le bien-être social implique un ensemble diversifié d'actions d'assistance qu'on peut diviser en deux grandes catégories : prestations de revenus et prestations de services sociaux personnalisés (Handel, 1982 ; Stoesz, 1989). Ces actions sont regroupées sous forme de programmes, lesquels sont assurés et gérés par diverses institutions et organisations publiques et privées. Les programmes de bien-être social sont en quelque sorte les arrangements sociétaux d'assistance par lesquels une société s'assure de la satisfaction des besoins de ses membres. Ces arrangements sont les dispositifs auxquels les membres de la société s'adressent pour manifester leurs besoins et rechercher des moyens de les satisfaire. On trouve dans toutes les sociétés l'un ou l'autre des types d'arrangements ou de dispositifs suivants (Handel, 1982 ; Johnson et Schwartz, 1988) :

1.2.1. L'aide naturelle

C'est l'assistance assurée par la famille, la parenté, le voisinage, les amis. Elle est la première forme de solidarité directe, et aussi la plus ancienne.

1.2.2. La charité et la philanthropie

Elles se mettent en place dès qu'une société développe des classes sociales, et que la distribution du pouvoir et des ressources est différenciée. La charité est davantage liée au bien-être social, alors que la philanthropie apporte un soutien aux activités culturelles (musée, théâtre, orchestre) et aux universités. Dans la charité et la philanthropie, les plus riches aident les plus pauvres ; ces aides sont basées sur une relation entre un donneur et un récipiendaire et sur une différence claire de statut entre les deux. Le don peut être fait directement par le riche au pauvre ou à une institution qui sert d'intermédiaire entre le pauvre et le riche. Les Églises ont joué dans le passé un rôle primordial comme institutions responsables des soins à donner à ceux qui étaient dans le besoin, par le biais d'hôpitaux, d'orphelinats ou d'écoles dont elles assumaient la création et la gestion.

1.2.3. L'aide mutuelle

Elle est la forme la plus ancienne de *Welfare*, et la plus utilisée sans doute depuis que les hommes se sont réunis, comme dans la famille étendue ou dans les bandes. L'aide mutuelle est une tradition issue du judaïsme et du christianisme, relevant de la responsabilité de chacun face à l'autre, en dehors des structures communautaires formelles. L'aide mutuelle se manifeste sous forme d'entraide où chaque membre peut être, à tour de rôle, aidant et aidé, selon les circonstances. Les individus se regroupent parce qu'ils partagent des valeurs communes, qu'ils sont de même culture, qu'ils exercent un même métier, qu'ils ont un style de vie semblable ou parce qu'ils connaissent des difficultés de même nature. Les groupes ainsi formés sont souvent appelés des groupes d'entraide (Johnson et Schwartz, 1988).

1.2.4. L'assistance publique

Elle était autrefois appelée l'assistance sociale ou l'aide sociale et recouvre la prise en charge par la collectivité des personnes dans le besoin (Alfandari, 1977). C'est une assistance fondée sur l'analyse individuelle des besoins. Dans ce type d'intervention, la participation de l'État se traduit par des prestations en espèces ou des revenus — secours, allocations, pensions, bourses, bons alimentaires — ou par la prise en charge de services ou de soins — hospitalisation, placement, hébergement, soins à domicile, aide ménagère, présence (Alfandari, 1977). Les fonds de l'assistance publique proviennent des taxes et impôts payés par des citoyens et non de contributions volontaires (Handel, 1982). L'aide sociale est apparue sur la scène du *Welfare* à la fin du XIXe siècle. L'aide sociale est un droit subjectif qui permet à toute personne démunie de ressources d'obtenir de la collectivité une assistance pour faire face à ses besoins fondamentaux, une assistance dépendant des besoins et des ressources (IGAS, 1976, rapporté par Servoin et Duchemin, 1983).

1.2.5. Les assurances sociales

Elles ont pris naissance au XXe siècle, dans les années trente ; leur essor en Allemagne, en Grande-Bretagne et en France ne s'est cependant manifesté qu'après la Seconde Guerre mondiale (Servoin et Duchemin, 1983 ; Johnson et Schwartz, 1988). Les assurances sociales sont financées par les cotisations que les travailleurs salariés et les employeurs versent à une caisse spéciale, distincte des autres comptes gouvernementaux et sur laquelle sont prélevées les prestations et indemnités sociales (Auclair et Issalys, 1991). Les assurances sociales représentent une part importante du bien-être social. Elles ont l'avantage de procurer une protection sociale aux individus et à ceux dont ils ont la charge, sans la stigmatisation que comportent les autres formes d'arrangements comme la charité ou l'assistance publique. Par contre, les assurances ont des caractéristiques négatives : le déséquilibre entre les bénéficiaires, âgés et les cotisants plus jeunes, la bureaucratisation qui nivelle les besoins des individus, l'exclusion de certaines catégories de travailleurs comme, par exemple, les ménagères et les travailleurs saisonniers (Johnson et Schwartz, 1988).

1.2.6. Les services sociaux

Ils sont une création de la fin du XIXe siècle. Ils sont immatériels, non monétaires (Handel, 1982). Historiquement, les services sociaux sont apparus comme solution de rechange à la prestation de revenus. Ils incluent des services de conseil, d'information, d'éducation, de soutien et d'accompagnement aussi bien pour les individus que pour les groupes ou les communautés, et ce, afin d'accroître directement ou indirectement leurs capacités à résoudre leurs problèmes et à fonctionner en société (Johnson et Schwartz, 1988). Traditionnellement, les services sociaux furent assurés par l'aide naturelle et la charité. Petit à petit, les pouvoirs publics se sont engagés dans ce type de prestation afin de répondre à la diversité des besoins des membres de la société, besoins liés à l'insuffisance des revenus ou au chômage, mais aussi dépendants de beaucoup d'autres facteurs, comme, entre autres, le divorce, la maladie mentale, les toxicomanies. Les services sociaux sont en quelque sorte des mesures de protection sociale, mesures fondées sur la notion de solidarité entre tous les citoyens, souvent rattachées à la nécessité de travailler et financées par la fiscalité (Mishra, 1990 ; Rea, 1997).

On peut subdiviser les services sociaux en trois grandes catégories de programmes et d'établissements (Morales et Sheafor, 1989 ; Macarov, 1995) :
- les services sociaux destinés à la socialisation et au développement personnel, qui visent au partage et à la transmission des buts et des valeurs de la société : garderies, centres de soins de jour pour personnes âgées, groupes d'éducation à la vie familiale, activités de loisirs pour les jeunes ;
- les services sociaux qui assurent traitement, aide, réadaptation et protection sociale : services sociaux à la famille, centres de santé mentale, services

de libération conditionnelle et de probation, services à l'enfance (familles d'accueil, adoption), services de protection de la jeunesse, services dans les hôpitaux, les écoles et les centres d'accueil ;
– les services sociaux qui permettent d'accéder aux ressources possibles et à faire connaître l'action sociale : centres d'information et de référence, services de plaintes, protection du citoyen, assistance légale ; les services sociaux qui fournissent aux groupes et aux collectivités des supports techniques pour travailler à changer les conditions de vie qui seraient sources de difficultés et de problèmes, et à mettre en place des systèmes pour le développement local des communautés : groupes d'entraide, mobilisation des solidarités sociales, assistance pour la création de ressources, assistance pour des actions de coalition et de partenariat, organisation de groupes de pression des personnes défavorisées.

1.3. Les finalités du bien-être social

L'amélioration de la condition humaine constitue donc la finalité de l'action sociale ou du bien-être social, laquelle s'articule autour de deux types d'actions complémentaires (Boeglin, 1978) :

1.3.1. Des actions à dimension promotionnelle

Elles comprennent des mesures destinées à améliorer la société de sorte que tous ses membres y trouvent un milieu favorable au développement personnel de chacun et à la vie en société : assurances sociales, aide sociale, régimes de retraite, allocations familiales, crédits d'impôts. On vise, par ces actions, la mise en place de situations et de conditions de vie qui permettent l'engagement et la participation sociale effective de tous, et à tous les niveaux de la société, afin d'éviter les effets pervers de l'assistanat et de la déresponsabilisation. Depuis quelques années, les mesures de *Welfare* travaillent à instaurer un nouvel ordre social où les besoins fondamentaux de tous, n'importe où dans le monde, seraient satisfaits et l'écosystème de la planète protégé (gestion des risques écologiques, responsabilisation des citoyens et des pollueurs) (Giddens, 1994 ; Macarov, 1995). Il s'agit en fait d'instaurer une solidarité sociale fondée sur les différences, les aspirations et les besoins de tous.

1.3.2. Des actions à dimension assistantielle

Elles comprennent des services à la disposition de ceux qui sont en difficulté, qui sont exposés à des dangers ou qui ont déjà subi des dommages ; certains groupes sont particulièrement visés — les noirs, les femmes, les homosexuels, les pauvres, les sans domicile fixe, les chômeurs, les nouveaux immigrants (Macarov, 1995). Dans ces actions, il y a à la fois une dimension réparatrice en faveur des victimes et une dimension préventive visant à enrayer les processus de détérioration sociale.

L'objectif fondamental poursuivi par ces actions promotionnelles et assistantielles est de stimuler le sens social et de préserver la dignité humaine. En effet, le fait de vivre en société suppose pour tous ses membres la double capacité d'y prendre une part active — qu'il s'agisse de sa propre vie ou de celle des autres — et de réagir aux pressions et aux chocs dus à ce « vivre ensemble ».

1.4. Les établissements et les professionnels du bien-être social

Aussi loin qu'on remonte dans le passé, les sociétés ont toujours choisi d'exercer le bien-être social ou l'action sociale principalement par l'intermédiaire d'établissements publics et privés plutôt que par des professionnels en pratique libérale (Morales et Sheafor, 1989). La raison en est que la nature des problèmes présentés par les populations concernées, en grande majorité économiquement faibles et en besoin de protection, requiert une gamme importante de services matériels, humains et institutionnels (Duplantie, 1987). De plus, ce choix permet à l'État de garder le contrôle d'un secteur considéré comme explosif, car susceptible de favoriser des mouvements révolutionnaires de la classe ouvrière.

Exercer l'action sociale par le truchement d'établissements, qu'ils soient publics ou associatifs, n'est pas sans conséquences :
- les établissements, pour remplir leurs missions, se dotent de personnel multiple : des administratifs et des praticiens. Les premiers sont responsables de la planification des services, de la définition des fonctions des professionnels et de l'élaboration des politiques et des procédures de travail. Les seconds, les travailleurs sociaux, sont responsables de la prestation de services directs à la clientèle (Gilbert et Specht, 1986 ; Duplantie, 1987). Dès le début de leur existence comme professionnels, ils ont développé des méthodes d'action en rapport avec les missions des établissements, méthodes qui visent à rendre des services plus opportuns, plus rationnels et plus efficaces auprès des populations visées (Laforest, 1984 ; Frankel, 1990) ;
- les demandeurs de services, qu'on les appelle clients, usagers ou bénéficiaires, sont soumis à des règles précises de fonctionnement. Ils s'adressent d'abord à des établissements (et non directement aux professionnels, comme c'est le cas en pratique libérale) pour présenter leurs problèmes et leurs demandes. C'est l'établissement qui désigne les professionnels qualifiés pour les aider ; et, de ce fait, les clientèles doivent se soumettre à des politiques institutionnelles inhérentes à l'administration de tels services : l'accueil, la liste d'attente, l'implication de plusieurs professionnels (Duplantie, 1987) ;
- les professionnels, quant à eux, sont des employés salariés de ces établissements ; ils sont soumis aux politiques et aux procédures de production et de fonctionnement régissant la prestation des services, aux objectifs à atteindre et aux stratégies à adopter pour ce faire, à l'évaluation des services rendus, et à la régulation entre les intervenants (Servoin et Duchemin, 1983 ;

Chess-Norlin, 1988). « L'exercice professionnel devient donc dépendant des institutions d'appartenance et non des règles définies par la profession » (Aballéa, 1997). Bien que les professionnels ne jouissent pas, dans les établissements, du statut reconnu aux professions libérales traditionnelles (médecine, droit…), ils n'en sont pas moins soumis à un code de déontologie auquel ils doivent s'astreindre dans leurs rapports avec leur clientèle : en ce sens, l'exercice d'un « travail professionnel en quasi-autonomie » est une caractéristique constitutive des professions sociales actuelles (Bachmann et Simonin, 1981).

Les institutions et associations sont donc à la fois les employeurs des travailleurs sociaux et leurs interlocuteurs : services publics et semi-publics, associations et regroupements de toutes sortes constituent le tissu social au sein duquel œuvrent les professionnels du bien-être social ou de l'action sociale (Servoin et Duchemin, 1983).

1.5. Les conceptions du bien-être social

Le bien-être social ou l'action sociale est donc une méta-institution qui englobe une multitude d'organisations, de professions et d'occupations offrant des services et des assistances pour satisfaire les besoins sociaux des membres de la société, en sus des ressources naturelles fournies par la famille et la communauté de proximité (Siporin, 1975). Les institutions du *Welfare* sont envisagées comme un supplément aux expressions individuelles de soins et d'attentions et non comme leur remplacement. Il y a et il y aura toujours l'aide individuelle fournie par la famille, les amis, les aidants naturels tandis que le *Welfare* constitue une réponse institutionnalisée sous forme de lois, de politiques sociales, de services, d'établissements publics, de groupes de bénévolat et d'une grande diversité de professions et d'occupations (Morales et Sheafor, 1989).

Ces offres de services et d'assistance par la société se font et se feront selon deux orientations opposées : résiduelle ou institutionnelle (Titmuss, 1958 ; Wilensky et Lebeaux, 1958 ; Ryan, 1969 ; Zastrow, 1978), qui dépendent de la manière de définir les causes des problèmes (Witmer, 1942), de la conception qu'on se fait de la responsabilité de la société envers ses citoyens (Handel, 1982), mais aussi de la place qu'on accorde à l'initiative privée ou au secteur public dans la réponse aux besoins humains essentiels (Esping-Andersen, 1999). Mais depuis quelques décennies, une conception, dite pluraliste, est apparue sur la scène de la protection sociale.

1.5.1. La conception résiduelle

Dans cette conception, dominante jusqu'au premier quart du XXe siècle, l'origine des problèmes familiaux et économiques doit être recherchée dans l'incompétence ou l'imprévoyance de l'individu. Les mesures de bien-être social ou d'action sociale, dans l'approche résiduelle, traitent uniquement les cas de plus grande détresse (Merrien, 1999) et elles ne sont proposées que dans les situations diagnostiquées comme graves pour des individus victimes d'un dommage ou d'une injustice, ou des segments de populations jugés incapables de satisfaire à leurs besoins par eux-mêmes ou auxquels les instances habituelles comme la famille et l'économie de marché considérées comme les premières ressources ne suffisent plus. Le bien-être social joue donc, dans ces situations, un rôle de premiers soins ou de filet de secours ; l'assistance gouvernementale est minimale, temporaire, de courte durée ou s'exerce en cas d'urgence : « l'engagement public n'intervient que là où le marché a échoué » (Titmuss, 1974, cité par Esping-Anderson, 1999) d'où son appellation de résiduelle ou de marginale. L'assistance devra cesser dès que la famille et l'économie de marché recommenceront à fonctionner de façon convenable (Morales et Sheafor, 1989). Les mesures d'assistance sont données pour adoucir les peines, il s'agit bien ici de charité, de cadeau, et non d'un droit, pour ceux qui vivent une passe difficile.

Depuis les années soixante-dix, on a instauré dans plusieurs pays le *Workfare* — « *Work to Welfare* ». « C'est la mise en place de nouvelles obligations pour les allocataires jugés employables : l'octroi d'une aide financière s'accompagne d'une obligation de travail ou, plus largement, de l'exigence de participer à des programmes menant à l'emploi. Des sanctions, consistant en la réduction ou la perte du montant d'aide, peuvent être imposées » (Morel, 1996). Aux États-Unis, dans plusieurs États, « si les chômeurs n'ont pas retrouvé un emploi au bout de deux ans, ils doivent accepter n'importe quel travail, faute de quoi le bénéfice de l'aide sociale leur est ôté » (Aznar *et al.*, 1997). Ce pays représente donc la figure emblématique de la société de réparation généralisée (Rosanvallon, 1995) que produit l'approche résiduelle.

1.5.2. La conception institutionnelle

Dans la conception institutionnelle qui a vu le jour après la grande dépression des années trente, les mesures de bien-être social ou d'action sociale sont envisagées comme une fonction normale et légitime d'une société moderne évoluée ; en somme comme des utilités sociales, au même titre que l'électricité ou l'eau (Titmuss, 1958 ; Wilensky et Lebeaux, 1958 ; Kahn, 1969). Les citoyens y ont accès — c'est un droit — non pas parce qu'ils ont des problèmes personnels, mais parce que les instances traditionnelles sont devenues incapables de satisfaire à leurs besoins, en raison des déficiences du système économique et social ; ce sont les facteurs structuraux de la société qu'il faut blâmer, s'il y a à blâmer, et non les individus eux-mêmes (Van Wormer, 1996) ; la société doit donc mettre en place des services sociaux qui seront les supports du bien-être de toute la population (Morales et Sheafor, 1989). Dans la conception institutionnelle, en somme, on intègre la dimension sociale dans les fonctions de l'État, en cherchant à assurer un certain niveau de sécurité sociale, plus largement, à assurer une redistribution institutionnalisée du revenu national (Merrien, 1999).

1.5.3. La conception pluraliste

Depuis les années soixante-dix, des groupes néo-conservateurs ont remis en question l'existence même du *Welfare*. La plupart des gouvernements des pays occidentaux ont pris en compte une grande partie des critiques à l'égard du bien-être social et ont procédé à des remaniements de leurs politiques sociales. Ces critiques se sont exprimées sur *le plan idéologique et moral* et sur le *plan de l'efficacité* (Lesemann, 1985 ; Petrella, 1996 ; 1997). Sur le *plan idéologique et moral*, aux yeux des groupes néo-conservateurs, les mesures de bien-être social fabriquent des ensembles d'assistés chroniques, tuant chez eux l'esprit d'initiative, créant une dépendance, les rendant incapables de se réinsérer socialement. Non seulement on n'a pas fait disparaître la pauvreté mais on l'a pour ainsi dire enracinée dans plusieurs couches de la société. De plus, on distribue, par ces mesures, la richesse produite non pas à ceux qui ont investi et travaillé, mais à ceux qui n'ont rien ou peu fait pour l'acquérir. *Sur le plan de l'efficacité*, l'État s'avère déficient dans la distribution des soins et des services, en raison de la lourdeur bureaucratique, sans parler de la corruption. En outre, l'État ne peut plus assumer la couverture des dépenses sociales par la taxation, ce qui entraîne des déficits et un endettement public de plus en plus lourd. Par ailleurs, des *mutations* importantes sont survenues dans les dernières décennies du XXᵉ siècle, qui ont bouleversé l'équilibre des rapports entre l'économique et le social (Laville, 1996) et ont affecté divers champs : *technologiques* (la révolution informatique), *économiques* (la libre circulation des capitaux, des biens, des services et des ressources humaines — c'est-à-dire la mondialisation des marchés) et *sociales* (le vieillissement des populations, le prolongement de la scolarité obligatoire, l'abaissement de l'âge de la retraite à 60 ans et de la préretraite de 50 à 55 ans). Elles se traduisent par une production plus importante en volume et ce, à moindres coûts : il y a donc moins de travailleurs actifs, donc moins d'impôts et de taxes qui vont alimenter les coffres de l'État. Ainsi, il y a une prédominance de l'économique sur le social, du capital sur la démocratie, de la loi du marché capitaliste sur les lois sociales (Ramonet, 1997).

Ces débats sur l'État-providence marquent donc une véritable déchirure entre l'État et les citoyens en même temps qu'ils poussent ces derniers à une mobilisation de tous vers l'intersolidarité (Pitaud et Vercauteren, 1994). On est passé de l'État-providence (fournisseur de biens et de services) à l'État-régulateur-stimulateur par l'instauration de systèmes de règles, de politiques et de réglementations (Evers et Liebig, 1996). Ces évolutions de la conception du rôle de l'État-providence ont conduit plusieurs pays, dont la France et le Québec, à des politiques sociales axées sur le principe de subsidiarité et sur l'insertion sociale.

1.5.3.1. Le principe de subsidiarité

L'idée de la subsidiarité est fondée sur le principe qu'un palier supérieur ne doit intervenir que lorsqu'un palier inférieur fait montre d'incapacité (Million-Delsol, 1993). « Selon le principe de subsidiarité, entre deux niveaux d'intervention possibles […] la préférence doit toujours aller à celui qui est le plus proche de la base, de la personne, en d'autres termes, de la famille. D'où l'idée de l'existence des corps intermédiaires — la famille, les associations — face à l'État. D'autre part, la subsidiarité concerne et organise la défense de l'individu et de la famille face à une intervention trop poussée de l'État» (Chauvière, 1989). Enfin, plusieurs pays, comme la France et le Québec, ont procédé à une décentralisation administrative, accordant des responsabilités non seulement à des instances infra étatiques — régions, départements, communes — mais aussi à des associations, aux familles et au secteur privé de la sphère marchande. C'est un mode de gouvernance qui va de bas en haut (Gaudemet, 2002).

1.5.3.2. L'insertion sociale

En vue de favoriser l'insertion sociale des citoyens, l'État a choisi de verser les allocations ou les indemnités sociales à des fins de formation ou de soutien à la création d'emploi. L'État cherche ainsi à rétribuer l'activité plutôt que l'inactivité (Rosanvallon, 1995, rapporté par Côté, 1999) en vue de développer des secteurs d'économie sociale. L'État devra également veiller à assurer à tous les citoyens, de façon prioritaire aux plus démunis, «les moyens monétaires et réglementaires d'accès aux équipements et services correspondants» (Bihr et Pfefferkorn, 1999). Ce thème de l'économie sociale sera abordé au chapitre 3.

1.5.3.3. Le triangle de la protection sociale

On en arrive ainsi à une conception moins dichotomique du bien-être social: «le *Welfare Mix* et le *Welfare Pluralism*» (Evers et Liebig, 1996; Merrien, 1996). Dans cette conception, on met en évidence la notion de «pluralité des sources de protection sociale», qu'on peut visualiser par le «triangle de la protection sociale ou du bien-être social» (Figure 1.1) (Evers et Wintersberger, 1990):

Figure 1.1
Le triangle de la protection sociale

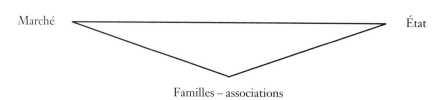

En somme, dans cette optique, «les activités de l'État sont coordonnées avec les rôles du marché et de la famille dans la prévoyance sociale» (Esping-Andersen, 1999). Ces trois instances sont envisagées «en termes de diversité de ressources» (Cérézuelle, 1996), chacune s'appuyant sur des principes économiques qui lui sont propres: l'État sur la redistribution et les transferts sociaux, le marché sur la recherche du profit, les familles et le secteur associatif sur la réciprocité sociale. État, marché et familles-associations sont liés entre eux par un champ d'interactions (Evers et Liebig, 1996) qui constituent les dispositifs que les personnes peuvent utiliser et combiner pour tenter de se procurer les ressources nécessaires à leur développement social, lequel s'appuie sur l'économie non marchande et non monétaire et sur les capacités d'autoproduction des populations (Cérézuelle, 1996).

C'est donc dans cet immense champ du bien-être social ou de l'action sociale que le service social comme discipline professionnelle a vu le jour et dans lequel il continue d'œuvrer et ce, dans toutes les sphères de la société. Nous allons examiner comment les travailleurs sociaux, tant en Europe de l'Ouest qu'en Amérique, ont tenté de définir et d'expliquer la spécificité de cette nouvelle profession du XXe siècle, productrice du social. Ce parcours devrait permettre aux lecteurs une appréhension dialectique de la nature du service social.

2. LE SERVICE SOCIAL
UNE PROFESSION DU BIEN-ÊTRE SOCIAL ET DE L'ACTION SOCIALE

Au cours des XIXe et XXe siècles, on a mis au point plusieurs modes d'intervention pour fournir des aides professionnelles aux personnes en situations d'incapacités, confrontées à des problèmes de santé, à des désordres affectifs ou à des difficultés dans leurs relations sociales.

2.1. Le service social et les professions d'aide

C'est la médecine qui a été la première, dès le XIXe siècle, à élaborer des méthodes de traitements biologiques, pharmacologiques, chirurgicales (Ey *et al.*, 1960).

Vers la fin du XIXe siècle, la psychologie, qui s'occupe du monde de la réalité interne de la personne, a mis au point des méthodes d'intervention psychique, définies comme des actes par lesquels « l'esprit vient au secours de l'esprit, dans une rencontre salutaire de compréhension et de restauration » (Ey, 1958 ; Ey *et al.*, 1960). Cette rencontre implique « deux existences et deux existants dont le but est de chercher à libérer l'être de l'isolement aveugle […] du corps malade et des délires de telle sorte qu'il puisse participer à la communauté » (Binswanger, 1935). Cette intervention psychique se réalise « à l'aide de moyens qui agissent d'abord et avant tout sur l'âme de l'homme, dont les mots sont l'outil essentiel […] et les instruments les plus importants de l'influence qu'une personne cherche à exercer sur une autre » (Freud, 1890) : « une capacité d'agir par les moyens psychiques de la pensée, des sentiments et du langage sur le psychique » d'une autre personne (Fédida, 2001). La psychothérapie se fonde sur des processus de persuasion et cherche à changer les dispositions émotives, cognitives et comportementales qui sous-tendent la pathologie. La persuasion et l'influence interpersonnelle sont reconnues maintenant comme les ingrédients majeurs des méthodes psychologiques (Watzlawick et Nardone, 2000), tout comme l'avait affirmé Mary Richmond dès 1922.

Enfin, vers la fin du XIXᵉ siècle, sont nées des méthodes sociales, qu'on a appelées service social ou travail social, qui « abordent la personne par ses relations sociales » (Richmond, 1922, trad. fr. 1926), contribuant ainsi à la définition de la nature humaine en fonction des relations interpersonnelles (Winnicott, 1951-1953, trad. fr. 1971). Ces méthodes tentent aussi de modifier les conditions du « moule social dans lequel la personne a été formée » (Boehm, 1960), et d'utiliser les éléments de l'environnement comme thérapeutique sociale (Hamilton, 1951, trad. fr. 1965 ; Bowers, 1957). Elles s'appliquent au monde des objets de la communication et des relations à l'autre : le monde des rapports de la personne avec son environnement humain et physique. C'est de la réalité externe, celle des autres univers humains, le service social s'occupe, en opposition à la réalité interne de la personne. « Le psychiatre s'évertue à pénétrer dans la personnalité de plus en plus profondément, tandis que l'activité du travailleur social rayonne vers le dehors, en suivant le fil des relations sociales de son client. Les méthodes sociales comportent aussi une action directe de la mentalité du travailleur social sur celle de son client » (Richmond, 1922, trad. fr. 1926).

2.2. Le service social et le bien-être social / l'action sociale

Les services sociaux se sont donc édifiés sur l'idée que l'interaction humaine c'est-à-dire la rencontre, le contact personnel, la présence à l'autre, constitue un moyen fondamental d'assistance ou d'aide, la société ayant privilégié jusqu'alors les dons en argent. Cette conception de l'interaction humaine comme principale composante de l'aide a permis l'émergence d'une profession entièrement vouée à la prestation de services sociaux (Handel, 1982) dans le système du bien-être social ou de l'action sociale : « le travail social constitue le dispositif privilégié de l'action sociale à laquelle il est profondément lié » (Autès, 1999).

Bien-être social et service social entretiennent des liens étroits qui existent depuis que des professionnels spécifiques existent (Leiby, 1987). Le bien-être social crée donc le contexte dans lequel le service social conduit ses activités professionnelles. Il façonne pour ainsi dire la mission fondamentale et première du service social : l'amélioration de l'homme et de la société (Frankel, 1990). À la base de l'exercice de la profession, il y a la conviction que toute société doit fournir à tous ses membres des moyens et des revenus qui permettent à chaque personne d'accéder à une vie pleine et digne. Améliorer la qualité de vie de tous — individus, familles, groupes, organisations et communautés, spécialement des membres les plus vulnérables de la société — devient donc la préoccupation première du service social (Morales et Sheafor, 1989).

Les travailleurs sociaux sont appelés à soigner les traumatismes qu'engendre la vie en société, « à protéger les citoyens des aléas de la vie moderne » (Towle, 1948), plus spécifiquement des aléas rencontrés par des individus particuliers ayant par exemple des contrats de travail précaires, ou un capital scolaire bas, qui risquent de les faire basculer dans l'exclusion sociale (Emmanuelli et Frémontier, 2002). Par ailleurs, ils aident aussi bien les personnes à faire face aux vicissitudes d'une société complexe qu'à se protéger contre une société dans laquelle les mécanismes de production économique engendrent, pour certaines d'entre elles, des conséquences déshumanisantes (Corrigan et Léonard, 1978 ; Alexander, 1982). Ils contribuent aussi à outiller certains groupes pour faire valoir leurs intérêts dans une société dominante qui a tendance à les ignorer, les exclure ou à les opprimer, par exemple les Noirs, les Amérindiens, les homosexuels, les malades mentaux, les familles monoparentales, les assistés sociaux (Stoesz, 1989).

Ces méthodes sociales, bien que pratiquées au cours des siècles précédents, n'ont été systématisées, dans un corpus de connaissances et de techniques d'action, qu'au XXe siècle. Le lecteur peut se référer au chapitre 5 pour avoir un aperçu des origines du service social.

2.3. Le service social et le changement social

Le service social, comme profession, fournit des contributions par rapport aux exigences du « vivre en société », sur deux plans complémentaires : le bien-être des personnes et la bonne marche de la société. En effet, il intervient dans toutes les sphères de la société, tant auprès de la famille, première cellule du développement de l'être humain qu'auprès des institutions sociales en charge de l'éducation, de la santé, des loisirs, ainsi que des administrations du bien-être social. La raison en est que, « [d'un côté] la société ne tire le profit maximal que de ceux de ses membres auxquels il est permis d'atteindre le plus haut degré de réalisation de soi, et que, par ailleurs, l'individu ne peut déployer la totalité de ses possibilités qu'avec l'aide de la société » (MacIver, 1936, cité par Devereux, 1998).

D'autre part, après la Seconde Guerre mondiale, dès les années cinquante, tant en Europe de l'Ouest qu'en Amérique du Nord (Marcuse, 1968 ; Racine et Sarazin, 1972 ; Leary, 1973 ; Bookchin, 1976 ; Racine, 1977), s'est développé un mouvement de changement social — le modèle néo-culturel — soutenant que la société ne peut changer vraiment sans que changent les individus qui la composent. Ce modèle se démarque ainsi des mouvements marxistes et socialistes du changement social visant à abolir le système capitaliste par des actions politiques de grande envergure. Les changements, pour les tenants du modèle néo-culturel, s'articulent autour de trois pôles : les rapports de la personne envers elle-même, ses rapports avec les autres dans la société et ses rapports avec la nature ou son environnement (Racine, 1977) :

– *les changements dans les rapports de la personne avec elle-même* se situent au niveau de la modification de ses comportements et de ses perceptions. On vise ainsi à déprogrammer la personne du conditionnement qu'elle a reçu lors du processus de socialisation au cours duquel elle a intériorisé l'autorité des institutions (famille, école, Église) et la répression de la sexualité. Cette déprogrammation se réalise par la libération de l'affectivité, de l'intuition, de la créativité et par l'apprentissage, en petits groupes, des moyens de lutter et de se libérer de ses propres inhibitions ;

– *les changements dans les rapports entre les membres de la société* se produisent de plusieurs manières :

- par l'abolition des inégalités sociales, tant celles fondées sur la répartition des ressources économiques que celles fondées sur l'âge et le sexe (le genre),
- par l'instauration des mouvements de libération des femmes, de la défense des droits des minorités sexuelles gays et lesbiennes, ou l'affirmation des droits des enfants,
- par l'implantation de modes de vie communautaire,
- par les pratiques économiques favorisant les échanges de savoirs et le troc, l'économie sociale, l'autosuffisance,
- par l'implication des citoyens dans les affaires les concernant,
- par la participation active aux instances locales et/ou régionales tels les tables de concertation et les réseaux ;

– *les changements dans les rapports de la société avec la nature ou l'écosystème*, quant à eux, se font par le remplacement des comportements d'exploitation et de gaspillage de la nature par des rapports plus coopératifs et plus harmonieux avec elle : les technologies légères, la culture biologique, le naturalisme, l'écologie, le respect d'un « contrat avec Mère nature » (Serres, 1990).

2.4. Les missions du service social

Les contributions de la profession de service social s'inscrivent dans ce mouvement général de changement social. Elles constituent les missions qu'on identifie sous les termes *soigner, guérir* et *changer* (Morales et Sheafor, 1989) :

– soigner, prendre soin *(care, caring)*, c'est apporter aide et assistance, assurer les soins adéquats aux personnes, aux groupes et aux communautés aux prises avec des déficiences de toutes sortes ou confrontés à des problèmes liés aux cycles de vie, aux catastrophes naturelles et sociales : « soins d'accompagnement, de réconfort, de reconstitution douce de la personne profondément atteinte dans son psychisme, par la maladie ou l'accident aigu » (Emmanuelli et Frémontier, 2002). Prendre soin implique indistinctement les soins corporels, le « maternage », les travaux domestiques, l'assistance aux apprentissages adaptatifs aux changements de vie (Nélisse, 1992) ;

– guérir *(cure, curing)* consiste à proposer les traitements, les remèdes, les réhabilitations, les réparations aux personnes qui vivent des problèmes de fonctionnement social ;

– changer implique de modifier les conditions de vie des environnements sociaux ou physiques, d'identifier les pratiques des institutions de la société dont les procédures et les attitudes sont néfastes ou discriminatoires à l'endroit de certaines catégories de personnes, de collecter les données pour influencer les législations et les réglementations.

2.5. Questions de terminologie

Au départ, il est nécessaire de préciser les termes employés, car il existe des différences notables en Europe et en Amérique du Nord en ce qui a trait au système de scolarité, aux diplômes et même à la dénomination proprement dite du service social et de ses professionnels.

2.5.1. Les systèmes scolaires en France et au Québec

En France, collège et baccalauréat renvoient aux études secondaires qui comportent deux cycles :
– les enseignements du premier cycle, d'une durée de quatre ans (de la sixième à la troisième) sont dispensés par des établissements qu'on appelle des collèges ;
– les enseignements du deuxième cycle, d'une durée de trois ans (de la seconde à la terminale) sont dispensés dans des lycées ; un baccalauréat est conféré aux candidats après le succès aux examens de fin d'études secondaires. Il est indispensable d'avoir réussi le baccalauréat pour entrer à l'université ou dans les écoles supérieures préparant à des diplômes professionnels (Annexe 1 : L'organisation des enseignements en France, p. 46).

D'autre part, pour exercer la profession de travailleur social en France, il faut être détenteur d'un diplôme d'État d'assistant de service social dont le titre et les fonctions sont réservés. La formation dure trois ans et elle est assurée par des écoles de service social qui doivent respecter le programme d'études établi par le ministère des affaires sociales. Le diplôme d'assistant social est reconnu, dans le cadre des classifications de la formation professionnelle, de niveau III.

Au Québec, le collège est un établissement d'enseignement général et professionnel (CEGEP) qui dispense des programmes de formation pré-universitaire de deux ans et des programmes de formation technique de trois ans conduisant à un diplôme d'études collégiales (DEC). Le DEC est obligatoire pour l'admission à l'université.

Le baccalauréat, au Québec, est le diplôme terminal du premier cycle universitaire, d'une durée de trois à quatre ans selon le programme d'études. Il correspond en gros à la licence française (Annexe 2 : L'organisation des enseignements au Québec, p. 47).

Au Québec, pour exercer la profession de travailleur social, il faut être détenteur d'un baccalauréat en service social ou travail social.

Un tableau comparatif des cheminements scolaires en France et au Québec permettra au lecteur de constater que les appellations des différents niveaux peuvent prêter à confusion (Annexe 3 : Comparatif des cursus scolaires français et québécois, p. 48).

2.5.2. La dénomination du service social et des professionnels du service social

2.5.2.1. Service social / travail social / intervention sociale

Dans les pays anglophones (Angleterre, États-Unis, Canada) le *service social* est appelé *Social Work*, traduit en français par *travail social*. Service social ou travail social désigne donc l'activité d'aide exercée par les professionnels du service social (Laforest, 1984). Par contre, dans les pays francophones (France, Québec) le service social peut désigner, outre l'activité professionnelle proprement dite, une institution ou un secteur d'institution qui emploie des professionnels du service social. Ainsi, dans un hôpital, le service social est un département au même titre que le service de pédiatrie ou de chirurgie (Bodart, 1983).

En outre, depuis les travaux entrepris par le Council on Social Work Education aux États-Unis en 1959, le terme *intervention sociale* est aussi utilisé pour désigner le service social en Amérique du Nord. En France, on a également, depuis plus de trente ans, fait usage de cette terminologie pour désigner l'exercice de la profession de service social : intervention sociale individualisée, intervention sociale d'intérêt collectif, méthode d'intervention sociale ou d'intervention du service social (Boehm, 1968 ; Leplay, 1976 ; Backmann et Simonin, 1981 ; Conseil supérieur du travail social, 1987 ; Perrot, 1990). Le terme *intervention sociale d'aide à la personne* a été repris, en France, par le Conseil supérieur du travail social en 1998 pour spécifier les activités du service social et les démarquer des activités exercées par l'ensemble des professionnels regroupés, en Europe, sous le terme générique de travailleurs sociaux. D'autre part, au Québec comme en France, les pratiques professionnelles ont connu, depuis quelques années, des transformations importantes sur le « plan du décloisonnement et du partage des activités professionnelles par le travail en équipe multidisciplinaire ». Ainsi, des groupes professionnels aux statuts divers revendiquent le droit d'agir et affirment la légitimité de leur action en construisant la catégorie *intervention* comme étant transversale à un ensemble de pratiques pourtant, *a priori*, disparates. *L'intervention* est dès lors perçue comme « un indice de l'élaboration d'une langue partagée, elle-même indice d'une interdisciplinarité émergeante » (Couturier, 2000).

2.5.2.2. Travailleurs sociaux / assistants sociaux

Les vocables *travailleur social / assistant social* trouvent leur explication dans la manière dont les pionniers du service social, au début du XXᵉ siècle, ont voulu se faire connaître ou dont ils ont été perçus par les autres professionnels. En Amérique du Nord, le travail social est la seule profession dont celui qui l'exerce est appelé un travailleur et, sans doute, n'est-ce pas par accident s'il en est ainsi. Ce que les pionniers ont voulu mettre en évidence, c'est le fait que devant des problèmes, les travailleurs sociaux ne se contentent pas de lever les bras et de réfléchir dans l'espoir que les choses s'arrangeront d'elles-mêmes : « ils se lancent dans le feu de l'action et ils essaient de découvrir les moyens d'améliorer la situation sur les plans personnel, social, économique » (ONU, 1958). Les travailleurs sociaux sont donc des professionnels de l'action visant à rendre des services et à fournir des aides (Siporin, 1975). En France, les pionnières du service social ont été appelées « les assistantes de service social », assistantes, parce qu'au départ, le service social était une profession féminine (Bousquet, 1985) et qu'elles étaient considérées comme les assistantes d'autres professionnels, « assistantes notamment de médecins qui désirent approfondir leur connaissance du patient et qui ont pris conscience des causes sociales de la maladie

— assistantes de patrons […] ayant le sens de leur responsabilité sociale à l'égard du milieu ouvrier » (Sand, 1948 ; Rupp, 1969).

Les travailleurs sociaux au Québec

En Amérique du Nord, et au Québec en particulier, ne sont désignés comme travailleurs sociaux que les professionnels qui ont reçu une formation universitaire en service social. Au Québec, le service social est né dans les années quarante (Rousseau, 1978). Depuis 1960, c'est une profession à titre protégé au sens légal du terme : seuls les membres de l'Ordre des travailleurs sociaux du Québec peuvent porter le titre de travailleur social, mais les actes professionnels ne sont pas protégés.

Au Québec, les travailleurs sociaux ne sont pas — loin de là — les seuls professionnels du champ social. On y retrouve, entre autres :
– les agents de relations humaines (ARH) : depuis 1975, le ministère de la Santé et des services sociaux du Québec désigne par ce vocable l'ensemble des professionnels universitaires (psychologue, conseiller d'orientation, criminologue, psycho-éducateur, sexologue) qui œuvrent dans ses établissements : centres jeunesse, centres locaux de services communautaires, centres d'accueil, hôpitaux ;
– les détenteurs d'un diplôme d'études collégiales délivré par les collèges d'enseignement général et professionnel : techniques en travail social, techniques en éducation spécialisée, techniques d'intervention « délinquance », techniques d'éducation en service de garde, techniques en prévention, techniques d'intervention psychosociale, techniques de recherches psychosociales (Timmons-Plamondon, 1998).

Les travailleurs sociaux en Europe francophone

Dans l'Europe francophone (France, Belgique, Suisse), les notions de travail social et de travailleurs sociaux sont apparues au début des années soixante-dix (Ion et Tricart, 1985 ; Lopez, 1986a), le travail social n'étant « que le nom générique d'un ensemble très diversifié de préoccupations » (Lopez et Lardinois, 1971). L'assistant social français (qui est l'équivalent du travailleur social québécois) est un professionnel dont le statut fut reconnu par un brevet de capacité professionnelle en 1932 et, depuis 1938, lors de la fusion des deux diplômes d'assistante sociale et d'infirmière visiteuse, par un diplôme d'État d'assistant de service social, délivré par le ministère des affaires sociales ; une loi promulguée le 8 avril 1946 rendait le diplôme d'État obligatoire pour exercer la profession (Servoin et Duchemin, 1983 ; De Robertis et Pascal, 1994 ; Pascal, 2000). En Belgique, le diplôme d'assistant social qui propose six spécialisations fut créé par un arrêté royal en date du 10 août 1921 (Lopez, 1986b).

En France, le vocable *travailleurs sociaux* regroupe l'ensemble des professionnels œuvrant dans le champ de l'action sociale (Crapuchet, 1974 ; Verdès-Leroux, 1978 ; Degoumois, 1980 ; Servoin et Duchemin, 1983 ; Ion et Tricart, 1984 ; Vilbrod, 1995 ; Chauvière, 1998 ; Hatzfeld, 1998 ; Autès, 1999 ; Désigaux et Thévenet, 2001). Ils se répartissent dans quatre grandes familles de métiers

qui constituent les branches du travail social et qui comptent une quinzaine de professions :
- les travailleurs sociaux de conseil et d'assistance :
  - assistant de service social : insertion sociale des individus et des familles ;
  - conseiller en économie sociale et familiale : formation à la vie pratique quotidienne, action éducative budgétaire auprès des familles ;
  - conseiller conjugal et familial : thérapie familiale ;
  - délégué à la tutelle : gestion des prestations sociales.
- Les travailleurs sociaux de l'éducation :
  - éducateur spécialisé : éducation des enfants et des adolescents présentant des difficultés physiques, psychologiques ou comportementales ;
  - moniteur-éducateur : développement de l'autonomie de personnes handicapées ou inadaptées ;
  - éducateur technique spécialisé : formation professionnelle de jeunes handicapés ;
  - éducateur de jeunes enfants : activités éducatives auprès d'enfants de moins de six ans ;
  - aide médico-psychologique : maternage auprès d'enfants gravement handicapés.
- Les travailleurs sociaux de l'animation :
  - animateur social : conception, organisation et encadrement des activités d'animation ou de développement social ;
  - directeur d'établissement social ou médico-social.
- Les travailleurs sociaux de l'aide ou du soutien à domicile :
  - technicien de l'intervention sociale et familiale : activités ménagères et familiales à domicile auprès de mères ou de personnes âgées ou invalides ;
  - assistante maternelle : nourrices ou familles d'accueil ;
  - auxiliaire de vie : soutien à domicile de personnes handicapées ou âgées.

L'ensemble de ces professions comporte plusieurs niveaux de formation : le niveau I correspond au doctorat, le niveau II à la maîtrise, le niveau III au DEUG, le niveau IV au baccalauréat ou fin du lycée et le niveau V au brevet des collèges. Il est à noter que, parmi les nombreux diplômes en travail social existant en France, certains sont officiels et d'autres pas et que certaines appellations ne correspondent à aucun diplôme. Ainsi, les professions d'aide-ménagère ou de conseiller conjugal ne sont pas certifiées par un diplôme, tout comme celle d'assistante maternelle, pourtant soumise à une formation qualifiante obligatoire (voir Annexe 4 : Diplômes français en travail social, classement par niveau d'homologation, p. 49).

La multiplicité et la diversification, en France, des professions de l'action sociale démontrent l'importance de ce champ, témoignent de son développement au cours de la deuxième moitié du XXe siècle (Boeglin, 1978) et peuvent s'expliquer par le fait que la profession du service social des origines n'ait pas toujours été en mesure de s'adapter : « Quand des problèmes théoriques ou pratiques nouveaux apparaissent, on voit se constituer des disciplines ou des pratiques sociales nouvelles à côté de celles qui existent déjà. Cette diversification […] traduit un besoin de spécialisation» (Barel, 1973); elle illustre également le fait que, «dans le domaine de l'action sociale […], les courants idéologiques, socioéconomiques et organisationnels sont les véritables déterminants de ce phénomène» (Cérézuelle et Hassler, 1983). Cette situation a provoqué, depuis quelques années, l'émergence de nouveaux métiers qu'on peut classer en diverses catégories :

- «des métiers à l'interface du politique et du technique : coordonnateurs de zone, chefs de projets «développement social des quartiers», animateurs de comités locaux d'insertion (CLI), agents de développement local ;
- des métiers plus techniques qui permettent une articulation de l'offre et de la demande : relais-emplois, animateurs locaux d'insertion, chargés de missions pour l'insertion par l'économique des offices HLM ;
- des habitants-relais : des personnes immergées dans le quartier, inscrites dans les réseaux locaux d'aide et de solidarité, souvent avec une expérience d'usagers qui sont interpellées pour «débrouiller une situation et aider à y voir clair» et pour renouer les liens entre les institutions, les professionnels et les usagers (Ion, 1990 cité par Commissariat général du Plan, 1993 ; Nonain, 1997 ; De Ridder, 1997).

Ce sont des métiers que d'aucuns ont qualifiés d'indépendants, regroupant en quelque sorte des travailleurs sociaux *libéraux* (Jovelin, 1998). On assiste pour ainsi dire à une renaissance de ce qui existait à l'origine du travail social, à la fin du XIXe siècle : la transformation de pratiques bénévoles en pratiques professionnelles salariées (Ion, 1996). Cependant le service social comme profession occupe la première place, dans le champ du bien-être social ou de l'action sociale, tant sur le plan historique que sur le plan des fonctions qui lui sont dévolues, et en termes de nombre de professionnels impliqués.

Précisons bien que, dans cet ouvrage, nous employons le terme travail social comme équivalent à service social et le vocable travailleur social comme équivalent à assistant social c'est-à-dire un professionnel ayant une formation en service social, détenteur soit d'un diplôme d'État (pour la France et la Belgique), soit d'un diplôme universitaire (pour le Québec).

2.6. Définitions du service social / travail social

Qu'est-ce donc que le travail social, ou le service social, cette activité professionnelle par laquelle se concrétisent l'attention et les soins qu'une société prodigue à ses membres et en particulier aux plus faibles et aux plus démunis ?

Le service social a été longtemps confondu avec la charité organisée et diffusée par les familles, par les Églises et les associations privées. C'est à la fin du XIXe siècle, en Angleterre d'abord et aux États-Unis par la suite, que des groupes de bénévoles expérimentés se sont constitués. Les institutions commencèrent alors à leur verser un salaire pour encadrer et superviser les nombreux bénévoles qui œuvraient dans les organisations charitables. De là, a émergé la conception d'un service social professionnel à l'instar ou à l'image du droit, de la médecine, de l'ingénierie… où l'idée de science côtoyait les valeurs de charité et de bonté d'âme. Au début, le service social a été nommé travail de charité, philanthropie scientifique, visite amicale, *casework*, traitement social, avant d'être définitivement appelé travail social ou service social (Siporin, 1970).

Nous avons relevé les principales définitions (voir Annexe 5, p. 50) qu'ont proposées du travail social, tout au long du XXe siècle, diverses instances du monde du bien-être social ou de l'action sociale, instances qui sont autant des personnes — praticiens, enseignants, chercheurs — que des institutions — commissions, ministères, associations professionnelles. D'autre part, nous avons retenu, dans ce chapitre 2, des définitions que nous considérons comme des textes fondateurs en mettant en parallèle les définitions nord-américaines et européennes et en prenant en compte deux périodes historiques : la première de 1915 à 1945 et la seconde de 1950 à 2000. La raison de ce découpage est que les définitions proposées illustrent le mouvement de balancier qui, dès l'origine, a affecté le service social, partagé entre la volonté de changer la personne et celle de changer l'environnement (thèmes que nous aborderons au chapitre 4 « Les méthodes et les approches du service social » et au chapitre 5 « Origines et histoire du service social »).

C'est ainsi que, de 1917 à 1939, seul le service social individualisé, visant à changer la personne, fut considéré comme la méthode par laquelle l'activité professionnelle s'exerçait véritablement. Ce n'est qu'en 1940 et en 1950 respectivement, que l'Association américaine des travailleurs sociaux reconnut le service social de groupe et l'organisation communautaire comme des méthodes du service social vouées à changer l'environnement social, au même titre que le service social individualisé (DuBois *et al.*, 1995).

2.6.1. Les définitions de la période 1915-1945

Du côté nord-américain, Mary Richmond, en 1922, dans *What is Social Casework* campe le service social comme « l'ensemble des méthodes qui développent la personnalité en rajustant consciemment et individuellement entre eux l'homme et son milieu social » (Richmond, 1922, trad. fr. 1926).

D'autres personnalités américaines (Jarrett, 1919 ; Taft, 1920 ; O'Grady, 1928 ; Milford Conference, 1928 ; Pouthier, 1937 ; Swift, 1939 ; Gartland, 1940) proposèrent des définitions (voir Annexe 5) qui vinrent compléter ou préciser la méthode du service social et en dégager les composantes suivantes :
- un art d'agir, en collaborant avec elles, auprès de diverses personnes ayant des besoins qu'elles ne peuvent satisfaire par elles-mêmes ou dont la déviance par rapport à la norme limite les capacités d'adaptation et/ou d'insertion dans l'environnement social ;
- une tentative pour comprendre les besoins, les comportements, les relations sociales : « une connaissance dynamique de la personne en société » ;
- un effort pour aider cette dernière à développer, mobiliser et utiliser ses capacités, ses ressources et celles de son milieu social ;
- une action pour amener la personne à nouer des relations sociales aussi bonnes que possible avec tous les éléments de son environnement et à

structurer celles-ci de telle sorte qu'elle-même puisse les mobiliser efficacement dans les situations difficiles.

Du côté européen, le Dr René Sand, lors de la première conférence internationale de service social à Paris en 1928, définit le service social comme «tout effort visant à soulager les souffrances provenant de la misère (assistance palliative) et à replacer les individus et les familles dans les conditions normales d'existence (assistance curative) à prévenir les fléaux sociaux (assistance préventive) à améliorer les conditions sociales et à élever le niveau d'existence (assistance constructive), soit par le service social des cas individuels, soit par des services sociaux collectifs, soit par l'action législative et administrative de la collectivité, soit par des recherches et enquêtes sociales. Le service social englobe donc, non seulement l'assistance, la prévoyance et l'action sociales, mais aussi jusqu'à un certain point l'hygiène et l'éducation» (Sand, 1928).

Cette définition porte la marque de la conception européenne du service social comme étant plutôt un dispositif — un ensemble de moyens pour combattre les problèmes sociaux — régi par des lois dont les travailleurs sociaux, à l'instar des avocats, sont les missionnés auprès des populations cibles. Cette conception est à comparer avec la conception nord-américaine qui voit le service social comme une discipline, à l'instar de la médecine, s'intéressant aux personnes déviantes, inaptes à utiliser par elles-mêmes les dispositifs mis en place par la société.

2.6.2. Les définitions de la période 1950-2000

Il s'est avéré, avec le temps, qu'il était difficile de définir le service social, et ce, pour plusieurs raisons. Le champ d'action du service social, «l'homme dans ses relations sociales» (Bowers, 1957), est un domaine où tout un chacun a de l'expérience, est «un amateur plus ou moins éclairé» et est donc qualifié pour conseiller les personnes en difficulté, agir auprès d'elles et intervenir dans les problèmes sociaux. On a même débattu, au départ, la question de savoir si le service social constituait une activité complémentaire à d'autres professions, comme la médecine, le droit, l'enseignement ou encore l'administration (Sailer, 1953). Mais aujourd'hui, il existe une vision extensive de la notion de travail social dans les métiers impliquant des relations humaines et dont l'exercice a des incidences sociales directes : le personnel enseignant, les ministres du culte, le personnel soignant (médecin, infirmière, psychiatre, sage-femme), les sociologues, les psychologues sociaux (Barrère, 1983 ; Girard-Buttoz, 1982). Chacun de ces professionnels affirme pratiquer la relation d'aide (Larivière, 1997), ce qui amène à des interventions où les zones de compétence sont parfois difficiles à démarquer. «Le travailleur social, le prêtre, le médecin vivent tous trois l'approche quotidienne du drame de la souffrance et de la mort…» (Bodart-Senn, 1990). Tous se targuent de faire plus ou moins du travail social dans leurs activités professionnelles propres et nous ne revenons pas sur le décloisonnement et le partage des activités professionnelles des équipes multidisciplinaires dont nous avons parlé précédemment.

En outre, les travailleurs sociaux ont toujours affirmé l'importance de « comprendre la personne dans sa totalité » (Thro, 1953) ; cette *démarche de compréhension globale* a contribué à les faire mal percevoir dans un monde qui valorise les spécialistes de toutes sortes (England, 1986). D'autre part, l'ampleur des éléments à prendre en compte dans la prestation de services aux populations a constitué un risque supplémentaire de leur attribuer une compétence démesurée (ONU, 1958), presque impossible à atteindre, et de les confiner finalement à une sorte de survol superficiel où ce qui est important dans le métier, ce n'est pas la compétence du savoir-faire technique mais « une grande bonté et un gros bon sens ». Beaucoup de monde, dès lors, se croit apte à exercer les activités du travailleur social, par exemple, les bénévoles, les aidants naturels, les parents, les personnes ayant vécu des problèmes multiples et qui les ont surmontés… « Tous ceux qui s'occupent de l'homme et de la société sont des travailleurs sociaux » (Doise et Palmonari, 1986).

Les réactions des travailleurs sociaux, devant ces diverses positions, furent d'essayer d'expliquer à eux-mêmes d'abord et aux autres par la suite ce que les pionniers avaient découvert : à savoir, l'environnement comme élément de thérapeutique sociale (Hamilton, 1951, trad. fr. 1965). Ils ont essayé de donner un sens à leur travail, d'en définir les contours, de faire ressortir le spécifique de cette nouvelle profession pour la différencier des autres professions. Durant cette période de l'après-Deuxième Guerre mondiale, de nombreuses études, des débats, des commissions animées par des enseignants, des chercheurs, des associations professionnelles du service social ont porté sur la nature de la profession, tant en Europe qu'en Amérique du Nord. Et, dès 1950, des organisations internationales s'impliquèrent dans cette démarche identitaire : ONU, Conseil de l'Europe, Bureau international du travail, Fédérations internationales des travailleurs sociaux et des écoles de service social.

Nous avons retenu pour l'Amérique du Nord les définitions suivantes :

• Le père Bowers de l'École de service social de l'Université d'Ottawa publia en 1949, dans la revue américaine *Journal of Social Casework* un article sur la nature du service social :

> Le service social des cas individuels est un art utilisant la connaissance de la science des relations humaines et l'habileté dans la pratique de ces relations pour mobiliser les capacités de l'individu et les ressources de la collectivité susceptibles d'amener une meilleure adaptation mutuelle du client et de tout ou quelque partie de son entourage total (Bowers, 1949).

• L'ONU, suite à la troisième enquête internationale, indique que

> le service social s'intéresse aux relations sociales, aux individus et aux groupes dans leurs relations avec leur milieu social, et, en particulier aux tensions internes et externes qui peuvent naître de ces relations et aboutissent à des troubles dans le fonctionnement social […]. L'homme, considéré dans ses rapports avec la société, devrait être [pour les travailleurs sociaux] le sujet de leur étude et l'individu, rejeté par la société ou empêché d'y jouer un rôle, l'objet de leur compassion (ONU, 1958). [Le service social est défini comme] une activité organisée, visant à aider l'adaptation réciproque des individus

et de leur milieu social. Cet objectif est atteint par l'utilisation de techniques et de méthodes destinées à permettre aux individus, aux groupes et aux collectivités de faire face aux besoins, de résoudre les problèmes que pose leur adaptation à une société en évolution et, grâce à une action coopérative, d'améliorer les conditions économiques et sociales (cité par Bousquet, 1965).

• D'autre part, en 1959, le *Council on Social Work Education* (CSWE), aux États-Unis, sous la direction de Werner Boehm, affirme que

> le service social cherche à accroître le fonctionnement social des individus, seuls ou en groupes, au moyen d'activités dirigées sur leurs relations sociales, lesquelles constituent l'interaction entre l'homme et son environnement. On peut grouper ces activités sous trois fonctions : restaurer les capacités endommagées, procurer des ressources individuelles et sociales et prévenir la dysfonction sociale (Boehm, 1960).

• En 1979, la *National Association of Social Work* (NASW) proposa, lors d'un colloque qui rassemblait des travailleurs sociaux exerçant dans tous les champs de pratique, une définition dite de *Working Statement* :

> Le but du service social vise à promouvoir ou à restaurer une interaction mutuellement bénéfique entre les personnes et la société, en vue d'améliorer la qualité de vie de tous. Les travailleurs sociaux utilisent auprès des gens des moyens pour renforcer leur compétence, pour les relier aux ressources sociales et pour promouvoir le changement organisationnel et institutionnel de manière à ce que les structures de la société répondent aux besoins de tous ses membres (Minahan, 1981, notre traduction).

Ces différentes définitions nord-américaines, augmentées de quelques autres, mettent en relief certains éléments du service social (Annexe 5) :
– les aspects relationnels de cet art d'agir impliquent une utilisation de la connaissance de la science des relations humaines (Bowers, 1949), une utilisation responsable de soi, consciente et disciplinée dans une relation avec une personne ou un groupe (NASW, 1958) ;
– l'activité professionnelle proprement dite, une activité organisée (ONU, 1958) au cours de laquelle le travailleur social amène les personnes à tester et à comprendre leur réalité (physique, sociale, émotionnelle) (Reynolds, 1951), et qui cherche, au moyen d'activités dirigées sur les relations sociales, à rehausser ou renforcer leurs compétences (NASW, 1979) ;
– un système guidé professionnellement (Alexander, 1977), dont les finalités consistent à modifier les interactions des personnes et des environnements sociaux (NASW, 1970) et à améliorer le fonctionnement social (Council on Social Work Education, 1959) :
  • soit par une assistance à l'accession aux ressources sociales de la collectivité, particulièrement celles qui affectent les capacités des personnes à remplir leurs obligations de vie (Pincus et Minahan, 1973) ;
  • soit par une action de liaison et de médiation dans le cas des personnes et des groupes désavantagés (ONU, 1950), incapables par leurs propres efforts de résoudre les problèmes d'ajustement social (Hollis, 1954 ; Schwartz, 1961) ;

- soit par des actions de promotion du changement organisationnel et institutionnel de manière à ce que les structures de la société répondent aux besoins des gens (Working Statement, NASW, 1979).

En Europe, plusieurs instances institutionnelles ont proposé diverses définitions qui précisent leurs points de vue sur les fonctions du service social :

– le Conseil de l'Europe, en 1967, affirme que

le service social est une activité professionnelle spécifique qui vise à favoriser une meilleure adaptation réciproque des personnes, des familles, des groupes et du milieu social dans lequel ils vivent et à développer le sentiment de dignité et de responsabilité des individus en faisant appel aux capacités des personnes, aux relations interpersonnelles et aux ressources de la collectivité (cité par Degoumois, 1983).

Et, en 1973, il précise que le service social recouvre

toute action ou activité ayant pour but de parer à une désintégration sociale de l'individu ou d'un groupe, mais aussi de remédier à des situations de désintégration et de promouvoir, dans ce cas, une réadaptation matérielle, sociale et familiale (Dehausse *et al.*, 1973).

– l'Association britannique des travailleurs sociaux définit le *Social Work* comme étant

l'utilisation consciente et éthique de compétences professionnelles dans des relations interpersonnelles dirigées vers l'amélioration du fonctionnement social d'un individu, d'une famille, d'un groupe, d'une communauté, ce qui implique nécessairement […] d'aider à créer un environnement social conduisant au bien-être de tous (BASW, 1977, notre traduction).

– le Comité national des écoles de service social de France, en 1991, conclut :

L'aide (apportée par les assistants de service social) vise à restaurer l'autonomie et à assurer l'insertion, dans le respect des personnes. Les assistants de service social conçoivent et participent à la mise en œuvre des projets socio-éducatifs de la collectivité ou de l'établissement public dont ils relèvent. Ils conseillent, orientent et soutiennent toute personne connaissant des difficultés sociales en analysant sa demande, en l'aidant dans ses démarches et en informant les services dont elle relève pour l'instruction d'une mesure d'action sociale. Ils apportent leur concours à toute action susceptible de prévenir les difficultés sociales ou médico-sociales rencontrées par la population ou d'y remédier (cité dans Bouquet et Garcette, 1998).

– le Conseil supérieur du travail social de France affirme de son côté, en 1998 :

L'intervention sociale d'aide à la personne (ISAP) est une démarche volontaire et interactive, menée par un travailleur social qui met en œuvre des méthodes participatives avec la personne qui demande ou accepte son aide, dans l'objectif d'améliorer sa situation, ses rapports avec l'environnement, voire de les transformer. Cette intervention est mandatée par une institution qui définit, par son champ légitime de compétence, le public concerné. L'intervention sociale d'aide à la personne s'appuie sur le respect et la valeur intrinsèque de chaque personne, en tant qu'acteur et sujet de droits et de devoirs (CSTS, 1998).

Il ressort de ces études européennes qu'au plan relationnel, il y a de la part du travailleur social une utilisation consciente de compétences pour améliorer le fonctionnement social des usagers, personnes, groupes, communautés (BASW, 1977) et qu'il s'agit donc d'une démarche volontaire, interactive et participative dans le cadre d'un mandat (CSTS, 1998). D'autre part, sur le plan des activités professionnelles, c'est une aide totale qui prend en compte les dimensions physiques, psychologiques, matérielles et sociologiques pour assurer l'efficacité des prestations de service (Ancelin, 1953) ; c'est aussi une étude de la dyssocialité (Boeglin, 1978) impliquant des activités qui font appel aux capacités des personnes, aux relations interpersonnelles et aux ressources de la collectivité (BASW, 1977) dans la conception et la mise en œuvre de projets socio-éducatifs (CNESS, 1991). Enfin, sur le plan des finalités, on vise à parer à la désintégration sociale (Conseil de l'Europe, 1967 ; 1973), à créer un environnement social conduisant au bien-être de tous (BASW, 1977) en vue de favoriser une meilleure adaptation réciproque des personnes et du milieu social (Conseil de l'Europe, 1967), à restaurer l'autonomie et assurer l'insertion (CNESS, 1991).

Entre les définitions proposées par les diverses instances européennes et nord-américaines, on peut noter une différence de tonalité : « en Amérique, l'accent est mis sur les questions raciales et nationales, alors qu'en France, l'accent est mis sur les questions de classes sociales » (Kæppelin, 1953). En outre, dans les définitions européennes, les travailleurs sociaux conçoivent « leurs clients comme sujets de droits » tandis que les conceptions nord-américaines « reposent sur l'idée principale que le sujet, porteur de problèmes sociaux, possède en lui-même les capacités de les résoudre, mais que celles-ci sont obérées par d'autres incapacités qu'il s'agit de réduire ; ce sont les obstacles psychologiques au développement harmonieux de la personne » (Taléghani, 1983). Mais depuis un quart de siècle, les travailleurs sociaux ont mis davantage en évidence les obstacles sociaux au développement de la personne : l'oppression que certains groupes (assistés sociaux, malades mentaux, immigrants, autochtones) peuvent subir de la part des principales institutions publiques des sociétés capitalistes (hôpital, école, prison, services sociaux) dans lesquelles la classe dominante adopte des lois, des règlements, des procédures administratives discriminatoires à leur endroit (Léonard, 1975). Obstacles sociaux aussi, en ce début de XXIe siècle, dus à la transformation de l'État-providence, à l'apparition et à l'adoption de politiques sociales dans les sociétés démocratiques fortement individualisées qui mettent des milliers de personnes hors jeu du monde du travail, du logement adéquat et des droits sociaux fondamentaux (Castel, 1991).

Cette différence de tonalité est due, en partie, à des facteurs historiques et culturels. Le service social comme profession est toujours affecté dans sa mission par les valeurs, les attitudes, les facteurs économiques des sociétés dans lesquelles il exerce ses activités (Morales et Sheafor, 1989). Les travailleurs sociaux européens, suite aux deux grandes guerres (1914-1918, 1939-1945) ont été mis à contribution, dans la reconstruction de l'Europe ; les grandes lois de l'action sociale des années trente ont mis sur pied de vastes organisations, comme les Caisses nationales de sécurité sociale, les Caisses d'allocations familiales. Les travailleurs sociaux ont été activement associés à la mise en œuvre de ces mesures auprès de toutes les catégories de populations pour qu'elles aient un accès égal à ces ressources sociétales et qu'on tienne compte des particularités des populations concernées. C'est dans cette optique que les populations-clientes du service social ont été considérées comme des sujets de droits, et que le problème soumis aux travailleurs sociaux est devenu davantage celui de l'accessibilité à ces droits et de leur adéquation par rapport aux particularités personnelles, familiales et culturelles.

2.7. Une définition internationale du service social

L'Association internationale des écoles de service social et la Fédération internationale des travailleurs sociaux ont proposé, en 2001, une définition de la profession qui rappelle en quelque sorte les grandes orientations d'action des travailleurs sociaux :

> Le travail social cherche à promouvoir le changement social, la résolution des problèmes dans le contexte des relations humaines, et la capacité et la libération des personnes afin d'améliorer le bien-être général. Grâce à l'utilisation des théories du comportement et des systèmes sociaux, le travail social intervient au point de rencontre entre les personnes et leur environnement. Les principes des droits de l'homme et de la justice sociale sont fondamentaux pour la profession (AIETS/FIAS, 2001).

La résurgence récente du concept d'*empowerment* a relancé les travailleurs sociaux sur le thème de la capacité inhérente des clientèles (personnes, groupes ou communautés) à travailler à résoudre leurs problèmes sociaux, à y prendre une part active, personnelle et collective, pour modifier les rapports personnes-société ou encore pour modifier des conditions sociales d'existence. L'objectif de l'*empowerment* consiste à faire en sorte que les clientèles (volontaires et non-volontaires) qui s'adressent à des organisations sociales et à des travailleurs sociaux puissent pressentir qu'elles ont en elles des capacités, souvent non reconnues comme telles par elles-mêmes et par leurs milieux, pour résoudre leurs problèmes ; cette démarche peut s'inscrire dans un continuum et une mobilisation des ressources de l'environnement social (les organisations et les associations) et des ressources personnelles des clientèles (la famille, la parenté, le voisinage). La tâche des travailleurs sociaux est donc à la fois de stimuler les deux catégories de ressources pour une meilleure adéquation entre elles et les problèmes à résoudre : « Il s'agit d'aider l'homme à ne plus être prisonnier des circonstances comme du *fatum* antique, afin d'échapper aux déterminismes sociaux, aux aliénations qui l'oppriment » (Bousquet, 1965).

Les actions des travailleurs sociaux s'inscrivent donc dans un système de pensée-action visant à dégager, avec les populations-cibles des services sociaux, leur capacité à exercer un contrôle sur les événements qui les concernent (Rappoport, 1987), à leur apporter une compétence technique dans le but de relier les populations-cibles aux institutions sociales, comme sujets de droits, et enfin à mener « des actions à caractère maïeutique » (Bolle de Bal, 1984), c'est-à-dire à pratiquer des interventions grâce auxquelles « les systèmes sociaux [...] accouchent de leur propre développement ».

[L'intervention sociale], dépendamment du secteur dans lequel elle s'exerce, de l'objet sur lequel elle porte et des objectifs poursuivis, peut prendre plusieurs formes : l'intervention sociale peut être de type normatif, c'est-à-dire encadrée par des mesures judiciaires ou légales visant la correction de certains comportements, la réduction des inégalités sociales, le développement de la main-d'œuvre ; elle peut être centrée sur le développement social, les relations interpersonnelles et la sociabilité (adaptation sociale, réadaptation, réinsertion) ; elle peut être centrée sur la stimulation du développement psychologique et social des individus et des groupes, sur la scolarisation et l'alphabétisation de la population et enfin, elle peut aussi être axée sur la revendication et le changement social (Timmons-Plamondon, 1998).

Annexe 1
L'organisation des enseignements en France

Enseignement post-baccalauréat

Universités	Institut universitaire de technologie (IUT)	Grandes écoles

Enseignement primaire et secondaire

Âge	Niveau	Établissement	
17	Terminale	(Bac)	(BEP, CAP, Bac Pro)*
16	Première	Lycées	Lycées
15	Seconde		professionnels
14	Troisième	(Brevet)	(Brevet)
13	Quatrième	Collèges	
12	Cinquième		
11	Sixième		
10	CM2*		
9	CM1*		
8	CE2*	Écoles primaires	
7	CE1*		
6	CP*		
5	Grande section		
4	Moyenne section	Écoles maternelles	
3	Petite section		

Source : Conseil supérieur du travail social, 1992.

* BEP : Brevet d'études professionnelles
  CAP : Certificat d'aptitude professionnelle
  CM : Cours moyen
  CE : Cours élémentaire
  CP : Cours préparatoire
  NB : La scolarité est obligatoire de 6 à 16 ans.

Annexe 2
L'organisation des enseignements au Québec

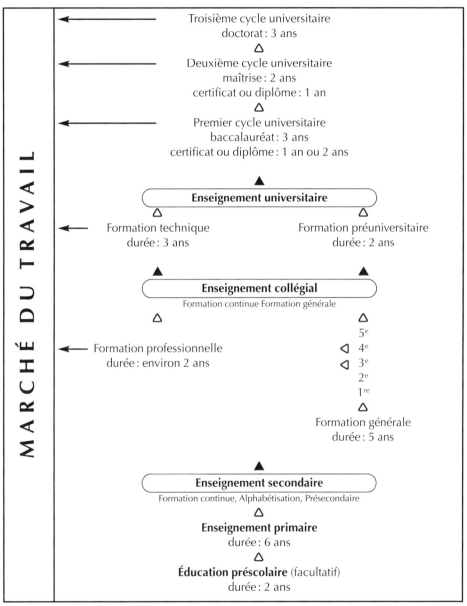

Source : Ministère des Relations avec les citoyens et de l'Immigration. Gouvernement du Québec, 2003.

Annexe 3
Comparatif des cursus scolaires français et québécois

FRANCE	QUÉBEC
Enseignement primaire Durée : 5 ans Cours préparatoire (CP) Cours élémentaire 1 (CE1) Cours élémentaire 2 (CE2) Cours moyen 1 (CM1) Cours moyen 2 (CM2)	**Enseignement primaire** Durée : 6 ans 1re 2e 3e 4e 5e 6^e
Enseignement secondaire Durée : 7 ans *Au collège* Sixième Cinquième Quatrième Troisième (Brevet) *Au lycée* Seconde Première Terminale (Baccalauréat)	**Enseignement secondaire** Durée : 5 ans Secondaire 1 Secondaire 2 Secondaire 3 Secondaire 4 Secondaire 5 **Enseignement collégial** *Formation générale préuniversitaire* Durée : 2 ans Diplôme d'études collégiales (DEC) *Formation technique* Durée : 3 ans Diplôme d'études collégiales (DEC) professionnel *Au collège d'enseignement général et professionnel (CEGEP)*
Enseignement universitaire * *Premier cycle universitaire* Diplôme d'études universitaires générales Durée : 2 ans (DEUG) Brevet de technicien supérieur (BTS)	**Enseignement universitaire** *Premier cycle universitaire* Baccalauréat : 3 ou 4 ans Certificat ou diplôme : 1 an ou 2 ans
Deuxième cycle universitaire Licence Maîtrise	*Deuxième cycle universitaire* Maîtrise : 2 ans Certificat ou diplôme : 1 an
Troisième cycle universitaire DEA Diplôme d'études approfondies Doctorat	*Troisième cycle universitaire* Doctorat : 3 ans

* Avec le LMD, l'enseignement supérieur français s'inscrit progressivement dans le schéma européen autour de trois niveaux de sortie : licence (180 crédits), maîtrise (300 crédits), doctorat (480 crédits), les crédits correspondant à des unités de valeur capitalisables et transférables d'un pays à l'autre.

Annexe 4
Diplômes français en travail social
Classement par niveau d'homologation

Niveau V : Niveau d'entrée sans diplôme, niveau de sortie CAP
Aide médico-psychologique : AMP
Certificat d'aptitude professionnelle petite enfance : CAP PE
Diplôme d'État d'auxiliaire de vie sociale : AVS

Niveau IV : niveau d'entrée brevet des collèges, niveau de sortie Bac
Moniteur éducateur : ME
Technicien de l'intervention sociale et familiale : TISF
Brevet d'État d'animateur technicien de l'éducation populaire : BEATEP

Niveau III : niveau d'entrée baccalauréat ou titre admis en dispense
Assistant de service social : ASS
Éducateur spécialisé : ES
Éducateur de jeunes enfants : EJE
Éducateur technique spécialisé : ETS
Conseiller en économie sociale et familiale : CESF
Diplôme d'État aux fonctions d'animation : DEFA

Niveau II : niveau d'entrée diplôme niveau III et expérience professionnelle
Diplôme supérieur en travail social : DSTS
Certificat d'aptitude aux fonctions de directeur d'établissement social : CAFDES

Source : Institut de formation en travail social, Croix-Rouge française, Toulon, 2001

Annexe 5
Définitions du service social par ordre chronologique

1915 : Mary Richmond

Pionnière du service social américain, Mary Richmond, dans un article paru dans *The Long View,* propose de définir ainsi le service social :

« L'art d'agir pour et avec diverses personnes, en collaborant avec elles, pour arriver en même temps à leur amélioration personnelle et celle de la société » (*Informations sociales,* 1950).

1917 : Mary Richmond

Toujours dans la revue *The Long View*, elle formule en 1917 une nouvelle définition :

« L'art de parvenir à une meilleure adaptation dans les relations des hommes, des femmes et des enfants pris individuellement » (*Informations sociales,* 1950).

1919 : Mary Jarrett

Elle fut, de 1927 à 1943, directrice associée au Smith College School for Social Work, au Massachusetts. Pour Jarrett, le service social, c'est :

« l'art d'amener un individu se trouvant dans un état de désordre social à des relations aussi bonnes que possible avec tous les éléments de son entourage » (*Informations sociales,* 1950).

1920 : Julia Taft

Julia Taft fut la fondatrice de l'école fonctionnelle du service social individualisé, méthode inspirée des travaux du psychanalyste Otto Rank, un disciple dissident de Sigmund Freud. Pour Rank, les moteurs du changement chez les personnes sont, entre autres, la volonté, l'affirmation de soi, la croissance. Il postule aussi que la source principale des problèmes d'une personne, c'est l'usage destructeur qu'elle fait de ses relations sociales. Le travailleur social s'appuyant sur les dispositifs du service à qui s'adresse la personne en difficulté veillera à créer chez cette dernière une nouvelle dynamique relationnelle (Du Ranquet, 1983). Julia Taft définit donc le service social comme suit :

« Le traitement social d'un individu mal adapté, impliquant une tentative pour comprendre sa personnalité, son comportement et ses relations sociales, et pour l'aider à trouver une meilleure adaptation sociale » (*Informations sociales,* 1950).

1922 : Mary Richmond

Dans *What is Social Casework,* traduit en français, en 1926, par Madame P. de Chary et le Dr René Sand, Mary Richmond précise que le service social des cas individuels, c'est :

« l'ensemble des méthodes qui développent la personnalité en rajustant consciemment et individuellement entre eux l'homme et son milieu social » (Richmond, 1922, trad. fr. 1926).

1928 : Mgr O'Grady

Dans son *Introduction To Social Work,* il propose la définition suivante :

« L'art de venir en aide à des personnes ayant des besoins nombreux et divers qu'elles ne peuvent satisfaire elles-mêmes, art impliquant une compréhension parfaite de ces besoins et la plus large utilisation possible de leurs propres ressources et de celles de la collectivité » (*Informations sociales,* 1950).

1928 : René Sand. Première conférence internationale de service social, Paris

Dans le cadre de la Quinzaine sociale, en juillet 1928, quatre congrès internationaux sont organisés autour de l'habitation, l'assistance publique et privée, la protection de l'enfance et le service social dont la 1re conférence internationale eut lieu, dans ce cadre, du 8 au 13 juillet (Anciaux, 1988 ; Perrot, 1990). Plus de 400 congressistes en provenance de 42 pays adoptèrent la définition du service social proposée par le Dr Sand. Alors secrétaire général de la Ligue des sociétés de la Croix-Rouge, il avait été chargé de l'organisation de la conférence, qu'il ouvrit ainsi :

> « L'expression service social embrasse tout effort visant à soulager les souffrances provenant de la misère (assistance palliative) et à replacer les individus et les familles dans les conditions normales d'existence (assistance curative) à prévenir les fléaux sociaux (assistance préventive) à améliorer les conditions sociales et à élever le niveau d'existence (assistance constructive), soit par le service social des cas individuels, soit par des services sociaux collectifs, soit par l'action législative et administrative de la collectivité, soit par des recherches et enquêtes sociales. Le service social englobe donc, non seulement l'assistance, la prévoyance et l'action sociales, mais aussi jusqu'à un certain point l'hygiène et l'éducation » (Sand, 1928).

1929 : Milford Conference (États-Unis)

L'Association américaine des travailleurs sociaux fit porter ses congrès annuels sur la nature de l'activité professionnelle de service social. Ils eurent lieu à Milford, en Pennsylvanie. L'Association n'a pu s'entendre sur une définition du service social qui le distinguât clairement des autres professions d'aide. On en vint à la conclusion, après de multiples tergiversations, que

> « l'attention du travailleur social porte sur la capacité des personnes à structurer leurs activités sociales normales en lien avec un environnement social donné […] capacité qui peut être entravée par une ou plusieurs déviations par rapport aux normes sociales » (Brieland, 1977, notre traduction).

1937 : Pouthier

Ce dernier identifia le service social, dans *What is Catholic Social Casework,* comme devant

> « aider les gens à mobiliser leurs ressources intérieures et extérieures pour faire face à la vie en toutes circonstances » (*Informations sociales,* 1950).

1939 : Swift

> « L'art d'aider un individu à développer ses capacités personnelles pour les utiliser à traiter les problèmes qu'il rencontre dans son entourage » (*Informations sociales,* 1950).

1940 : Gartland

> « Un processus qualitatif par lequel on utilise la connaissance dynamique de la personne en société pour donner des services sociaux personnalisés » (Bowers, 1949, notre traduction).

1940 : Gordon Hamilton

> « Le service social est la libération des ressources de l'entourage immédiat et des ressources de l'individu » (*Informations sociales,* 1950).

1949 : Swithun Bowers

Le Père Bowers, directeur de l'École de service social de l'Université d'Ottawa, publia en 1949, dans la revue américaine *Journal of Social Casework,* un article sur la nature et la définition du *casework,* thème de sa thèse de doctorat complétée à la New York School of Social Work. Il y avait, entre autres, recensé 34 définitions données par divers auteurs, de 1915 jusqu'à 1947. La revue *Informations sociales* publiée par l'Union nationale des caisses d'allocations familiales de France, présenta, dans le numéro 10 du 15 mai 1950, une traduction de 12 définitions sélectionnées par le Père Bowers, y compris celle qu'il proposait lui-même :

> « Le service social des cas individuels est un art utilisant la connaissance de la science des relations humaines et l'habileté dans la pratique de ces relations pour mobiliser les capacités de l'individu et les ressources de la collectivité susceptibles d'amener une meilleure adaptation mutuelle du client et de tout ou quelque partie de son entourage total » (*Informations sociales,* 1950).

1950 : Organisation des Nations unies (ONU)

Le département des questions sociales de l'ONU publia les travaux de la première enquête internationale sur « la formation en vue du service social » auprès de trente pays, dont quatorze présentèrent leurs définitions du service social, parmi lesquelles celles-ci :

> « une activité secourable qui vise à aider les individus, les familles et les groupes à surmonter les difficultés qui les empêchent d'atteindre le minimum désirable de bien-être économique et social » ;
>
> « une activité sociale exercée par des spécialistes, non pas en vue d'un profit personnel, mais sous les auspices d'organisations officielles ou privées ou des deux à la fois, créées pour le service des membres de la communauté qui sont estimés avoir besoin d'assistance » ;
>
> « une activité de liaison, grâce à laquelle les individus, les familles et les groupes désavantagés peuvent tirer parti de toutes les ressources fournies par la collectivité pour la satisfaction de leurs besoins » (Organisation des Nations unies, 1950).

1951 : Bertha Reynolds

Pour Bertha Reynolds, activiste, syndicaliste, communiste qui milita pour que les travailleurs sociaux deviennent plus actifs politiquement et plus préoccupés par les droits civiques (Edwards, 1995) le service social consiste à

> « aider les gens à tester et à comprendre leur réalité physique, sociale et émotionnelle et à mobiliser les ressources en eux-mêmes et dans leur environnement social pour faire face à la réalité ou la changer » (DuBois *et al.*, 1995, notre traduction).

1952 : Sixième conférence internationale de service social (Madras, Inde)

> « Le travail social est destiné à rendre possible à l'individu la réalisation de ses capacités par l'intermédiaire des institutions existantes ou la modification de ses institutions pour mettre l'individu dans de meilleures circonstances de vie à la fois physiques, affectives, sociales et spirituelles ».
>
> « Le travail social consiste également à aider les individus, les groupes et les communautés humaines à faire les adaptations et les ajustements qui sont devenus nécessaires du fait des malformations de la société ou de l'inhabileté des individus à fonctionner normalement et en plein épanouissement dans la société » (cité par Linn, 1956).

1953 : Jacqueline Ancelin

> « Il convient ici de lever une équivoque : le casework n'est pas, comme certains le disent, une aide psychologique destinée à résoudre les problèmes psychologiques (et que l'on pourrait opposer ou différencier d'une aide matérielle), c'est une aide totale, qui, dans tous les cas sans exception, tient compte des facteurs psychologiques pour assurer l'efficacité de l'aide quelle qu'elle soit : matérielle, financière, sanitaire, morale, […]. Mais elle n'exclut pas l'utilisation […] des autres disciplines : législation, administration, médecine, sociologie, anthropologie. » (Extrait de : « Compte rendu du cours de Casework et de psychologie dynamique organisé par l'Union nationale des caisses d'allocations familiales (octobre 1953-octobre 1954) établi par Mademoiselle J. Ancelin » *(Informations sociales*, 10, 1957).

1958 : Working Definition, NASW

L'Association nationale américaine des travailleurs sociaux (NASW) fut créée en 1955 par la fusion de plusieurs associations de travailleurs sociaux pratiquant, entre autres, dans les hôpitaux, les écoles et les centres psychiatriques. L'association mit sur pied une commission sur la pratique présidée par Henriett Bartlett pour élaborer une définition du service social qui pourrait rendre compte des éléments communs aux acteurs de ces divers champs de pratique.

L'Association nationale publia une définition « dite de travail » qui mettait l'accent sur la dualité personne-environnement et proposait de définir le service social comme étant

> « l'utilisation responsable de soi, consciente, disciplinée dans une relation avec une personne ou un groupe. Le travailleur social, par cette relation, facilite l'interaction entre la personne et

son environnement social, conscient des effets réciproques de l'un sur l'autre » (Bartlett, 1958, notre traduction).

1959 : Organisation des Nations unies (ONU)

Suite à la troisième enquête internationale, en 1958, consacrée à la « Formation en vue du service social » la Division des affaires sociales des Nations unies proposa de définir le service social comme

« une activité organisée, visant à aider l'adaptation réciproque des individus et de leur milieu social. Cet objectif est atteint par l'utilisation de techniques et de méthodes destinées à permettre aux individus, aux groupes et aux collectivités de faire face aux besoins, de résoudre les problèmes que pose leur adaptation à une société en évolution et, grâce à une action coopérative, d'améliorer les conditions économiques et sociales » (rapporté par Bousquet, 1965).

1959 : Ministère de la santé et de la population (France)

Dans une circulaire du 19 octobre, le ministre établissait

« ce qu'est habituellement, dans l'ensemble de la profession, la tâche d'une assistante sociale : rechercher les causes qui compromettent l'équilibre physique, psychologique, économique ou moral d'un individu, d'une famille ou d'un groupe et mener toute action susceptible d'y remédier » (cité par Bousquet, 1965).

1959 : Council on Social Work Education (États-Unis)

Le Council publia en 13 volumes les travaux de l'étude entreprise depuis 1955 concernant les objectifs et les exigences de l'enseignement du service social aux États-Unis et conclut :

« Le service social cherche à accroître le fonctionnement social des individus, seuls ou en groupes, au moyen d'activités dirigées sur leurs relations sociales, lesquelles constituent l'interaction entre l'homme et son environnement. On peut grouper ces activités sous trois fonctions : restaurer les capacités endommagées, procurer des ressources individuelles et sociales et prévenir la dysfonction sociale » (Boehm, 1960).

1961 : Schwartz

« Le travail social vise à servir de médiat aux personnes où sont engagés l'individu et la société lorsqu'ils se cherchent l'un l'autre en raison de la nécessité qu'ils ressentent l'un comme l'autre de se réaliser » (Schwartz, 1961, cité par Shulman, 1968, trad. fr. 1976).

1964 : Florence Hollis

Florence Hollis fut une éminente professeure et considérée comme un maître à penser du service social américain. Elle publia en 1964, un ouvrage de base, *Social Casework,* dans lequel elle proposa la phrase « la personne-en-situation » qui fera image : « le matériau sur lequel le service social intervient : la personne, la situation et l'interaction entre les deux ». Elle y définit le service social comme suit :

« une méthode pour aider les individus à trouver une solution aux problèmes d'ajustement social qu'ils sont incapables de contrôler de façon efficace par leurs propres efforts » (Hollis, 1964).

1967 : Le Conseil de l'Europe

« Le service social est une activité professionnelle spécifique qui vise à favoriser une meilleure adaptation réciproque des personnes, des familles, des groupes et du milieu social dans lequel ils vivent et à développer le sentiment de dignité et de responsabilité des individus en faisant appel aux capacités des personnes, aux relations interpersonnelles et aux ressources de la collectivité » (cité par Coppin, 1988).

1970 : NASW (États-Unis)

L'Association nationale des travailleurs sociaux adopte la définition du travail social suivante comme étant

« une activité professionnelle pour aider les individus, les groupes et les communautés à accroître ou à restaurer leur aptitude au fonctionnement social et à la création des conditions sociales propices à ce but » (Morales et Sheafor, 1979, notre traduction).

1971 : Manuel Luis Lopez et Paul Lardinois

Tous deux professeurs au Centre de formation sociale de Liège, en Belgique, ils proposent une définition du travail social qu'ils qualifient de dialectique :

« Le travail social est une fonction dont les professionnels visent, au sein de l'équipement institutionnel, à susciter chez les personnes, les familles, les groupes, et/ou les collectivités, le développement de leur épanouissement total. Ce faisant, ils tendent à leur permettre de réaliser une conjugaison la plus heureuse possible entre la soumission au réel et l'explicitation de leurs propres virtualités » (Lopez et Lardinois, 1971).

1973 : Allen Pincus et Anne Minahan

Ces deux professeurs de l'Université du Wisconsin (États-Unis), proposèrent que le service social porte son action

« sur les interactions entre les personnes et leur environnement social qui affectent leur capacité à remplir leurs obligations de vie, à réaliser leurs aspirations et leurs valeurs. Les buts du service social sont dès lors :
– de renforcer les capacités des personnes à résoudre les problèmes et à faire face aux difficultés ;
– de relier les personnes aux systèmes qui fournissent des ressources, des services et des opportunités ;
– de promouvoir un fonctionnement effectif et humain de ces systèmes et de contribuer au développement et à l'implantation des politiques sociales » (Pincus et Minahan, 1973, notre traduction).

1973 : Le Conseil de l'Europe

Le service social est

« toute action ou activité ayant pour but de parer à une désintégration sociale de l'individu ou d'un groupe, mais aussi de remédier à des situations de désintégration et de promouvoir, dans ce cas, une réadaptation matérielle, sociale et familiale » (Dehausse *et al.*, 1973).

1977 : BASW, Working Party

Créé en 1974, par l'Association britannique des travailleurs sociaux, le comité sur la pratique professionnelle, a proposé de définir le Social Work comme étant

« l'utilisation consciente et éthique de compétences professionnelles dans des relations interpersonnelles dirigées vers l'amélioration du fonctionnement social d'un individu, d'une famille, d'un groupe, d'une communauté, ce qui implique nécessairement… d'aider à créer un environnement social conduisant au bien-être de tous » (BASW, 1977, notre traduction).

1977 : Chauncey Alexander

Alexander, alors directeur général de l'Association nationale des travailleurs sociaux des États-Unis, reconnaissait dans le service social :

« un système guidé professionnellement qui engage les gens et leurs unités sociales dans des activités de changement pour modifier leur mode de fonctionnement psychosocial dans le but d'améliorer la qualité de la vie » (Alexander, 1982).

1978 : Médard Boeglin

Responsable de la section du service social, à l'Institut de pédagogie curative de l'Université de Fribourg (Suisse), Boeglin définit le travail social comme :

« l'étude de la dyssocialité, c'est-à-dire des mécanismes générateurs de la structure dyssociale, des moyens pour prévenir ces altérations et pour aider au rétablissement de liens sociaux authentiques entre les personnes, les groupes et les communautés. La finalité du travail social, en tant que pratique, sera donc de s'attaquer à toutes les formes d'altération de la dimension sociale essentielle de la personne humaine, qu'elles prennent leur origine dans la structure de la personnalité, au niveau de la socialité, ou dans l'organisation sociale elle-même » (Boeglin, 1978).

1979 : Working Statement, NASW

Dès 1974, les responsables de l'Association américaine des travailleurs sociaux veulent stimuler à nouveau la réflexion et les débats concernant les buts et les objectifs du service social. Pendant cinq ans, des travailleurs sociaux ont soumis des textes à la critique. Finalement, un groupe de travailleurs sociaux exerçant dans tous les champs de pratique participa à un colloque au Chicago's O'Hare Airport, en mai 1979. On y fit la proposition suivante :

« le but du service social est de promouvoir ou de restaurer une interaction mutuellement bénéfique entre les personnes et la société, en vue d'améliorer la qualité de vie de tous. Les travailleurs sociaux utilisent auprès des gens des moyens pour renforcer leur compétence, pour les relier aux ressources sociales et pour promouvoir le changement organisationnel et institutionnel de manière à ce que les structures de la société répondent aux besoins de tous ses membres » (Minahan, 1981 ; notre traduction).

1989 : Jean-Marc Dutrenit

Selon Dutrenit, sociologue, assistant à l'Université de Paris VII et chercheur au Centre d'études sociologiques (CNRS), le travail social est

« la réhabilitation du statut des individus par le développement de leur compétence sociale : il consiste en la réhabilitation financière, juridique et psychosociale du client » (Dutrenit, 1989 ; 1991).

1991 : Ordre professionnel des travailleurs sociaux du Québec

L'acte professionnel du travailleur social est défini de la façon suivante :

« Intervenir au niveau du fonctionnement social, c'est-à-dire des interactions des individus, des familles, des groupes et des collectivités avec leur environnement dans un but mutuel de développement humain et social » (OPTSQ, 1991).

1991 : Bureau international du travail (BIT)

Dans sa classification internationale des types de professions, le BIT indique

« Les membres des professions intermédiaires du travail social donnent des conseils sur des questions sociales et connexes pour aider des personnes en difficultés à trouver et à utiliser des ressources pour surmonter leurs difficultés et atteindre un objectif particulier. Leurs tâches consistent :
– à aider des individus et des familles aux prises avec les problèmes personnels et sociaux ;
– à rassembler des informations sur les besoins de ces individus et familles et à les renseigner sur leurs droits et leurs devoirs ;
– à analyser la situation de ces individus et familles et à leur proposer d'autres solutions, propres
 – à résoudre leurs propres problèmes ;
– à tenir des dossiers des cas étudiés ou à établir des rapports pour des tribunaux et d'autres procédures juridiques ;
– à planifier, évaluer, améliorer et développer des services sociaux ;
– à œuvrer à la prévention de la délinquance ou à la réadaptation des délinquants en organisant et en surveillant des activités sociales récréatives et éducatives dans des maisons de la jeunesse et de la culture et dans des centres similaires, ou par d'autres moyens ;
– à aider les handicapés physiques ou mentaux à se soumettre à un traitement adéquat et à améliorer leur faculté d'intégration sociale ;
– à planifier, organiser ou dispenser des services d'aide à domicile ;
– à accomplir des tâches connexes ;

– à surveiller d'autres travailleurs ».
(Classification internationale type des professions [CITP], BIT, 1991, cité par le Comité national des écoles de service social [CNESS] [France], 1999).

1991 : Comité national des écoles de service social (CNESS) (France)

« L'aide (apportée par les assistants de service social) vise à restaurer l'autonomie et à assurer l'insertion, dans le respect des personnes. Les assistants de service social conçoivent et participent à la mise en œuvre des projets socio-éducatifs de la collectivité ou de l'établissement public dont ils relèvent. Ils conseillent, orientent et soutiennent toute personne connaissant des difficultés sociales en analysant sa demande, en l'aidant dans ses démarches et en informant les services dont elle relève pour l'instruction d'une mesure d'action sociale. Ils apportent leur concours à toute action susceptible de prévenir les difficultés sociales ou médico-sociales rencontrées par la population ou d'y remédier » (cité dans Bouquet et Garcette, 1998).

1994 : Fédération internationale des assistants sociaux

Lors de son assemblée générale, tenue à Colombo, au Sri Lanka, du 6 au 8 juillet 1994, la FIAS a adopté le code international de déontologie des assistants sociaux. La Fédération y précise que :

« le service social, né d'idéaux humanitaires, religieux et démocratiques, s'inspire de la philosophie. Il s'applique universellement aux besoins découlant de l'interaction individu-société et au développement humain. Les professionnels du service social travaillent pour le bien-être et la réalisation de l'être humain, pour le développement et l'usage discipliné des connaissances validées du comportement humain et sociétal, pour le développement des moyens de satisfaction des aspirations des individus et des groupes au niveau national et international, pour la promotion de la justice sociale » (FIAS, 1997).

1998 : Conseil supérieur du travail social (CSTS) (France)

« L'intervention sociale d'aide à la personne (ISAP) est une démarche volontaire et interactive, menée par un travailleur social qui met en œuvre des méthodes participatives avec la personne qui demande ou accepte son aide, dans l'objectif d'améliorer sa situation, ses rapports avec l'environnement, voire de les transformer. Cette intervention est mandatée par une institution qui définit, par son champ légitime de compétence, le public concerné. L'intervention sociale d'aide à la personne s'appuie sur le respect et la valeur intrinsèque de chaque personne, en tant qu'acteur et sujet de droits et de devoirs » (CSTS, 1998).

2000 : Conseil économique et social (France)

« Le travail social a pour fonction essentielle "d'aider" des personnes ou des groupes sociaux qui, pour des raisons diverses, ne participent plus à toutes les dimensions de la vie sociale, à retisser la trame des liens de réciprocité avec autrui. Il contribue à les rendre autonomes pour exercer pleinement leurs responsabilités de citoyens » (Lorthois, 2000).

2001 : Association internationale des écoles de service social (AIETS) et Fédération internationale des travailleurs sociaux (FITS)

« Le travail social cherche à promouvoir le changement social, la résolution des problèmes dans le contexte des relations humaines, et la capacité et la libération des personnes afin d'améliorer le bien-être général. Grâce à l'utilisation des théories du comportement et des systèmes sociaux, le travail social intervient au point de rencontre entre les personnes et leur environnement. Les principes des droits de l'homme et de la justice sociale sont fondamentaux pour la profession » (AIETS/FIAS, 2001).

3. LE PARADIGME DU TRAVAIL SOCIAL.
INTERFÉRENCES ET CONNEXIONS DANS LE TISSU SOCIAL

Mary Richmond affirmait que les travailleurs sociaux sont « des artificiers en relations sociales » et qu'ils travaillent « sur des matériaux qui sont la chaîne et la trame de la vie quotidienne » des êtres humains (Richmond, 1922, trad. fr. 1926). Par la suite, les différentes définitions du travail social proposées depuis près d'un siècle ont toutes affirmé, avec plus ou moins de précision, que l'objet d'attention et d'intervention — le matériau sur lequel les travailleurs sociaux travaillent —, c'est la personne-en-situation, la personne dans ses transactions avec son environnement. Les fondateurs du travail social ont eu l'idée de concevoir les éléments de l'environnement comme thérapeutique sociale (Hamilton, 1951, trad. fr. 1965). Ils ont élaboré un savoir-faire spécifique pour intervenir dans les interfaces et les transactions personne-environnement.

3.1. Le paradigme

3.1.1. Le concept de paradigme

Pour mieux appréhender la nature des actions professionnelles du travail social, nous aurons recours au concept de paradigme (du grec *paradeigma*, exemple). Selon *Le Dictionnaire historique de la langue française*, le mot paradigme est un « terme d'usage didactique qui signifie modèle, exemple ; en grammaire, il désigne le mot type donné comme modèle d'une déclinaison, d'une conjugaison […] ; pour les linguistes, un paradigme […] est l'ensemble des termes pouvant figurer en un point de la chaîne parlée et en épistémologie, le paradigme est la conception théorique dominante qui a cours à une certaine époque dans une communauté scientifique » (Rey, 1992).

C'est d'ailleurs dans ce dernier sens que Thomas Khun employa, dans son ouvrage *La Structure des révolutions scientifiques* (Khun, 1962, trad. fr. 1983), le terme paradigme pour désigner « un ensemble de propositions formant une base d'accord à partir de laquelle se développe une tradition de recherche scientifique » (Boudon, 1977). Kuhn précisait, que le concept pouvait être utilisé dans deux sens complémentaires, d'une part comme « l'ensemble des croyances, des valeurs reconnues et des techniques qui sont communes aux membres d'un groupe donné », et d'autre part, comme « un élément isolé de cet ensemble : les solutions concrètes d'énigmes employées comme modèles ou exemples […] dans la science » (Grof, 1985 ; Lessard-Hébert *et al.*, 1990 ; Ritzer, 1991). On utilise aussi le concept de paradigme soit pour désigner « le langage dans lequel sont formulées les théories et, éventuellement des sous-ensembles importants de théories émises dans le cadre d'une discipline » (Boudon, 1977) ou pour signifier une conception, un cadre de référence ou un point de vue.

L'environnement social est perçu et compris par l'intermédiaire de concepts fondés sur des valeurs, des catégories et des structures de la pensée. « Nous ne pouvons savoir ce qu'est la réalité dans son absolu ou son objectivité ; par contre, nous connaissons nos constructions symboliques, les réalités symboliques qui sont définies dans nos paradigmes ou les cadres exprimant notre vision » (Brown et Lyman, 1978). Le concept de paradigme réfère donc au support analogique ou imaginaire qui permet de se représenter une réalité ou un phénomène « dans les termes de : tout se passe comme si… » (Bodart, 1983) ; c'est, dit autrement, l'image de base à partir de laquelle prend forme une interprétation de la réalité (Remy *et al.*, 1978), qu'on peut également considérer comme « des modes d'intelligibilité » (Caillé, 1986), ou « un échafaudage conceptuel servant de fondement à l'action » (Guntern, 1986).

3.1.2. Le paradigme du travail social

Dans cet ouvrage nous présentons le travail social comme *une profession produisant des interférences et des connexions dans le tissu social des personnes et des environnements.* Les réseaux sociaux existent, à la manière d'un tissu (Arnaud, 1988), par une trame : un système de valeurs et d'affinités qui rassemble et unit des personnes dans une communauté ou une société par le biais de la citoyenneté (appartenance à un État-nation) et par le biais de la solidarité (appartenance à une même humanité). Le tissu social est constitué par la multitude d'activités et d'échanges, c'est-à-dire les transactions, entre les personnes et leurs environnements primaires et secondaires. Ces transactions sont comme les mailles d'un tricot qui assure une protection à la personne (Cyrulnik, 1998) ; elles fabriquent et tissent les personnes en même temps que les personnes tissent leur environnement (Guntern, 1986 ; Nanchen, 1990 ; Elias 1991 ; Kaufmann, 1992). « Les individus humains produisent la société dans et par leurs interactions, mais la société, en tant que tout émergeant, produit l'humanité de ces individus en leur apportant le langage et la culture » (Morin, 1995). « L'Homme existe, mais seulement dans les hommes qui ne peuvent actualiser leur humanité qu'en société » (Baecheler, 1994). Les personnes tout comme leurs environnements sont des transacteurs parce qu'ils sont tous les deux dans des positions à la fois d'être influencés et d'influencer (Guntern, 1986).

Ce système d'interactions constitue un élément capital pour la survie et le développement de l'homme. L'être humain est constamment en rapport avec les autres aussi longtemps qu'il est en vie, où qu'il soit et à tout moment (Schutz et Gordon, 1977). Il est inséré dans un ensemble de liens qui assurent sa survie et son développement autant que ceux de l'environnement. L'environnement, à la manière des pelures d'un oignon, selon l'image proposée par le sociologue américain Parsons (1937), enserre la personne dans un système de relations sociales multidimensionnel (Hipólito et Mendès Coelho, 1989).

La visée du travail social est d'agir sur le tissu relationnel en recréant des conditions favorables à la compréhension, à l'analyse, à la confrontation, à l'expression des conflits dans une optique de reconstruction du tissu social dans lequel sont inscrits les individus (Bruyère et Lerr, 1986).

Le travail social réunit donc un ensemble de professionnels « dans une démarche qui participe à une ambition commune : tisser ou retisser des liens sociaux avec la communauté pour celles et ceux qui sont placés, du fait d'un handicap, d'une vulnérabilité spécifique ou du développement de l'exclusion sociale, plus ou moins à l'écart de la vie de la collectivité » (Conseil économique et social, 2000).

Le terme « tissu social » a été employé depuis un quart de siècle pour souligner la nature des liens sociaux ou l'absence de soutien de la part d'une société vis-à-vis de certaines catégories de la population. Nous pouvons citer quelques exemples : « le tissu des relations humaines » (Rivière, 1969) ; « le tissu social déchiré en plusieurs morceaux » (Théry, 1983) ; « explosion du tissu social (école, habitat, commerces, lieux publics) » (Cérézuelle et Hassler, 1983) ; « les défauts du tissu social » (Bruto da Costa, 1995) ; « la trame complexe du tissu relationnel » (Barreyre *et al.*, 1995) ; un tissu « développeur » (Boudon, 1998).

3.1.2.1. Les interférences

Le terme « interférence » (selon *Le Petit Robert*, emprunt à l'anglais « *interfere* » : intervention et immixtion employé par métaphore pour superposition) (Rey, 1992) désigne des actions posées par le travailleur social dans le but d'exercer une influence dans les rapports personne-environnement ; ces actions se superposent à la vie des personnes et des familles, mais aussi à la vie du quartier, à la quotidienneté des relations sur les lieux du travail ou de l'école, ou encore aux sphères d'échanges des personnes avec les diverses institutions sociales. Ces actions peuvent être de l'ordre des conseils, des avis, des thérapies, des démarches administratives, des suggestions de résolution de problèmes, de l'utilisation judicieuse des ressources sociales, de la stimulation des forces individuelles, familiales ou communautaires, de la création de ressources appropriées à des problèmes particuliers vécus par des personnes, des familles, des groupes ou des collectivités.

3.1.2.2. Les connexions

Le terme « connexion » (du latin *connexio*, liaison, union, enchaînement [*Lexis*, 1975]) fait référence aux actions professionnelles ayant pour but de resserrer les liens entre les personnes et leurs environnements : la médiation sociale, l'intervention de réseau, l'intercession ; connexion réfère aussi aux actions pour instaurer des liaisons entre les usagers, les professionnels et les institutions : le partenariat, la concertation ; ainsi qu'aux actions pour la mise sur pied de groupes d'entraide et de soutien mutuel.

3.2. Les éléments constitutifs du paradigme

Le schéma «Paradigme du travail social» (Figure 3.1) a été élaboré de manière à rendre compte des acteurs et de l'ensemble des éléments qui entrent en jeu lors de l'intervention de travail social dans les transactions personne-environnement, tout en respectant la dynamique complexe qui les relie les uns aux autres : l'établissement, le travailleur social, la personne et l'environnement (Souflée, 1993) Ces quatre instances constituent un écosystème dans lequel se situe le processus d'intervention sociale.

3.2.1. L'établissement : une organisation sociale

«La prise en charge des personnes en difficulté et la gestion des équipements collectifs de l'action sociale sont assurées par plusieurs décideurs et organisées en filières spécifiques» (Afchain, 1997). Des missions et des mandats sont assignés à des organisations reliées soit à une administration publique, soit à une association, soit à une entreprise (De Robertis, 1981).

Une intervention sociale se met en place dès que la personne ou des membres de l'environnement jugent qu'un problème ne se règle plus de lui-même ou qu'une situation est devenue intolérable. Jusque-là, la personne et l'environnement avaient trouvé en eux les possibilités de résoudre le problème et utilisaient leurs relations sociales de façon satisfaisante. Cette compétence faisant défaut, ils cherchent de l'aide auprès d'acteurs spécialisés et d'organismes désignés socialement à cet effet (Pray, 1947 ; Hahn, 1983 ; Chauvière, 1989).

Les demandeurs de services qu'on nomme sous des vocables variés : publics, consommateurs, usagers, clients, bénéficiaires (Chauvière et Godbout, 1992) s'adressent d'abord à des établissements (et non directement aux professionnels comme c'est le cas en pratique libérale) pour présenter les problèmes et solliciter de l'aide, selon deux modalités différentes : la demande sociale et la commande sociale (De Robertis, 1981 ; Du Ranquet, 1981 ; Duplantie, 1987 ; Rooney, 1992 ; Mugnier, 1993 ; Afchain, 1997).

La *demande sociale* est la sollicitation librement exprimée par des personnes pour être aidées dans leurs difficultés individuelles, familiales ou collectives. Cette sollicitation peut prendre diverses formes :
– une demande formulée par l'usager lui-même, pour lui-même ;
– une demande, sous forme d'une démarche entreprise par un proche concernant une difficulté d'une personne de son entourage ;
– une demande formulée par un professionnel, sous forme d'une *référence* ;

Figure 3.1
Paradigme du travail social
Interférences et connexions dans le tissu social des personnes et des environnements

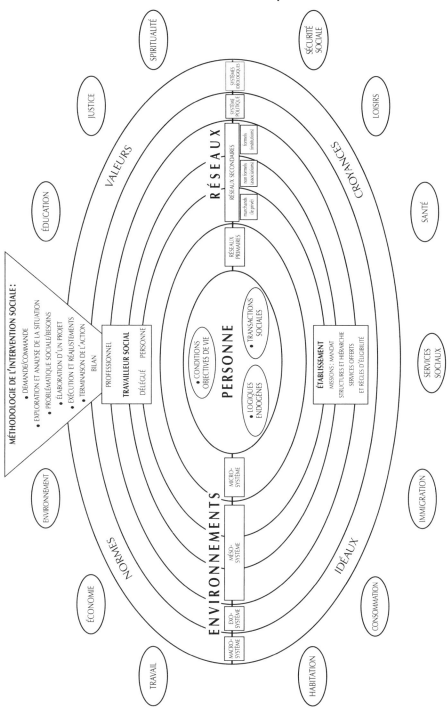

– un projet d'intervention ou une offre de service à un usager ou à des usagers concernant un problème social identifié par le travailleur social ou par une équipe professionnelle ou une association.

La *commande sociale* est une demande de la part d'agents faisant autorité, demande qui oblige le système-client et l'établissement à intervenir pour modifier une situation jugée inacceptable ou pour satisfaire à une condition en vue de l'obtention d'un service dans le cadre d'un mandat judiciaire ; il s'agit alors d'une aide imposée :

– une demande de tutelle ;
– un signalement au service de protection de la jeunesse ;
– un mandat judiciaire : libération conditionnelle, probation ;
– un suivi psychiatrique, dans les cas de pédophilie ou de maltraitance et de violence envers des mineurs.

L'établissement, selon sa mission et ses programmes d'action, pourra retenir ou rejeter l'appel de service. Dans chacun de ces scénarios de la demande ou de la commande, les positions des acteurs interfèrent dans la situation en cause, qu'ils soient usagers, professionnels, direction administrative, équipe professionnelle, élus locaux. Chaque acteur perçoit les réalités sociales, sous un jour et des angles particuliers, selon sa position et ses dispositions cognitives, affectives et éthiques (Boudon, 1986 ; Gunthern, 1989). Les écarts entre les perceptions et les positions des usagers et celles des administrations peuvent être considérables. Les travailleurs sociaux doivent tenir compte de ces phénomènes et c'est un de leurs rôles de servir de médiateur ou de défenseur des usagers dans cette situation.

Les organisations font appel, généralement, aux professionnels du travail social lorsque des situations mettent en péril l'identité et l'intégrité des personnes, leur devenir, leurs chances d'existence, leur autonomie. C'est une fonction reconnue à la profession de service social, dans la société (Conseil supérieur du travail social, 1987). Les fondateurs du service social, les COS, les *Settlements*, entre autres, ont mis en avant que « pour prêter une assistance efficace, il ne suffit pas de distribuer des secours… ». Il faut aussi aider les gens, par des moyens pratiques et en leur donnant confiance en leurs capacités, à tirer le meilleur parti possible de leurs propres ressources et celles de la société (ONU, 1959).

3.2.2. Le travailleur social : activités et rôles

Le travailleur social, dans le paradigme du travail social, est tout à la fois *une personne* avec ses caractéristiques propres, son organisation de vie, ses origines familiales et sociales, ses projets, ses idéologies, ses conditions d'existence *et un délégué*, c'est-à-dire un employé d'une organisation dans laquelle il occupe une position et exerce des fonctions déterminées par la direction de l'établissement (Conseil supérieur du travail social, 2001). Et enfin, il est *un professionnel* détenteur d'un diplôme, de connaissances, d'un savoir-faire technique. De ce fait, le travailleur social aura la responsabilité de mener des interventions sociales dans lesquelles il exercera des rôles variés auprès de divers systèmes (McPheeters et Ryan, 1971 ; Hernandez *et al.*, 1985) (Figure 3.2).

Figure 3.2
Activités et rôles des travailleurs sociaux
dans les transactions personne-environnement

Rôle	Personne	Famille	Petit groupe	Institution	Communauté
Conseiller	Conseil	Thérapie familiale	Thérapie de groupe	Consultation Supervision	Consultation Organisation communautaire
Formateur Éducateur	Enseignement	Éducation familiale	Ateliers d'apprentissage	Développement organisationnel	Planification sociale Animation
Intermédiaire Courtier	Permanence Accueil	Information	Entraide	Réseau	Concertation
Médiateur Négociateur	Médiation sociale	Médiation familiale	Médiation intergroupe	Arbitrage Négociation	Interlocution
Défenseur Intercesseur Avocat	Défense	Défense	Apprentissage Éducation Consultation	Dossiers techniques	Intercession
Protecteur Tuteur	Prise en charge	Suivi familial	Thérapie coercitive obligatoire	Contrôle	Démarches légales ou judiciaires

Source : Hernandez *et al.*, 1985, *Integrated Practice :*
An Advanced Generalist Curriculum to Prepare Social Problem Specialist.

3.2.3. L'intervention sociale

L'intervention sociale est définie comme un ensemble d'activités présuppo-sant la mise en œuvre de moyens organisés de façon cohérente dans le temps et dans l'espace en vue de modifier une situation-problème (Contandriopoulos *et al.*, 1990). Plus spécialement, elle est une action volontaire de la part d'un pro-fessionnel dans le cadre d'une mission autorisée ou légale (Bouquet et Garcette, 1998). La notion d'intervention s'articule autour de trois pôles : le *pôle pratico-interactif* qui implique une action clinique entre un professionnel et un système-client dans laquelle y a « un *faire ordonné* » qui introduit à la fois de la méthode dans une relation humaine et l'implication respectueuse de l'humain dans une démarche méthodique ; le *pôle politique* qui concerne les éléments de la prise en charge des problèmes sociaux et le partenariat entre différentes instances et le *pôle technoscientifique* qui a trait à la démarche méthodique, l'instrumentalisation et la gestion opératoire des activités professionnelles (Nélisse, 1997).

L'intervention sociale possède des caractéristiques qui lui sont propres et qui constituent l'originalité du service social :

• *L'intervention sociale est une entreprise de recherche de solutions sur mesure.* Les demandes faites aux travailleurs sociaux de mener des actions qui apporteront des modifications dans les données d'un problème (De Robertis, 1978) et la nature même du matériau sur lequel ils agissent font que l'intervention sociale est « une entreprise spéciale qui exige à un haut degré la faculté de percevoir l'essence propre à chaque être humain » (Richmond, 1922, trad. fr. 1926), une entreprise de recherche de solutions et l'organisation d'une solution «sur mesure», en fonction et à partir des particularités des situations (Saint-Arnaud, 1997) et «eu égard aux caractéristiques de la société» (Baecheler, 1976). Toutes les méthodes du Service social (service d'aide à la personne, service social des groupes, organisation communautaire) ont affirmé cette idée qu'il fallait proposer, construire, élaborer, mettre en place, avec la participation active des acteurs sociaux concernés (clientèles, institutions, décideurs, élus locaux), des solutions en vue d'une meilleure articulation personne-environnement. Instaurer, édifier, inaugurer des situations inédites ou des solutions à inventer est un acte en relation avec la liberté et la créativité (Binswanger, 1972 ; Kuhn, 1986). Il incombe au travailleur social de «découvrir et de libérer ce qu'il y a de meilleur et d'unique dans chaque individu, d'aimer profondément le dessin infiniment varié de l'humanité, et de s'efforcer, avec une âme d'artiste, de développer la profondeur et la richesse des tons dont ce dessin est revêtu» (Richmond, 1922, trad. fr. 1926).

• *L'intervention sociale est une œuvre coproduite.* C'est «une action qui s'instaure en fonction des intentions des partenaires» (Saint-Arnaud, 1997) et qui implique une multitude d'acteurs :

– *le système-client* occupe une place centrale dans l'intervention dont il est l'acteur et le sujet principal (De Robertis, 1981). Il possède des capacités internes et le rôle du travailleur social est davantage de l'aider à retrouver — ou à découvrir — ce qu'il sait, à résoudre ses problèmes et à réinventer des solutions (Ausloos, 1991) que de lui conseiller ce qu'il faudrait faire. Mary Richmond faisait le constat que « de tous les systèmes, le plus efficace pour développer la mentalité et les relations sociales, est, sans contredit, celui qui lui fait prendre une part active aux plans conçus pour son bien» (Richmond, 1922, trad. fr. 1926). Les travailleurs sociaux chercheront à influencer le système-client de telle sorte qu'il participe activement à la résolution de ses problèmes (Garrett, 1949) et qu'il soit ainsi l'acteur de son propre devenir (Conseil économique et social, 2000). Dans toutes les méthodes, on n'a eu de cesse de rappeler l'importance que les personnes en difficulté (les groupes ou les communautés) soient traitées comme «acteurs de leur vie», «experts de leur situation», «co-intervenants dans la résolution de leurs difficultés», «partenaires dans les plans de soins». La participation du système-client «repose sur la conception que tout être humain possède un monde qui lui est propre et que personne ne peut mieux que lui-même (ou d'une façon plus "experte") interpréter. Et ceux que l'intervention affecte devraient avoir la possibilité de prendre part, non seulement aux décisions spécifiques mais également aux définitions de la situation sur lesquelles se fondent les décisions» (Berger, 1978). Le système-client est en quelque sorte dans une position de copilotage de la rencontre et de coproducteur de la prestation de services (Joseph et Jeannot, 1995, cité par Ion, 1998) ;

– *les acteurs sociaux* — membres des réseaux primaires et secondaires, élus locaux, responsables des administrations publiques, associations, professionnels — sont impliqués autant dans la genèse des problèmes que dans la production de solutions. De là, l'importance d'élaborer un partenariat sur la base d'un dialogue entre les différents acteurs dont les postures sont à la croisée des dimensions personnelles, institutionnelles et professionnelles (Dhume, 2001), un dialogue au cours duquel le programme est fixé conjointement et les points de vue des clientèles et les connaissances indigènes, « autochtones » sont délibérément et systématiquement recherchées et respectées (Schneider et Libercier, 1995).

• *L'intervention sociale est une interposition.* Le fait de se placer ou de s'intercaler entre les différents acteurs impliqués dans un problème amène les travailleurs sociaux à jouer des rôles d'intermédiaire entre les systèmes-clients et les institutions (Degoumois, 1980 ; Dubost, 1987 ; Van Campenhoudt, 1989). Cette interposition leur commande d'avoir une pratique qui soit à la fois de proximité et de distanciation (Lüssi, 1992) : une proximité d'alliance avec les usagers et les acteurs sociaux afin d'être en mesure de les influencer, et une distance pour éviter l'identification, tant avec les demandeurs qu'avec les acteurs institutionnels, et pour leur laisser ainsi les marges de manœuvre nécessaires aux actions : un effort de décentralisation qui implique que les travailleurs sociaux s'informent des éléments constituant la situation et qu'ils traitent celle-ci comme un objet extérieur (Boudon, 1984).

• *L'intervention sociale est la gestion du processus de résolution de problème.* On peut définir un processus « comme une série d'opérations et d'étapes menées par un intervenant en vue de transformer une situation particulière ou un problème en une nouvelle situation plus souhaitable et plus adéquate » (Lescarbeau, Paquette et Saint-Arnaud, 1990 ; Nélisse, 1993). Dans le système d'intervention, c'est le professionnel qui est l'expert du processus tandis que dans le système-client c'est l'usager qui endosse ce rôle, cerne le problème, choisit des options, la finalité, mesure les risques encourus par et dans l'intervention. L'expertise professionnelle repose sur l'intégration de connaissances théoriques et techniques de l'intervenant, ainsi que sur l'accumulation d'expériences pratiques tandis que l'expertise du système-client repose sur l'intégration de ses expériences de vie et des compétences propres qui en découlent (Le Bossé, 1996). Dans le processus de résolution du problème, les questions tourneront autour de la façon de procéder pour trouver les réponses ou les solutions appropriées à la situation. C'est un travail qui est conscient, explicite, planifié, à l'opposé d'un travail intuitif et implicite (Rosen, 1992 ; Salomon, 1998) et qui requiert des compétences de type production de la part de l'intervenant ou de l'équipe professionnelle. Le problème à résoudre est à identifier et, de plus, comme on ne dispose pas la plupart du temps de procédures connues pour trouver des solutions, un plan d'accomplissement des actions doit être élaboré (CNESS, 1993). C'est la raison pour laquelle il s'agit de compétences de type production (Brien, 1997).

• *L'intervention sociale est une démarche à caractère scientifique.* Dans ce type d'intervention, c'est l'action qui déterminera quelles sont les connaissances, les théories qu'il faudra rechercher : « le savoir est introduit dans l'intervention sous forme d'idée, de piste, d'hypothèses dont la validité n'est jamais prise pour acquise » (Saint-Arnaud, 1997). « Le savoir est toujours référé comme système aux problèmes qui lui donnent sens […]. La théorie intervient comme instrument pour résoudre le problème » (Prestini-Christophe, 1998). Depuis quelques années, il se développe une pratique basée sur la preuve ou sur les résultats (« *Evidence-Based Practice* ») (Jayaratme et Levy, 1979 ; Fischer, 1981 ; Ouellet et Tessier, 2003). C'est une pratique dans laquelle le professionnel, après avoir analysé la situation et diagnostiqué un problème, réfère à des protocoles d'intervention pour proposer des activités ou des approches déjà testées et qui ont fait la preuve de leur efficacité (Cournoyer et Powers, 2002 ; Rosen et Proctor, 2002). Les protocoles proposent des modèles spécifiques d'intervention construits *ad hoc*, pour des typologies particulières de problèmes. On ajuste l'intervention au problème (Nardone, 2000). Ce sont en quelque sorte des « guides de pratique » : ils réfèrent à un ensemble d'éléments systématiquement compilés et organisés ainsi qu'à des recommandations quant aux soins ou aux services à mettre en place ; ils s'appuient sur des résultats de recherche, sur le consensus de professionnels experts dans le domaine des problèmes en question ou encore sur des études de cas (Vandiver, 2002). Dans les guides d'intervention, ils apparaissent non comme des opinions mais comme des référents reconnus par les experts professionnels : « ce qui est habituellement fait ou impérativement indiqué de faire » (Nardone, 2000). Ces référents peuvent être théoriques, méthodologiques et normatifs (CSTS, 2001). Les protocoles aident les praticiens sociaux à chercher, à sélectionner et à utiliser les interventions qui sont les plus efficaces et les plus appropriées pour un système-client, dans une situation donnée et en fonction du résultat escompté.

3.2.4. Le système-client : personne ou groupe

Le travailleur social intervient auprès d'individus dont chacun est « une personne qui a une histoire passée […] qui est le produit final d'un parcours historique particulier […] mais la personne […] n'a pas seulement un passé, elle possède aussi un présent social. Ici et maintenant, elle a des relations sociales avec d'autres personnes et des groupes de personnes. En outre, ces relations ne sont pas de caractère accidentel, mais elles sont pour la plupart contrôlées par les codes, les mœurs et les conventions de la communauté à laquelle la personne appartient. Si on veut comprendre les émotions et les sentiments d'une personne ceux-ci doivent être mis en relation avec sa réalité sociale présente » (Nigris, 1996).

En fonction des peuples et des cultures, les échanges personne-environnement se vivent, en nature et en intensité, selon des modalités fort variées. Cela a donné naissance à deux conceptions ou deux modèles de la personne, quant à ses rapports avec, entre autres, sa famille, sa parenté, sa tribu : le modèle individualiste et le modèle communautaire (Dumont, 1978 ; Kakar, 1978 ; Bellah *et al.*, 1985 ; Cohen-Émérique, 1990 ; Taylor, 1998) :

– dans le *modèle individualiste* qu'on rencontre surtout dans les sociétés occidentales (Amérique du Nord, Europe de l'Ouest…), la personne est caractérisée par l'émergence d'un moi qui est une unité différenciée des autres et existant par elle-même, unité douée d'autonomie et d'indépendance.

La personne, à l'âge adulte (entre 18 et 21 ans selon les pays), doit procéder à la séparation physique et morale d'avec sa famille d'origine pour créer une autre cellule familiale ou, du moins, vivre indépendante des liens parentaux. La tradition américaine de la rupture *(« leaving home »)* prône que tout jeune adulte, fille ou garçon, doit partir, quitter le milieu familial pour faire son propre chemin dans le monde (Taylor, 1989, trad. fr. 1998). Dans la conception individualiste, l'entourage de la personne s'attend à ce que cette dernière se comporte d'une manière adaptée et cohérente, quelles que soient les situations, en conformité avec cette autonomie et cette indépendance ;
– dans le *modèle communautaire*, qui prévaut dans les sociétés africaine, asiatique et sud-américaine, la personne est perçue en termes de relations sociales : il n'y a jamais de coupure entre la personne, son milieu familial d'origine et son groupe d'appartenance. C'est le sentiment du nous qui prédomine et non celui du moi. Dans ces cultures, la personne éprouve un sentiment d'impuissance lorsque les membres de sa famille sont absents. Elle dépend du soutien des autres pour traverser la vie et satisfaire aux exigences imposées par le monde extérieur (Kakar, 1978, cité par Taylor, 1989). Les liens hiérarchiques reliant les personnes à leurs familles et à leurs groupes sont valorisés ainsi que leur participation et leur fidélité à la communauté. La solidarité est un impératif auquel on ne peut se soustraire : on y fait appel lors de maladie, de deuil ou pour pallier une carence des parents dans l'éducation des enfants. En somme, dans le modèle communautaire, c'est la supériorité du tout sur la partie, la subordination de l'individu au tout social qui prédomine.

3.2.4.1. Les conditions objectives de vie (COV)

Les conditions objectives de vie ou les conditions matérielles d'existence sont des éléments matériels, concrets, des ensembles de faits qui caractérisent un système (individu, famille, groupe et communauté) (Karsz et Mispelblom, 1983). Ce sont des données, « des contraintes de situations » (Kohn Feuermann, 1978) qui peuvent être observées, perçues, appréciées tant par la personne elle-même que par des acteurs extérieurs.

Ces conditions peuvent se présenter en six catégories (Credoc, 1966 ; Moreau, 1979 ; Bilodeau, 1982 ; Bertot et Jacob, 1991) :

1. *Les conditions personnelles :*
   – âge, sexe, orientation sexuelle ;
   – état civil ou le statut matrimonial : célibat, divorce, mariage, union civile (Québec), pacs (pacte civil de solidarité, France), union de fait, monogamie, polygamie, remariage, répudiation, séparation, veuvage ;
   – statut légal de l'enfant : adoption, filiation naturelle, parrainage ;
   – structure familiale : famille nucléaire, famille homo-parentale, famille monoparentale ;
   – rôles : conjoint, parent, fils ou fille ; petit-fils ou petite-fille, grand-parent, oncle ou tante ;
   – nombre d'enfants à charge.

2. *Les conditions développementales :*
– caractères morphologiques : poids, taille ;
– santé physique : maladie et handicap (origine, nature et gravité) ;
– santé mentale : diagnostic ;
– antécédents familiaux, histoire de vie (biographie) ;
– niveau de scolarité et instruction ;
– qualifications professionnelles ;
– langues parlées.

3. *Les conditions sociales :*
– origine ethnique ;
– lieu d'origine : ville, campagne, région, pays ;
– nationalité ;
– immigration, situation de réfugié, demandeur d'asile, immigration clan-destine (sans titre de séjour ou sans visa) ;
– religion.

4. *Les conditions d'habitation :*
– cadre de vie :
– quartier et type de voisinage : équipements commerciaux, administra-tifs, scolaires, culturels et sociaux
– logement :
  • régime d'occupation : propriétaire, locataire, colocataire, pensionnaire, squatter ;
  • situation particulière : sans domicile fixe, placement en appartement protégé, famille d'accueil, pension de famille, hébergement chez un ami, dans la famille ou chez un alter ego, foyer de groupe, centre d'ac-cueil, hôpital, maison de transition ;
  • qualité du logement : année de construction, confort, nombre de pièces et superficie, meubles et équipement ;
  • coûts du loyer ou remboursement du prêt hypothécaire.

5. *Les conditions de travail :*
– poste occupé : à temps plein, à temps partiel, permanent, à contrat à court ou à long terme ;
– lieux, horaires, sécurité, qualité de vie (bruit, propreté), vie associative (syndicat, comité d'entreprise) ;
– sans emploi ou en chômage : suite à un licenciement, un accident ou autres facteurs.

6. *Les conditions économiques :*
– revenus
  • salaire ;
  • tontines épargne, garde-monnaies (pratiques africaines) ;
  • allocations sociales ;
  • avantages sociaux ;
– endettement.

Pourquoi les COV ? La force de la réalité

On peut se demander pourquoi il est si important de connaître (et de rechercher) les conditions objectives de vie d'une personne ou d'un groupe. La réponse en est donnée par l'événement rapporté par le président, à cette époque, de l'Association nationale des travailleurs sociaux des États-Unis et de la Fédération internationale des travailleurs sociaux (Alexander, 1982) : «Comme je m'apprêtais à quitter la salle commune de l'hôpital psychiatrique (la scène se passe aux États-Unis) où je travaillais, mon regard a été attiré vers le lit d'une malade au pied duquel on pouvait lire, en grosses lettres, la phrase suivante : "la malade répond seulement quand on crie à tue-tête". En dessous, portant la signature d'un travailleur social, on avait écrit : "la malade répond quand on parle doucement en français" ». Les comportements des personnes ne peuvent s'appréhender qu'en les reliant à leurs conditions d'existence (Karsz et Mispelblom, 1983) ; c'est dans ces conditions que naissent les pensées, les émotions, les attitudes et les comportements, c'est-à-dire les logiques des acteurs. «La plongée dans le vécu permet de produire des représentations et d'expliciter le rapport imaginaire qu'entretient chaque individu avec ses conditions concrètes d'existence » (Gaulejac, 1992).

3.2.4.2. Les logiques endogènes

Si le travailleur social veut comprendre un problème ou une situation humaine, il est impératif qu'il s'appuie sur la définition de la réalité qu'en donne la personne qui vit cette réalité, pour ensuite l'impliquer dans la codétermination des actions à entreprendre. Le concept de logiques endogènes des acteurs nous fournit des outils de divers niveaux.

La logique (du latin *logica*, science du raisonnement) réfère «à une cohérence implicite entre une série de pratiques contribuant à réaliser certaines orientations » (Remy, 1978) tandis que le terme endogène (du grec *endon* et *genos*) signifie qui provient de l'intérieur, qui a une cause interne (Rey, 1992).

En travail social, les logiques endogènes correspondent aux façons de penser, de sentir et d'agir d'une personne (ou d'un groupe ou d'une population). Elles ont été définies comme le vécu subjectif d'une personne (d'un groupe ou d'une population), c'est-à-dire l'ensemble de ses perceptions, sentiments, attitudes et comportements (Moreau, 1979 ; Bilodeau, 1980 ; Ampleman *et al.*, 1983 ; Saint-Arnaud, 1983), ou encore comme ses cadres de références : la grille de lecture de la réalité qu'une personne s'est forgée à partir de son enfance et qu'elle a modifiée au fil de ses appartenances à d'autres groupes de références (Laurent, 1988).

Il existe, dans les disciplines des sciences sociales, des concepts qui peuvent nous aider à cerner la notion de logiques endogènes. Une première série aidera à comprendre la genèse des logiques endogènes : les représentations sociales, l'habitus culturel et la théorie du sens, entre autres. Une seconde série a trait à des concepts plus opérationnels servant à décrire les comportements et attitudes de la personne et leur émergence dans les rapports avec les autres : la rationalité contextuelle de l'acteur, l'analyse stratégique, le lieu de contrôle, les modes de vie.

Les représentations sociales

Ce concept issu de la psychologie sociale a été élaboré par Moscovici (1961), dans son ouvrage *La psychanalyse, son image et son public*. La représentation est en quelque sorte « une forme de savoir pratique alliant un sujet à un objet » (Jodelet, 1993). Les êtres humains ont une « capacité de connaissance du monde dans lequel ils sont plongés, ce qui signifie qu'ils conservent des traces internes ou représentations de leurs interactions avec le monde environnant » [...] sous forme « d'images mentales, de sentiments [...] qui s'organisent en un système de pensée ou d'opérations mentales » (Bronckart, 1998). Personne n'a jamais de contact direct avec la réalité. On ne peut pas assimiler de l'information si on ne dispose pas d'une représentation préalable. Les représentations sociales nous permettent de comprendre les informations en provenance de notre environnement. Elles permettent les actions en commun. Par exemple, la possibilité, pour une association d'agir dépend de la façon dont elle se voit et dont elle anticipe sa présence dans le monde (Lecomte, 1998).

Les représentations sociales peuvent être comparées à des « théories » du savoir commun des gens, à des « sciences populaires » qui se diffusent dans une société, sens commun dont dépendent la plupart des pratiques sociales (Morin, 1995). Les représentations sont autant individuelles que sociales : « elles nous guident dans la façon de nommer et de définir ensemble les différents aspects de notre réalité de tous les jours, dans la façon de les interpréter, de statuer sur eux et le cas échéant, de prendre une position à leur égard et de la défendre » (Jodelet, 1993).

On repère les éléments des représentations sociales, entre autres, dans les mots, les discours, les croyances, les valeurs, les attitudes, les conduites, les opinions, les partis pris, les stéréotypes, les scénarios d'analyse, les préjugés, les idées fixes qui sont présents dans les rapports sociaux et dans la réalité matérielle (Jodelet, 1993 ; Moscovici, 1998). On peut procéder à une collecte de données sur les représentations sociales par l'observation participante, par des questionnaires, par des analyses de contenu, par des méthodes d'enquêtes et d'intervention (Flament, 1987 ; Jodelet, 1993).

L'habitus culturel

Par le concept d'habitus culturel, on cherche à décrire et à comprendre les principes générateurs des comportements des gens : « il faut reconstruire le capital des schèmes informationnels qui leur permet de produire des pensées et des pratiques sensées et réglées sans intervention de sens et sans obéissance consciente à des règles explicitement posées comme telles » (Bourdieu, 1987). L'habitus est donc un système de dispositions à la pratique, dispositions acquises dans l'apprentissage, dans la formation, dans l'éducation. L'habitus renvoie pour ainsi dire à la notion d'inconscient social (Desjeux, 1994). De façon imagée, « l'habitus pourrait représenter l'équipement de l'individu comme les armes du soldat » (Héran, 1987 ; Dutrenit, 1992). L'habitus pourvoit l'individu en schémas de perception, en points de vue, en visions du monde.

La théorie du sens

« L'homme est l'animal qui projette un sens dans l'univers. L'homme nomme les choses, leur attribue des valeurs et construit de vastes ensembles de signification (langages, systèmes de symboles, institutions) qui servent de poteaux indicateurs indispensables à son existence […] aucun aspect de la vie sociale […] ne peut être compris sans examiner ce que ce sens signifie pour ceux qui y participent […]. Toute société fournit à ses membres une carte cognitive (ce qui est, où ils en sont) et une carte normative (ce qui doit être, ce qu'il faut faire en cet endroit particulier). Ces sens, ces significations étaient auparavant données aux membres de la société comme des faits sacrés, auxquels ils ne peuvent se soustraire. De nos jours, dans les sociétés postmodernes, les individus se trouvent devant une possibilité de choix du sens dans des domaines de plus en plus nombreux, par exemple, quant aux valeurs familiales, aux styles de vie, aux préférences sexuelles » (Berger, 1978). « Les cartes cognitives et normatives étaient auparavant indiscutées et aidaient à définir les exigences au nom desquelles on évaluait sa vie et on mesurait sa plénitude ou son vide. Ces cadres sont devenus problématiques dans un monde en transformation et sont ramenés au rang de choix ou préférences personnelles » (Taylor, 1989).

La rationalité contextuelle de l'acteur

Le principe de rationalité postule « que les acteurs, posés dans une situation, agissent de façon *rationnelle*, c'est-à-dire qu'ils agissent d'une façon appropriée ou adéquate à la situation » (Dumouchel, 1984). Le concept de rationalité de l'acteur a surtout été utilisé en ethnologie dans les années 1970-1980 pour expliquer les échecs de la coopération des pays occidentaux dans les civilisations africaines et asiatiques. Au début, de nombreux responsables de programmes de développement communautaire attribuèrent les échecs de la coopération à des phénomènes comme « les résistances aux changements », ou « l'attachement émotionnel aux traditions » (Boudon, 1984). On a mis en évidence le fait que les échecs étaient plutôt dus à une méconnaissance, de la part des représentants des pays occidentaux, de la logique des acteurs, de leur perception et de leur définition de la réalité. « La rationalité d'un comportement ne peut évidemment être jugée que par rapport à la situation de l'acteur lui-même […], comportement qui a un caractère adaptatif par rapport aux éléments constituant la situation » (Boudon, 1984). La rationalité des choix des acteurs économiques ne se comprend que par rapport à un environnement social et politique donné (Hirschman, 1984). Ainsi, par exemple, les comportements et les attitudes des producteurs et des consommateurs des pays d'Afrique « obéiraient à une logique d'économie affective où l'entente réciproque est fondée sur les liens de parenté, d'origine ou de religion » (Hugon, 1995) plutôt qu'à la logique marchande des pays occidentaux.

L'analyse stratégique

Par l'analyse stratégique, on cherche à comprendre quels sont les intérêts des gens qui les poussent à agir dans un sens plutôt que dans un autre. Les comportements sont régis par des intérêts soit d'ordre matériel (économie, salaire, statut…), soit d'ordre symbolique (reconnaissance sociale, prestige, passion d'agir, utilité sociale, paternité d'une initiative ou d'un projet) (Ndione, 1989 ; Crozier, 1995). Les comportements prennent place dans des transactions sociales impliquant plusieurs acteurs et des réseaux sociaux officiels et officieux qui exercent toujours une influence sur les décisions d'agir d'un acteur. Cela renvoie à la question des enjeux : de ce que chacun perd ou gagne. La stratégie adoptée par chaque acteur — en fonction d'une situation où des besoins sont à combler — est donc un dosage de trois éléments (Desjeux, 1987) : le réalisme (les données de la situation, les ressources, les intérêts et les atouts), l'angoisse (son degré d'intensité favorise ou paralyse l'action qui pousse à vouloir sortir du malaise…) et le rêve (l'enchantement, l'utopie, le hasard, la créativité…).

Le lieu de contrôle

Le concept de lieu de contrôle ou siège du contrôle *(Locus of Control)*, issu des théories de l'apprentissage, désigne où se trouve, pour un individu, la responsabilité de ce qui lui arrive ; la cause d'un événement est à rechercher surtout à l'extérieur de lui-même ou en lui-même (Levenson, 1974). Ce concept désigne aussi la façon dont le sujet va repérer et expliquer les phénomènes auxquels il est confronté, « par l'étude des mécanismes d'attribution des types de causalité qui ont produit ces phénomènes ou ces événements » (Reynaert *et al.*, 1993). Dans des recherches sur la santé, on a ainsi dégagé trois types de responsabilité (Wallston et Wallston, 1978 ; Jutras, 1987 ; Doron et Parot, 1991) :

- le lieu de contrôle interne : le sujet se considère comme responsable de la situation de maladie/santé ;
- le lieu de contrôle externe : le sujet attribue aux autres la responsabilité de ce qui lui arrive ;
- le lieu de contrôle aléatoire : des facteurs comme le destin, la chance, le hasard expliquent les phénomènes.

Les modes de vie

Les modes de vie ou les styles de vie se définissent « comme un ensemble de comportements sociaux caractéristiques d'un lieu » (Beyhum, 1997) et ils concernent les pratiques de consommation, les formes de socialité et les emplois du temps libre telles que des pratiques, des habitudes, des opinions à l'égard du crédit, de l'épargne, de l'accession à la propriété, de l'usage des jardins, des vacances, de la sociabilité, du voisinage, des achats, du mobilier, du travail des femmes (Bidou, 1984 ; Wirth, 1984 ; Aballéa, 1987).

À titre d'exemple, voici comment les logiques endogènes des familles en situation de marginalité et de fragilité économique ont été identifiées par des intervenants sociaux : difficultés à analyser leur situation, fatalisme, difficultés à lier des échecs à des causes précises sur lesquelles elles auraient pu avoir prise, les problèmes quotidiens paraissant inéluctables, primauté accordée à l'immédiat, sécurité et satisfaction directes privilégiées, conduites axées sur le présent plutôt que sur le lendemain (Jacques, 1984 ; Fontaine, 1992). Cependant, l'analyse des logiques endogènes des personnes ou des groupes revêt un caractère moral et cette analyse devrait être empreinte de la plus grande humilité car le développement d'une personne ou d'une communauté ne peut dépendre « de décisions d'experts, tout simplement parce qu'il n'existe pas d'experts en matière d'aspirations humaines. Le développement est la direction souhaitable que doivent prendre les êtres humains dans une situation donnée » (Berger, 1978).

3.2.5. L'environnement

L'environnement constitue un système d'interactions dont les propriétés physiques et sociales interfèrent avec des données culturelles et idéologiques propres à une situation donnée (Fischer, 1990). Il est difficile de bien saisir la complexité de l'environnement. Voilà pourquoi, à titre d'hypothèse heuristique (Germain, 1981b), on établit la distinction entre environnement physique et environnement social (Figure 3.3, page suivante).

3.2.5.1. L'environnement physique

L'environnement physique, c'est l'ensemble des conditions et des éléments qui ont trait à la structure matérielle des transactions sociales et à leur organisation (Longres, 1995).

L'environnement physique réfère aux caractéristiques concrètes du cadre dans lequel les échanges sociaux ont lieu (Barker, 1968). On distingue dans l'environnement physique, le *cadre naturel* (terre, paysage, eau, climat, forêt, plantes, animaux), le *cadre bâti* (tous les objets et les structures créés ou manipulés par l'homme, comme les villes et les villages, les habitations, les systèmes de communication) et aussi les *transformations du cadre naturel* par l'homme : coupe des forêts, culture des terres, déchets nucléaires, pollution de l'eau, de l'air. L'environnement physique est relié *au temps* (le jour, la nuit, les saisons, les cycles de la vie) et à *l'espace* (clos ou ouvert, la disposition des objets) (Germain, 1981a).

La qualité de l'environnement physique joue un rôle important dans le développement des personnes et des communautés, leur fonctionnement social, leur santé. Nous examinerons plus loin dans l'exposé des effets des transactions sociales (cf. 3.3, *infra*), dans quelle mesure les éléments de l'environnement physique contribuent à la satisfaction des besoins des personnes.

3.2.5.2. L'environnement social et les réseaux sociaux

La notion d'environnement social, proche de celle du milieu, « tend à invoquer l'espace et l'entourage dans lequel un organisme agit et se développe et où il puise les ressources nécessaires à sa survie » (Benoit *et al.*, 1988). L'environnement social est constitué par tout ce qui a trait à l'organisation sociale, par les activités et les normes qui régissent les interactions, et par les multiples systèmes de ressources. Il englobe l'ensemble des individus, des groupes, des institutions, des organisations et des systèmes sociaux avec lesquels les personnes interagissent et qui peuvent, directement ou indirectement, avoir une influence sur leurs comportements et sur leur développement : le réseau des parents, des amis, des voisins, des compagnons (de travail, d'école) ; les aidants naturels ; les figures significatives positives ou négatives, qui exercent autorité et pouvoir dans la vie

Figure 3.3
L'environnement physique et social

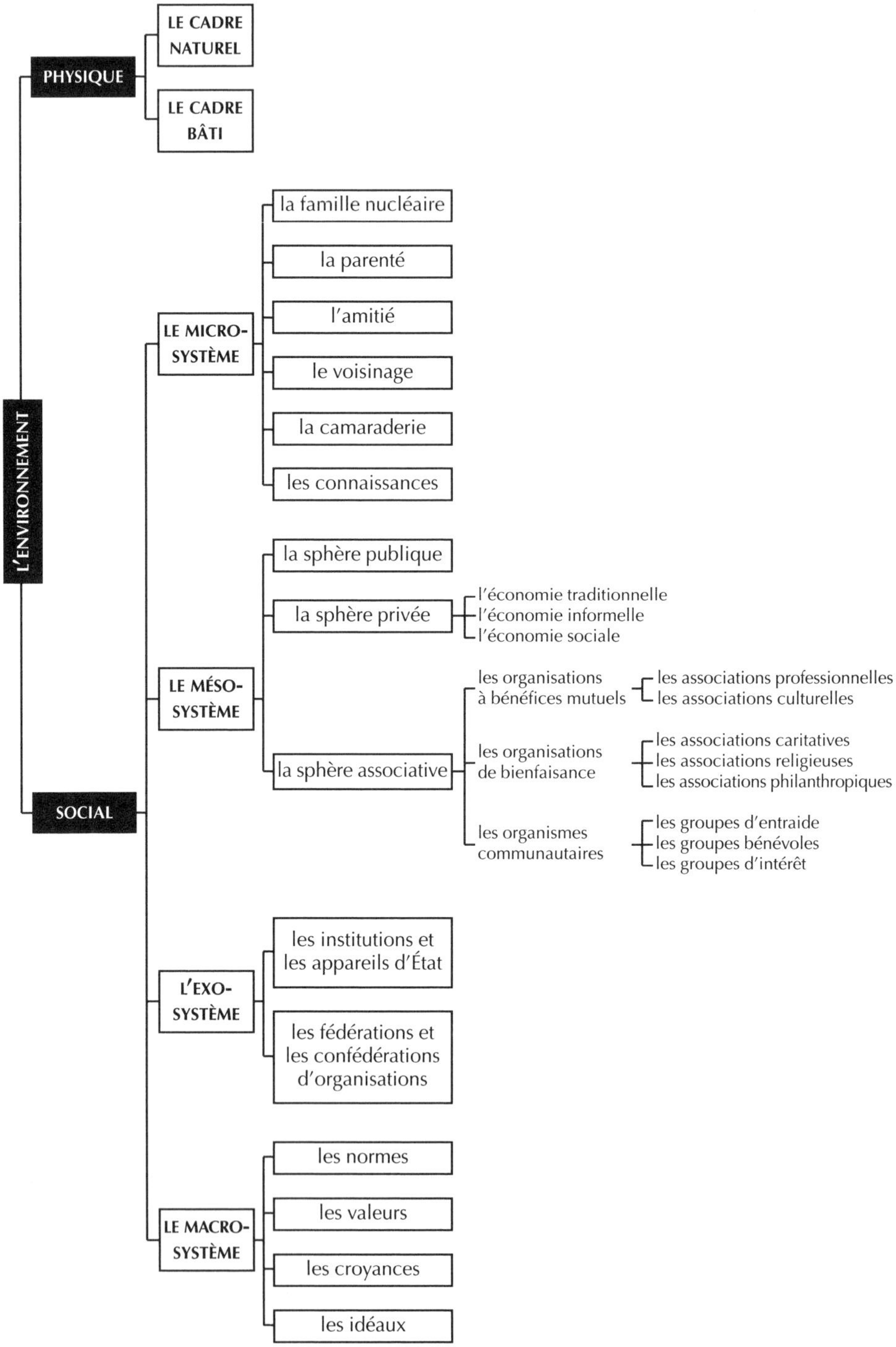

Structure:

L'ENVIRONNEMENT

- PHYSIQUE
  - LE CADRE NATUREL
  - LE CADRE BÂTI
- SOCIAL
  - LE MICRO-SYSTÈME
    - la famille nucléaire
    - la parenté
    - l'amitié
    - le voisinage
    - la camaraderie
    - les connaissances
  - LE MÉSO-SYSTÈME
    - la sphère publique
    - la sphère privée
      - l'économie traditionnelle
      - l'économie informelle
      - l'économie sociale
    - la sphère associative
      - les organisations à bénéfices mutuels
        - les associations professionnelles
        - les associations culturelles
      - les organisations de bienfaisance
        - les associations caritatives
        - les associations religieuses
        - les associations philanthropiques
      - les organismes communautaires
        - les groupes d'entraide
        - les groupes bénévoles
        - les groupes d'intérêt
  - L'EXO-SYSTÈME
    - les institutions et les appareils d'État
    - les fédérations et les confédérations d'organisations
  - LE MACRO-SYSTÈME
    - les normes
    - les valeurs
    - les croyances
    - les idéaux

quotidienne des gens : le commerçant, le maire, le policier, le coiffeur, le barman ; les organisations et les institutions publiques et privées qui offrent des services divers : éducation, bien-être, travail, santé, logement, loisirs ; la société avec ses systèmes de valeurs, sa culture, ses structures politiques et économiques, ses lois (Siporin, 1975 ; Germain, 1981a ; Maluccio, 1981 ; Zastrow et Kirst-Ashman, 1987 ; Monkman, 1991).

On peut distinguer plusieurs dimensions dans l'environnement social, parmi lesquels :

- *les niveaux de réalité sociale*, du macroscopique au microscopique (Ritzer, 1991). On peut identifier quatre niveaux d'environnement social : le microsystème, le méso-système, l'exo-système et le macro-système (Bronfenbrenner, 1979) ; ces quatre niveaux sont encastrés et disposés de manière concentrique, imbriqués les uns dans les autres ;

- *les niveaux d'organisation* : le niveau 1 : celui des communautés avec les multiples cultures ; le niveau 2 : celui des États et des territoires ; le niveau 3 : le marché et les échanges économiques ; le niveau 4 : la société mondiale en voie de constitution. Ces quatre niveaux forment en quelque sorte « l'architecture du monde actuel » (Durand, Lévy et Retaillé, 1992 ; Lévy, 1995) ;

- *le type de structure*, objective ou subjective (Ritzer, 1991). La structure subjective réfère aux idées, aux normes et aux valeurs dans la société. La structure objective correspond aux éléments structuraux : l'appareil gouvernemental, les bureaucraties, les lois ;

- *les diverses formes de regroupement ou d'association* : « Toutes les sociétés ont des unités élémentaires appelées familles, lesquelles peuvent être regroupées cn villages ou en tribus, et ces dernières peuvent être à leur tour groupées en des ensembles plus larges » (Simon, 1974).

Dans cet ouvrage, nous aborderons les formes de regroupement sous l'angle de la communauté, du groupe, et des réseaux sociaux.

Les réseaux sociaux : l'environnement social effectif

Une personne est rattachée à « des communautés historiques particulières et à des réseaux donnés par la naissance et l'histoire » (Taylor, 1989). Elle vit dans des environnements sociaux de plus ou moins grandes dimensions comportant de multiples acteurs et organisations. La personne va cependant, selon ses besoins, ses projets ou ses désirs, et aussi selon les opportunités structurelles qui lui sont accessibles, construire ou élaborer ses propres entrelacs de rapports et de contacts sociaux, plus ou moins forts ou significatifs, positifs ou négatifs. « Les réseaux sont en constant réaménagement, par l'effet de contraintes ou de choix, des attentes effectives ou des cycles de vie (naissance du premier enfant, rupture conjugale, déménagement, perte d'autonomie, vieillesse) » (Fortin, 1993). C'est dans les environnements sociaux que chaque personne va puiser les éléments qui constitueront ses réseaux, « son environnement social effectif » (Ogbu, 1981), qui sont considérés comme « des ponts entre l'individu et l'environnement dans sa totalité » (Irey, 1980). Ils désignent l'ensemble des liens spécifiques que des personnes établissent entre elles (Mitchell, 1969), la somme de toutes les relations qu'une personne perçoit comme significatives et qu'on définit comme différentes de la masse anonyme de la société (Sluzki, 1993). On peut ainsi distinguer les cartes sociales du territoire vertical d'une personne c'est-à-dire le territoire de son histoire générationnelle et les cartes du territoire latéral, celui des transactions avec les réseaux sociaux ou les interfaces sociales (Compher, 1989).

Les quatre niveaux de l'environnement social

Nous retenons les typologies établies par Bronfenbrenner (1979), Bouchard (1981), Whittaker et Garbarino (1983), Lacroix (1990), Garbarino (1992), Barreyre *et al.* (1995) et Heffernan *et al.* (1997).

3.2.5.3. L'environnement micro-système : les réseaux primaires

L'environnement micro-système (du grec *mikros* : petit) se situe dans la sphère domestique (privée, intime, personnelle) où chacun des membres entretient des relations personnelles avec les autres (Cooley, 1922 ; Guédon, 1980). C'est le champ des rapports de personne à personne, « le micro-politique » (Morin, 1969). Ces réseaux primaires, qualifiés de réseaux de proximité car ils sont au plus près de la vie privée des gens, se répartissent en six sous-systèmes : la famille nucléaire (ou la famille simple ou la famille conjugale) ; la parenté (la famille élargie, la tribu) et les alliances ; le voisinage (le groupe de résidence, la communauté locale), l'amitié, la camaraderie (travail, vie associative), et les connaissances (les amis de mes amis). C'est au sein de ces réseaux que les personnes nouent des relations, basées sur l'affection, l'affinité, la proximité physique, qualifiées de relations de sentiment (Van Poucke, 1980) puisqu'elles n'ont d'autres fins qu'elles-mêmes. Cet ensemble de relations interpersonnelles « forment l'ossature d'une quotidienneté à la fois particulariste et affective » (Caillé, 1986). On peut considérer les réseaux primaires comme « des entrepôts de ressources ».

Avec l'urbanisation généralisée et à l'ère de la post-modernité, les réseaux primaires ont pris des configurations quelque peu différentes. La *famille nucléaire* définie comme un couple (un homme et une femme) vivant avec des enfants, sous un même toit, a subi, depuis quelques décennies, des transformations importantes dans sa structure même, pour être remplacée par la famille éclatée (séparation, divorce) et/ou recomposée (un couple divorcé avec des enfants d'une première union, en plus des enfants de la nouvelle union) ; elle peut être aussi monoparentale (mère seule ou père seul), ou encore homoparentale (conjoints de même sexe). De plus, les couples vivent souvent en concubinage sans être mariés civilement ou religieusement (Boulding, 1997). De nos jours, la famille est davantage considérée comme le lieu de l'affectif et non comme le pôle de socialisation préparant au vivre en société (Akoun et Ansart, 1999).

La *parenté*, quant à elle, comprend traditionnellement les grands-parents maternels et paternels, ainsi que les oncles, les tantes, les cousins, les cousines, tout comme la tribu regroupe des individus qui se reconnaissent un ancêtre commun. La parenté contemporaine peut avoir de multiples ramifications et enchevêtrements dus aux remariages, unions de fait et autres alliances.

L'*amitié* naît entre des personnes présentant des caractéristiques communes : homophilie de statuts — même appartenance de groupe ou positions occupées au sein d'un groupe — ou homophilie de valeurs — correspondance des orientations et échelles de valeurs (Lazarsfeld et Merton, 1954). C'est une relation personnelle, privée et volontaire. La relation d'amitié est un processus qui évolue au fil de la vie des individus ; cinq catégories d'événements sont particulièrement à prendre en compte dans le maintien ou non de l'amitié : le mariage, le divorce, l'arrivée des enfants, les réorientations professionnelles, la mobilité sociale (Coenen-Huther, 1986). Ces événements ont tous un impact sur les rôles, les attentes de rôles de la personne, donc sur son identité. Si l'amitié a été longtemps négligée comme élément ou composante du développement de la personne, de plus en plus de chercheurs, de thérapeutes, de philosophes soulignent aujourd'hui l'importance des relations d'amitié pour « l'avènement d'une société meilleure » (Gallup, 1994 ; Cuco i Giner, 1993). L'amitié, par exemple, peut être un des facteurs à prendre en compte pour combattre la solitude d'adultes vivant dans les grandes cités et pour des personnes âgées dont le réseau social s'est rétréci suite aux décès de plusieurs membres de la famille. En conséquence, les services au troisième âge pourraient prévoir « d'offrir des occasions et des lieux de rencontres où les contacts informels et les conversations libres sont à l'honneur, plutôt que d'organiser des activités à caractère utilitaire ou récréatif […] permettant ainsi l'éclosion de nouvelles amitiés ou leur consolidation » (Joshi, Grâce, Beaupré, 1989). Récemment, une étude entreprise auprès d'adultes (hommes et femmes), victimes de violences physiques ou sexuelles voulant identifier, parmi les catégories de support social, ceux auxquels ils avaient fait appel, plaçait les amis au premier rang, avant leur mère, leurs frères et sœurs, leur partenaire, leur père (Muller, 2000).

La *camaraderie* représente un élément important dans la vie de l'enfant, dès son entrée dans la scène publique : garderie, école, centres de loisirs. Le gang, la bande de copains — les « *chums* » en québécois —, jouent un rôle majeur dans la construction de l'identité sociale des adolescents et des jeunes adultes (Verde, 1995). À l'âge adulte, cette camaraderie se développe dans les milieux du travail, des études ou des loisirs.

Le voisinage désigne les lieux de rencontre de l'espace de résidence (Simon, 1998). Les voisins représentent une somme importante de ressources « au quotidien » : surveillance des lieux lors d'absence prolongée ou lors des vacances annuelles ; gardiennage des enfants, au retour de l'école ; échange de services et d'informations, présence, bavardage, relations amicales.

Les connaissances sont liées à l'élargissement des réseaux de relations ou de contacts, grâce aux « amis de mes amis », grâce aux réseaux communautaires, aux réseaux « virtuels » et forums de discussions : Minitel, Internet, FreeNet ou Libertel (Buzay, 1995).

En conclusion, nous retiendrons que les réseaux primaires sont caractérisés par les traits suivants (Van Poucke, 1980) :
 – les relations n'ont pas d'autre but que leur existence propre ;
 – les liens présentent un caractère durable et sécurisant ;

- ils produisent ce qu'on appelle la solidarité en vertu de laquelle les acteurs des réseaux primaires sont enclins à subordonner leur intérêt propre pour rencontrer ceux de la collectivité ;
- les échanges créent également des obligations de réciprocité ;
- les actions dans ce type de relation sont sujettes à un fort contrôle social.

3.2.5.4. L'environnement méso-système : les réseaux secondaires

L'environnement méso-système (du grec *mesos* : milieu) est « le domaine des relations commandées par une exigence d'impersonnalité, par le rapport aux institutions et à la société globale » (Caillé, 1986).

Entre l'individu et l'espèce humaine se sont constitués de nouveaux êtres intermédiaires, de nouvelles formes d'organisations vivantes : les entreprises, les associations, les organisations trans-frontières. Depuis la fin du tribalisme l'individu se trouve donc dans une appartenance plus large à l'espèce humaine et à la biosphère tout entière, « Gaïa, la planète vivante » (Gaudin, 1990).

Les sociétés industrialisées « confient le déroulement des fonctions principales et des activités d'intérêt éducatif à des structures particulières, les organisations. Toutes les sphères de la vie sociale — de la défense nationale à la répression des délits, de l'éducation à la santé, de la production à l'information, du commerce au tourisme — sont gérées par des organisations de plus en plus grandes et complexes » (Costabile, 1996).

Une personne en tant que citoyen peut assumer différents statuts et jouer des rôles multiples au sein de la société tout au long de sa vie ; elle est reliée à diverses organisations et elle est appelée à transiger avec elles, non seulement à titre individuel mais aussi comme membre d'une association de personnes. Dans ces transactions la personne peut être, tantôt productrice de biens et services tantôt usager (Godbout et Caillé, 1992). Ces divers lieux de participation et de rattachement à la vie en société organisée constituent le méso-système dans lequel les relations entre les gens et les organisations s'édifient sur une base fonctionnelle.

Les liens sociaux qui s'établissent au sein des organisations constituent des réseaux en ce sens que ces institutions participent à l'univers des relations sociales et qu'il se tisse autour d'elles un ensemble complexe de liens entre les individus qui en font partie et ceux qui profitent de leurs services. Les réseaux secondaires représentent pour les gens l'une des ressources majeures pour remplir leurs obligations ou pour résoudre les problèmes qui ne peuvent l'être par les seuls efforts individuels, ou du moins pas de manière aussi satisfaisante ou efficace. « Certaines organisations s'intéressent à combler les lacunes entre ce que les familles peuvent faire par elles-mêmes et ce que la société devrait faire pour les familles. Certaines organisations fournissent de l'assistance directe […]. D'autres, […] mènent des recherches et offrent des programmes d'éducation du public qui profitent indirectement aux personnes » (Mirabelli, 1997).

Ces organisations présentent plusieurs formes de dimensions variables, de l'Organisation des Nations unies au gouvernement local, de General Motors au garage de vente de voitures usagées, du ministère de la santé et des services sociaux au centre de guidance infantile locale ou de l'hôpital de la ville (Chess-Norlin, 1988).

Les organisations exercent leurs activités et produisent biens et services dans trois sphères de la société : la sphère publique, la sphère privée, la sphère associative.

La sphère publique : les réseaux secondaires formels

Les réseaux secondaires formels sont constitués des institutions publiques et semi-publiques, gérées par l'État qui propose des biens et des services, selon une standardisation des besoins et une logique fonctionnaire (Laville, 1995). Le gouvernement agit à la fois comme producteur, décideur et dispensateur de services (Wharf, 1998), dans plusieurs secteurs du développement économique — la sidérurgie, l'exploration minière, le financement des entreprises, l'électricité, la forêt, les industries culturelles, la gestion des régimes de retraite (Lévesque et Ninacs, 1997) — et du développement social — l'éducation, la santé, les transports, la sécurité sociale, les services sociaux. Nous préciserons plus loin, dans la section intitulée « l'environnement exo-système », les structures organiques du système public.

Les citoyens entrent en contact avec les réseaux secondaires formels, publics et semi-publics, par l'intermédiaire d'établissements installés sur des bases territoriales : la région, le département, la ville, le quartier. Écoles, hôpitaux, centres des services sociaux, mairies sont les organes de ce système public. À titre d'exemple, dans le secteur du bien-être social, les réseaux secondaires formels sont, pour le Québec : les centres locaux de services communautaires (CLSC), les centres hospitaliers (CH), les centres d'accueil (CA), les centres de protection de l'enfance et de la jeunesse (CPEJ) ; pour la France : les centres sociaux, les directions départementales d'action sanitaire et sociale, la protection judiciaire de la jeunesse (PJJ).

Les liens deviennent actifs dans les réseaux formels dans la mesure où les gens satisfont aux conditions d'éligibilité aux services, fixées par des lois et des réglementations administratives. Ces relations sont qualifiées de relations de pouvoir, car elles concernent des institutions bureaucratisées, avec de multiples niveaux d'opérateurs ou d'agents (Van Poucke, 1980).

Les réseaux secondaires formels (Van Poucke, 1980) présentent plusieurs caractéristiques :
- la configuration des relations est organisée, structurée, ayant un but précis ;
- ces relations ont un caractère permanent, de longue durée ;
- ces réseaux sont de plus en plus complexes, bureaucratisés, et ils impliquent des organisations qui sont dirigées, planifiées par un pouvoir central ;
- les échanges consistent en redistribution de biens et de services dans la mesure où la personne remplit les critères d'éligibilité.

La sphère privée : les réseaux marchands

Les réseaux marchands impliquent des relations d'échanges de biens et de services contre rémunération. Il est nécessaire de faire quelques distinctions

quant à la nature de leur organisation et aux produits que les réseaux marchands offrent. On peut ainsi distinguer :
- l'économie traditionnelle,
- l'économie informelle, légale ou illégale,
- l'économie sociale.

L'économie traditionnelle

Les réseaux marchands impliquent des rapports économiques entre individus dont les uns sont acheteurs ou consommateurs et les autres, intermédiaires ou fournisseurs de produits divers, de biens et de services, dans tous les domaines liés aux besoins de survie, de développement et de mieux-être : de l'alimentation à la psychothérapie, des soins de santé aux loisirs. Ces rapports s'exercent sur une base privée de libre entreprise, pour satisfaire des besoins, souvent artificiellement définis ; leur but final est le profit (Laville, 1995). Les liens y sont généralement impersonnels et les prix sont établis indépendamment des agents, étrangers les uns aux autres (Godbout et Caillé, 1992). Les producteurs ou les intermédiaires peuvent être des individus (par exemple, dans les relations de propriétaire à locataire, de commerçant à acheteur, de consultant professionnel à personne) mais aussi des entreprises, comme les cliniques médicales, les polycliniques professionnelles, les collèges privés, les firmes de consultants.

On assiste depuis une quinzaine d'années au Canada (mais cela existe depuis fort longtemps aux États-Unis) au phénomène de la sous-traitance ou de la privatisation des services sociaux à la famille, à l'enfance, aux personnes âgées, entre autres : « le gouvernement passe des contrats avec des entreprises privées tant à but lucratif qu'à but non lucratif pour acheter, au nom des citoyens, des services désignés ; le gouvernement évalue les besoins, prépare les spécifications, reçoit les offres, choisit l'entrepreneur et surveille les services rendus, en conformité aux conditions d'adjudication » (Galaway et Hudson, 1998). Le gouvernement devient donc acheteur de services.

L'économie informelle

Il s'agit d'économie souterraine, non officielle, non structurée (Arellano, Gasse et Verna, 1991). Cette économie a trait aux individus ou à des groupes dont les activités sont cachées ou occultes, clandestines ou tolérées (Cérézuelle, 1996).

Activités légales : activités tolérées, non déclarées. Ces activités sont exercées par des professionnels, des artisans, des entreprises qui n'ont pas de permis ou de licence et qui ne sont pas soumis à l'impôt et aux taxations diverses ; ces activités sont réalisées, sans couverture sociale, par un personnel souvent en situation d'irrégularité (par exemple, immigrants illégaux, jeunes adultes de moins de 18 ans).

Dans les pays industrialisés, l'économie informelle concerne principalement les activités et les métiers du bâtiment, de l'agriculture, du transport et les métiers liés aux services : garde d'enfants, entretien ménager, par exemple (Arellano, Gasse et Verna, 1991). On peut inclure aussi des activités liées à la récupération, au ferraillage, à la cueillette des fruits et légumes, à la petite pêche, activités où est pratiquée « systématiquement la vente directe aux clients » (Cérézuelle, 1996).

Par contre, dans les pays d'Amérique latine et d'Afrique francophone en particulier, l'économie informelle couvre un éventail de productions de biens et de services extrêmement large : services personnels (gardien, photographe, écrivain public, détective), épargne et crédit, services d'entretien et réparation (automobile, vêtement, bâtiment), commerce de détail, restauration, transport (Hugon, 1982, 1989 ; Tinguiri, 1989). Le secteur informel, dans ces pays, représente « un potentiel aussi bien en termes d'emploi, de formation que de développement économique » (MBemba, 1989). Il est très important tant en milieu urbain qu'en milieu rural (près de 80 % des emplois) où la main-d'œuvre féminine et enfantine (de moins de 14 ans) est en forte proportion (Arellano, Gasse et Verna, 1991). On y exerce ce qu'il est connu d'appeler « des petits métiers : laveurs de voitures, pompeurs de pneus, coiffeuses à domicile, au bureau ou dans la rue, laveuses de pieds sur les marchés publics, vendeurs et tailleurs ambulants, gardiens de voiture, écrivains publics » (Touré, 1985).

Activités illégales : activités interdites par les lois et les règlements d'un pays ayant trait particulièrement à la contrebande, au trafic de drogue, à la pègre, au crime organisé, aux jeux d'argent, aux prêts usuraires, à la prostitution féminine ou masculine, entre autres.

L'économie sociale

L'économie sociale « désigne une forme particulière d'entreprise, combinant une association et une entreprise, à partir d'un certain nombre de règles touchant le fonctionnement démocratique, les activités, la nature du *membership*, la répartition des surplus » (Favreau et Lévesque, 1996).

L'économie sociale (économie solidaire : tiers secteur, secteur quaternaire, économie communautaire, économie plurielle) prend ses origines en France après la révolution de 1848. C'est à partir des années soixante, que plusieurs pays, tant de l'Europe de l'Ouest (France, Allemagne, Italie) que des Amériques (États-Unis, Canada, Québec, Chili), connurent une recrudescence de ces mouvements sociaux qui ont cherché à inscrire la solidarité au cœur de l'économie (Laville, 1995). L'économie sociale solidaire « recouvre l'ensemble des mouvements coopératifs et mutualistes et celui des associations » (Neamtan, 1996). Le bénévolat est un élément constitutif de l'économie sociale (Robichaud, 1998). Elle se situe entre l'économie marchande et l'économie publique, définies plus haut.

Plusieurs éléments caractérisent les groupes d'économie sociale (Laville, 1995 ; Rodrigues, 1995 ; Neamtan, 1996 ; Aznar *et al.*, 1997 ; Lévesque et Ninacs, 1997) :
– les activités économiques sont menées en fonction de finalités sociales où le relationnel est une marchandise : le lien social importe plus que le bien fourni (accompagnement, épaisseur du lien, personnalisation du service, spontanéité). Il s'agit de services à la personne (par exemple garde d'enfants, assistance ménagère) et de services à la collectivité (entre autres recyclage des déchets, entretien de l'espace). La fonction économique dans l'économie sociale est un moyen et non une fin en soi, tandis que dans l'entreprise privée marchande, cette fonction économique est la fonction première ;
– il y a une prise en charge des groupes par eux-mêmes, c'est-à-dire l'implication sur une base volontaire des personnes concernées par les problèmes

auxquels on s'attaque ; les projets sont déterminés par les acteurs eux-mêmes, qu'ils soient chômeurs, jeunes, retraités ou travailleurs sociaux ;
- les projets visent la création d'emplois stables, durables, rémunérés, ouvrant des droits sociaux, conformes aux lois du travail, donc, tout le contraire du travail au rabais, du réservoir pour occuper les exclus ;
- les activités sont organisées dans des institutions «intermédiaires», sièges d'une hybridation : regroupement de divers agents (bénévoles, statutaires, population cible, retraités, professeurs en année sabbatique, étudiants en stage de formation) et implication d'une économie plurielle (engagement volontaire ou bénévole, subventions publiques, vente de biens et de services sur le marché, mécénat de la part d'individus, dons d'Églises et d'associations).

En France, on peut donner comme exemples de ces institutions intermédiaires, les agences de développement des services de proximité (ADSP), les régies de quartier, les systèmes d'échanges locaux (SEL), les réseaux d'échanges de savoir, les entreprises d'insertion, les associations intermédiaires. Au Québec, on peut citer les coopératives jeunesse de service (CJS), les cercles d'emprunt, les carrefours Jeunesse Emploi, les corporations de développement économique communautaire (CDEC), les corporations de développement communautaire (CDC), les agences de garde en milieu familial, les services de garde en milieu scolaire, les garderies populaires, les coopératives de travail, les coopératives d'habitation, les cuisines collectives, les coopératives d'épargne et de crédit.

La sphère associative : les réseaux secondaires non formels

On regroupe sous ce titre, les associations sans but lucratif, les organismes communautaires, les groupes d'entraide, les bénévoles. La vie associative représente une « nébuleuse » impliquant des milliers d'organisations, des millions de personnes de par le monde. « Entre l'intimité du noyau familial et les institutions de base s'est inséré et développé un espace social, tout un réseau intermédiaire de sociabilité » (Levasseur, 1990), lequel constitue des dispositifs importants de protection sociale (Vincent, 1997).

Les réseaux secondaires non formels concernent des organisations, des associations qui ont souvent été créées par des personnes ou par des groupes spécifiques pour répondre à des besoins précis ou à des intérêts partagés par leurs membres. Ces associations poursuivent des buts sociaux autres qu'économiques : entraide, rencontres sociales, échanges de savoir, soutien, assistance. C'est la raison pour laquelle elles sont appelées des associations (ou des organisations ou des corporations) sans but lucratif. Elles peuvent être de fait (des personnes se groupant pour se livrer à des activités) ou légales (posséder une existence officielle). Au Québec, il faut, pour être légalement reconnu, présenter une requête auprès du ministère des Institutions financières et des coopératives du Québec ; en France, il faut procéder à une déclaration, à la préfecture du département, au service chargé de la gestion administrative des associations et y déposer les statuts de l'association en question, sous le régime de la loi de juillet 1901 (David, 1991 ; Aznar *et al.*, 1997 ; Delecourt et Happe-Durieux, 1998).

Ces associations ou organisations sans but lucratif (les ASBL ou OSBL) ont des caractéristiques particulières parmi lesquelles :
- la mise en commun des activités de plusieurs personnes ;
- l'implication sur une base volontaire et bénévole : chacun engage de manière active sa personne, ses aptitudes et une part de son temps à des tâches sociales, culturelles ou civiques et ce, sans espoir de rémunération matérielle (financière ou en nature) (Malenfant, 1991 ; Ryckmans et Fucks, 1981) ;
- le profit n'y est pas le but premier. Les OSBL peuvent vendre leur production (biens et services) mais elles ne peuvent pas, selon la loi, partager les bénéfices entre les membres ;
- l'autonomie : les associations sont libres de définir leurs orientations, leurs politiques, leurs approches, leurs règles et leurs normes administratives ;
- leur fonctionnement sur un mode démocratique : à chaque assemblée générale que l'OSBL doit tenir annuellement et publiquement, chaque membre compte pour une voix ; les affaires sont gérées par un conseil d'administration composé majoritairement d'utilisateurs de services ou de membres de la communauté desservie.

Ajoutons quelques traits spécifiques des réseaux secondaires non formels (Van Poucke, 1980) :
- lorsque *l'objectif fixé* est atteint, il n'y a plus nécessité de prolonger la relation sur une base continue ;
- les liens apparaissent et disparaissent, les réseaux de relations sont activés et s'installent à chaque fois que l'objectif doit être atteint ; ces interactions sont momentanées et fluides ;
- l'échange dans les réseaux « d'intérêt » constitue un échange de type marché. C'est un échange régulé et coordonné par le jeu des acteurs, un mécanisme d'ajustement mutuel où la décision qui appartient à chacun est influencée par l'intérêt individuel et un ensemble de normes (règles) très générales (qui touche par exemple les droits de propriété, les contrats).

Pour s'y retrouver quelque peu dans les dédales du monde associatif, nous proposons des regroupements en fonction de leurs objectifs prioritaires.

Les organisations à bénéfices mutuels
Les buts qu'elles poursuivent ne le sont qu'au seul bénéfice de leurs membres.

Dans les *associations professionnelles* — les syndicats, les associations professionnelles, les comités d'entreprise (gestion du social : les loisirs, les fêtes) — on poursuit des objectifs basés sur des intérêts d'ordre économique, occupationnel et personnel des membres.

Dans les *associations culturelles* — clubs d'échec, de bridge, ligue de base-ball, de hockey, école de danse, fanfares, harmonies, groupes de théâtre, comités de fêtes, chorales, majorettes, clubs de prévention —, c'est une situation gratifiante que chaque membre doit rencontrer, par l'expression de soi, le plaisir de la performance, les contacts sociaux, l'apprentissage d'un sport ou d'une activité artisanale.

Les organisations de bienfaisance

C'est un bénévolat de dévouement et de pénurie où domine l'esprit de solidarité avec autrui (Chazaud, 1978). Relèvent de ces objectifs :

• Les *associations caritatives et humanitaires* : Sociétés Saint-Vincent-de-Paul, Secours Catholique, la Croix-Rouge, Secours Populaire, Fondation Abbé Pierre, ATD-Quart-Monde, l'Armée du Salut, Caritas, le Croissant-Rouge, Emmaüs, Fondation de France, Restos du Cœur, Secours Islamique, Entraide Protestante, Solidarité Musulmane.

• Les *associations à caractère religieux et les sectes* : les croyances et les idéaux y sont au premier plan. On y retrouve les associations rattachées aux grandes religions — bouddhisme, christianisme (anglicanisme, catholicisme, églises chrétiennes d'Orient, protestantisme), hindouisme, islam, judaïsme —, certains clubs sociaux (les groupes de prière, les cafés chrétiens, le renouveau chrétien) ainsi que les sectes. Le mot secte a revêtu divers sens, d'abord le sens d'un groupe religieux minoritaire par rapport à l'Église dominante qui s'oppose à elle ou s'en détache. Depuis trente à quarante ans, sont apparues de nouvelles sectes, hors du monde chrétien, qu'on peut qualifier de nouvelles religions ou de nouveaux mouvements religieux organisés (Souty, 2001).

On a établi à leur propos la typologie suivante :
– *les groupes-refuges* qui offrent à leurs membres la protection d'une communauté et d'un mode de vie entièrement intégré ;
– *les groupes réformistes* qui se proposent de changer la société par l'exemplarité ou par l'action ;
– *les groupes de libération* qui offrent à une clientèle d'adeptes un ensemble de services de développement personnel (Beckford, 1986, rapporté par Hervieu-Léger, 1999).

Il existe trois courants majeurs, souvent combinés entre eux : un courant spiritualisant, syncrétique visant le développement personnel ; un courant conversionniste mettant l'accent sur la rupture intérieure et le changement de vie et un courant utopique qui vise l'anticipation communautaire d'un monde nouveau (Hervieu-Léger, 1999).

• Les *associations philanthropiques* qui se consacrent à des levées de fonds, qui s'assurent que les services sont rendus sans s'impliquer directement dans la distribution des services (Tremblay, 1990). Ces organisations couvrent des besoins que l'État ne peut pas (ou ne veut plus) financer : achat d'équipements spécialisés, projets de recherche (Desbiens, 1990). Elles œuvrent principalement dans les domaines de la santé, de l'environnement, de la culture (musées, orchestres).

Les organismes communautaires

On parle généralement davantage d'organismes que d'associations pour désigner ces regroupements de personnes qui traitent des problématiques collectives en impliquant des personnes précises et en visant l'amélioration des conditions de vie des individus et des collectivités, d'où le vocable d'organisme communautaire (Tremblay, 1990).

• *Les groupes d'entraide*: ce sont des mouvements fondés sur la réciprocité généralisée où donner et recevoir se confondent (Godbout et Caillé, 1992). Pour toute personne qui doit faire face à une crise grave, une difficulté importante, une maladie soudaine, les pairs (qui ont tous vécu le même problème) apportent des réponses à deux besoins : le besoin de se sentir épaulé, soutenu par les autres (famille, amis, professionnels), et plus particulièrement par ceux qui ont surmonté les mêmes épreuves ; le besoin également d'indépendance, d'autonomie (Romeder, 1989). La fin poursuivie est de diversifier les sources d'aide, de soutien, de soins : à la fois ne pas devoir compter uniquement sur la famille, les amis, ni sur les institutions ou les aides professionnelles, avec leurs contraintes bureaucratiques ou déontologiques, mais aussi pouvoir donner, être utile à d'autres et ce, dans une optique de gestion de l'interdépendance. L'aide est thérapeutique : dans le geste même d'aider, on peut trouver une solution à ses propres problèmes, à ses difficultés (Romeder, 1989). «Je vous aide en m'aidant» (Hill, 1987). On offre, dans les groupes d'entraide, une variété de biens et services (confort, défense des droits, liens, soulagement…) en vue de résoudre un problème, dans un éventail de plus en plus large de maladies et de difficultés : alcoolisme, toxicomanie, chômage, maladie physique, maladie mentale, handicap, étapes et crises de l'existence : citons pour mémoire les Alcooliques anonymes (AA), les Al-Anon et les Alateen (des associations de parents et d'amis d'alcooliques), les Dépressifs anonymes, Act-up, les Outre-mangeurs anonymes, les Associations de la paralysie cérébrale, les Grands brûlés.

• *Les groupes bénévoles ou volontaires*: ces mouvements sont fondés sur le don, la production de biens et de services envers d'autres personnes que les membres de l'association. Les services sont fournis par les membres (et non par du personnel rémunéré). Gratuits, ils sont consentis, librement et sans réciprocité, à toute personne, même inconnue : le bénéficiaire ne donne rien en retour. Exemples : Croix-Rouge, Société du cancer, Scouts et Guides, YWCA, YMCA.

Le bénévolat peut prendre plusieurs formes et s'exercer à divers paliers des organisations (Godbout et Caillé, 1992 ; Campiche, 1997):
– bénévolat social administratif: relatif aux tâches d'organisation et de bureau ;
– bénévolat social à but économique : il recouvre l'ensemble des activités de collecte et de vente. Ses interventions ponctuelles mobilisent le plus grand nombre de bénévoles ;
– le bénévolat de gestion : participation des bénévoles au comité de gestion avec les représentants désignés d'office ;
– bénévolat de représentation : il fait appel à des bénévoles au titre de représentants locaux dans la plupart des communes ;
– bénévolat de prestations d'aide : les services sont rendus par des personnes sur un mode formalisé, dans le cadre d'une organisation plus ou moins complexe.

• *Les groupes d'intérêts*: ces groupes cherchent à faire valoir leurs droits ; ils représentent des populations spécifiques: les femmes, les Noirs, les Amérindiens, les immigrants (les Latinos en Amérique du Nord, les Algériens en France), les gens du voyage en Europe, les gays et les lesbiennes, les toxicomanes, les marginaux, « des populations en somme qui sont négligées, exclues ou opprimées par la société dominante » (Stoesz, 1989) : « Les stigmatisés ne se cachent plus honteusement [...] ils se regroupent pour agir [...] ils élaborent ensemble des stratégies de lutte » (Degoumois, 1980). Selon les actions qu'ils entreprennent ou privilégient, les groupes d'intérêts s'inscrivent dans trois types d'associations : de type « militant » (défense des intérêts), de type « techniciste » (approche juridique), de type « expression communautaire » (porte-parole des difficultés) (Aballéa et Benjamin, 1988).

3.2.5.5. L'environnement exo-système : les systèmes politiques

L'environnement exo-système (du grec *exo* : lointain) réfère à l'ensemble des organisations liées au pouvoir politique, aux structures administratives et aux instances de décision, d'influence et de *lobbying* : « les organisations ou institutions qui interviennent ou agissent sur les enjeux, questions ou problèmes sociaux de la société » (Dhume, 2001). L'exo-système implique deux types d'organisation : les institutions étatiques et les fédérations d'organisation sociale.

• *Les institutions étatiques ou appareils d'État* sont productrices de législations, de normes, de réglementations, et chargées de faire fonctionner les services publics, dans la distribution des biens et des services. On peut avoir un aperçu, dans la figure 3.4 des institutions étatiques, en France et au Québec, dans les domaines des services de santé et de services sociaux.

Figure 3.4
Système politique et structure administrative en France et au Québec

	Système politique		Structure administrative	
	En France	Au Québec	En France	Au Québec
État	le gouvernement	le gouvernement fédéral (Ottawa) le gouvernement provincial (Québec)	le ministère de l'emploi et de la solidarité	le ministère de la santé et des services sociaux
Région	le conseil régional	les régions administratives	la direction régionale	la régie régionale
Département	le conseil général		la direction départementale	
Commune	le conseil municipal	le conseil municipal	le centre communal	

• *Les fédérations (confédération-coalition) d'organisations sociales* sont des groupes de pressions et des organisations politiques qui se lient pour défendre leurs intérêts, pour faire valoir leurs points de vue, et pour exercer des influences sur l'échiquier politique (Figure 3.5, p. 87).

Bien que les citoyens ne fréquentent pas, en tant que participants actifs, ces lieux ou ces scènes, les activités et les décisions que prennent ces unités sociales

Figure 3.5
Exemples de fédérations d'organisations sociales en France, au Québec et au Canada

En France	Au Québec	Au Canada
Fédération d'associations de sauvegarde de l'enfance et de l'adolescence	Alliance des regroupements des usagers du transport adapté [aux personnes handicapées] du Québec	Association canadienne d'économie familiale
Fédération d'éducation populaire	Association des centres jeunesse du Québec	Association canadienne pour la santé mentale
Fédération des centres sociaux	Coalition Solidarité-Santé	Centre canadien de lutte contre l'alcoolisme et les toxicomanies
Fédération des parents d'enfants handicapés	Association des centres locaux de services communautaires	Conseil canadien de développement social
Fédération nationale d'accueil des personnes sans logement	Regroupement des ressources alternatives en santé mentale du Québec	Fédération canadienne des services de garde à l'enfance
Fédération nationale des associations d'accueil et de réadaptation sociale	Coalition des organismes communautaires du Québec	Organisation nationale anti-pauvreté
Union nationale des associations de défense des familles et de l'individu		Réseau de villes et villages en santé
Union nationale des associations de parents d'enfants inadaptés		Table nationale des corporations de développement communautaire
Union nationale des associations familiales		
Union nationale interfédérale des œuvres privées, humanitaires et sociales		

peuvent avoir une répercussion sur la vie quotidienne des gens et sur leurs transactions avec leurs environnements. Ces systèmes sont qualifiés d'exo-système, du fait qu'ils sont en dehors des personnes ou éloignées d'elles (Bronfenbrenner, 1979).

L'exo-système ne fournit pas comme tels des services directs aux personnes mais il influe sur la manière dont les services sont attribués et rendus, tant par les règlements émis par les pouvoirs publics que par les pressions, relatives à leur création et à leur répartition, exercées par les instances fédératives.

3.2.5.6. L'environnement macro-système : les systèmes idéologiques

L'environnement macro-système (du grec *makros* : long) est constitué de l'ensemble des conduites, des croyances, des idéaux et des valeurs d'une société. C'est la toile de fond sur laquelle prennent place les transactions et les échanges entre les personnes et les diverses institutions dans une société. En sociologie, on admet l'existence d'êtres aussi abstraits — ou non humains — que des idées, des normes, des valeurs, des croyances : les idées sont des entités qui ont une vie (Bateson, 1977). Ces êtres non humains entretiennent des relations avec les êtres humains (Latour, 1993, 1995 ; Journet, 1995). On applique à l'univers des idées — la noosphère — certaines propriétés du vivant. Les idées peuvent former des systèmes clos (doctrines religieuses, idéologies politiques) ou des systèmes ouverts (théories scientifiques) (Morin, 1995).

Quelle que soit l'époque, les hommes vivent dans un univers de mentalités, d'idéologies, d'une philosophie de vie (Bateson, 1984). Les sociétés contemporaines ne sont pas homogènes. La diversité multiculturelle peut être perçue autant comme une ressource précieuse qu'il faut préserver et développer que comme une source de préjugés, de conflits et d'opposition. L'ethnocentrisme est un des phénomènes auquel les travailleurs sociaux doivent porter une attention particulière dans leurs interventions, surtout lors de l'établissement des diagnostics sociaux et des plans de services. C'est dire combien il est important pour eux d'être conscients des valeurs et des particularités de la culture dont ils sont porteurs et d'apprendre les éléments de la culture de l'autre, qui, par un effet de miroir, les renverront à leur propre culture (Van Worner, 1996).

Les professionnels qui œuvrent dans le domaine de la santé et des services sociaux sont constamment confrontés à cette complexité multiculturelle dans laquelle coexistent trois systèmes de référence : des croyances (judéo-chrétiennes) traditionnelles, un savoir scientifique et une technologie avancée, un système juridique. « Certains parlent comme il y a 2 000 ans tandis que d'autres parlent à l'ère de l'an 2000 » (Régnier, 1984).

Le tableau des valeurs et croyances des Blancs aux États-Unis (Figure 3.6, p. 89) peut servir de grille de référence et de comparaison pour d'autres pays et d'autres systèmes culturels.

De nos jours, à l'ère de la mondialisation et des immigrations, les professionnels doivent également, dans un souci de respect de l'autre mais aussi d'efficacité professionnelle, tenir compte des valeurs impliquées dans la façon dont différentes cultures perçoivent ce qu'est être aidé, ce que le professionnel doit faire, ce à quoi chaque groupe ethnique s'attend de sa part, dans le système des soins et services (Figure 3.7, p. 90).

3.2.5.7. Les champs sociaux

Les environnements (méso, exo et macro-systèmes) ainsi que les réseaux équivalents (réseaux secondaires formels et non formels, les réseaux marchands et les réseaux politiques) peuvent eux-mêmes être regroupés dans des ensembles ou des unités plus larges qu'on nomme des champs.

Le concept de *champ* renvoie à la manière dont un produit social déterminé est mis à la disposition d'une certaine demande sociale, à travers l'organisation légitime d'un ensemble de rôles, d'objectifs et de moyens (Remy *et al.*, 1978).

La société est ainsi découpée en secteurs d'activités reliées à un produit social donné (par exemple, santé, éducation, travail).

Figure 3.6
Valeurs et croyances des Blancs aux États-Unis

Individualisme • l'individu est la première unité • l'individu est en premier lieu responsable • l'interdépendance et l'autonomie sont fortement valorisées et récompensées • l'individu doit contrôler l'environnement **Compétition** • gagner est un absolu, dichotomie gain/perte **Orientation de l'action** • on doit maîtriser et contrôler la nature • on doit toujours faire quelque chose dans une situation pragmatique/utilitaire **Prise de décision** • la règle de la majorité lorsque les Blancs ont le pouvoir hiérarchique • structure pyramidale **Communication** • langue anglaise standard • tradition écrite • contact direct des yeux • contact physique limité • contrôle des émotions **Temps** • adhésion à des emplois du temps rigides • temps vu comme une commodité **Congés et fêtes** • déterminés d'après la religion chrétienne • basés sur l'histoire des Blancs et des leaders mâles **Éthique** • protestante : le travail ardu produit les biens • progrès et orientation du futur	• plan pour le futur ; gratification retardée • valorisation du perfectionnement continu et du progrès **Histoire** • basée sur l'expérience des immigrants européens aux États-Unis • guerre romantique **Accent sur la méthode scientifique** • pensée objective, rationnelle et linéaire • relation de cause à effet **Statut et pouvoir** • mesurés par les possessions économiques • lettres de créance : titres et positions • croyance en son propre système • possession ou liens d'espace ou propriété **Structure familiale** • la famille nucléaire est l'unité sociale idéale • l'homme gagne le pain et est le chef de la famille • la femme est la maîtresse de la maison et elle est subordonnée à l'homme • structure patriarcale **Esthétique** • musique et art basés sur les cultures européennes • beauté des femmes : blonde, yeux bleus, mince, jeune • attrait de l'homme basé sur des capacités athlétiques et sur le statut économique **Religion** • croyance au christianisme • intolérance pour toute déviation du concept d'un Dieu unique

Source : Katz, J. H. (1985), *The Sociopolitical Nature of Counseling* (adapté par l'auteur).

3.3. Le fonctionnement social et les modalités d'existence

Dans beaucoup de définitions du service social, on fait état du fonctionnement social, lequel réfère à l'accomplissement des rôles d'un individu dans la société en général, dans son environnement immédiat et dans ses rapports à lui-même. Le fonctionnement social a trait à la satisfaction de ses propres besoins de base, et de ceux qui en dépendent, et à ses contributions envers la société.

Les besoins sont de divers ordres : physique (nourriture, vêtements, sécurité, soins de santé, protection, logement), psychosocial (éducation, loisirs, valeurs, esthétique, religion, réalisation de soi), émotionnel (appartenance, solidarité, compagnonnage, confiance en soi, estime de soi, identité) (Barker, 1995). Le fonctionnement social est la résultante des transactions personne-environnement, particulièrement décelable dans la dynamique du point de rencontre

Figure 3.7
**Construits liés au concept de « Prendre soin » ou « Se préoccuper de » *(Care)*
dans différentes cultures**

Groupes ethniques	Concepts clés d'aide	
	Valeurs	Interventions
Vietnamiens	La famille Le partage (idées et biens) Le respect des aînés La volonté La retenue	Tout faire pour garder la famille intacte Écouter, valoriser Ne pas forcer le dévoilement Agir comme un père
Indiens autochtones	Le respect des us et coutumes Importance de la nature Besoin de solitude	Montrer qu'on connaît leur culture Faire confiance Se centrer sur l'autre Conseiller (aide directe) Être disponible Ne pas exiger le dévoilement
Afro-Américains	La famille/le groupe L'implication L'aide matérielle La présence à l'autre	Montrer qu'on est concerné, préoccupé par le bien-être de l'autre Être présent Réduire la distance de communication Donner des renforcements non verbaux
Mexicano-Américains	Support à la famille Donner des preuves de compétence Ne pas se révéler personnellement	Être à l'écoute Agir en tant qu'expert Donner des conseils
Philippo-Américains	L'harmonie en famille Le silence Respect des aînés Réciprocité Générosité	Éviter les confrontations Être calme, garder silence Savoir donner (conseils et temps) Empathiser
Anglo-Américains (de classe moyenne)	Productivité Autonomie Réduction du stress	Agir directement pour réduire le stress Aider l'individu à s'aider Donner de l'information Empathiser (dans les approches plus introspectives)

Source : Brunel M. L., (1989), *L'empathie en counseling interculturel.*

entre la personne et l'environnement : leur emboîtement, leur alignement, leur enchaînement, leur point d'attache et de convergence ou leur contraire, leur défectuosité, leur non-alignement (Siporin, 1975 ; Coulton, 1981 ; Morales et Sheafor, 1989).

C'est dans les transactions personne-environnement que les personnes puisent les nourritures appropriées nécessaires à leur développement et à leur survie. Les personnes seront capables d'organiser leur vie, d'exercer leurs responsabilités sociales et de développer leurs potentialités tant et aussi longtemps qu'elles seront reliées aux communautés « organiques » de la société (famille, communauté locale) (Taylor, 1989), et qu'elles auront des soutiens environnementaux appropriés (Maluccio, 1981). Le recours aux services et aux ressources des réseaux sociaux permet aux personnes d'améliorer leur fonctionnement social. Pour la personne, c'est « de la qualité et la multiplicité des expériences que dépendra sa capacité d'adaptation face aux événements mais aussi dans ses relations avec les autres » (Sirim, 1983). Les êtres humains sont en échanges constants avec les environnements, qu'ils tentent d'utiliser et de façonner de manière à satisfaire leurs besoins et ce, dans un processus continu d'adaptation réciproque (Germain, 1981b). La personne s'inscrit dans une multiplicité de réseaux d'appartenance qui vont exprimer les différentes facettes de sa personnalité (Maffesoli, 1988).

Fonctionnement social et pressions environnementales

Différents types de fonctionnement social (DuBois *et al.*, 1995) apparaissent en fonction des pressions, positives ou négatives, exercées par les environnements :

– *le fonctionnement social adapté :* les systèmes sociaux fournissent normalement les ressources personnelles, interpersonnelles et institutionnelles pour satisfaire les besoins et résoudre les problèmes qu'ils savent identifier lorsqu'ils sont adaptés. Les personnes sont dans une démarche continuelle vers l'amélioration du fonctionnement psychosocial (Couture *et al.*, 2002), démarche qu'on a récemment identifiée sous le concept d'actualisation de la personne : « un processus de développement du potentiel de la personne en congruence avec son image de soi et avec son expérience d'elle-même et de son environnement » (Leclerc *et al.*, 1998) ;

– *le fonctionnement social à risque :* certaines populations ou communautés éprouvent des difficultés liées au fonctionnement social parce qu'elles sont vulnérables face à certains problèmes spécifiques. En d'autres termes, il existe certaines conditions identifiables ayant un impact négatif sur le fonctionnement social : par exemple, le chômage, l'alcoolisme, la toxicomanie, la maladie fragilisent les enfants victimes de ces abus et de négligence ; les personnes souffrant d'invalidités risquent d'être au chômage ; les personnes âgées sont vulnérables en cas d'institutionnalisation précoce et non nécessaire ; certaines banlieues des cités peuvent être à risque dans le domaine des possibilités éducatives et économiques. Les réseaux de services sociaux cherchent à identifier ces groupes et à leur proposer des services avant que les problèmes apparaissent. Il faut éviter, avec ces mesures de prévention, de stigmatiser ces groupes ;

– *le fonctionnement social inadapté :* pour certains systèmes, les problèmes deviennent si exacerbés que la capacité à y faire face *(coping)* est diminuée ou encore le système est bloqué et incapable d'entreprendre un processus de changement. Dans certaines situations, des systèmes peuvent eux-mêmes reconnaître que de sérieux problèmes inhibent leur capacité à fonctionner ; des personnes peuvent vivre une dépression et souffrir d'isolement ; des familles sont aux prises avec des conflits interfamiliaux ; une industrie peut connaître chez les ouvriers de hauts degrés de stress qui affectent la productivité. Dans d'autres situations, la société peut étiqueter le comportement d'une personne ou d'un système comme anormal et dysfonctionnel, comme par exemple, dans le cas des criminels, des abuseurs d'enfants, ou dans le cas des institutions qui violent les droits civiques. La société impose des sanctions dans tous ces types de systèmes pour la violation des lois et des normes sociales ;

– *les pressions environnementales :* certains facteurs stressants environnementaux, comme la pauvreté, des soins sanitaires insuffisants, un système éducatif inadéquat, des contraintes architecturales, le chômage, la discrimination, l'érosion des droits civiques, des logements surpeuplés affectent la compétence des personnes ou des communautés et leurs niveaux de fonctionnement social, négativement ou positivement. Les gens peuvent réagir différemment aux pressions environnementales qui peuvent gêner le fonctionnement social ou au contraire le stimuler ou encore n'avoir aucun effet notable. Lorsque les pressions ont un effet négatif, les personnes expérimentent souvent la détresse. Le niveau et le cumul des stress sont des facteurs qui influencent les réactions. Les gens peuvent réagir au stress en adoptant des comportements individuels adéquats ou en travaillant de façon collective pour exercer des pressions sur l'environnement social afin d'obtenir des changements.

La coexistence ou la coprésence humaine

L'existence de l'homme se vit dans des rapports continuels avec les autres. Selon le philosophe allemand Heidegger, « la présence humaine est toujours co-présence ou co-existence » (Heidegger, 1927, trad. fr. 1986). « L'existence, c'est être au monde, figurer dans le monde […] au milieu des autres, suivant une échelle d'enrichissement » (Maldiney, 1986). Selon les stades de son développement biologique et psychique, l'être humain passe de la dépendance la plus complète à son environnement à l'interdépendance avec les autres et à une autonomie relative à l'âge adulte. Il s'ensuit qu'il y a différentes modalités d'être ou possibilités d'existence pour une personne, selon le degré de liberté que les autres lui accordent ou qu'elle peut exercer à l'intérieur de cette coexistence (Binswanger, 1930). « Les différentes façons d'être peuvent être classées en : *possibilité d'être* (je peux librement être car je suis soustrait au mieux des conditionnements d'autrui) ; *permission d'être* (je peux être moi-même mais seulement dans le rôle qui m'est permis par les autres) ; et *contrainte d'être* (je ne peux être qu'en fonction d'une imposition d'autrui) » (Piperno, 1987). L'engagement de l'être humain dans des réseaux d'interlocuteurs est une condition *sine qua non* de la constitution de son identité car il ne tire pas de lui-même ses raisons d'être, ses buts et ses projets de vie (Taylor, 1989).

D'autre part, la socialisation revêt un caractère propre à chacun. « Plus la société est complexe, moins elle est constituée par des institutions capables de transformer efficacement des valeurs en rôles et des rôles en personnalité, plus les individus sont tenus de produire eux-mêmes le sens de leur action et de leur identité. La socialisation n'est jamais totale : elle suppose des acteurs capables de construire leur propre expérience et leur autonomie, de développer des explicitations et des critiques » (Dubet, 1994, 1999).

Dépendance et autonomie sont gouvernées par l'ensemble des interactions vécues à l'intérieur non seulement de la famille et de l'environnement de proximité mais tout autant dans tous les environnements sociaux. Le triptyque possibilité-permission-contrainte d'existence peut s'appliquer aussi bien dans la famille où, par exemple, un enfant est contraint par la force ou le chantage affectif à être un partenaire conjugal d'un des parents, que dans la société où un citoyen est obligé d'être chômeur et un assisté social à vie.

Les effets des transactions personne-environnement

L'analyse des transactions personne-environnement permet de dégager les processus en cause, les règles et les pratiques sociales ; de comprendre la logique des systèmes en interaction, d'identifier les difficultés et les blocages et de mesurer les répercussions de l'inscription des personnes dans leur communauté (Taylor, 1989). Un premier niveau d'analyse porte sur les effets ou les répercussions des transactions *personne-environnement physique en regard des besoins de la personne* ; le deuxième niveau concerne les effets des *transactions personne-environnement social en regard de l'adaptation sociale*.

3.3.1. Effets des transactions personne-environnement physique en regard des besoins de la personne

L'environnement physique joue un rôle important dans le développement des personnes, leur fonctionnement social, leur santé. En référence à la typologie des besoins de Maslow (Germain, 1981b), on peut déterminer dans quelle mesure l'environnement physique possède les propriétés et les qualités nécessaires à la satisfaction des besoins de la personne, propriétés qui auront également des effets sur le fonctionnement social.

3.3.1.1. La sécurité et la protection

L'environnement physique protège-t-il les gens des stimuli nocifs ou indésirables ainsi que des stress que ces stimuli engendrent ? Par exemple, les salles d'urgence des hôpitaux exposent les malades et leurs familles aux regards indiscrets, aux bruits et aux odeurs de toutes sortes ; l'aménagement des chambres des centres d'accueil favorise l'intrusion des autres dans la vie intime de la personne ; la conception architecturale des grands ensembles urbains sans surveillance crée des lieux (souterrains, corridors, halls d'entrée, escaliers de service…) à taux élevé de crimes de toutes sortes.

3.3.1.2. Les contacts sociaux

L'aménagement d'espaces et la disposition du mobilier stimulent les échanges et les interactions : par exemple, il vaut mieux mettre, dans la salle de séjour d'un foyer pour personnes âgées, des petites tables rondes avec des chaises autour que de placer les chaises côte à côte contre le mur. Il est à noter que l'isolement et l'envahissement sont deux aspects d'une même réalité vécue par la personne, à la frontière entre soi et les autres, dans les interactions qu'elle souhaite ou non et dont elle a ou non le contrôle.

3.3.1.3. L'identité et l'estime de soi

L'emplacement, l'aménagement extérieur et intérieur, l'ameublement des institutions qui offrent des services à une clientèle donnée livrent symboliquement des messages sur ce que la société pense des personnes qui font appel à elles autant que de ceux qui y travaillent.

3.3.1.4. La réalisation de soi

Dans quelle mesure les conditions matérielles entravent-elles les capacités de la personne à travailler, à se procurer ou à se préparer sa nourriture, à prendre soin de ses enfants ou à jouer avec eux, à pouvoir dormir dans un milieu convenable, à rencontrer des gens, à nouer des liens significatifs ? (Spivac, 1973). L'environnement physique, naturel et bâti, procure-t-il de la joie, du plaisir aux utilisateurs par la liberté de mouvement, par la stimulation de tous les sens, par la variété des espaces et des formes, par les possibilités d'expériences et de créativité qu'il autorise ? Offre-t-il des occasions, des chances d'évoluer par la diversité des activités, par la sollicitation à résoudre des problèmes, par la réalisation d'activités où les contacts interpersonnels permettent de vivre l'interdépendance, la solidarité, l'appréciation mutuelle ?

3.3.2. Effets des transactions personne-environnement social en regard de l'adaptation sociale

Les transactions entre les personnes et l'environnement social entraînent des effets ou ont des répercussions, à des degrés variables au niveau des aptitudes individuelles et collectives au changement et à l'adaptabilité : pour la personne il s'agit d'avoir un comportement adéquat pour faire face à la réalité *(coping)*. Ces comportements sont caractérisés par la compétence, l'autonomie, l'appartenance, l'identité et l'estime de soi, tant des personnes que des environnements sociaux (voir Figure 3.8, p. 95).

L'adaptation sociale réfère à la capacité de s'ajuster aux conditions environnementales et elle implique que la personne change au gré des circonstances pour continuer à fonctionner effectivement. Faire face signifie lutter pour surmonter les difficultés et renvoie à la manière dont une personne ou une collectivité compose avec les problèmes qui surviennent au cours de l'existence comme la mort soudaine d'un parent, la perte d'un emploi, les aléas de la mondialisation

Figure 3.8
Effets des transactions personne-environnement

	PERSONNE		ENVIRONNEMENT	
	TRANSACTIONS POSITIVES	**TRANSACTIONS NÉGATIVES**	**TRANSACTIONS POSITIVES**	**TRANSACTIONS NÉGATIVES**
Compétence (responsabilité)	• Assumer ses rôles • Faire face aux difficultés ou aux obligations de la vie • Utiliser les ressources sociales • Interagir avec l'environnement, manifester le sens de l'effort, de la motivation, de l'initiative	• Manifester de l'irresponsabilité dans ses rôles • Être analphabète	• Identifier les problèmes • Créer des ressources • Maîtriser les changements technologiques et sociétaux	• Faire preuve de négligence sociale • Rendre des services inadéquats • Abandonner les gens à eux-mêmes
Autonomie (auto-détermination)	• Savoir organiser sa vie • Contrôler les éléments qui affectent sa destinée	• Manifester de la dépendance, de la passivité, du désespoir, du défaitisme	• Maintenir des systèmes d'aide naturelle • Créer des services et des supports sociaux collectifs • Anticiper les changements nécessaires pour le développement social	• Pratiquer l'abus de pouvoir et l'oppression face à certaines catégories de population
Appartenance sociale (intégration et participation)	• Participer au noyau actif de la société • Avoir sa place : habitat, statut • Être intégré dans plusieurs milieux de vie (famille, travail, loisirs) • Alliance avec les autres	• Subir de l'exclusion et de l'isolement social • Être dans un processus de désaffiliation : perte d'emploi, manque d'accès à la protection sociale	• Prévoir des dispositifs d'insertion sociale et professionnelle • Créer des liens entre les personnes (fêtes, forums)	• Négliger la qualité de l'environnement et de l'habitat • Avoir des pratiques dévalorisantes à l'égard de certains groupes
Identité et estime de soi (dignité et respect)	• Éprouver un sentiment de dignité • Manifester du respect envers soi et les autres	• Perdre l'image positive de soi • Vivre l'aliénation et l'infériorisation	• Affirmer le droit à la différence • Favoriser la fierté locale, régionale et nationale	• Pratiquer la stigmatisation et la marginalisation envers certains groupes • Réduire les personnes à des catégories socio-administratives ou à connotation morale négative

(Zastrow et Kirst-Ashman, 1987). En somme, la personne doit s'adapter et faire face aux réalités multiples et complexes, non seulement comme individu inséré dans un contexte social particulier, mais aussi comme membre d'un « système constitué par l'ensemble des êtres vivants en interrelation qui peuplent la terre et forment la mince pellicule de vie à la surface de la planète » (Pelt, 1990, rapporté par Malherbe, 1994).

Ainsi, des transactions positives favorisent l'évolution et le développement des personnes et produisent des environnements adéquats. Au contraire, celles qui sont négatives détruisent les environnements ou freinent leur évolution sous l'effet de technologies néfastes ou de processus culturels et sociaux d'exploitation non maîtrisée et produisent chez les personnes pauvreté, discrimination, stigmatisation (Germain et Gitterman, 1980).

3.3.2.1. Les transactions positives et leurs effets

Les transactions sont positives, lorsque les échanges ou les rapports personne-environnement sont présents, actifs, stables, constructifs, nourrissants et appropriés.

La compétence

Les transactions positives produisent des personnes et des environnements compétents et engendrent la responsabilisation. La compétence ou la responsabilisation, c'est ce qu'un système (personne, groupe, communauté) atteint ou accomplit par ses propres efforts, dans la maîtrise des tâches de la vie (Maluccio, 1981). La compétence implique un ensemble de capacités et d'aptitudes.

Pour la personne, la compétence est, entre autres, la capacité (Maluccio, 1981 ; Dutrenit, 1982) :
- d'assumer ses rôles et de pourvoir à la gestion de sa santé, de son budget, de sa formation, de son emploi, de sa famille, de son logement, de ses loisirs ;
- d'interagir efficacement avec l'environnement : maîtrise de l'expression orale, de l'écriture, de l'écoute, de la gestion des conflits ; négociation, collaboration ;
- de mettre en œuvre, à tout moment, des facteurs comme la motivation, le sens de l'effort, l'initiative, la flexibilité, la tolérance aux différences, des intérêts, de l'espoir et des aspirations ;
- de démontrer un savoir-faire pour repérer, obtenir et utiliser les ressources sociales.

Pour l'environnement, la compétence consiste en des capacités (Germain, 1981) :
- à identifier les zones de difficultés, les problèmes et à rechercher des solutions ;
- à créer les ressources sociales, à faciliter leur accessibilité à toutes les personnes, en quantité appropriée et au moment opportun ;
- à maîtriser, de façon satisfaisante, les stress provoqués par les changements technologiques et/ou sociétaux.

L'autonomie

Les transactions positives produisent des personnes et des environnements autonomes.

« Parler de droits universels, naturels ou humains, c'est rattacher le respect de la vie et de l'intégrité humaine à la notion d'autonomie » (Taylor, 1989). L'autonomie ou l'autodétermination ou l'autosuffisance, c'est la gestion équilibrée des multiples réseaux et chaînes de dépendance avec les autres : individus, groupes, institutions (Brizais, 1987 ; Barreyre *et al.*, 1995). L'autonomie est à lier avec la structure sociale qui la construit. « C'est dans une société donnée

que la personne définit sa place, ses appartenances, ses droits, ses devoirs »
(Zúñiga, 1997).

Pour la personne, l'autonomie implique des capacités à :
– se gouverner elle-même, organiser sa vie, décider, de sa propre autorité,
ce qui lui convient de faire dans les secteurs de la vie quotidienne ;
– développer sa personnalité comme elle l'entend, prendre sa vie en main,
la diriger, face à une difficulté momentanée ou plus durable, trouver des
solutions par elle-même (Taylor, 1989) ;
– exercer un contrôle objectif sur ce qui affecte sa destinée et avoir la maîtrise des éléments de son existence : stabilité professionnelle, capital culturel,
réseaux relationnels, ressources économiques, réserves, garanties, répon-
dants (Pitrou, 1984).

Pour l'environnement, l'autonomie c'est entre autres capacités :
– maintenir des systèmes d'aide mutuelle et des systèmes de soutien naturels ou traditionnels ;
– créer des ressources et des soutiens sociaux collectifs ;
– décider quels changements environnementaux sont nécessaires pour favoriser le développement des personnes, des groupes, des collectivités, et
agir conformément à ces décisions (Germain, 1981 ; Maluccio, 1981).

L'appartenance sociale

Des transactions positives produisent des personnes et des environnements
intégrés ou à forte insertion sociale. L'intégration signifie : « l'insertion dans
un milieu socioculturel avec l'appartenance à des cadres et structures condi-
tionnantes et l'assimilation, par la conscience, de valeurs et de normes socio-
culturelles » (Barreyre *et al.*, 1995). L'appartenance ou l'intégration « résulte de
transactions et de jeux d'interactions entre les individus et aussi d'ajustements
entre les individus, d'ajustements réciproques, de l'apprentissage commun de
certaines conduites » (Jacques, 1988).

Pour la personne, l'intégration consiste
– en une participation au noyau actif de la société ;
– à avoir sa place : un habitat, une niche, un statut propre dans les situations
sociales ;
– à participer dans plusieurs milieux de vie : famille, loisirs, insertion professionnelle ;
– en une réciprocité des soins : prendre soin et être pris en soin.

Pour l'environnement, l'intégration consiste (Barreyre *et al.*, 1995 ; Bruto da
Costa, 1995) par exemple à :
– initier des actions pour engendrer le développement de liens sociaux entre
les divers groupes de la société : forum sur l'habitat, journée de quartier,
de rue ;
– mettre en place des dispositifs et des mesures d'insertion professionnelle
— remise en contact avec le milieu de travail ou réadaptation au marché
du travail —, ainsi que des dispositifs d'insertion sociale — soins, logement,
éducation, culture ;

– favoriser la participation active de tous, dans les domaines qui les concernent ;
– dévoiler les processus d'exclusion et à réajuster le fonctionnement des structures sociales.

L'identité et l'estime de soi

Des transactions positives créent des personnes et des communautés manifestant une identité et une estime de soi. L'identité est définie comme « ce par quoi une personne, un groupe (familial, professionnel), un peuple se reconnaissent eux-mêmes et se voient reconnus par les autres […] à partir d'un système de représentations, d'images et de sentiments […] pour signifier leur spécificité, leur appartenance, leur légitimité » (Barreyre *et al.*, 1995). L'identité procède d'un double mouvement : affirmer sa ressemblance à d'autres ou avec un autre ; poser sa différence face à un individu ou à un groupe. « La pleine définition de l'identité d'un individu inclut non seulement sa position relative aux questions morales et spirituelles mais aussi en référence à une communauté qui la détermine tout comme l'estime de soi. Je ne suis un moi que par rapport et en dépendance à des réseaux et des interlocuteurs qui me sont donnés par la naissance et l'histoire » (Taylor, 1989).

Pour la personne, l'identité et l'estime de soi impliquent :
– le sentiment d'être unique, en possession de soi, avec une certaine maîtrise sur ses propres conditions d'existence (Jacques, 1984) ;
– le sentiment d'être digne : « notre dignité est le sentiment que nous avons de nous-mêmes en tant que nous imposons le respect d'attitude » (Taylor, 1989) ;
– la défense et la promotion de soi, le respect envers soi et envers les groupes d'appartenance ;
– le sens de la réciprocité et de la mutualité ;
– le sentiment d'être responsable à ses propres yeux, autant qu'aux yeux des autres (Tap, 1988).

Pour l'environnement, l'identité sociale, c'est :
– l'affirmation du droit à la différence ;
– la fierté tribale (locale, régionale, nationale) ;
– l'activation dans des projets d'actions collectives pour élaborer et forger le « nous » (Jacques, 1984).

3.3.2.2. Les transactions négatives et leurs effets

Les transactions sont négatives, lorsque les échanges personne-environnement sont instables, absents, changeants, inconsistants, conflictuels, dévalorisants.

L'incompétence

Des transactions négatives produisent des personnes et des environnements irresponsables.

Pour la personne, l'incompétence signifie :
– qu'elle a des difficultés à assumer les responsabilités liées à ses rôles et obligations ;
– qu'elle est analphabète.

Pour l'environnement, l'incompétence présente les caractéristiques ou les traits suivants :
- anomie, négligence sociale ;
- services inadéquats ;
- gens laissés à eux-mêmes ;
- indifférence à la qualité de l'environnement : pollution de l'air, de l'eau, des aliments, entre autres.

La dépendance

Pour la personne, la dépendance est un manque de contrôle sur les événements — chômage, perte, pauvreté, rejet par les autres —, de la passivité, du défaitisme, du désespoir et un repli sur soi.

Pour l'environnement, la dépendance signifie des pratiques d'abus de pouvoir et d'oppression face à des catégories de population, basées sur la race, le genre, le handicap, la religion, l'âge, l'orientation sexuelle.

L'exclusion

L'exclusion désigne en général un processus de dualisation, à l'œuvre dans les sociétés développées (Lenoir, 1975 ; Roman, 2001) par lequel des individus et des groupes restent en dehors des échanges, des pratiques et des droits sociaux liés à la citoyenneté (Rodrigues, 1995).

D'autre part, il est nécessaire dans les phénomènes d'exclusion sociale, de faire des distinctions entre la personne qui *ne veut pas* participer à la vie politique pour diverses raisons (indifférence, repli sur la sphère privée, individualisme, contestation) et celle qui *ne le peut pas* ou qui en est empêchée (par exemple, prisonnier en détention préventive, réfugié politique) (Roman, 2001).

L'exclusion peut être (Bruto da Costa, 1995) :
- politique : non-accès aux systèmes de droits et de lois, aux bénéfices de la citoyenneté ;
- économique : chômage, manque de possibilités, de mobilité sociale, émigration ;
- sociale :
  • discrimination et hostilités sociales, stigmatisation ;
  • image négative des groupes d'appartenance ;
  • manque d'accès à la protection sociale, à la citoyenneté sociale, aux équipements publics et aux moyens de communication ;
  • absence de connaissances et d'informations.

Pour la personne, l'exclusion se manifeste par les traits suivants (Paugam, 1996) :
- isolement social ou émotionnel ;
- solitude subie ;
- sociabilité familiale restreinte, affaiblie ou nulle ;
- itinérance ;
- sentiment d'abandon ;
- non-accès aux biens et services ;
- précarité ou perte de l'emploi.

Pour l'environnement :
– habitats marginaux, taudis pour certaines catégories de personnes en raison de l'âge, du sexe, de la couleur de la peau, de l'ethnie, du style de vie ;
– caractéristiques personnelles dévalorisées culturellement, dont :
  • les patients de la désinstitutionnalisation ;
  • les enfants difficiles à placer en familles d'accueil ;
  • les chômeurs chroniques ou de longue durée ;
  • les travailleurs migrants ;
  • les femmes âgées ;
  • les homosexuels.

La dévalorisation

Pour la personne :
– perte de l'image positive de soi ;
– aliénation : impression de ne pouvoir rien faire contre celui (ou ceux) qui nie(nt) ou exploite(nt) la personne ;
– infériorisation.

Pour l'environnement :
– rejet, mise à l'écart ;
– pratique de stigmatisation et marginalisation envers certains individus ou groupes de la société ;
– réduction des personnes à des catégories socio-administratives (Jacques, 1984) ou à connotations morales négatives (Pitrou, 1984) : les cas sociaux, les assistés sociaux, les Rmistes (revenu minimum d'insertion, en France), les « BS » (bien-être social = aide sociale au Québec), les « grandes folles » (les travestis), les SDF (sans domicile fixe), les mendiants, les délinquants.

3.4. La méthodologie de l'intervention sociale

Le processus de résolution de problème suppose l'existence d'une méthodologie — « des opérations raisonnées » (Richmond, 1922, trad. fr. 1926) pour réaliser l'intervention ; une méthodologie spécifique du travail social, quelle que soit la méthode — personnelle, de groupe ou collective — qui a été élaborée dès la fin du XIXe siècle, tant en Europe de l'Ouest qu'en Amérique du Nord (Leplay, 1976 ; Pascal, 2000). Suite à la demande ou à la commande, toute une série de modalités se mettent en place avant qu'un quelconque service ne soit rendu. Cet ensemble de modalités, de conditions, de règles ou de procédures constitue la méthodologie d'intervention : un système articulé d'étapes nécessaires à la réalisation d'un projet ou d'une intention d'agir (Aubin, 1984).

La méthodologie de l'intervention n'est autre que la succession des étapes de toute action professionnelle qu'on peut se représenter comme une série d'actes :

– analyser	→	comprendre
– planifier	→	concevoir
– réaliser	→	faire
– vérifier	→	corriger.

La méthodologie réfère aux « chemins » par lesquels l'aide transite : série d'activités qui ont une ordonnance, des phases, des rythmes et des séquences d'action dans un mouvement progressif avec un début, un milieu et une fin (Siporin, 1975 ; Shulman, 1977 ; Bodart, 1978 ; De Robertis, 1981 et 1993 ; Du Ranquet, 1981 ; Rooney, 1992 ; Bilodeau *et al.*, 1993 ; Rosen, 1993 ; Barreyre *et al.*, 1995 ; Khon, 1998). « Le terme "processus", qui est l'équivalent latin du mot "méthode", d'origine grecque, signifie qu'il y a là un cheminement, comportant des étapes dont on ne peut nullement faire l'économie : de la collecte des données et de la narration des faits (de qui s'agit-il ?, de quoi s'agit-il ?) aux différents aspects de l'évaluation (des capacités des personnes ou de leur entourage à la représentation qu'ils ont de leurs "problèmes" et de leurs attentes à l'égard du travailleur social pour en trouver la solution). De là, l'élaboration d'un contrat, impliquant objectifs et moyens, à plus ou moins long terme, nature de la participation de chacun des contractants, et structuration de la relation. Le travailleur social va donc, tout au long de ce cheminement, compléter ses données, affiner sa compréhension des personnes et, éventuellement, remettre en question certaines de ses "hypothèses diagnostiques", pour repartir d'un nouveau pas, car il est soucieux, à chaque moment, de la mesure des résultats obtenus par cette action commune. » (Salomon, 1998).

3.4.1. La phase initiale : la position du problème

La phase initiale ou phase préliminaire comprend l'accueil, la mise en place d'un processus de communication et l'information des procédures de travail. Elle revêt un caractère de recherche des éléments pour connaître le demandeur, pour identifier le problème-cible et pour prendre les dispositions appropriées concernant la demande : la rejeter, la référer ailleurs ou la garder pour traitement.

La phase initiale comprend trois étapes :
– la demande/commande ;
– l'exploration de la situation ;
– la problématique sociale ou le diagnostic social.

3.4.1.1. Première étape : la demande/commande

On a vu, au sujet de l'établissement, qu'il existe différentes façons de soumettre un problème à l'attention de l'établissement et du travailleur social, lesquelles définissent des contextes d'intervention (Lebbe-Berrier, 1988 ; Prieur, 1989). Les demandes sociales créent un contexte d'intervention volontaire où l'usager est libre de se retirer à tout moment de la démarche, tandis que les commandes sociales où l'aide est imposée se font généralement dans un climat de suspicion de la part du système-client et créent un contexte d'intervention non volontaire. Le travailleur social devra, de façon impérative, traiter les phénomènes de confiance-suspicion que le système-client peut manifester à l'endroit de l'intervenant ou de l'établissement.

Il lui faudra, à cette étape, analyser soigneusement les raisons, les motivations ou les pressions qui poussent la personne à solliciter une aide professionnelle, à réviser les informations que la personne possède dans les cas d'une référence par un professionnel ou une administration et, pour les personnes sous mandat judiciaire, à solliciter leur point de vue. Dans toutes ces situations, le travailleur clarifie les droits du système-client, les règles négociables et non négociables (Lebbe-Berrier, 1988 ; Rooney, 1992).

Si la demande relève de la mission de l'établissement et de ses programmes, ou s'il s'agit d'une commande sociale, le travailleur social continue ses activités d'investigation et passe à la deuxième étape.

3.4.1.2. Deuxième étape : l'exploration de la situation

L'exploration consiste en une investigation systématique des éléments concernant la nature du problème ou de la situation (Richmond, 1917) : elle implique la collecte et la narration des faits (Khon, 1998). La situation, c'est « l'ensemble fini et spécifique des données, des faits sociaux, des ressources, des événements, des sujets favorables, indifférents ou hostiles qu'un sujet individuel ou collectif, comme un système social, a autour de lui au cours d'une action, et dont dépend, — qu'il en soit au conscient ou non [...] — la possibilité concrète de poursuivre ses buts, de faire face aux demandes et aux pressions d'autrui, d'évaluer avec réalisme les rapports de force (Nigris, 1996). Ce qu'on cherche à connaître, à cette étape d'exploration de la situation, ce sont les éléments des processus en cours dans les transactions personne-environnement et ce, dans la logique des systèmes en interaction : « comprendre ce qui se passe... faire émerger la connaissance de ce qui se passe dans les échanges personne-environnement » (Crozier, 1995).

L'investigation va porter à la fois sur la personne : ses conditions objectives de vie, ses logiques endogènes, sur l'environnement physique et social et sur les réseaux sociaux d'appartenance. Le travailleur social se préoccupe de comprendre la personne « par rapport à la réalité externe dans laquelle celle-ci est engagée, [...] en essayant de cerner « les facteurs de l'environnement qui créent des problèmes [...] et ceux qui facilitent l'épanouissement et l'enrichissement de la personne » (Boehm, 1960). Les données de l'investigation peuvent être consignées sous forme de rapport écrit qu'on nomme parfois l'enquête sociale, l'étude sociale, l'étude de cas (Hamilton, 1951, trad. fr. 1965 ; de Bray, 1967 ; Bertin, 1994). Il serait plus juste « de substituer au terme inapproprié d'enquête sociale le terme rapport de situation sociale » (Conseil supérieur du travail social, 2001). On peut également retrouver les éléments de l'investigation sous forme de cartes familiales et institutionnelles (Lebbe-Berrier, 1988) appelées cartes écologiques (*eco-map* en anglais) (DuBois *et al.*, 1995) ou sous forme d'une *sociosphère* (Figure 3.9, p. 103), inspirée du Paradigme du travail social (Bilodeau, 2000).

L'exploration devrait, idéalement, être une démarche empreinte du souci de recueillir les diverses facettes de la réalité sociale : *La Fable indienne des aveugles et de l'éléphant* illustre la façon dont les gens traitent habituellement des réalités sociales et propose une manière de se sortir des impasses de la recherche « de la vérité absolue ou du vrai problème ».

Figure 3.9
La sociosphère

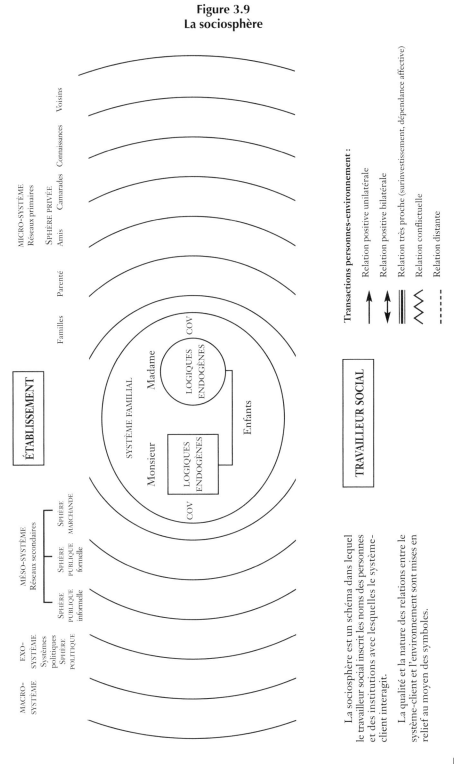

La sociosphère est un schéma dans lequel le travailleur social inscrit les noms des personnes et des institutions avec lesquelles le système-client interagit.

La qualité et la nature des relations entre le système-client et l'environnement sont mises en relief au moyen des symboles.

La Fable indienne des aveugles et de l'éléphant

On raconte qu'une population d'aveugles discutait de savoir ce qu'était un éléphant. « Le sujet semblait tellement préoccupant que l'Académie désigna une commission des Sages. Ils s'entre-déchirèrent, les uns affirmant qu'il s'agissait d'un mur, ou d'un tronc d'arbre, d'autres que c'était une grosse liane ou encore une sorte de grande feuille large de bananier ».

On décida d'organiser un sommet au cours duquel plusieurs événements se produisirent. D'abord, il y eut un combat à la romaine : le plus fort remporta la victoire et il affirma, dans l'esprit de la tradition judéo-chrétienne, qu'il s'agissait d'une liane comestible. Puis on débattit de la question au cours d'une assemblée. Le plus instruit des aveugles sortit vainqueur et proclama, à l'instar de la tradition universitaire, qu'il s'agissait d'une très grande feuille comestible. Par la suite, on réunit autour d'une table circulaire l'ensemble des participants qui partagèrent leurs expériences, comme on a l'habitude de le faire dans les cultures asiatiques et africaines : on arriva à la conclusion qu'il s'agissait « d'un animal énorme ressemblant à un mur posé sur quatre troncs d'arbres et duquel descendait une grosse liane ainsi que deux feuilles de bananier ». Enfin, quelqu'un parmi les aveugles reconnaissant tout de même les limites de leur condition d'aveugles eut l'idée de faire appel à un technicien extérieur, comme c'est la coutume dans les pays en voie de développement. Ce technicien — à l'esprit bouffon — leur affirma que l'éléphant était « une grosse toupie munie d'antennes de papillons, tournoyant au ras des grandes herbes de la savane, en faisant des dégâts aux plantations ».

« Au fond, qui a raison ? Qui sait ce qu'est un éléphant ? En fait, nous nous comportons comme des aveugles devant l'éléphant social et c'est en conjuguant nos forces avec d'autres aveugles et en traitant l'animal sous tous les angles possibles que nous le découvrirons plus et mieux que nous n'aurions pu le faire seul » (Bollinger et Hofstede, 1987).

3.4.1.3. Troisième étape : la problématique sociale ou le diagnostic social

Les termes *bilan social*, *évaluation* sont, en travail social, davantage utilisés que le terme *diagnostic social* (De Robertis, 1981) trop connoté avec le diagnostic médical. Ce dernier est défini comme l'identification d'une maladie par ses symptômes, en référence à un savoir, maladie que le professionnel traitera par la suite. Le professionnel en médecine opère un certain découpage dans la réalité de l'observé et détient un certain pouvoir sur le patient. Les observations et les interprétations sont considérées comme objectives car constatées de l'extérieur, contrairement aux descriptions dites subjectives que seul le patient perçoit. Ces dernières pourront être sollicitées pour infirmer ou non le diagnostic médical (Kohn, 1998).

En travail social, il en va tout autrement. Le diagnostic social établit l'état du fonctionnement social de la personne dans son environnement, tel que la personne elle-même le perçoit et le vit. L'analyse par le travailleur social de la situation d'une autre personne (ou d'un groupe) revêt un caractère moral, empreint de l'humilité la plus grande, car « le développement ne peut dépendre des décisions d'experts, tout simplement parce qu'il n'existe pas d'experts en matière d'aspirations humaines. Le développement est la direction souhaitable que doivent prendre les êtres humains dans une situation donnée » (Berger, 1978). Il s'agit donc, à l'étape de la problématique sociale, de passer de l'analyse à l'explication : reconstituer l'enchaînement des mécanismes qui ont généré le problème. Les analyses réalisées par le travailleur social avec le système-client concernent les transactions personne-environnement et débouchent sur l'appréciation du problème et le choix du problème à résoudre : l'identification de ce qui ne va pas ou de ce qui devrait être changé. Le diagnostic social est en quelque sorte un jugement sur l'adéquation personne-environnement : dans quelle mesure famille, groupes, organisations, communautés dont la personne est un membre actif, constituent des apports ou des ressources adaptées à la situation de la personne ? L'évaluation est phénoménologique en ce sens qu'on évalue l'environnement comme il est vécu et perçu par les personnes (Bronfenbrenner, 1979). « Elles sont les mieux placées pour savoir en quoi consiste exactement la nature des difficultés qu'elles rencontrent. Le travailleur social peut alors mettre son expertise professionnelle au service des personnes afin que leur vécu puisse être exprimé sous une forme compatible avec les standards en vigueur » (Le Bossé, 1996).

L'évaluation est influencée par les idéologies du professionnel, quant à la conception qu'il a de l'origine des problèmes sociaux (Schulberg, 1969 ; Arseneau *et al.*, 1983 ; Rosen et Livne, 1992 ; Beauchamp, 1992 ; Mullaly et Robert, 1993) :
– *la conception intrapsychique* : les problèmes sont principalement reliés aux comportements, aux processus cognitifs, aux émotions de la personne ;
– *la conception psychosociale* : les problèmes relèvent autant de la personne, des relations interpersonnelles que des facteurs environnementaux dont l'importance est plus ou moins grande ;
– *la conception environnementale-écologique* : les problèmes sont reliés aux conditions indésirables de l'environnement physique et social de la personne.

On peut affirmer, à l'instar des idéologies et des problèmes de justice, que les problèmes sociaux, leur formulation et la façon dont ils sont traités et dont ils peuvent être résolus varieront non seulement en fonction de la situation historique, sociale et culturelle de personnes dont ce sont les problèmes, mais aussi en fonction de l'histoire des croyances et des attitudes de chacun (MacIntyre, 1993). En service social, il s'agit d'un diagnostic au sens large : comprendre et définir une situation concrète, porter un jugement ou une évaluation et prendre des décisions quant aux actions à entreprendre (Fustier, 1977). On peut parler d'une problématique sociale plutôt que d'un diagnostic conventionnel dans la mesure où plusieurs facteurs concourent à l'émergence de situations qui créent des stress ou des adaptations inadéquates dans les transactions personne-environnement ; ces transactions comportent toujours deux pôles : personne et environnement dont il faudra examiner les éléments en leur accordant un poids égal, tout en étant attentif au fait que « nous assistons actuellement à une évacuation massive du social au profit de l'individuel » (Beauchamp, 1992) ; et enfin, il existe des variations importantes pour qualifier les transactions sociales d'adéquates ou d'inadéquates, selon le contexte de réalité. Il faut en quelque sorte se défaire des concepts de normalité ou d'anormalité : « il est difficile de faire admettre à des esprits de formation scientifique qu'il puisse y avoir aussi des mécanismes propres à sauvegarder une certaine inadaptation de l'individu dans la société. Or s'il est facile de définir l'estomac normal, le foie en bonne santé, le poumon fonctionnant de façon satisfaisante, il n'en va pas de même du comportement ou de l'esprit. L'homme n'est pas l'animal. Il a la faculté de regimber contre son milieu et de le modifier pour le plier à ses exigences, au lieu de se plier lui-même aux siennes » (Tournier, 1981).

En définitive, les problèmes sociaux ne sont pas les signes d'une pathologie individuelle mais plutôt les résultantes d'une articulation personne-environnement en déséquilibre (Léonard, 1976 ; Moreau, 1979 ; Fragnière et Vuille, 1982). Le diagnostic social doit donc prendre en compte que l'homme vit en même temps dans toutes les dimensions personnelles, interpersonnelles et sociales (Mohan, 1980). La personne doit être inscrite dans son environnement lorsqu'on examine « ce qui ne va pas ».

Un système de classification du fonctionnement social

La *National Association of Social Workers* des États-Unis a adopté en 1994 le « *Person-in-Environment* » (PIE). L'Ordre des travailleurs sociaux du Québec en a fait la traduction française : un système de classification du fonctionnement de la personne dans son environnement (le CFPE) (Karls et Wandrei, 1994, trad. fr. 1996).

Le système CFPE permet d'évaluer de façon systématique les problèmes de fonctionnement social vécus par la clientèle des services sociaux. Le système-client est décrit selon quatre facteurs représentant plusieurs dimensions. Les deux premiers facteurs constituent le cœur de l'intervention sociale : les problèmes de fonctionnement social et les problèmes environnementaux. Les deux derniers facteurs identifient les problèmes de santé mentale et de santé physique en empruntant les systèmes de classifications d'autres professions dont, entre autres, le DSM-IV, système de classification américain des troubles psychiques (American Psychiatric Association, 1995, version internationale, trad. fr. 1996).

Facteur 1 : problèmes de fonctionnement des rôles sociaux

La majorité des clients des travailleurs sociaux éprouvent des difficultés dans le fonctionnement de leurs rôles sociaux, par exemple, dans la famille, au travail, à l'école ou dans la communauté. Il s'agit d'identifier les problèmes de rôles, leur nature, le degré de gravité et de durée ainsi que les capacités d'adaptation dont la personne dispose pour y faire face. L'intervention sociale sera nécessaire lorsque les capacités d'adaptation ne sont pas appropriées ou sont insuffisantes.

Facteur 2 : problèmes environnementaux

Le travailleur social identifie non seulement les conditions environnementales qui influent sur les problèmes identifiés au facteur 1 mais également le degré de gravité de la perturbation ainsi que sa durée.

Six sous-systèmes permettent d'identifier divers problèmes environnementaux : le système des besoins économiques/besoins de base, le système d'éducation et de formation, le système légal et judiciaire, le système de santé et des services sociaux, le système de sécurité, le système d'association volontaire, le système de soutien affectif.

Facteur 3 : problèmes de santé mentale

Toute maladie mentale, toute condition ou tout trouble de comportements jugés pertinents pour une meilleure compréhension des problèmes de l'individu ou pour une intervention plus efficace auprès de ce dernier, en référence au DSM-IV révisé seront pris en compte.

Facteur 4 : problèmes de santé physique

Toute condition ou tout problème physique jugé pertinent pour la compréhension ou le traitement des problèmes reliés aux rôles sociaux ou environnementaux du système-client, en référence au ICD-9 (International Classification of Disease, World Health Organization, 1989) seront aussi retenus.

La phase initiale se termine par la définition du problème sur lequel va s'enclencher une action ou encore une recommandation d'une possible intervention. Il arrive souvent que le travailleur social soit sollicité pour émettre un avis ou une recommandation ayant trait à la poursuite d'une intervention visant à modifier des éléments de la situation, ou au contraire, à ne pas intervenir puisqu'il n'y a ni matière ni raison suffisante pour le faire.

Toute situation-problème peut donc être traduite en un ensemble de points ou de leviers d'actions par le travailleur social (Nélisse, 1992). L'intervention sociale peut s'avérer appropriée et justifiée non seulement lorsque les conduites attendues d'une personne dans les rôles sociaux deviennent problématiques, pour la personne elle-même ou pour l'environnement, mais également lorsque des problèmes de l'environnement ont des effets négatifs sur le fonctionnement social des personnes.

3.4.2. La phase intermédiaire : l'élaboration d'un plan et son exécution

Le système-client et l'intervenant vont dans cette phase diriger leurs activités « vers ce qui doit être, vers ce qui doit advenir. Ils désirent maintenant agir : défendre, modifier, transformer l'état des choses » (Rezsohazy, 1973). Le travailleur social, à cette étape, inscrira, généralement sous forme d'une entente écrite ou d'un contrat, le projet ou le plan d'intervention individualisé (PSI) indiquant l'objectif à atteindre, les moyens prévus à mettre en œuvre, les responsabilités et les tâches respectives qui incombent au système-client et au travailleur social (Côté et Carey-Bélanger, 1974 ; Du Ranquet, 1981 ; De Robertis, 1993 ; Couturier, 1997). Idéalement, on devrait retrouver dans cette étape, « les explications et les justifications techniques du travail entrepris » (Cérézuelle, 1996).

Les interventions des travailleurs sociaux, comme nous le verrons au chapitre 4 « Les méthodes et approches du service social », peuvent être de plusieurs ordres :
- modifier la perception interne que se fait un système-client (personne, groupe, communauté) de lui-même, des faits, de leurs interrelations et de leurs multiples significations ;
- transformer la situation externe par des modifications d'éléments, de choses, d'événements ou par des actions qui changent les objets ou les situations ;
- donner naissance à de nouveaux maillages sociaux, à de nouvelles relations qui unissent la personne, la communauté et la société.

Les activités du système-client prévues par le travailleur social peuvent comporter plusieurs niveaux d'action et impliquer de multiples acteurs (voir Figure 3.10) :

Figure 3.10
Le rationnel de l'intervention

Le système-client

	Cadran A	Cadran B	
Problème individuel	Activités de X travaillant à résoudre son problème Ex : démarches, inscription à des formations, thérapie personnelle	Activités engageant X à travailler en relation avec d'autres ayant le même problème que lui Ex. : groupe de parole, groupe de conscientisation, rencontre de AA	**Problème collectif**
	Cadran D	Cadran C	
	Activités impliquant d'autres individus dans le travail de résolution de la difficulté personnelle de X Ex : demande de collaboration auprès de directions institutionnelles	Activités impliquant des organisations ou des personnes, qui ne souffrent pas du problème collectif, à sa résolution Ex : recherche, travail communautaire, campagne de sensibilisation (journaux, télévision, radio)	

L'environnement

Inspiré de Middleman et Goldberg (1974). *Social Service Delivery, a Structural Approach to Social Work Practice.*

3.4.3. La phase terminale : l'évaluation des résultats et la fin de l'intervention

Cette phase est aussi appelée la fin de la prise en charge ou la clôture des activités (De Robertis, 1981) : on y vérifie le travail accompli, on évalue les résultats obtenus en regard des objectifs fixés et des problèmes qu'on voulait résoudre. Cette phase consiste, entre autres, à procéder à l'évaluation des effets des interventions sur le système-client et sa situation, à préparer ce dernier à mettre fin aux rencontres et parfois, à vérifier la qualité des services rendus et la conformité du fonctionnement professionnel, d'après des normes d'agrément ou les protocoles d'intervention propres à l'établissement.

3.4.3.1. L'évaluation des effets des interventions

Il s'agit d'établir si les objectifs inscrits dans l'entente ou le plan de service individualisé (PSI) ou le protocole ont été poursuivis et de repérer dans quelles mesures des progrès ont été réalisés par les personnes suivies (APEC, 1997) et quelles en sont les conséquences sur leur vie et leur situation. L'évaluation cherche à mesurer les changements d'état chez le système bénéficiaire aux différentes étapes de l'action (Dutrenit, 1997). L'évaluation s'inscrit tout au long des interventions et elle peut servir de tremplin pour réajuster les stratégies ou pour réviser les objectifs.

Le travailleur social peut utiliser des outils de la recherche évaluative pour réaliser une évaluation plus systématique (Beaudoin, 1999) :

– *l'évaluation avec protocole sur cas unique* : « Des données recueillies avant l'intervention sont comparées à celles pendant l'intervention et après l'intervention. L'objectif est d'établir s'il y a changement dans la situation entre ces différents moments et si ces changements vont dans la direction attendue [...]. Les données peuvent porter sur ce qui est accompli par l'intervenant et sur les comportements, les sentiments, les attitudes, les réalisations ou les interactions du système-client. » Ce type d'évaluation permet, entre autres, de suivre les progrès des interventions en cours de réalisation et d'en rendre compte au système-client dans un souci d'imputabilité propre à tout professionnel, digne de ce nom. L'intervenant peut utiliser *des échelles d'appréciation du problème-cible* : établir jusqu'à quel point un problème est atténué ou éliminé à la suite de l'intervention, en comparant la situation initiale à un état de la situation après un certain temps d'intervention ; *des échelles d'atteinte des objectifs* : « on part des objectifs énoncés dans un épisode d'intervention en établissant le résultat attendu et son degré de réalisation (de beaucoup inférieur, inférieur, correspondant, plus élevé et de beaucoup plus élevé que le résultat attendu) pour chaque objectif et en vérifiant ce qui se passe effectivement dans l'intervention » ; ou encore le *monitorage* : « des critères appropriés sont définis pour mesurer les objectifs d'intervention à partir d'indicateurs spécifiques mesurables en termes de changement dans la situation du système-client sur une période de temps donné ou le protocole avant/après la ligne de départ entre la phase A (avant le début de l'intervention) et la phase B (une période précise de l'intervention) » ;

– *l'évaluation avec un protocole incluant un groupe expérimental et un groupe témoin* : les deux groupes sont idéalement choisis de manière aléatoire à partir d'une même population. Le nombre de mesures et les items choisis pour mesurer une même variable sont nombreux ; les données sont toutefois recueillies seulement à quelques reprises dans le temps, deux ou trois fois au maximum, à des périodes fixes dont la durée est déterminée à l'avance ; et la comparaison est effectuée avec un groupe témoin choisi à partir d'une même population en présumant que les conséquences auraient été les mêmes pour le groupe expérimental si l'intervention n'avait pas eu lieu.

3.4.3.2. La fin de l'intervention

À la clôture des activités, l'évaluation sert aussi à établir avec le système-client une sorte de bilan au cours duquel on se remémore les itinéraires parcourus, on relève les éléments de renforcement ou d'acquisition ou les points non résolus. Le travailleur social prépare également le système-client à mettre fin aux rencontres et à faire face au sentiment d'abandon qui peut être éprouvé par les deux parties.

3.5. L'environnement facilitant ou le *holding environment*

Comme nous l'avons souligné, au chapitre 2, la présence humaine, l'écoute, l'attention, l'accompagnement sont considérés comme des services sociaux aussi importants que ceux consacrés à la survie : nourriture, logement, santé.

Cette présence à l'autre, les travailleurs sociaux y ont accordé une attention toute particulière dès les débuts du service social. Dans la première COS de Londres, Octavia Hill, en 1870, affichait au mur la devise : « *Not alms, but a friend* » (« Pas d'aumônes mais un ami ») (cité par De Bray et Tuerlinckx, 1955).

Les fondateurs du travail social allaient à contre-courant des pratiques que les associations et les bénévoles de l'époque avaient envers les démunis, les pauvres, les mendiants ou les malades mentaux. Ils ont affirmé haut et fort que ces populations devaient recevoir des soins et des attentions toutes spéciales afin de les sortir du cercle vicieux de la dépendance et du mépris social. Le concept d'environnement facilitant ou le *holding environment* ouvre plusieurs niveaux de compréhension et des pistes d'actions.

3.5.1. Origine et définition

Winnicott, pédiatre et psychanalyste britannique (1896-1971), a élaboré dans les années quarante le concept de *holding* (de l'anglais *to hold* : tenir ou maintenir). C'est à la suite d'observations du système mère-enfant et de l'analyse de nombreux cas de psychose infantile que Winnicott parvint à reconstituer le développement affectif de l'enfant, durant la période des premières années de sa vie. Il a identifié que les soins parentaux satisfaisants peuvent être classés approximativement en trois stades qui se recouvrent en partie :
– le maintien (le *holding*) du nourrisson par la mère ;
– la vie commune de la mère et de l'enfant : à ce stade, la fonction du père (qui est dans l'environnement de la mère) n'est pas connue de l'enfant ;
– par la suite, graduellement, la vie commune du père, de la mère et de l'enfant (Khan, 1971).

3.5.2. Le *holding* ou le maintien

Le *holding* est l'action de tenir physiquement l'enfant (ce qui est une forme d'amour) : on le protège contre les dangers physiologiques ; on tient compte de l'extrême sensibilité de son corps (toucher, température, sons, luminosité) ; on lui assure la régularité des soins de jour comme de nuit, en les adaptant au fil des changements physiologiques et physiques dus à la croissance et au développement de son organisme. En somme, « le nourrisson n'existe jamais par lui-même mais toujours et essentiellement comme partie intégrante d'une relation » (Winnicott, 1965). Le processus de maturation de l'enfant est foncièrement constitué par l'unité mère-enfant : le bébé trouve là son soutien et jusqu'à la possibilité d'habiter son corps (Chazaud, 1978).

L'enfant, grâce à l'attitude d'une « mère suffisamment bonne » (*good enough mother)* qui comprend ses besoins par empathie et y répond naturellement et spontanément, peut se développer de façon harmonieuse et trouver ainsi dans son environnement l'assistance, le soutien dont il a besoin pour vivre et s'épanouir ; une aide dont il apprendra à se passer, au fur et à mesure de l'affirmation de ses propres forces (Charles, 1983). Par contre, si la mère est absente, défaillante ou trop envahissante, l'enfant risque la dépression ou des conduites antisociales (larcin, mensonge, incontinence, destructivité) comme autant de moyens pour retrouver par compensation « la mère suffisamment bonne » (Roudinesco, 1977).

Le terme de *holding* est utilisé non seulement pour dénoter qu'on porte physiquement l'enfant mais aussi pour tout ce que l'environnement lui fournit, suite à l'instauration de la vie commune — mère-enfant-père/entourage. Ce que Winnicott a mis en évidence, c'est la dépendance de l'être humain à l'environnement et l'importance du *holding*, « un terme qui suggère un environnement stable, ferme ».

3.5.3. L'environnement suffisamment bon

L'idée de l'environnement suffisamment bon (Winnicott, 1965), à l'instar de la mère suffisamment bonne et de la fonction du *holding*, c'est que les usagers des services sociaux aient la possibilité de pouvoir toujours compter sur quelqu'un (Tousignant, 1999) et ainsi de découvrir de l'humain dans le contact avec les travailleurs sociaux et les divers acteurs des institutions sociales par rapport au « non-humain » (Winnicott, 1958, cité par Fédida, 2001), qu'ils vivent dans leur situation de fragilité sociale ou dans les diverses ruptures sociales qu'ils subissent.

L'environnement suffisamment bon concerne les modalités de présence du travailleur social au système-client : des éléments matériels et des éléments sociaux afin « de retrouver quelque chose d'humain dans leurs échanges » (Fédida, 2001).

Les éléments matériels ont trait, entre autres, aux locaux où ont lieu les entretiens (température adéquate, lumière, plantes) ; de plus, les rencontres se dérouleront à date fixe et des explications claires seront données quant aux politiques et procédures d'absence ou d'annulation des rendez-vous. Le travailleur social s'enquerra aussi, tout spécialement auprès des usagers en situation de précarité socio-économique, des éléments liés aux besoins primaires (logement, nourriture, vêtements suffisants) ainsi que des figures-clés de leur univers (conjoint, parent, enfant, ami, collègue) et de leur rôle auprès d'elles (Applegate, 1997).

Les éléments sociaux quant à eux sont de deux ordres : interpersonnels et sociétaux :
- les *éléments interpersonnels* impliquent les comportements suivants de la part du travailleur social :
  - la manière de se présenter soi-même et de présenter son aide sera faite de façon à éviter la dynamique du client-patient (le profane, l'imparfait, le malade) *versus* le thérapeute-intervenant (l'initié, le parfait, le sain) (Compernolle, 1989) ;
  - les manifestations de présence, chaleur, collaboration, réceptivité seront constantes (Applegate, 1997) : le travailleur social laissera s'établir entre eux

« une sorte de réciprocité des consciences, un échange interindividuel se manifestant à travers la mimique, les attitudes et la parole » (Charles, 1983). C'est souvent par des mots, au moment approprié, que l'intervenant pourra transmettre qu'il comprend la situation vécue par la personne (Winnicott, 1965) en évitant « d'utiliser des paroles, des interdictions ou des gestes qui risquent d'être perçus comme un empiétement sur la liberté de la personne » (Charles, 1983) ;

- son attention portera sur le présent et sur les éléments qui peuvent être changés, laissant dans l'ombre le passé et les causes, car « comme l'étymologie l'indique, cause et accuse sont très proches l'un de l'autre » pour éviter entre eux toute agressivité latente ou ouverte (Compernolle, 1989) ;
- il prendra en compte et respectera la manière dont les personnes intériorisent les difficultés : honte, humiliation, colère, haine et comment elles vivent leurs relations avec les services sociaux et le travailleur social : violence, méfiance, crainte, distance, apprivoisement progressif (Applegate, 1997).

– les *éléments sociétaux*, quant à eux, impliquent que le travailleur social exerce ses fonctions de médiation sociale. Les travailleurs sociaux, par leur statut et leur appartenance organisationnelle, participent aux institutions de la société tout entière. Les lieux d'ancrage institutionnel se sont multipliés dans tous les domaines de la vie sociale et économique. Les travailleurs sociaux y exercent une fonction de courtier, fonction d'ailleurs reconnue comme leur étant très spécifique : un courtier qui détient des parts dans tous les secteurs de la vie sociale. Ils y exercent aussi une fonction de guide et d'avocat, dans le labyrinthe du monde des services, des professionnels et des institutions de la société. Le travailleur social demeure le garant d'un lien fonctionnel pour la personne dans cet univers souvent chaotique soumis à des forces conflictuelles entre les institutions et les citoyens, lesquelles forces interfèrent avec des dysfonctionnements personnels, familiaux et sociaux des clientèles (Pluymaekers, 1989).

3.6. Le capital social

Depuis l'origine de la profession de service social, les travailleurs sociaux ont œuvré pour développer dans la société, dans les communautés et dans les réseaux de proximité, la solidarité, la coopération entre les personnes dans un souci de justice sociale. Toutes les méthodes du service social ont élaboré des approches dans ce sens, plus particulièrement en organisation communautaire mais aussi en service social des groupes et dans plusieurs approches en service social individualisé. Le concept de capital social renvoie de façon éclairante à ces réalités d'action sociale.

Origine et définition du capital social

Dans les années soixante-dix, Putnam et ses collègues menèrent une étude sur « le caractère, la qualité et l'efficacité des gouvernements locaux en Italie » (Putnam *et al.*, 1981 ; 1993). Pendant vingt ans, ils ont observé le rendement des gouvernements régionaux. Ils ont constaté que certains étaient très efficaces, créatifs et novateurs, et que d'autres, au contraire, constituaient des échecs complets, corrompus, inefficaces. Ils ont donc cherché pourquoi il en était ainsi. Quelle était la clé du succès des gouvernements régionaux efficaces ? Leur conclusion est que ces gouvernements se trouvaient dans des collectivités où les gens jouissaient d'activités communautaires élaborées, et qu'ils entretenaient entre eux des liens horizontaux formant les mailles d'un tissu serré de vie civile. Ces communautés avaient une longue tradition et des coutumes ancestrales d'entretien des liens avec les voisins et avec les organismes communautaires. En somme, ces régions jouissaient d'une tradition d'engagement collectif : « Nous avons découvert à notre grand étonnement que ce phénomène de *connectivité* civile était un élément clé permettant d'expliquer non seulement le meilleur rendement de certaines institutions en regard des autres, mais aussi, du moins partiellement, les niveaux de bien-être économique » (Putnam, 1995, 1996). Le terme de capital social est utilisé « pour désigner les aspects de notre vie collective qui nous rendent plus productifs : un niveau élevé de participation, de confiance et de réciprocité » (Putnam, 1996) ; « le capital social réfère donc à la qualité du tissu social, à la densité des réseaux sociaux, à la coopération et à la collaboration qui existent dans une communauté » (Bélanger *et al.*, 2000).

De nombreuses voix s'élèvent ces temps-ci pour affirmer que l'État est d'autant plus nécessaire du fait qu'il est le seul garant du tissu social et de l'équilibre social ; des recherches ont fait ressortir l'impact économique de liens sociaux forts, de la coopération au lieu de la compétition, de la participation des citoyens aux institutions sociales (Albert, 1991 ; Coleman, 1988 ; Putnam *et al.*, 1993 ; Delmas, 1999, rapporté par Côté, 1999). Récemment d'ailleurs, l'idéologie de la Banque mondiale est passée « du moins d'État » à « mieux d'État », en référence aux recherches de Putnam.

Le concept de capital social renvoie à la capacité et à la volonté de coopérer qui se trouvent dans le tissu social. Le capital social illustre pour ainsi dire les mises en forme et les mises en sens de la coexistence humaine (Lefort, 1986). Il représente autant l'espace social, les infrastructures, les services à la communauté et les événements culturels que les mesures institutionnelles qui favorisent l'appartenance, l'insertion, la participation, la reconnaissance et le partage des valeurs, ainsi que l'interconnexion des individus, c'est-à-dire la confiance, les normes de réciprocité et les réseaux qui contribuent à les créer (Putnam *et al.*, 1993 ; Jenson, 1998).

Le capital social recouvre donc des éléments à la fois personnels et sociétaux ; au niveau individuel, le capital social réside dans les réseaux de relations personnelles parmi les parents, les amis, les compagnons de travail (Bélanger *et al.*, 2000) tandis que les éléments sociétaux ont trait aux formes d'interrelations entre les personnes et le degré de participation des individus aux organisations sociales de toutes sortes, qu'elles soient sportives, scolaires, religieuses ou culturelles.

En conclusion, par leurs actions de *holding environment* et de développement du capital social, les travailleurs sociaux cherchent à rendre effective la fonction de soutien des institutions et à aider les systèmes-clients à utiliser les ressources des institutions de la société, de manière appropriée à leur situation, car « une institution concrétise la décision d'une société de protéger ses membres contre les aléas de la vie, de prévenir leurs inaptitudes, et de promouvoir le développement d'un meilleur fonctionnement humain » (Towle, 1948). Le travailleur social tente par le *holding environment* de connecter ou reconnecter les personnes avec la famille, les amis, les voisins et les structures démocratiques (Putnam, 2003), d'assurer « la pluralité des présences tant personnelles que collectives » (Hahn, 1983) et de répondre ainsi au besoin fondamental de l'être humain « de s'inscrire dans une communauté » (Taylor, 1989 ; Newbrough, 1992).

4. MÉTHODES ET APPROCHES DU SERVICE SOCIAL

Le paradigme du service social qui présente le service social comme une discipline produisant des interférences et des connexions dans le tissu social implique que les actions professionnelles des travailleurs sociaux visent à changer aussi bien la personne que l'environnement social. Dans cette optique, ils ont élaboré des modalités d'action auprès des personnes, des groupes et des communautés, qui ont progressivement été codifiées en méthodes et en approches, souvent associées à des références théoriques issues d'autres disciplines des sciences humaines et sociales.

Les méthodes

Traditionnellement on a identifié en service social trois méthodes qui sont déterminées par les cibles et par les niveaux d'intervention. Une méthode, c'est « un ensemble, ordonné de manière logique, de principes, de règles, d'étapes permettant de parvenir à un résultat » (*Le Petit Larousse*, 1995). Les méthodes en service social ont été classées (Figure 4.1 page suivante) en interventions directes (de types micro et méso-systèmes) et en interventions indirectes (de type macro-système) (Richmond, 1922, trad. fr. 1926 ; Skidmore et Thacherey, 1976 ; De Robertis, 1981 ; Alexander, 1982 ; Conseil supérieur du travail social, 1987 ; Monkman, 1991 ; DuBois, Miley et O'Melia, 1995 ; Heffernan *et al.*, 1997 ; Johnson, 1995 ; Garvin et Tropman, 1998).

Les méthodes d'intervention directe ciblent des personnes ou des catégories d'individus vivant des situations particulières. Elles sont axées sur le développement des capacités des personnes, sur l'activation des solidarités sociales de leurs groupes d'appartenance et sur la création de leurs possibilités d'insertion sociale. Elles se divisent en méthodes *de type micro-système* et *de type méso-système* :
- la méthode *de type micro-système* ou méthode individualisée vise à aider les personnes et les familles à identifier les problèmes personnels et interactionnels liés au fonctionnement social (insuffisance de revenus, conflits interpersonnels, stresseurs sociaux, accessibilité réduite aux ressources).

Figure 4.1
L'intervention sociale, système-clients et niveaux d'actions

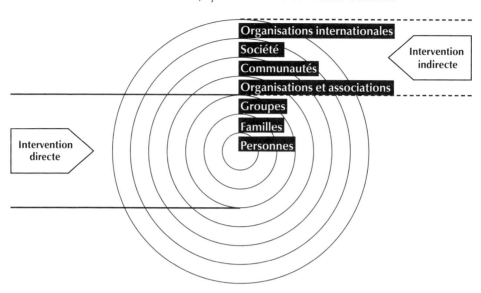

Graphique inspiré de DuBois, Miley, O'Melia (1995), *Generalist Social Practice*.

Elle s'exerce en direction des personnes et des familles et vise à l'amorce de changements personnels, interactionnels et environnementaux de la situation-problème. Le travail social individualisé consiste à mobiliser les ressources personnelles et les ressources sociales qui sont en mesure d'assurer à la personne une meilleure intégration à l'ensemble ou à une partie de son milieu (Bowers, 1949). Il s'agit donc d'éveiller et de libérer les forces disponibles de la personne, de mettre à sa disposition les ressources existant dans son milieu, en sorte qu'elle puisse construire son existence de manière satisfaisante (Blum, 1970). C'est la méthode du service social personnel (SSP) au Québec ou l'intervention sociale d'aide à la personne (ISAP) en France.

– la méthode *de type méso-système* ou méthode de groupe cherche à enrichir la vie des personnes par des expériences dans des groupes planifiés. Par le canal des relations internes qui s'y développent, aussi bien que par la mise en œuvre d'un projet et d'activités dirigées, l'intervention consiste à amener le groupe en état de contribuer au développement et à la maturation de ses membres et d'atteindre des objectifs sociaux désirables (Blum, 1970). Cette méthode suppose qu'il existe, au sein des populations, des forces bienfaisantes et créatrices ne demandant qu'à être libérées pour conduire les personnes à collaborer dans l'intérêt de tous (Schwartz, 1961). Elle s'applique aux personnes auxquelles le groupe va apporter les changements souhaités dans leur fonctionnement social. C'est la méthode du service social des groupes (SSG).

La méthode d'intervention indirecte, quant à elle, cible des territoires, des ensembles de populations plutôt que des clientèles ou des personnes précises. Elle est *de type macro-système* et s'applique à des unités territoriales plus ou moins étendues — région, ville, village, quartier, zone — ainsi qu'à de larges regroupements de personnes réunies autour d'un intérêt commun ou de problèmes analogues. Une approche inter-groupes est mise en place, dans le cadre de projets, pour résoudre des problèmes sociaux d'ensemble. On reconnaît que la conscience critique et le soutien social sont vitaux pour le développement de ressources qui généreront une meilleure santé et un environnement constructif pour tous les citoyens de la société (Heffernan, 1997). La méthode d'intervention indirecte est axée sur l'élaboration de liens sociaux, sur la participation active des usagers, sur le dynamisme des structures sociales. C'est l'organisation communautaire (OC) pour le Québec ou l'intervention sociale d'intérêt collectif (ISIC) pour la France.

Les trois méthodes du service social ont des visées et des cibles différentes. Dans la méthode du service social personnel, l'accent est mis sur la personne, ses particularités mais aussi sur ses blocages, pour évaluer les actions qu'elle peut entreprendre elle-même, avec ou sans l'aide de personnes extérieures, pour modifier la situation-problème. Les méthodes de service social des groupes et d'organisation communautaire donnent la priorité à l'association de personnes avec d'autres pour augmenter les capacités d'action, pour combattre l'isolement et le défaitisme et pour susciter la solidarité : partager, par exemple, en groupe restreint, avec des personnes vivant (ou ayant vécu) un même problème, décuple les connaissances et le savoir-faire, ou se mobiliser comme communauté apporte un regain d'énergie.

Cependant, « toutes les méthodes de service social poursuivent les mêmes buts : éliminer les obstacles au plein épanouissement ; libérer les ressources potentielles des gens et assurer le plein-emploi des possibilités internes ; développer la capacité de l'individu, du groupe et de la collectivité, à organiser leur propre vie et à se comporter en unité intégrée » (Ross, 1955).

Les approches

Tandis que les méthodes tracent la démarche à suivre selon la nature de la prestation de services et le niveau des interventions, les approches quant à elles donnent les outils à utiliser aux différents points d'intervention dans la situation : «…les gens ne sont pas fixés dans leur façon d'être actuelle, mais vivent selon des schémas de fonctionnement […] neurologiques, […], physiologiques, […], cognitifs, […], ou qui portent sur les affects […] ou encore sur les relations interpersonnelles ou sur les actions… » (O'Hanlon et Beadle, 1997). Ces schémas de fonctionnement peuvent faire l'objet des interventions professionnelles. Les approches se définissent donc comme un ensemble structuré de pensées et d'actions, constituant l'univers des choix de réponses de l'agir professionnel concernant un problème social, les solutions à envisager, les angles d'attaque, les directions à prendre, les zones de stratégies, les moyens à mettre en place pour éliminer le problème ou y apporter un soulagement (Lutz, 1968 ; Germain, 1983 ; Thomas, 1997). Les approches reflètent également la conception qu'on se fait de l'émergence des problèmes, c'est-à-dire le mode d'explication causal et le schème d'intelligibilité (Quivy et Van Campenhoudt, 1995).

On ne doit pas confondre la méthode et l'approche. La méthode telle qu'on l'a définie plus haut fait référence aux modalités d'intervention, en regard et en direction d'unités de tailles diverses allant du micro au macro-système, de l'individu à la société entière, tandis que l'approche réfère aux outils conceptuels et méthodologiques pertinents pour agir dans un projet précis, en lien avec le schéma de fonctionnement retenu. Les méthodes et les approches du service social (Figure 4.2) constituent le savoir-faire technique des travailleurs sociaux.

Figure 4.2
Méthodes et approches du service social :
transactions personne-environnement

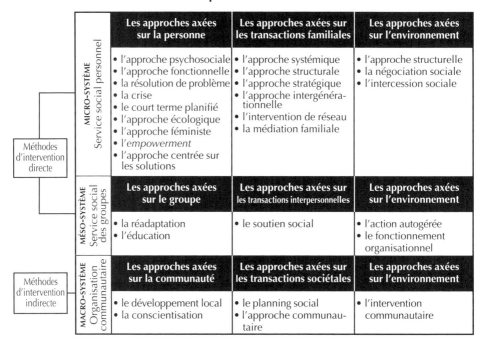

Les références théoriques

On définit une théorie comme étant un « système de concepts abstraits, plus ou moins organisé, appliqué à un domaine » (*Le Robert*, 1992) ou encore comme un système structuré d'hypothèses à vocation explicative. On peut distinguer dans ce système de concepts abstraits deux formes de théories : *les théories générales et englobantes* qui offrent des constructions universelles des phénomènes et un cadre d'analyse (par exemple, l'évolutionnisme, le fonctionnalisme…) et *les théories à moyenne portée* qui fournissent des hypothèses partielles pour répondre à des problèmes circonscrits et vérifiables (Ansart, 1999). C'est à ce type de théories de moyenne portée que nous référons dans cet ouvrage.

Les théories que nous avons retenues sont issues, en grande majorité, de la psychologie, de la psychiatrie ou de la psychanalyse, plusieurs étant elles-mêmes de sources transdisciplinaires (Camdessus, 1983 ; Angel, 1989). Elles fournissent des cadres d'analyse et des outils d'intervention qui peuvent se révéler, pour les travailleurs sociaux, un complément indispensable pour mener à terme certaines de leurs actions professionnelles. Bon nombre d'entre elles abordent les mécanismes psychiques auxquels les êtres humains ont été soumis dès leur naissance et au cours de leur développement ainsi que des avatars qui ont pu se produire. Ces théories indiquent également des moyens à mettre en œuvre pour libérer les personnes des schémas de dysfonctionnement de plusieurs ordres : psychiques, émotifs, cognitifs, relationnels. Ce sont surtout dans les méthodes du service social personnel et du service social des groupes que ces théories sont utilisées, du fait de la nature même de ces méthodes qui prennent la personne comme sujet de leurs interventions.

Par ailleurs, les travailleurs sociaux se sont tournés vers des théories de la psychologie sociale, des sciences politiques, de l'anthropologie, de la linguistique, de la sociologie, de la philosophie (Pascal, 1981), en vue de mieux comprendre les phénomènes sous-jacents aux problèmes personnels et sociaux auxquels ils s'attaquent et d'élargir des axes d'action, en lien avec les perspectives et les visées du service social. Ces théories, bien qu'elles ne soient pas formellement identifiées dans cet ouvrage, ont apporté une contribution significative dans l'élaboration du Paradigme du travail social.

4.1. Le service social personnel

La méthode du service social personnel a fait l'objet de plusieurs appellations : intervention sociale individualisée, aide psychosociale, intervention sociale d'aide à la personne. Cette méthode est utilisée dans les situations où la personne vit des conflits interpersonnels avec les autres, que se soit la famille nucléaire, la parenté, le voisinage ou les représentants des institutions sociales. On réfère aussi à la méthode du service social personnel dans les situations où la personne éprouve des difficultés à obtenir les ressources mises en place par la société pour assurer la survie et le développement de ses membres : argent, nourriture, logement, connaissances, attention (Irey, 1980). C'est un travail d'écoute, d'orientation et d'accompagnement dans lequel la relation est intime, immédiate et personnalisée (Skidmore et Thackery, 1976).

Par la méthode du service social personnel, le travailleur social cherche d'une part à aider les gens à utiliser leur potentiel d'adaptation et, d'autre part, à accroître l'adéquation des environnements dans la réponse aux besoins (Germain et Gitterman, 1976 ; Morales et Sheafor, 1989 ; Barreyre *et al.*, 1995) :

– *l'action au niveau du potentiel d'adaptation* consiste à mobiliser et à développer les ressources internes de la personne. Le système-cible est aidé par le travailleur social à :

• accroître la compréhension de soi et de la situation, par l'identification de ses propres ressources et de son potentiel créateur ;

• surmonter les obstacles et les stress, en soi et dans l'environnement, au cours du processus de résolution de problèmes ;

• augmenter ses capacités et ses compétences en vue d'une meilleure performance dans l'exercice de ses responsabilités ;

• améliorer la qualité de ses échanges avec les environnements : conjoints, parents, enfants, famille, amis, institutions, quartier, communauté ;

• identifier les ressources sociales nécessaires pour remédier à la situation, en faire un usage optimal ou faire valoir ses droits lorsque nécessaire.

– *l'action en vue d'accroître la réponse adéquate des environnements*, quant à elle, implique, de la part du travailleur social :

• d'identifier les causes qui créent des déséquilibres personne-environnement ou qui constituent des obstacles au fonctionnement social ;

• de diminuer les sources de tension en provenance de l'environnement ou d'en réduire l'impact sur les personnes ;

• de combler les besoins des personnes, par des actions d'intermédiaire, de médiation et de négociation, auprès des environnements ;

• de produire des liens pour des personnes qui sont dans des trajectoires de rupture avec la société.

Un texte fondateur du service social personnel

Dans son second ouvrage, *What is social casework ?* (1922), dont la traduction française en 1926 revient à Mme P. de Chary et au Dr René Sand sous le titre *Les Méthodes nouvelles d'assistance*, réédité en 2002 par les éditions de l'ENSP, Mary Richmond explique la méthode du service social et propose un essai de conceptualisation des éléments essentiels de l'intervention psychosociale. Nous avons regroupé ces éléments, sous la rubrique de la méthodologie (investigation, diagnostic, plan et action ; les citations et les numéros de pages renvoient à la réédition de 2002).

Mary Richmond définit d'abord l'intervention psychosociale comme « l'ensemble des méthodes qui développent la personnalité en rajustant consciemment et individuellement entre eux l'homme et son milieu » (p. 48). « Notre personnalité […], c'est l'hérédité physique […] et la portion de l'héritage social et de notre milieu, que nous avons été capables d'ajouter, jour par jour, à notre individualité et dont nous avons fait une partie de nous-mêmes. Notre personnalité […] nous relie étroitement aux autres hommes, non seulement à l'homme, notre associé, notre frère, mais à tous les groupements et toutes les institutions que les hommes ont créés, la société n'est pas seulement le moyen par lequel se développe la personnalité, mais aussi la source et l'origine de celle-ci » (p. 45). « Aussi longtemps que les êtres humains seront humains et que leur milieu sera le monde, on ne pourra pas imaginer un état de choses dans lequel eux-mêmes et leur milieu où ils vivent cesseront d'avoir besoin d'adaptations et de réadaptations particulières » (p. 47).

La méthodologie de l'intervention psychosociale proposée par Richmond comporte les étapes suivantes :

– *le relevé des relations sociales :* « il consiste à atteindre l'individu par l'intermédiaire de son entourage… » (p. 47) ou « par ses relations sociales » (p. 62) ; « …l'assistante sociale connaîtra une partie très importante de la vie de son client […] comprendra beaucoup mieux les difficultés dans lesquelles il se débat et les possibilités qu'il a en lui, lorsqu'elle aura réussi à se faire une idée assez claire de ses relations sociales, lorsqu'elle aura découvert, par exemple, l'attitude prise envers lui par sa famille, ses camarades de travail, ses amis politiques, ses coreligionnaires, ainsi que son attitude vis-à-vis d'eux, lorsqu'elle aura étudié enfin sa façon d'être à l'égard de son travail, de ses délassements, des institutions du quartier ou de la collectivité dans laquelle il vit, ses sentiments à l'égard du pays » (p. 62) ;

– *le diagnostic social :* « deux types de compréhension sont considérés simultanément : la compréhension de l'individualité et des caractéristiques personnelles ; la compréhension du milieu social, c'est-à-dire des ressources, des dangers et des influences du milieu » (p. 49) ; cette démarche conduit à un diagnostic social ;

– *le programme d'action :* « un plan de collaboration — un programme de participation — qui permet de partager avec le client la responsabilité des décisions successives à prendre » ; c'est en quelque sorte « une fenêtre ouverte, un horizon » (p. 81) ; « la méthode par laquelle on arrive à la compréhension d'un client et à l'élaboration, en conférence avec lui, d'un programme auquel il participe, est, par essence, une méthode démocratique » (p. 82) ;

– *l'action* qui peut être subdivisée en action directe et indirecte :
« l'action directe de la mentalité de l'assistante sur celle de son client » qui comprend :
  • « l'ardeur d'être utile : l'action débute par des services, parfois très humbles, qui tendent à affirmer les relations personnelles ; […] par exemple, s'occuper de choses matérielles (nourriture, vêtements, logement ; rechercher la nuit un alcoolique ; passer du temps avec des parents affligés par la mort de leur enfant…) » (p. 51) ;
  • « la franchise mutuelle des rapports entre eux : l'absence de formalisme, l'habitude de tenir parole loyalement, […] une patience, née de la sympathie, de la compréhension expérimentée, de la clairvoyance, […] la politique d'encouragement, […] l'établissement d'une réelle discipline, […] alliée à une souplesse, combinée avec une grande persévérance » (p. 51), « …le souci de faire prendre au client une part active aux plans conçus pour son bien » (p. 52) ;

«l'action indirecte de l'assistante sociale qui se sert des multiples éléments du milieu : les personnes, les institutions, les œuvres, les choses matérielles ; […] elle amène l'entourage du client à l'influencer dans le même sens qu'elle » (p. 52). L'action indirecte implique de :

- « recourir aux avis ou à la collaboration de médecins, d'instituteurs, de prêtres, de fonctionnaires ou des parents de ses clients » (p. 53) ;
- « utiliser des institutions telles que les résidences sociales, les cours professionnels, les parcs publics et les terrains de jeux, les colonies de vacances, les foyers nourriciers » (p. 53) ;
- « assurer la coopération entre deux ou plusieurs œuvres quand elles s'intéressent […] à différents membres d'une même famille » (p. 53) ;
- « servir d'agents de liaison, essayant d'utiliser avec intelligence les ressources sociales organisées du quartier et de la collectivité (p. 54), ainsi que celles des employeurs » (p. 55) ;
- « user de toute son ingéniosité pour remplacer les ressources qui manquent et pousser de toutes ses forces à la création des œuvres destinées à combler ces lacunes » (p. 54) ;
- « procéder au changement de milieu, temporaire ou permanent, dans des situations où l'entourage est activement antisocial » (p. 54) ; « au changement de logement ou du moins à son amélioration » (p. 56) « ou en fonction des besoins de certains clients » (p. 55).

Mary Richmond conclut que le service social est « une nouvelle espèce de technique spécialisée dont le but est d'effectuer une meilleure adaptation entre l'être humain et le milieu dans lequel il doit vivre » (p. 56) et qu'il « est une entreprise spéciale qui exige à un haut degré la facilité de percevoir l'essence propre à chaque être humain » (p. 75).

Les étapes du processus d'intervention en service social personnel

Elles ont été élaborées depuis près demi-siècle par des auteurs appartenant à des écoles de pensée diverses. Cependant, ces étapes peuvent se décrire (De Robertis, 1981) de la façon suivante :

- repérage du problème social ou la demande ;
- analyse de la situation ;
- évaluation préliminaire et opérationnelle ;
- élaboration du projet d'intervention et contrat ;
- mise en œuvre des stratégies d'intervention ;
- évaluation des résultats.

Les approches en service social personnel

Les approches en service social personnel fournissent aux travailleurs sociaux un ensemble de techniques pour s'attaquer aux problèmes des transactions personne-environnement, selon des approches variées axées sur :

- la personne elle-même ;
- les transactions familiales ;
- l'environnement social.

4.1.1. Les approches axées sur la personne

Les approches axées sur la personne font porter les interventions professionnelles principalement sur la compréhension de l'individu avec ses caractéristiques propres, ses déficiences, mais aussi sur le développement de ses capacités de changement et de son potentiel créateur. Le travailleur social, en somme, cherche dans les approches centrées sur la personne à introduire une modification qualitative des comportements de la personne, en prenant en compte certains éléments subjectifs.

4.1.1.1. L'approche psychosociale

L'approche psychosociale est un processus de conseil par lequel le travailleur social aide une personne à identifier, à clarifier et à comprendre ses propres difficultés jusqu'à ce qu'elle puisse s'en libérer ou les accepter, qu'il s'agisse de ses réactions intrapsychiques aux relations avec les autres ou des conditions ou situations générant malaise ou dysfonctionnement social : chômage, précarité, absence de relations sociales. Toute personne possède des forces et des ressources intérieures qui, si elle est libérée de ses blocages psychologiques, lui permettront de devenir effectivement responsable d'elle-même. Le travailleur social accompagne et soutient la personne à s'aider elle-même et à briser le cercle vicieux de la dépendance. L'approche psychosociale articule à la fois les mécanismes psychologiques et les éléments environnementaux, pour assurer, de façon équilibrée, un ajustement réciproque de la personne et de son environnement. Elle postule que c'est aussi dans la société — et non uniquement dans la personnalité de l'individu — qu'il convient de rechercher les causes des désordres et des comportements dysfonctionnels. Nombre de circonstances et de conditions concrètes de vie interfèrent avec les comportements des personnes. Les problèmes sont très souvent le résultat de lacunes et de manques sur les plans économique et social ; les problèmes sont donc inscrits à la fois dans la société et dans les personnes qui en font partie.

C'est pourquoi les problèmes comme leurs solutions comportent toujours des facteurs économiques, émotionnels, mentaux, physiques et sociaux dans des proportions variables. Les personnes sont considérées non seulement en fonction de leurs expériences sociales mais aussi de leurs sentiments au sujet de ces expériences. D'où l'importance d'établir un diagnostic social de la situation qui prend en compte les forces et les lacunes de la personne ainsi que les forces et les lacunes de l'environnement. L'intervention psychosociale ne peut se faire sans la collaboration active de la personne et sans une attitude, de la part du travailleur social, empreinte de respect du droit à la personne à faire ses propres choix.

Dans l'intervention psychosociale, l'intervenant se doit de procéder :
- à l'analyse avec la personne de sa situation et de la compréhension des facteurs individuels et environnementaux qui interfèrent dans la situation ;
- à l'activation de la motivation de la personne à changer des éléments sur lesquels elle a une responsabilité ou une prise d'action ;
- au soutien dans les moments de crise et de transition, lors des changements auxquels la personne doit faire face ;

– à l'action dans l'environnement : le travailleur social, par des médiations relationnelles, veille à relier la personne aux ressources sociales appropriées et à faire en sorte que la prestation de services soit adéquate et humaine. (Richmond, 1922, trad. fr. 1926 ; Hamilton, 1940, trad. fr. 1965 ; Hollis, 1950 ; David, 1962 ; Whittaker, 1976 ; Julier, 1980 ; Du Ranquet, 1981 ; Bodart, 1983).

4.1.1.2. L'approche fonctionnelle

Dans l'approche fonctionnelle, les problèmes de la personne sont considérés comme des conséquences malheureuses des rapports sociaux du passé, lesquels étaient en quelque sorte ce que la personne pouvait faire de mieux, à ce moment-là, compte tenu des conditions environnementales. Dans l'approche fonctionnelle, la personne est amenée à faire un apprentissage de nouveaux rapports sociaux, par le biais de la relation avec le travailleur social et dans le cadre de la mission et des fonctions du service ou de l'établissement, ces fonctions définissant pour ainsi dire les frontières de la réalité. Le travailleur social, quant à lui, s'appuie sur les dynamismes de la volonté de la personne (une direction intérieure, un élan inexorable vers la vie, vers la santé, vers la réalisation de son développement) et sur les dynamismes de la créativité de la personne (capacité d'influencer les autres comme d'être influencée par eux, capacité aussi d'utiliser les circonstances et toutes les relations humaines pour atteindre ses propres objectifs, la relation professionnelle étant une des composantes du réseau de communication de la personne avec autrui).

Dans l'approche fonctionnelle, l'intervention du travailleur social consiste
– à ce que la personne, dans sa recherche de solutions, passe de la phase des désirs et des souhaits à une phase effective d'agir ;
– à ce qu'elle développe de nouvelles formes d'interactions ou de rapports sociaux conduisant à d'autres dénouements des conflits ou des problèmes ;
– à ce que le processus d'apprentissage par la personne se réalise dans le cadre et avec le support du service ou de l'établissement : sa mission, ses programmes, ses règles de fonctionnement ;
– et à ce que le tout se fasse de façon non-directive, de manière à respecter entièrement le besoin d'indépendance de la personne et ses choix primordiaux.
(Nuttin, 1968 ; Du Ranquet, 1981 ; Meggli, 1990 ; Bouchard, 1990).

4.1.1.3. La résolution de problème

Dans l'approche de résolution de problème, la personne est aidée à s'adapter aux changements liés aux cycles de vie et aux divers événements qui surviennent dans l'environnement, à procéder à des changements dans ses attitudes et ses comportements pour maintenir un équilibre dynamique entre elle et son environnement dans sa recherche de satisfaction des besoins. Les difficultés que présente la personne sont envisagées comme des problèmes de fonctionnement, problèmes à résoudre de façon logique, par l'intermédiaire d'une série d'opérations qui articulent la motivation et les capacités de la personne ainsi

que les opportunités et le potentiel créateur de l'environnement. L'intervention professionnelle cherche à aider la personne :
– à décomposer les éléments de la situation, à comprendre de quoi est fait son problème, comment ses actions et ses réactions affectent le dit problème, quelles significations ses actions ou réactions peuvent avoir pour elle ;
– à maintenir la motivation de la personne à agir, la motivation étant la résultante entre le malaise qui pousse à changer et l'espoir qui donne l'énergie nécessaire pour combattre ;
– à libérer les capacités de la personne (ou l'aider à les acquérir) : capacités intellectuelles, émotionnelles, physiques et professionnelles ;
– à utiliser et à rechercher les opportunités de l'environnement social de façon appropriée et concertée : sa famille, ses amis, les associations, les diverses institutions sociales qui peuvent apporter soutien et services sans oublier l'organisme et le travailleur social auxquels la personne s'est adressée. (Perlman, 1957, trad. fr. 1972 ; Ripple, 1964, rapporté dans Du Ranquet, 1975, 1981 ; Carkhuff, 1973).

4.1.1.4. La crise

Du grec *krisis*, décision, « la crise porte une connotation de moment décisif, de point tournant dans la vie d'une personne, d'une famille, d'un groupe, d'une collectivité, d'un pays. En médecine, elle désigne souvent dans le cours d'une maladie le changement vers la guérison ou la mort. Dans les relations internationales, elle désigne aussi un événement ou un conflit dont l'issue détermine la paix ou la guerre. » (Hazzaz, 1985). Au plan individuel, on peut définir la crise comme étant une période relativement courte de déséquilibre psychologique chez une personne confrontée à un événement dangereux qui représente un problème important pour elle, et qu'elle ne peut fuir, ni résoudre avec ses ressources habituelles (Caplan, 1965). La vie d'une personne, de la naissance à la mort, est remplie de situations de transition — des étapes — qui constituent des changements pour lesquels il faut adopter des comportements appropriés. Il peut arriver cependant, pour diverses raisons (la personne n'accepte pas la situation ou elle est mal préparée ou cela se produit à un moment où d'autres tensions existent), que la personne ne puisse répondre adéquatement et se retrouve ainsi dans une situation de crise.

Il existe différents types de crise :
– *les crises intratemporelles :* elles surviennent à un moment particulier de la vie et font partie intégrante des cycles de vie, comme par exemple, la maladie, le deuil, la mort ;
– *les crises intertemporelles ou de maturation :* elles surviennent pendant une période de transition entre deux stades du développement humain. Ces crises constituent des périodes de bouleversement qui exigent de la part de la personne une nouvelle organisation et une restructuration, comme l'entrée dans l'adolescence, la maternité, la ménopause ou l'andropause, la retraite ;
– *les crises atemporelles ou situationnelles :* fréquemment reliées à un événement précis, tel qu'un licenciement, un suicide, un meurtre, un divorce ou un accident (Hazzaz, 1985 ; Lindsay *et al.*, 1997). Les crises situationnelles

peuvent également être reliées à des événements extérieurs à la personne comme les catastrophes naturelles ou technologiques. On parle alors d'une situation d'urgence ou d'un sinistre. La crise est un événement dont l'ampleur est plus restreinte qu'une situation d'urgence. Elle atteint davantage un réseau plus limité comme la famille, les amis, le voisinage alors que le sinistre touche des populations entières et de larges territoires.

L'intervention en situation de crise

Dans l'intervention individualisée en situation de crise, le travailleur social est plus actif, plus directif et plus centré sur des objectifs à court terme que dans les situations de non-crise. Il doit en particulier prendre des décisions concernant l'état des éléments environnementaux de la personne : famille, emploi, voisinage, amis, systèmes institutionnels. Il doit déterminer avec le système-client, entre autres, quels éléments ont précipité la crise, lesquels maintiennent la désorganisation et le problème, et les éléments qui peuvent être mobilisés pour faciliter les changements de manière positive.

L'intervention professionnelle en situation de crise consiste à :
– soulager rapidement la tension paralysante par l'expression de la souffrance et par des techniques de ventilation du stress ;
– créer un climat de confiance et d'espoir ;
– identifier les facteurs qui ont précipité la crise, les perceptions que la personne en a et les tentatives réalisées pour la surmonter ;
– arrêter un plan pour mettre en œuvre dans un court laps de temps les éléments personnels et environnementaux adéquats ;
– rechercher le soutien de l'entourage, à mobiliser les personnes significatives et les institutions qui vont apporter soutien et services ;
– enseigner à la personne comment utiliser ses compétences, actualiser ses ressources internes et apprendre à composer avec les nouveaux éléments ;
– fournir des indications et des stratégies pour que la personne puisse être capable de maîtriser ultérieurement d'autres difficultés ;
– prévoir éventuellement des interventions de groupe (Gauthier, 1985) pour démarrer des groupes de soutien social ainsi que des interventions de réseau pour mobiliser l'environnement de proximité.
(Aguilera et Messick, 1976 ; Whittaker, 1976 ; Du Ranquet, 1981 ; Bodart, 1983 ; Slaikeu, 1990 ; Lindsay *et al.*, 1997).

Le sinistre ou la situation d'urgence

On définit le sinistre comme un événement grave, réel ou attendu prochainement, causé par un incendie, un accident, une explosion, un phénomène naturel ou une déficience technique, découlant d'une intervention humaine ou non, qui, par son ampleur, cause ou est susceptible de causer la mort de personnes, une atteinte à leur sécurité ou à leur intégrité physique ou des dommages étendus aux biens (ministère de la santé et des services sociaux du Québec, 1994).

On classe habituellement les désastres en deux catégories (Gout, 1993) :
– les désastres naturels dans lesquels interviennent les forces de la nature : avalanche, blizzard, feux de forêt, glissement de terrain, inondation, ouragan, tornade, cyclone, éruption volcanique, tremblement de terre ;

– les désastres technologiques dans lesquels intervient l'humain ; ils sont le résultat d'une erreur ou de la négligence humaine ou du mauvais fonctionnement d'un système construit par l'homme ; ils peuvent être causés par la malveillance ou le désespoir : les accidents aériens, ferroviaires, maritimes et routiers, les incendies criminels, l'exposition à des substances toxiques ou à des radiations, l'effondrement d'édifices, la rupture de digues, les actes de terrorisme, les attentats, les guerres, les tirs aveugles dans les foules, les crimes violents, les prises d'otages.
(Lindsay *et al.*, 1997 ; Maltais *et al.*, 2001).

L'intervention en situation d'urgence

Cette intervention implique de nombreux acteurs — pompiers, policiers, ambulanciers, médecins, infirmiers — avec lesquels les travailleurs sociaux devront se coordonner. Ce type d'intervention est souvent réalisé dans une approche de planning social par des travailleurs sociaux communautaires. L'intervention consiste à :

– se rendre sur les lieux pour visualiser la situation ;
– prendre contact avec les gestionnaires du milieu ;
– prendre le pouls de la situation par des contacts directs avec les victimes ;
– se mêler aux sinistrés pour offrir support et services en tenant compte des plans d'urgence municipaux et régionaux et en évitant d'être « un héros solitaire » ;
– mettre en place un service d'information et d'écoute téléphonique, des séances d'information et de verbalisation (le *débriefing*), des rencontres complémentaires en individuel ou en groupe concernant le programme de retour à la vie normale.
(Newburn, 1993 ; Lindsay *et al.*, 1997 ; Martel, 2002).

En conclusion, l'intervention en situation de crise ou d'urgence vise, quelles que soient les approches, à aider les personnes à (Nadeau, 2002) :

– acquérir une meilleure compréhension de la crise et des relations entre cette crise et le déséquilibre vécu ;
– réduire l'anxiété par une discussion en groupe avec d'autres ayant vécu le même événement ;
– planifier les stratégies d'adaptation à mettre en place afin de réduire les incidences de la crise ;
– solliciter le réseau social personnel et sociétal.

4.1.1.5. Le court terme planifié

Cette approche est aussi dénommée l'intervention centrée sur la tâche ou l'intervention brève centrée sur le problème ; elle est à différencier de l'approche centrée sur les solutions.

L'approche de court terme planifié est une intervention limitée dans le temps et dans l'étendue de son action dont le but est d'amener des changements rapides sur un point qui pose problème : « un conflit interpersonnel, une insatisfaction dans les rapports sociaux, une difficulté à transiger avec une institution, une situation de transition, des changements dans les conditions de vie, des ressources inadéquates ainsi que les réactions de panique que peuvent susciter toutes ces situations. » (Reid et Epstein, 1977) Le travailleur social, en court terme planifié, ne s'occupe pas du passé de la personne ; il porte plutôt l'attention sur un problème à la fois ou sur un élément accessible à l'intervention, faisant l'hypothèse que la personne apprendra ainsi à résoudre les autres problèmes.

Dans cette approche, le travailleur social prend en compte les éléments suivants :

- après une exploration minutieuse, le travailleur social et la personne s'entendent sur un problème, précis et limité, qui sera retenu comme cible de l'intervention, problème que la personne reconnaît explicitement comme important pour elle et pour lequel elle désire faire des efforts pour le résoudre (il est à noter que le problème peut ne pas être celui que le travailleur social considère comme important) ;
- un contrat écrit indique les objectifs à atteindre, les tâches de la personne, les tâches du travailleur social, ainsi que le laps de temps prévu et le nombre de rencontres : de 10 à 12 en moyenne sur une durée de 2 à 3 mois. (Carey-Bélanger et Côté, 1974, 1994 ; Reid et Epstein, 1977 ; Julier, 1980 ; Du Ranquet, 1981).

4.1.1.6. L'approche écologique

Dans l'approche écologique, les éléments des environnements sociaux, tant de proximité (la famille, la parenté, le voisinage) qu'institutionnels (l'école, l'hôpital, les services sociaux), jouent un rôle important dans la genèse des problèmes sociaux comme dans leurs solutions.

L'attention du travailleur social, dans l'approche écologique, porte sur les transactions entre la personne et son environnement social. Les personnes dépendent largement des systèmes d'aide de la société pour obtenir les ressources matérielles, émotionnelles, spirituelles ainsi que les services et les opportunités dont elles ont besoin pour réaliser leurs aspirations comme pour faire face aux tâches de la vie : grandir dans une famille ; aller à l'école ; entrer dans le monde du travail ; se marier et élever des enfants ; faire face à des situations traumatisantes comme le deuil, la séparation ou le divorce, la maladie, des difficultés financières. Ces tâches appellent des réponses spécifiques, sous la forme d'attitudes et de comportements, de la part des personnes impliquées.

Mais il existe des contraintes, les unes provenant des facteurs internes affligeant certaines personnes sur le plan psychologique ou organique, les autres imposées par environnement. Les problèmes sont envisagés comme étant le produit d'interactions sociales inadaptées dans la recherche de la satisfaction des besoins et l'accomplissement des tâches vitales. Dans l'approche écologique, la personne n'est pas considérée comme un malade à soigner, mais plutôt comme une personne mal adaptée à son environnement ou un environnement mal adapté, ou plus ou moins adéquat, à la situation de la personne. Le but poursuivi dans l'approche écologique est de rétablir des transactions satisfaisantes entre l'environnement et la personne. L'accent est mis sur la participation active de la personne au processus de résolution de son problème.

L'intervention professionnelle dans l'approche écologique consiste à :
– faire avec la personne un relevé exhaustif et concret des dynamiques des transactions sociales ;
– augmenter la capacité de la personne à comprendre les causes de ses propres comportements : ses difficultés, son histoire passée et, en même temps, à comprendre l'influence de l'environnement sur ses comportements ;
– poser un jugement sur le double registre des problèmes personnels et sur celui des ressources de l'environnement social ;
– amener la personne à faire ses choix de vie librement, en tenant compte des contextes environnementaux dans lesquels elle est impliquée ;
– prévoir les ressources à utiliser pour résoudre les difficultés et atteindre les objectifs fixés : le travailleur social évalue avec la personne quelles ressources elle utilise et de quelle manière, d'abord les siennes, puis celles de sa famille et de ses réseaux de proximité ; ensuite, les ressources que des groupes ont mises sur pied, dans les associations et les ressources de l'ensemble des institutions que la société met à la disposition des citoyens et dont les politiques sociales déterminent l'accès et la répartition ;
– apporter un soutien à la personne et un accompagnement personnalisé pour faire les demandes appropriées auprès des environnements concernés ;
– intervenir, par des actions « de manipulation environnementale », d'intercession et de médiation sociale, pour faciliter les décisions des institutions en faveur de la personne. La manipulation environnementale est une action menée par le travailleur social en faveur du système-client plutôt qu'une directive qui est faite à ce dernier pour qu'il agisse par lui-même. Ceci représente un potentiel de soulagement immédiat du stress (Spetcht et Courtney, 1994). (Bartlett, 1970 ; Pincus et Minahan, 1973 ; Mizio, 1974 ; Germain, 1979 ; Germain et Gitterman, 1980 ; Bouchard, 1981 ; Maluccio, 1981 ; Garbarino, 1982 ; Gingras, 1991).

4.1.1.7. L'approche féministe

Plusieurs praticiennes féministes ont, depuis quelques années, attiré l'attention sur l'importance de l'identité sexuée *(« gender »)* comme l'un des éléments significatifs dans la compréhension des relations humaines (Miermont *et al.*, 2001). Pour les tenants de l'approche féministe, la violence faite aux femmes n'est pas un phénomène comportemental ni un phénomène psychologique dû à un manque d'affirmation de soi de la part des femmes. L'approche féministe postule que la violence subie par les femmes est un problème social et politique attribuable à un environnement sexiste où il existe une norme dominante mâle. Les rapports sociaux fondés sur le genre sont de type patriarcal et, de ce fait, ils créent un statut subordonné de la femme dans la société. Les relations homme/femme sont des relations de pouvoir et de domination dans l'ensemble des structures de la société, particulièrement dans la famille où les femmes vivent des inégalités sociales et de l'oppression dont, entre autres, la violence conjugale et les abus sexuels par des proches sont les manifestations les plus visibles :
– *face à la violence familiale et conjugale*, l'intervention féministe consiste à travailler sur deux plans :

- • la déculpabilisation de la femme victime de violence par :
  - – la prise de conscience des rapports homme/femme et des inégalités et des oppressions qu'elle subit ;
  - – l'attribution de la responsabilité des comportements violents à l'agresseur : l'homme est seul responsable des actes de violence, qu'il est le seul à pouvoir résoudre et contrôler, avec l'aide professionnelle appropriée ;
  - – une analyse des difficultés pour identifier la violence, les cycles et les niveaux de violence : psychologiques, physiques, verbaux, sexuels ;
  - – la compréhension des mécanismes de culpabilisation que la personne peut avoir intériorisés et qui la poussent à excuser son conjoint, à se blâmer et même jusqu'à se considérer comme responsable de la sauvegarde de la famille ou du couple.
- • la mise en place immédiate d'une structure de protection physique et psychologique qui implique de la part de l'intervenante de :
  - – fournir l'information adéquate sur les ressources sociales disponibles, leur accès et la pertinence de leur utilisation ;
  - – planifier avec la personne, comment se protéger, assurer sa sécurité et celle de ses enfants ; comment envisager des solutions de rechange ;
  - – favoriser une diminution des tensions émotionnelles chez la personne pour aider à la prise de décision en vue, le cas échéant, de la rupture avec le conjoint ;
  - – identifier les recours légaux et sociaux permettant l'accès aux droits, et ce, à plus ou moins long terme ;
  - – proposer à la personne de travailler des éléments liés à l'estime d'elle-même et à son autonomie, en fonction de son milieu de vie ;
  - – réduire les comportements de victime par une participation à des groupes d'entraide ou d'aide : entraînement à l'affirmation de soi, expression de la colère, partage des expériences de victimisation et des moyens utilisés pour y faire face, acquisition de nouvelles perceptions de soi, de ses forces et de ses compétences.

(Larouche, 1987 ; Bourgon, 1987 ; Rinfret-Raynor, 1989 ; Mayer et Ouellet, 1991).

– *face aux abus sexuels*, l'approche féministe adopte les postulats du mouvement dit des « thérapies de la mémoire retrouvée », mouvement né dans les années soixante-dix aux États-Unis. Les interventions féministes visent la guérison des traumatismes de l'inceste, par la réactivation de souvenirs refoulés, à l'aide de techniques d'affirmation de soi et des actions de groupe. Ces interventions constituent une contrepartie au déni massif longtemps opposé aux abus sexuels perpétrés sur des enfants, surtout les filles, par leurs parents. L'inceste père/fille a longtemps été nié, autant par des professionnels de l'aide qui réduisaient l'inceste à des fantasmes œdipiens refoulés dans l'inconscient que par des hommes de loi qui recommandaient qu'une fille accusant son père d'inceste soit automatiquement examinée par un psychiatre pour déterminer sa crédibilité et son état mental. Les professionnelles du mouvement « des thérapies de la mémoire retrouvée » encouragent les femmes à lever le voile patriarcal, à exposer la réalité et à entreprendre des dénonciations et des poursuites contre le parent agresseur, même si ce dernier est décédé (Webster, 1995, trad. fr. 1998).

4.1.1.8 L'*empowerment*

De l'anglais, « *empower* » (émancipation, avoir les pleins pouvoirs pour faire quelque chose, s'assumer), le concept d'*empowerment* peut se traduire en français par l'appropriation de ses pouvoirs par une personne, l'accession à l'autonomie (Office de la langue française, Québec, 1997) ou empourvoiement, pouvoir d'agir (Le Bossé, 2002). On peut définir l'*empowerment* comme le processus par lequel une personne (ou un groupe social ou une collectivité) acquiert la maîtrise des moyens qui lui permettent de se conscientiser, de renforcer son potentiel, de se transformer et ce, dans une perspective de développement, d'amélioration de ses conditions de vie et de son environnement. L'*empowerment* se traduit concrètement à travers des attitudes et des comportements comme l'autodétermination, la prise de décision, la possibilité de faire des choix éclairés parmi les options d'action, l'accès aux ressources de la société et une participation à la vie communautaire. « Tous les êtres humains sont des agents compétents, […] ayant une connaissance remarquable des conditions et des conséquences de ce qu'ils font dans la vie de tous les jours ; ils sont capables également de donner un compte rendu discursif de ce qu'ils font et des raisons pour lesquelles ils le font […]. Cependant la compétence des acteurs est sans cesse limitée, d'un côté par l'inconscient et, de l'autre par les conditions non reconnues et les conséquences non intentionnelles de l'action. » (Giddens, 1987). Dans ce sens, l'intervention professionnelle peut aider les personnes à faire une analyse des contextes sociaux dans lesquels se vivent les interactions.

Les clientèles des services sociaux sont majoritairement aux prises avec des processus d'impuissance, d'oppression ou de vulnérabilité dans leurs rapports avec l'environnement social. Dans l'approche d'*empowerment*, l'intervention professionnelle mise sur la reconnaissance du pouvoir de la personne et sur le développement de ses capacités à agir par elle-même de manière à devenir un acteur actif et de premier plan dans l'orientation de sa vie et dans ses rapports avec son environnement, lequel est envisagé comme « une oasis de ressources » (Rapp, 1998). La personne n'a pas besoin d'être changée, ni d'être améliorée, mais d'être aidée à accéder aux ressources et aux opportunités sociales.

Depuis les années quatre-vingt, on a mis en évidence les capacités autogénératrices de la personne qui sont en cours dans l'appropriation du pouvoir : la résilience sociale et le rétablissement. La résilience a trait aux forces que détient généralement une personne pour résister à des épreuves et pour reprendre pied tandis que le rétablissement concerne la manière dont s'effectue le retour à la santé et la remise en fonction dans la société. Ces deux processus de résilience et de rétablissement peuvent souvent se produire sans l'intervention professionnelle (Deegan, 1996). Cependant ils s'inscrivent généralement dans un environnement social qui favorise un accès à des services de soins intégrés ainsi qu'à des programmes de soutien d'accès au travail (Lauzon et Lecomte, 2002).

La *résilience*, «c'est la capacité à réussir, à vivre, à se développer en dépit de l'adversité» (Cyrulnik, 1999). La résilience, du latin *resilire* est utilisée en physique pour désigner la qualité d'un corps à reprendre sa structure après avoir subi un coup; en psychologie, on utilise le terme pour signifier résilier le malheur, résilier le passé (Cyrulnik, 2001). La résilience est donc la capacité de la personne de résister aux chocs, de s'adapter, de se relever après des épreuves ou des coups durs. Elle comporte un ensemble d'attributs personnels et environnementaux (Tousignant, 1999). Ces attributs constituent les forces de la personne et de l'environnement. Les attributs personnels ont trait, entre autres, à l'image de soi positive, au sentiment de compétence sur le plan psychologique, au sentiment de contrôler sa vie et d'exercer un certain contrôle sur son environnement, à l'éventail varié de mécanismes d'adaptation par rapport au stress, à la qualité et à la densité du réseau de relations sociales. Les attributs environnementaux, quant à eux, sont imprégnés d'un ensemble de valeurs parmi lesquelles la justice, la solidarité, la responsabilisation et le sens de la moralité (Haan, 1989). On remarque aussi la présence d'une figure affective substitut (parent, oncle, grand-parent, ami, conjoint, ou un parrain professionnel: «une autorité»).

Le *rétablissement*, de l'anglais *recovery*, a trait aux manières pour la personne de poursuivre une vie gratifiante, en dépit de la maladie, par le développement d'un sens nouveau donné à son existence. Le rétablissement s'attaque à la culture du malheur: «avec ce qui t'est arrivé, tu ne peux pas t'en sortir, tu es foutu» (Cyrulnik, 2001). Par ces affirmations, on enferme la personne dans son statut de victime et on lui ôte la possibilité d'être coauteur de son histoire. «Il faut, selon Anna Freud, deux coups pour faire un traumatisme, le premier, c'est la blessure réelle, l'événement; le second, c'est la représentation du réel qui, elle, se construit sur le regard des autres» (rapporté par Cyrulnik, 2001). Le rétablissement concerne les croyances fermes et entières dans la possibilité, aux yeux de la personne (et de son environnement), de retrouver sa place dans la communauté, de vivre ses rêves et ses projets. C'est un processus personnel unique qui implique l'acceptation de sa maladie, la motivation pour effectuer des changements et l'espoir de s'en sortir, la reprise d'activités de la vie quotidienne, le développement et la consolidation de relations significatives avec les autres et la poursuite d'objectifs liés à la qualité de vie, sans oublier que «les revers ou les échecs dans l'atteinte de buts personnels deviennent des opportunités d'apprentissage qui recentrent l'individu dans sa démarche de croissance personnelle». Le rétablissement implique aussi d'affronter autant les obstacles (préjugés sociaux, pauvreté économique, effets iatrogènes de l'aide) qu'à surmonter les contraintes exercées par la maladie, les handicaps. On peut stimuler le rétablissement en créant un environnement dans lequel la personne aura la possibilité de faire ses propres choix, de recevoir des informations justes sur son état; un environnement où elle pourra rencontrer des professionnels qui sont eux-mêmes des modèles d'espoir, auprès de qui elle pourra se faire entendre, développer et exercer sa voix, par exemple, dans l'élaboration des règlements ou des plans de service (Deegan, 1996; Young et Ensing, 1999; Anthony, 2002; Provencher, 2002).

L'*empowerment* est un processus et un résultat. Le développement de l'*empowerment* se produit de façon progressive dans un environnement social où la personne se sent en sécurité tant physique que psychologique, libre d'agir et de partager avec d'autres personnes comme elle, dont elle peut recevoir du soutien, se sentir acceptée, en confiance et être validée dans ce qu'elle vit. Cette relation d'interdépendance avec d'autres facilite sa propre acceptation, l'amène à être moins blâmante envers elle-même et à croire en elle pour agir.

En résumé, l'*empowerment* inclut les éléments suivants (Ninacs, 1995), pour la personne (ou le groupe ou la collectivité) :

- la participation : de l'assistance muette à une participation plus active aux discussions, aux débats et aux décisions dans les affaires la concernant ;
- la compétence technique : l'acquisition progressive de connaissances et de techniques qui permet d'élaborer des projets et d'exercer une autorité sur leur gestion ;
- l'estime de soi : qui va de la reconnaissance de ses propres capacités et de ses forces à la reconnaissance par les autres ;
- la conscience critique : prise de conscience qu'elle n'est pas seule à avoir des problèmes, que les problèmes sociaux sont le fait du type d'organisation sociale et des arrangements sociétaux, que leur solution passe par des actions à multiples niveaux : politique, économique et personnel.

L'intervention psychosociale, dans une démarche d'*empowerment*, consiste, de la part du travailleur social à :

- bâtir un rapport de complémentarité entre les compétences issues des expériences de la personne et les compétences professionnelles de l'intervenant pour créer une relation de partenariat ;
- identifier les capacités et les ressources que la personne reconnaît avoir, à explorer les ressources qu'elle ignore posséder, à repérer ses savoir-faire, dans toutes sortes d'activités où elle manifeste de la réussite (jardinage, cuisine, artisanat, apprentissages divers) ;
- faire avec la personne une analyse de celles de ses compétences qui sont limitées par l'inconscient, par les conditions non reconnues et les conséquences non intentionnelles de ses actions ;
- inciter la personne à raconter son histoire de vie, dans ses propres mots, pour qu'elle saisisse avec plus d'acuité son expérience et pour qu'elle puisse nommer elle-même les conditions de vie dégradantes, les luttes entreprises : le pouvoir de se nommer contrebalance les expériences aliénantes du diagnostic et de l'étiquetage par les autres ;
- impliquer la personne dans les plans d'action et l'évaluation des risques, prendre au sérieux ses rêves et ses projets, ses aspirations, se centrer sur les besoins concrets qu'elle juge comme importants à satisfaire, reconnaître son leadership à ce sujet et ses choix ;
- la stimuler à agir par elle-même dans des types d'action définis par elle-même et dont elle demeure l'auteur principal ;
- miser sur son capital social et à l'utiliser ; à favoriser son insertion dans des groupes et dans des associations, à titre de personne dans la communauté, à titre de citoyen dans la société et à titre d'expert auprès d'organismes sociaux ; à l'encourager à parler de ses succès, à regarder avec fierté les moments

où elle a été capable de rebondir, de survivre, et même de se développer ; à se considérer « comme un héros qui a réussi à survivre », à en parler autour de soi et auprès des institutions et des gens qui ont besoin d'entendre ces témoignages : écoles, services sociaux, employeurs, professionnels, associations ;
– créer des alliances avec les environnements sociaux et à stimuler le système de soutien communautaire et la concertation.

Les rôles que l'intervenant exerce auprès de la personne dans une démarche d'*empowerment* sont davantage de l'ordre d'un enseignant-entraîneur, d'un éveilleur de la conscience de soi, d'un consultant en ressources, que d'un thérapeute et d'un expert. Il est à noter que l'approche d'*empowerment* se pratique en service social des groupes, sous le nom d'action autogérée et, en organisation communautaire, sous le vocable d'intervention communautaire.

(Solomon, 1976 ; Maluccio, 1981 ; Caufman et Igodt, 1984 ; Giddens, 1987 ; De Shazer, 1991 ; Miller, 1992 ; Kaplan et Girard, 1994 ; DuBois *et al.*, 1995 ; Ninacs, 1995 ; Parsons, 1995 ; Saleebey, 1995 ; Deegan, 1996 ; Le Bossé, 1996 ; Rapp, 1998 ; Tousignant, 1998 ; Cyrulnik, 1999 ; Anthony, 2002).

4.1.1.9. L'approche centrée sur les solutions

L'approche centrée sur les solutions est aussi dénommée thérapie brève ou de *counselling* à séance unique. Deux axiomes résument l'approche centrée sur les solutions : « on connaît un problème par sa solution » et « on travaille à la solution et non à l'identification du problème ». Le professionnel dans l'approche centrée sur les solutions délaisse les investigations minutieuses et longues : il n'essaie pas de comprendre comment la personne en est arrivée là ou encore d'identifier « le vrai problème ». Il s'intéresse plutôt aux solutions en centrant les actions professionnelles sur les compétences de la personne, sur ses points forts, sur le capital social dont elle dispose. Comprendre la nature des solutions et non la nature des problèmes constitue la clé passe-partout pour accéder aux changements : c'est le passe-partout qui ouvre la porte qui est important et non le type de serrure.

Selon l'approche centrée sur les solutions, l'intervenant n'a pas à travailler sur la personne, mais à travailler avec elle, et, par l'intermédiaire du langage, à construire des solutions, le langage étant considéré comme un moyen de guérir. L'intervenant cherche à changer les dispositions émotives et comportementales qui sous-tendent la pathologie du système-client, par la persuasion et sa compétence professionnelle. La personne possède un répertoire de modes de fonctionnement plus vastes que ceux qu'elle utilise habituellement et une sagesse apprise, oubliée peut-être, mais toujours disponible.

La personne est experte de sa vie, des difficultés qu'elle rencontre, de ses valeurs et de la manière dont elle veut vivre. Elle est experte encore en ce qui a trait à la fin de l'intervention. Le professionnel quant à lui est expert du processus de changement et des moyens pour y parvenir. Tout ce que la personne apporte (les résistances, les symptômes, les croyances rigides, les comportements compulsifs) est pris en considération pour construire des solutions, à la manière d'un bon jardinier écologique qui utilise tout, même ce qui est considéré comme des mauvaises herbes.

«Cette approche est une stratégie d'intervention très efficace pour certains clients présentant certains problèmes […], clients qui possèdent les ressources internes, le niveau de connaissance et la force affective qui leur permettent de trouver des solutions par déductions, logiquement et systématiquement. Par contre, cette approche est moins indiquée pour les personnes en crise, les survivants à un traumatisme, et dans les situations de problèmes graves de santé mentale» (Cullen, 1997).

L'intervenant social s'attache, dans cette approche, à :
– chercher des solutions et à les implanter ;
– situer la difficulté pour laquelle la personne consulte dans son contexte familial, par la constitution de génogrammes, de cartes familiales ainsi que dans le contexte social plus large, par la reconstitution des parcours et des contacts avec les services sociaux et par la constitution des réseaugrammes ;
– établir un bilan de l'efficacité ou de la présence de ces institutions ;
– porter une attention toute particulière aux activités passées qui ont conduit la personne à des réussites, dans divers secteurs de sa vie ;
– identifier les moments où la personne a adopté des comportements de compétence face aux difficultés : les exceptions ou les moments positifs de sa vie ;
– forger ou à imaginer un avenir différent, en fonction d'objectifs d'action clairs et réalisables ;
– fournir des avis et des informations concernant les actions à réaliser pour arriver là où la personne veut aboutir.
(De Shazer, 1985, 1988 ; Chavis et Wandersman, 1990 ; O'Hanlon et Beadle, 1994, trad. fr. 1997 ; O'Hanlon et Weiner-Davis, 1995 ; Berg, 1996 ; Cullen, 1997).

4.1.2. Les approches axées sur les transactions familiales

Les échanges, les communications et les relations interpersonnelles adéquates personne-environnement, et plus particulièrement les transactions familiales, sont les cibles des interventions professionnelles. Les approches axées sur les transactions familiales reposent sur le postulat selon lequel les problèmes personnels ont pour cause le genre d'échanges qu'une personne et son environnement entretiennent l'une avec l'autre. Certains problèmes affectifs résultent plus directement des relations interpersonnelles vécues dans la famille. La personne ne tombe pas malade seule et ne guérit pas seule selon les maîtres américains de l'approche familiale, Don Jackson, psychiatre et Virginia Satir, travailleuse sociale. L'intervention familiale est une aide apportée au système social naturel qu'est la famille, par l'intermédiaire d'entretiens impliquant souvent l'ensemble de ses membres. Elle vise à modifier ou à changer des éléments des relations familiales qui font obstacle à l'épanouissement de membres de la famille ou qui empêchent celle-ci de jouer pleinement son rôle, en prenant compte et en s'appuyant sur le potentiel de la famille elle-même.

4.1.2.1. L'approche systémique

On définit un système comme un ensemble d'éléments qui sont en interaction de telle manière qu'une modification quelconque d'un élément entraîne une modification de tous les autres.

L'approche systémique a mis en évidence les caractéristiques des systèmes humains et leur prise en compte dans l'intervention à différents niveaux :

– *la totalité de la structure et des dynamiques d'ensemble :* cela conduit à une vision synthétique des phénomènes en opposition à une vision analytique qui décompose les phénomènes en parties élémentaires : c'est la totalité qui explique la conduite des membres d'une famille ;

– *le système d'informations :* les membres échangent entre eux et leurs environnements, en termes d'*inputs*, d'*outputs* et de *feedbacks*. Les *inputs* sont des entrées ou des apports (des informations, des énergies, de la matière) ; les *outputs* sont ce qui quitte le système c'est-à-dire des sorties (interventions de la famille sur l'environnement) et les *feedbacks* sont des rétroactions (échanges d'informations correctifs suite aux inputs et aux outputs). Les théoriciens de l'approche systémique utilisent le cas de figure suivant, pour expliquer l'importance de l'information dans les systèmes vivants : si quelqu'un, en marchant, donne un coup de pied dans un caillou, l'énergie se transmet de son pied à la pierre qui se déplace et finit par s'immobiliser en fonction de l'énergie transmise et de la nature du sol. Par contre, si quelqu'un donne un coup de pied à un chien, celui-ci peut bondir et mordre. La relation entre le coup de pied et la morsure est d'un ordre différent : le chien puise l'énergie nécessaire dans son propre métabolisme ; ce qui est transmis n'est pas l'énergie, mais de l'information ;

– *l'échange de messages et d'informations sur deux registres :* le mode digital qui véhicule le contenu des messages : faits, opinions, sentiments, expériences et le mode analogique qui indique la nature et la définition de la relation entre les personnes ; la présence de messages à double lien ou double contrainte dans lesquels le message des faits est en contradiction avec le message affectif c'est-à-dire celui des émotions, et la relation entre les personnes impliquées et le contexte. Les messages contradictoires, verbaux ou non verbaux, enferment les personnes dans une situation d'impuissance et les privent de toute réponse adaptée. On peut étendre le schéma du double lien à des situations sociales, par exemple, des situations de danger où les personnes perçoivent les menaces à travers leur affectivité et leur imagination, ce qui diminue leurs chances d'une appréciation critique de la situation et augmente leur vulnérabilité, les mettant éventuellement dans l'impossibilité de réagir ;

– *les règles familiales :* chaque membre apprend par essais et erreurs comment se comporter dans la famille, ce qui est permis ou non dans les échanges, selon des lois implicites, tacitement acceptées par tous pour maintenir les processus de cohésion du système ;

– *la nature des mouvements :* les éléments et les événements qui forment les systèmes évoluent de diverses manières selon des mouvements linéaires, rotatifs et/ou synergétiques : c'est le cas, notamment, de l'interaction latérale, « comme la queue d'un poisson » qui permet d'avancer et de reculer, comme dans le processus de changement et dans la relation personne-professionnel et la précession, l'effet intégré des corps en mouvement sur d'autres corps en mouvement, comme dans l'exemple du chien ci-dessus mentionné.

– *la permanence et la transformation* : la famille est soumise à deux tendances essentielles pour préserver son équilibre et sa survie dans un environnement changeant : la permanence, c'est-à-dire la tendance au maintien de la cohésion de la famille, à la stabilisation des divers éléments qui la composent, et à la continuité des phénomènes identifiés sous le terme d'homéostasie ; la transformation qui est la capacité d'adaptation et d'évolution de la famille face aux changements et à sa croissance. La famille doit veiller à l'équilibre entre la tendance à l'homéostasie et la capacité de transformation tout au long du processus de développement de la famille et des cycles de vie de ses membres : croissance individuelle, formation de nouveaux couples, séparation, vieillissement, mort. Certaines familles se révèlent, pour toutes sortes de raisons, incapables de maintenir l'équilibre entre permanence et transformation, en adoptant des mécanismes rigides et contraignants d'homéostasie, ce qui en retour bloque le potentiel que la famille représente pour le développement de chacun de ses membres. C'est alors que peuvent survenir, chez un membre de la famille, des problèmes qui seront utilisés comme moyen de protection de la famille ;

– *l'équifinalité* : il s'agit d'atteindre un même but à partir de conditions initiales différentes ou par des chemins différents ; lorsqu'on veut comprendre ce qui se passe dans un système, l'analyse des interactions actuelles du système est plus importante que la connaissance de la genèse du système et de ses éléments historiques ;

– *l'autopoïesis* : toute personne est considérée comme un système vivant, autonome, c'est-à-dire un système ouvert qui échange constamment de l'énergie et de l'information avec son environnement. Environnement et personne coévoluent : la personne ne s'adapte pas à son environnement, elle est plutôt capable d'apprendre et de modifier sa structure pour survivre ; elle est le produit de son propre fonctionnement. Elle s'actualise sans cesse dans les échanges avec son environnement, en interdépendance avec ce dernier. Par l'autopoïesis, chaque personne dans une famille se réalise individuellement et de façon unique, de sorte que tous les membres d'une même famille ne sont pas des produits identiques. Les systèmes autopoïétiques créent leur propre identité par laquelle ils se distinguent de leur environnement.

L'approche systémique amène le travailleur social à se percevoir comme tiers inclus dans le système dans lequel il travaille et ainsi à prendre en compte les points suivants :

– *au plan de l'observation* : le travailleur social n'est pas un observateur extérieur neutre et objectif, comme on l'énonçait dans la loi de la première cybernétique. Au contraire, selon la loi de la deuxième cybernétique, le professionnel fait partie du système observateur/observé : sa présence, ses questionnements et ses actions modifient le fonctionnement du système. De plus, le professionnel ne connaît pas en soi le système-client : il n'y accède qu'au travers de ses propres perceptions et en lien avec ses expériences personnelles. De ce fait, le travailleur social est en situation de coproduction de la réalité du client : il n'est pas en train de la découvrir, il construit la réalité sur laquelle il travaille (le constructivisme).

– *au plan de l'intervention :* le travailleur social en tant que tiers inclus, agit à la fois comme observateur et observé. Il représente la possibilité d'ouverture du système vers une transformation qui pouvait difficilement venir de l'intérieur. Il occupe des rôles qui sont davantage de l'ordre du témoignage, de la collaboration, étant attentif à tous les membres du système dans le but de les engager dans des projets de coopération pour résoudre les difficultés auxquelles ils sont confrontés ; il peut se demander, par exemple, quelles sont les ressources dont le système dispose, comment le système évolue et engendre de nouvelles structures, dans quelle direction il s'engage (vers de la stagnation ou vers plus de recherche et de créativité), quelles sont les interactions des membres entre eux qui les empêchent de collaborer, quelles informations seraient à véhiculer pour dénouer les impasses. En tant qu'acteur professionnel vis-à-vis d'autres acteurs le travailleur social sert de médiateur, en aidant le système et ses membres à se relier aux systèmes de la société (économique, politique, institutionnel), à dégager les interdépendances, les transactions, les blocages, les nœuds ; à aider le système à s'orienter dans ces multiples écosystèmes et à y prendre sa place.

Les interventions du travailleur social, en définitive, visent à restaurer les capacités auto-organisationnelles et autopoïétiques du système, à fournir à ce dernier des informations sur les choix multiples, à introduire de nouveaux éléments de l'environnement de manière à ce que le système-client demeure l'artisan de sa réalité.

(Bertalanffy, 1968 trad. fr. 1973 ; Watzlawick *et al.* 1974, 1986 ; Rosnay, 1975 ; Fuller, 1979, 1981 ; Watzlawick, Weakland et Fish, 1975 ; Walrond-Skinner, 1980 ; Lacroix, 1980 ; Marc et Picard, 1984 ; Cauffman et Igodt, 1984 ; Ackerman et Andolfi, 1987 ; Le Moigne, 1990 ; Elias, 1993 ; Duss-Von Werdt, 1990, 1994 ; Onnis, 1991 ; Amiguet, 1994 ; Lebbe-Berrier, 1994 ; Durand, 1998 ; Lamarre, 1998 ; Côté, 1999).

4.1.2.2. L'approche structurale

La famille est composée de sous-systèmes : le système conjugal — le couple, le système parental — les parents et les enfants, et le système fraternel — les frères et sœurs. Suivant l'âge, le sexe, la fonction et les intérêts, les membres d'une famille se regroupent différemment en vue des activités de la vie familiale : par exemple les achats, les relations sexuelles, les loisirs, la tenue de maison, les soins aux enfants. La structure, c'est l'image qui rend compte du fonctionnement de la famille : qui est avec qui, pour quoi faire, comment, quand et où, c'est-à-dire les interactions entre les membres de la famille. L'approche structurale se préoccupe

des fonctions relatives aux sous-systèmes, aux frontières entre les sous-systèmes et entre les membres, aux règles de fonctionnement, aux alliances entre les membres. L'intervenant, lors des séances de consultation avec la famille peut :
- favoriser des restructurations des systèmes ;
- renforcer les frontières entre les générations ;
- modifier des alliances et des coalitions inadéquates de certains membres contre d'autres.
(Minuchin, 1979 ; Benoit *et al.*, 1988 ; Angel, 1989 ; Côté, 1999).

4.1.2.3. L'approche stratégique

Une intervention est stratégique lorsque le professionnel provoque ce qui s'y passe et lorsqu'il prévoit une approche particulière pour résoudre chaque problème. À l'inverse des approches rogériennes ou psychanalytiques où le professionnel interprète ou reflète ce que dit ou fait la personne, l'intervenant stratégique prend la responsabilité d'influencer la personne directement et décide des moyens et des outils à mettre en place pour provoquer des changements, par exemple, de travailler avec un sous-système de la famille. Il cherche à motiver la personne à coopérer aux consignes suggérées et à composer avec les résistances de celle-ci, par l'utilisation des paradoxes, la prescription des symptômes, le recadrage ou la prescription de tâches symboliques, en dehors des rencontres.

L'intervenant, dans l'approche stratégique, utilise des modes de communication interpersonnelle et d'échanges mutuels, inspirés des techniques de l'hypnose, c'est-à-dire des mécanismes d'influence pour amener la personne à agir. Les modalités d'action respectent à la fois les dimensions internes de la personne (son expérience subjective de la réalité, sa vision du monde, son langage) et les dimensions externes (son insertion familiale et sociale, ses transactions sociales, particulièrement celles qui déclenchent et perpétuent les problèmes).

L'intervention stratégique consiste pour le professionnel à :
- identifier le problème susceptible d'être résolu, avec l'accord explicite de la personne ;
- fixer des objectifs et à prévoir des interventions qui permettent d'atteindre ces objectifs, en fonction des forces dont le professionnel dispose ; les interventions et les directives se font sous forme de prescriptions ;
- prévoir des correctifs, selon les réponses apportées par la personne aux suggestions de l'intervenant.
(Haley, 1979 ; Madanes, 1984 ; Benoit *et al.*, 1988 ; Angel, 1989 ; Côté, 1999).

4.1.2.4. L'approche intergénérationnelle

L'approche intergénérationnelle, nommée également l'approche familiale contextuelle, est utilisée dans les situations où existent des conflits de loyauté : le divorce, le placement en institution d'enfants et de personnes âgées, les familles recomposées, l'adoption, les abus sexuels ou physiques. La loyauté désigne l'attitude positive de fidélité et de sincérité à l'égard du patrimoine des générations antérieures. La base de la loyauté familiale, c'est la consanguinité :

le fait d'avoir reçu la vie crée pour l'enfant un devoir d'éthique envers ses parents. Les liens de loyauté peuvent être horizontaux (liens avec ses propres parents) et verticaux (liens avec les générations antérieures). À la notion de loyauté s'ajoute celle de legs (la balance de la justice ou le grand livre des comptes) : la génération actuelle ou ultérieure est mêlée aux comptes que doivent régler les parents et les grands-parents. Par l'exonération, les enfants manifestent une considération suffisante à l'égard de leurs parents même si ces derniers ont failli. Il ne s'agit pas d'un pardon suite à la reconnaissance de leur culpabilité. L'exonération découle de la compréhension de ce que le parent a été lui-même victimisé, d'où découle l'acceptation des limites parentales.

L'approche intergénérationnelle consiste à mobiliser la confiance réciproque des membres de la famille pour dénouer les situations difficiles, pour rompre les schémas destructeurs, par la création d'alliance où la justice et l'honneur sont traités de façon à développer la croissance personnelle. En somme, le professionnel tente d'aider les membres de la famille à instaurer un dialogue entre eux, en fonction de la position unique de chacun.

(Boszormenyi-Nagy et Framo, 1980 ; Igodt, 1988 ; Heireman, 1989).

4.1.2.5. L'intervention de réseau

L'intervention de réseau consiste dans la mobilisation intensive de l'environnement social naturel (parenté, communautés de vie) d'une personne et requiert la participation et la mise en relation des personnes concernées. Une équipe de quatre à cinq intervenants organise trois à cinq réunions d'une durée de quatre heures environ, généralement au domicile de la personne ou, quelquefois, dans les locaux du service ou de l'hôpital, avec l'ensemble des membres de la famille aux prises avec le problème d'un des leurs (santé mentale, drogue, délinquance) et avec les personnes qui semblent avoir une influence dans la situation (des parents, des amis, des voisins, des personnes significatives de diverses institutions et associations). Le réseau peut représenter de quarante à cinquante personnes. C'est à la famille qu'il incombe d'identifier les personnes qu'elle invitera elle-même aux rencontres, de leur préciser le but poursuivi (« nous apporter du soutien, des spécialistes seront présents avec nous pour nous assister »). L'équipe d'intervenants vise à créer dans le réseau un climat de confiance et de franchise, et à faciliter des relations interpersonnelles entre les membres du réseau, à renforcer les liens et à relâcher les contraintes, pour permettre des perceptions nouvelles et libérer des forces latentes présentes dans les différents sous-groupes du réseau. Le réseau est amené à participer à la définition du problème comme à l'élaboration des solutions où sont précisées les tâches que chacun s'engage à remplir.

La rencontre débute par des chants, des danses, des cris — c'est la phase de « la retribalisation » au cours de laquelle le réseau se soude —; puis, vient la phase de la « polarisation » : l'équipe professionnelle utilise le problème pour susciter la confrontation au sein de la famille et des divers groupes du réseau (les jeunes *versus* les vieux ; les hommes *versus* les femmes ; les amis intimes, les connaissances, les professionnels, les autres…) afin d'obtenir une discussion animée ; suit la phase de « mobilisation » des activistes autour des membres de la famille ; ensuite une phase dite de « résistance-dépression » s'amorce, au cours de laquelle des sentiments de découragement peuvent être ressentis ; cette phase de dépression est suivie d'un sentiment de reprise ou déblocage, puis de plénitude, d'épuisement et de soulagement.

(Speck et Attneave, 1973 ; Rueveni, 1979 ; Daher, 1980 ; Elkaim, 1987 ; Benoit *et al.*, 1988 ; Sanicola *et al.*, 1994).

4.1.2.6. La médiation familiale

C'est une négociation raisonnée, avec l'aide extérieure d'une tierce partie, en vue de la gestion des problèmes liés à la rupture du système conjugal. Comme il a été indiqué ci-dessus, la famille est composée de plusieurs sous-systèmes : le système conjugal, le système parental, la fratrie et les grands-parents. Après la dissolution du système conjugal, les autres systèmes perdurent. Le processus de médiation familiale vise à amener les personnes à explorer les besoins de chacun (par exemple besoin, pour la mère, de se sentir en sécurité lors des visites du père, besoin de ce dernier de garder des responsabilités dans l'éducation des enfants) et à rechercher des solutions où les deux parties trouveront des avantages mutuels. Une part importante du rôle du médiateur consiste à distinguer personnes et problèmes, à s'assurer que chacun exprime clairement ses points de vue et ses demandes, à maintenir une communication adéquate et fonctionnelle entre les deux parties et à les aider à conclure des accords qu'ils élaborent ensemble. La médiation familiale est une intervention brève qui ne doit guère dépasser dix rencontres, s'étalant sur quelques mois (entre trois et six mois). (Laurent-Boyer, 1993, 1998 ; Lévesque, 1998 ; Lecomte, 1998).

4.1.3. Les approches axées sur l'environnement

Les approches axées sur l'environnement tentent d'apporter des modifications au niveau des attitudes et des comportements chez des représentants des institutions sociales, entre autres, ceux auprès desquels le client a essuyé des refus considérés comme plus ou moins injustifiés. Le travailleur social fait porter son action sur les éléments de l'environnement social dans le but de faire changer ces décisions institutionnelles ou encore d'impliquer des personnes dans le dossier d'un usager de manière active et équitable.

4.1.3.1. L'approche structurelle

Dans l'approche structurelle, les problèmes sociaux d'une personne sont considérés comme des manifestations d'une désorganisation sociétale (et non d'une pathologie de la personnalité). L'analyse de la situation de la personne tient compte des conditions objectives de vie et du niveau de pouvoir qu'elle détient dans la société, lequel pouvoir est en relation avec le sexe, l'âge, le niveau d'instruction, le statut socioéconomique. Tous ces éléments déterminent ses façons de penser, de ressentir et d'agir, c'est-à-dire ses logiques endogènes. Les situations de vie des personnes qui s'adressent aux services sociaux sont considérées comme plus précaires, plus restreintes, plus oppressives que celles des autres groupes sociaux.

L'intervenant social en approche structurelle fait porter son action sur deux plans :
- la réduction du rapport inégalitaire entre usager et travailleur social, ce dernier se positionnant comme un allié et agissant dans une relation de partenaire où seront analysés l'oppression vécue par la personne tout comme le potentiel pour la combattre ; le travailleur social se présente comme une personne-ressource, agissant comme conseiller, courtier, médiateur ou avocat ;
- la résolution des problèmes de la personne dans leur contexte social, politique et économique :
  • la modification ou l'amélioration des conditions objectives de vie en lien avec le vécu subjectif de la personne, pour éviter de « psychologiser » à outrance les problèmes sociaux et de travailler uniquement à l'adaptation de cette dernière aux conditions de vie opprimantes ;
  • la diminution des rapports de pouvoir et d'exploitation, tant économique que psychologique, vécus par la personne dans l'environnement ;
  • l'accessibilité aux diverses ressources sociétales et l'utilisation maximale des services et des aides fournis par les systèmes du bien-être social ;
  • le partenariat et des alliances avec d'autres organisations qui luttent contre l'oppression.

(Middleman et Goldberg, 1974 ; Léonard, 1976 ; Moreau, 1979, 1982, 1987 ; Bilodeau, 1980 ; Karsz et Mispelblom, 1983 ; Lévesque et Panet-Raymond, 1987, 1994 ; Mullaly et Robert, 1993).

4.1.3.2. La négociation sociale

La négociation sociale est une procédure raisonnée de résolution des conflits, sans faire usage de violence et sans qu'il y ait un perdant et un gagnant. La négociation est un processus d'exploration entre les parties de leurs besoins réciproques en vue d'en arriver à un accord acceptable pour les deux sur un item donné pour lequel ils ont des prétentions contraires. On essaie le plus souvent possible d'asseoir à la même table les personnes qui auront à vivre avec l'entente retenue.

La négociation sociale est utilisée par le travailleur social dans les situations où des divergences de vue ont lieu, tant dans la famille que dans le réseau institutionnel : conflits entre élève et professeur (ou direction de l'école), conflits entre le demandeur de prestation d'aide économique et l'organisme payeur.

La dynamique de la négociation repose sur l'expression par chaque partie de ses propres besoins (stratégie de demande) et, en fonction des limites de chacun, sur des propositions par chaque partie de ce qu'elle souhaite (satisfaction mutuelle). La négociation s'appuie sur la recherche d'intérêts mutuels plutôt que sur l'opposition des intérêts divergents. Au lieu d'utiliser le conflit pour régler le conflit comme on est tenté souvent de le faire, c'est une démarche d'ouverture et de créativité.

La négociation sociale raisonnée commande de la part du travailleur social
- de dégager un terrain commun sur lequel les deux parties peuvent se rencontrer ;

– de traiter séparément les personnes et le différend ;
– de repérer ce que chaque partie cherche à préserver dans les positions qu'elle adopte et de se centrer sur les intérêts en jeu (les besoins de chacun) et non sur les positions ;
– d'éviter les attaques personnelles et de s'attacher davantage à noter les points de convergence à partir de points d'accord, même mineurs. Il est souvent nécessaire pour le professionnel de s'entretenir individuellement avec chaque partie pour instaurer une relation de dialogue et de coopération ou encore d'expliquer, par exemple à une direction d'établissement, les conséquences que des politiques ou des décisions institutionnelles ont sur la vie d'une personne ou d'une famille ;
– d'identifier les obstacles qui nuisent à l'entente et lancer le défi de trouver les moyens de les surmonter ;
– de définir les limites de la situation qui fait l'objet de la négociation : l'argent, le temps, les implications, les demandes auprès des autres systèmes ;
– de créer, pour les parties concernées, des occasions de fournir de l'information pertinente : faits, opinions, sentiments lorsque l'une des parties ne possède pas les informations signifiantes que l'autre détient ;
– d'imaginer un éventail de solutions et des alternatives avant de prendre des décisions ;
– d'élaborer, à partir de critères objectifs externes, des ententes acceptables pour les deux parties.

La négociation peut se réaliser, face à face, avec les personnes en présence ou par le biais d'intermédiaires qui les représentent. Dans ce dernier cas, le négociateur ne parle pas en son nom personnel mais au nom de l'organisme ou de la personne qui l'a mandaté pour défendre sa position. Dans le rôle de négociation, le travailleur social utilise des techniques de plaidoirie et d'argumentation, en vue de persuader.
(Touzard, 1977 ; Fisher et Ury, 1981 ; Bilodeau, 1982 ; Babu, 1998 ; Lecomte, 1998 ; Weiss, 1999).

4.1.3.3. L'intercession sociale

L'intercession, nommée également l'*advocacy*, est la défense et la promotion de la cause d'une personne ou d'un groupe de personnes, dans le but d'amener l'environnement social (institution, services sociaux, réseaux de proximité) à répondre aux besoins et aux intérêts des personnes opprimées et démunies. C'est une intervention en faveur des usagers que le travailleur social considère comme victimes des services publics et des principales institutions bureaucratiques dans les sociétés démocratiques : l'assistance publique, la justice (détention, libération conditionnelle, probation), les services de santé mentale et de postcure (la désinstitutionnalisation), l'école publique, les services sociaux (protection de l'enfance), le logement social. Le travailleur social se porte au secours des intérêts et des droits de l'usager contre les intérêts administratifs, professionnels, syndicaux, politiques des institutions, comme le ferait un avocat de la défense ; d'où le terme d'*advocacy*. Le travailleur social s'attaque, par cette intercession, aux phénomènes destructeurs, inhumains, injustes des pratiques institutionnelles vis-à-vis des clientèles socialement et économiquement défavorisées, relativement sans pouvoir et souvent incapables de se défendre par leurs propres moyens.

Les niveaux d'activités professionnelles dans l'intercession sont autant socio-politiques — soutien à des idées ou des programmes bénéfiques aux défavorisés — que sociaux et personnels — aide et soutien aux individus pour la recon-naissance de leurs droits. Dans ce dernier cas, les interventions du travailleur social se font sous la forme de démarches administratives, lesquelles peuvent porter sur la modification des procédures d'attribution d'un service (ou sur les conditions à son accessibilité) ou sur la mise en place de services mieux adap-tés à la situation de l'usager ou enfin sur la défense proprement dite des droits fondamentaux de la personne.

Au plan méthodologique, l'intercession est une démarche non-violente et graduelle qui consiste à :
- clarifier et définir avec la personne ses besoins et ses intérêts qu'elle estime lésés ;
- développer des stratégies face aux systèmes qui font défaut, dans cette situa-tion. La personne est amenée à donner son accord explicite à la démarche entreprise par le travailleur social, soit comme « coulissier » : ce dernier accompagne personnellement l'usager dans l'organisme, soit comme « avocat » : le travailleur social représente dans ce cas l'usager ;
- analyser avec la personne les conséquences (ou les coûts) que peut repré-senter le fait d'une intercession. Les conséquences peuvent être lourdes à supporter, même en cas de gain. C'est à la personne, seule, à décider si oui ou non, elle entreprend de s'opposer à l'autre, plus puissant qu'elle ;
- à envisager avec la personne, les conséquences de la défaite, dans cette démarche et à fournir des informations sur des alternatives ;
- à interpréter auprès des institutions et des décideurs, les besoins de l'usager ;
- à aborder, de façon graduelle, les systèmes bureaucratiques pour soumettre le problème d'abord aux échelons de la hiérarchie les plus bas, afin d'obte-nir de leur part une réponse positive à la demande et, en cas de refus, leur appui et leur collaboration pour monter aux échelons supérieurs jusqu'aux décideurs. Cette démarche graduelle tient compte, d'une part, du fait que le travailleur social n'a d'autre pouvoir que celui de porter le problème aux plus hauts niveaux de la hiérarchie et que, d'autre part, il faut éviter d'uti-liser un canon lorsqu'un tire-pois suffit. On considère également que le tra-vailleur social aura à œuvrer avec ces systèmes-cibles pour d'autres cas et qu'il vaut mieux éviter d'abattre ou d'humilier un décideur, ce qui est le plus sûr moyen de construire un mur de résistance et de se fermer les portes. (Bognar, 1969 ; Panitch, 1974 ; Middleman et Goldberg, 1974 ; De Robertis, 1981 ; Munro, 1991 ; Bilodeau, 1982 ; DuBois *et al.*, 1995).

Conclusion

Le service social d'aide à la personne constitue une somme importante de moyens à la disposition des clientèles des services sociaux. Cependant le ser-vice social personnel peut représenter pour beaucoup de personnes une forme d'aide qui n'est pas suffisante en elle-même, compte tenu de la nature de leurs difficultés : les travailleurs sociaux ont compris depuis longtemps la force vitale que constitue l'entraide entre les personnes. Les êtres humains ont des besoins liés à l'appartenance sociale qui les poussent à coopérer avec autrui et dont ils retirent aussi, lorsque les expériences sont positives, le respect de soi-même (Konopka, 1963). Toute personne, bien qu'elle soit douée d'une autonomie autoréférentielle, peut recevoir de l'extérieur des influences qui régissent ses comportements. Mouvements associatifs, groupes de réflexion, instances de coopération, lieux de paroles constituent des soutiens irremplaçables, dans la panoplie des diverses sources d'aide auxquelles la personne en difficulté ou des groupes de personnes ou des communautés peuvent avoir accès, pour préserver le sentiment de contrôler leur vie ou de rester maîtres de leur destinée (Campher, 1989). Le service social des groupes et l'organisation communautaire sont donc les deux autres volets du savoir-faire des travailleurs sociaux.

Dès le début de la pratique du travail social, Mary Richmond avait soutenu ces idées :

« J'ai dépensé 25 ans de ma vie à essayer de faire accepter le travail social de cas comme un processus valable dans le travail social, je dépenserai le reste de ma vie à chercher à démontrer qu'il y a plus dans le travail social que le travail social de cas » (rapporté par Du Ranquet, 1976).

4.2. Le service social des groupes

Le service social des groupes met en relief la valeur positive de la participation de la personne à des activités organisées, comme moyen d'enrichir sa vie personnelle ou sa vie sociale. Des individus, en relation suivie dans un même groupe dans le cadre d'une prestation de service, sont aidés par un intervenant professionnel qui, au cours de programmes d'activités, guide leurs interactions, de telle sorte qu'ils puissent établir des relations satisfaisantes avec les membres du groupe et expérimenter des occasions de maturation personnelle ou de responsabilité sociale, en vue de leur propre développement et de celui du groupe.

Définition du service social des groupes

Dès 1884 en Angleterre, puis aux États-Unis en 1886, dans les centres sociaux *(settlements)*, « les travailleurs sans titre » (Wilson, 1976), comme on appelait à l'époque les travailleurs sociaux de groupe, ont expérimenté cette forme d'intervention auprès d'immigrants, de jeunes délinquants et d'adultes ayant des difficultés de toutes sortes. Le service social des groupes a pris naissance et s'est développé dans les organismes communautaires axés sur les loisirs, sur la formation des citoyens engagés dans la promotion de leur milieu et sur l'éducation des adultes (Darveau-Fournier et Home, 1983).

Il a été défini comme « une méthode qui aide les individus et les groupes à augmenter leurs capacités de fonctionnement social par des expériences de groupe » (Paré, 1956) et, par là même, à surmonter plus efficacement leurs problèmes personnels et relationnels (Konopka, 1963). C'est une activité orientée, auprès de petits groupes de personnes, vers un but qui est de les amener à satisfaire des besoins émotionnels et sociaux, en accomplissant des tâches (Toseland et Rivas, 1984).

Le service social des groupes consiste à réunir des personnes autour de problèmes similaires, d'intérêts communs, de préoccupations semblables pour que chacun, dans le partage des expériences et par l'émergence du soutien mutuel, puisse trouver dans le groupe une aide personnelle (Shulman, 1976). C'est là l'idée fondamentale du service social des groupes : les membres du groupe peuvent, à la fois, s'aider eux-mêmes et s'aider les uns les autres, en échangeant des opinions, des suggestions et des solutions, en partageant des sentiments et des informations, en comparant des attitudes et des expériences et en développant leurs relations (Heap, 1985). C'est l'aide mutuelle.

Qu'est-ce qu'un groupe ?

Un groupe, c'est un rassemblement d'individus, fondé sur une interaction mutuelle, dans un contexte donné de temps, d'espace et d'activités et au sein duquel s'établissent des relations conduisant à une intégration (Anzieux et Martin, 1971 ; Badin, 1977).

Les éléments suivants doivent être présents pour qu'on puisse parler d'un groupe :
- un but commun, manifeste, partagé : une cause commune à défendre, un problème vécu par tous, des intérêts identiques ;
- des interactions directes entre les personnes, librement exprimées, des relations de face-à-face ;
- un nombre suffisant de participants pour permettre l'hétérogénéité, les diversités, les différences.

Le nombre idéal de participants en service social des groupes varie entre 10 et 15 de manière à ce que chacun puisse s'identifier comme membre du groupe (avec un sentiment d'appartenance, un sentiment du nous) et vivre des interactions intimes où les échanges de pensées et d'émotions s'exercent dans des processus de communication verbale et non verbale (Toseland et Rivas, 1984).

Tout groupe passe par des *phases de développement* : *la phase de pré-affiliation* (apprivoisement, observations réciproques) ; *la phase de pouvoir/contrôle* (position et rôle de chacun, formation des sous-groupes et des alliances, émergence des leaders, remise en question du groupe) ; *la phase d'intimité* (intensification de l'implication personnelle, ouverture vers les autres, utilisation du groupe pour satisfaire les besoins de dépendance) ; *la phase de différenciation* (acceptation de chacun comme individu, reconnaissance du rôle des leaders, utilisation du groupe comme moyen thérapeutique) ; *la phase de terminaison* (reconnaissance de l'atteinte des objectifs du groupe, bilan des acquis en lien avec le contrat, anxiété de la séparation) (Garland *et al.*, 1973).

Pertinence de l'utilisation de la méthode de groupe

La méthode de groupe est jugée pertinente à utiliser dans le cas de personnes qui éprouvent des difficultés au niveau de leurs relations avec les autres. Ainsi, pour les enfants, les adolescents et les jeunes adultes, l'expérience du petit groupe (qui implique des relations de face-à-face) offre la possibilité de relations intimes, qui apportent une réponse à certains besoins psychologiques à ces étapes de vie (indépendance par rapport à la famille, identification des rôles sexuels, acquisition de compétences sociales et d'attitudes démocratiques, entre autres). À certains adultes dont la vie, pour diverses raisons, souffre d'une certaine carence dans les relations sociales intimes, l'expérience du petit groupe offre des supports et des enrichissements, « comme un supplément de nourriture sociale » (Coyle, 1960). « L'un des principes qui inspire les méthodes du service social des groupes est la conviction qu'une des sources principales de réalisation de soi vient de la satisfaction profonde qu'apportent les interactions vécues dans un groupe démocratique et créateur » (Coyle, 1955, cité dans Breton, 1990). De plus, la méthode de service social des groupes suppose qu'il existe, au sein des populations, des forces bienfaisantes et créatrices, ne demandant qu'à être libérées pour conduire les personnes à collaborer avec les autres dans l'intérêt de tous (Schwartz, 1961).

D'autre part, les éléments qui caractérisent le service social des groupes peuvent servir de critères de prescription de cette forme d'aide interpersonnelle. Dans le service social des groupes, on fait *avec* les gens plutôt que *pour* eux, on met l'accent sur les membres du groupe, on donne priorité à l'action sur la verbalisation, on incite les personnes à s'engager dans l'action au lieu de l'introspection et la prise de conscience de soi et enfin les membres contribuent au processus d'aide.

Plusieurs raisons rendent la méthode de groupe indispensable :
– *le groupe brise l'isolement*, il permet aux personnes de ne plus se sentir seules avec leurs problèmes, de recevoir ainsi écoute, conseil, support, suggestion, encouragement, informations. C'est une source de soutien immédiat et d'amitié (Lieberman et Borman, 1979, rapporté par Hopmeyer, 1990) ;
– *le groupe est un lieu pour connaître* les expériences des autres, les partager et en mesurer la valeur ; c'est une source de perspectives différentes concernant les problèmes intimes, personnels (Buttler et Winstram, 1991, cité par Ward, 1997). Dans le groupe, les différences entre les membres constituent des obstacles à franchir en même temps qu'elles engendrent l'énergie nécessaire au changement (Shulman, 1997) ;
– *le groupe est aussi un endroit où la personne peut exercer son pouvoir sur des situations personnelles :* l'exploration, dans le groupe, des informations et des émotions qui exercent une influence sur la personne dans la gestion de ses comportements de tous les jours peut aider cette dernière à mieux contrôler sa vie et à assumer la part de responsabilité qui lui incombe dans les rapports avec les autres. Cette exploration constitue la prise de pouvoir qu'elle peut avoir sur sa propre situation au lieu d'en confier la responsabilité à quelqu'un d'autre, que ce soient les professionnels, les autres ou la société (Shulman, 1997) ;
– *le groupe est un lieu pour expérimenter* des façons de penser, de réagir émotivement, d'agir concrètement, *dans un climat de sécurité et dans un contexte protégé* où la crainte de la personne d'être jugée négativement est diminuée du fait que tous les membres ont vécu le problème ou des situations semblables (Breton, 1990).

Les rôles du travailleur social en service social des groupes

Bien que le travailleur social ne soit pas la ressource principale d'aide, il n'en constitue pas moins une figure importante, dans cette entreprise d'aide mutuelle qu'est le groupe : une alliance d'individus qui ont besoin les uns des autres, à des degrés divers, pour travailler à des problèmes communs (Schwartz, 1961, cité par Lindsay, 1990). Dans cette entreprise le travailleur social exerce, auprès du groupe, des rôles de facilitation, de synthèse, de soutien et d'établissement de normes (Reid, 2002).

Il a toujours en charge deux systèmes-clients (Lindsay, 1990) : les membres du groupe, qu'il aide à se relier à leur groupe, et le groupe comme entité, dont il veille à développer les potentialités, pour que l'aide mutuelle soit active et efficiente.

Les rôles du travailleur social consistent à :
- prévoir l'organisation de programmes et d'activités dans lesquels la formulation et la réalisation des objectifs poursuivis prennent leur origine dans les besoins des membres et en accord avec des buts compatibles avec le système de valeurs de la société (Polsky et Claster, 1964, cité par Shulman, 1976) ;
- exercer un rôle d'animation, de régulation, pour mobiliser les forces du groupe, pour faire émerger le processus d'aide mutuelle, pour veiller à ce que les conditions nécessaires au processus d'aide mutuelle soient en place dans le groupe : les interrelations entre les membres du groupe, la formation de sous-groupes, l'établissement des règles de respect, la stimulation de la participation de chacun, la reconnaissance des capacités du groupe à poursuivre des buts communs (Shulman, 1979) ;
- repérer les constellations ou les sous-groupes, les évaluer, les utiliser à bon escient, les renforcer ou, au contraire, les amener à se modifier (Konopka, 1963) ;
- travailler de façon impérative à ce que le groupe traite les obstacles qui s'opposent à l'aide mutuelle et à les surmonter : les intérêts divergents, l'absence de structures, l'absence de communications directes (Shulman, 1979) ;
- évaluer l'impact des activités du groupe sur les membres et procéder au réajustement.

Les phases du processus d'intervention de groupe

Ces phases sont les suivantes :
- la phase pré-groupe : des entretiens individuels ont lieu entre l'intervenant et chacun des participants éventuels pour vérifier la pertinence de leur présence dans le groupe ;
- la phase d'exploration : période d'observation des individus dans le groupe, établissement d'un constat du dysfonctionnement social des membres, identification des éléments à changer et élaboration d'un contrat avec les membres du groupe ;
- la phase de travail : soutenir la démarche du groupe par le biais d'activités en fonction des objectifs visés, chercher à donner à ses membres la capacité d'arriver à des résultats par eux-mêmes en aidant le groupe à s'organiser, à définir ses objectifs de travail, à résoudre ses conflits internes,

à respecter le rythme de chacun, à se discipliner et à réajuster les activités en cours de route ;

– la phase de terminaison : aider le groupe à mettre fin aux rencontres, à faire le bilan des acquisitions et des apprentissages réalisés et à prévoir une suite si nécessaire. (Bouquet *et al.*, 1981).

Pendant toute la durée de l'intervention, l'intervenant consigne dans un dossier, réunion après réunion, les interactions du groupe, les transformations, les possibilités des membres.

Un texte fondateur du service social des groupes

Grace L. Coyle (1892-1962), travailleuse sociale, pionnière de la méthode de groupe et professeure à la faculté de la School of Applied Social Sciences, à la Western Reserve University, à Cleveland (États-Unis), expliquait la nature du service social des groupes, dans un texte écrit pour le « Social Work Curriculum Study » (« Some basics assumptions about Social Group Work », Appendice C, *in* Murphy M., *The Social Group Work Method in Social Work Education*, New York, Council on Social Work Education [Coyle, 1959, trad. fr. par Mme Simone Paré, ronéotypé non publié, 1960]), dont nous vous proposons quelques extraits :

> « La pratique du service social des groupes repose nécessairement sur l'hypothèse que l'expérience de groupe (de diverses sortes) sous les auspices d'agences publiques ou privées, a une valeur potentielle pour ses participants. Puisque de tels groupes utilisent, dans la récréation ou dans les activités d'éducation populaire, à la fois l'expérience du programme et l'établissement d'une relation sociale entre les membres et avec un leader (membre < —> membre, membre < — > leader), nous allons considérer le programme et la relation comme aussi importants l'un que l'autre pour le group worker. Notre expérience dans l'utilisation de tels services nous conduit à définir leur valeur potentielle en termes de besoins fondamentaux particuliers.
>
> *Expérience de groupe et processus de maturité*
> En premier lieu, il semble clair que l'expérience du petit groupe *(face to face)* offre une opportunité de relations intimes qui jouent un rôle essentiel dans le processus de maturation humaine. Pendant les premiers stages de la maturation, à partir du moment où l'enfant quitte sa famille pour le monde de ses compagnons de classe, de jeu ou de rue, jusqu'à ce qu'il établisse sa propre famille habituellement dans la vingtaine, on peut observer un modèle commun de relations de groupe chez la plupart des enfants. Cela peut inclure les groupes familiers comme les groupes de jeux formés habituellement d'enfants de même sexe, avant la puberté, la « clique » fermée qui groupe de cinq à quinze membres dans l'adolescence, le groupe de fréquentation qui réunit une paire qui s'est souvent formée dans un groupe d'activités récréatives plus étendu et qui fonctionne à l'intérieur de ces activités. De tels groupes semblent répondre à certains besoins psychologiques incluant le développement de l'indépendance à l'égard de la famille parentale, l'identification du rôle du sexe en compagnie de gens de même sexe et ensuite de sexe opposé, l'acquisition d'habiletés sociales et d'attitudes acceptables par les compagnons, comme par exemple, l'athlétisme pour les garçons, l'exploration et

l'incorporation du changement des valeurs sociales demandé à un individu qui passe de l'enfance à l'âge adulte.

Cependant, même s'il y a des différences chez les classes sociales pour les groupes ethniques dans leur mode d'affiliation de groupe parmi les enfants et les adolescents de notre société, cela suit tellement la même progression et répond tellement aux mêmes besoins psychologiques fondamentaux du processus de maturation que l'on est tenté de définir cela comme normal. Savoir si ce besoin du groupe représente une réponse à certaines conditions sociales ou à des besoins intrapsychiques du développement de l'ego, demande encore plus de recherche. Le sort malheureux de ceux qui dévient de ces comportements semble être une preuve de leur profonde signification pour l'individu. Les cas du garçon efféminé ou hyperagressif dans les jeux de la pré-adolescence, l'isolé qui n'est pas accepté quand vient la période des fréquentations, le bébé qui pleure continuellement, le dur, le dévié sexuel, tout cela montre l'évidence de certaines mésadaptations dans le processus psycho-social de maturation. Pour la majorité qui atteint un niveau acceptable de maturité, il apparaît que le fait d'être accepté par des compagnons dans de petits groupes intimes, l'apprentissage de l'établissement de relations satisfaisantes et l'acquisition d'aptitudes sociales nécessaires, proviennent d'une succession d'appartenance à des groupes différents.

Si ce processus de développement est « normal » et provient d'une nécessité innée ou d'un besoin social, on peut bien se demander pourquoi la société aurait besoin d'établir un service social pour y pourvoir ou d'entraîner des travailleurs sociaux capables de le faciliter. Il est vrai que plusieurs individus et, peut-être dans certains milieux sociaux, la plupart des enfants et des adolescents, trouvent dans leur environnement la nourriture sociale nécessaire à leur croissance. Cependant, il y a quelque évidence que l'un des problèmes de notre société est que, par un effet non attendu et non voulu de notre économie basée sur la technologie et de notre urbanisation excessivement mobile et impersonnelle, nous tendons à produire un nombre inhabituel d'individus malheureux et de groupes hostiles [...]. Notre société ne peut nous donner elle-même les aptitudes sociales que nos relations complexes requièrent. Puisque tel est le cas, je crois, il est inévitable que la société entreprenne de remédier à ces situations inadéquates en établissant des moyens d'entraîner ses nouveaux membres.

C'est un fait curieux et significatif que des services aux jeunes, habituellement sous la forme de groupes de jeunes entre dix et dix-huit ans, dirigés par un adulte, sont soudainement apparus dans chaque société industrialisée. Entre 1910 et 1920, par exemple, nos quatre principaux programmes de jeunesse (scoutisme pour filles et garçons, Campfire Girls et Clubs 4H) se sont développés à côté d'innombrables programmes de moindre importance sous toutes sortes d'auspices. Leur ampleur et leur acceptation dans ce pays (États-Unis) sont parallèles à un développement semblable en Angleterre et sur le continent. Le rôle important joué par les mouvements de jeunesse, contrôlés par le gouvernement, dans les états totalitaires est aussi une preuve de la puissance de cet instrument social nouvellement inventé.

Ceci peut conduire à se demander si notre société complexe s'efforce en fait de résoudre par de tels moyens les mêmes problèmes psychologiques et sociaux de transition que ceux qui ont donné naissance dans les sociétés primitives aux «rites de passage» de l'enfance à l'âge adulte. Nous vivons dans une société dont la technologie requiert une longue période d'éducation impliquant une dépendance économique des parents ; l'apprentissage des habiletés requises pour un travail compliqué et des relations impliquées dans un système occupationnel hautement structuré, la frustration des capacités sexuelles en retardant le mariage à huit ou dix ans après la maturité physique et une capacité à participer comme citoyens à un mélange de conformité à une autorité nécessaire et d'exercice d'un jugement indépendant et responsable. Il semble possible que ces programmes de jeunesse soient la réponse spontanée et plutôt inconsciente, d'une société à la recherche de moyens pour retarder les pleines satisfactions sexuelles et ainsi promouvoir des relations sanctionnées par certains contrôles, pour enseigner la maîtrise de soi par une forme simple d'expérience démocratique, pour développer des capacités de relations humaines avec des adultes, pour enseigner aux jeunes comment agir comme représentants de leurs groupes dans des activités d'intergroupes, pour entraîner l'adolescent à discuter de ses problèmes les plus importants et pour lui donner l'opportunité d'exercer ses puissances psychiques, non seulement pour un travail de production (il est intéressant de voir que l'athlétisme est souvent considéré comme une libération d'énergie). Je ne puis m'empêcher de penser qu'il y a une profonde signification psychologique et sociale dans la création et la propagation de cette nouvelle invention sociale et que sa vraie signification se trouve dans son utilisation par notre société comme instrument d'entraînement à des aptitudes d'adaptation sociale en préparation à l'âge adulte…

L'expérience de groupe comme supplément aux autres relations
Il s'avère important que certaines sortes d'expériences de groupe puissent être offertes comme support et enrichissement aux gens pour qui les autres relations primaires n'ont pas été entièrement satisfaisantes. Cela peut être regardé comme un supplément de nourriture sociale comme d'ailleurs pour ceux dont la vie, pour quelque raison, comporte une certaine carence dans les relations sociales intimes.

L'endroit où ce service peut être le plus clairement perçu est dans les programmes pour les vieillards qui, à cause de la perte de leurs amis et de leur famille se trouvent privés de relations sociales indispensables. La croissance et la propagation des centres et des clubs pour les vieillards et leur expansion sous une grande variété d'auspices semble montrer que de tels services rencontrent des besoins essentiels qui n'étaient pas présents ou n'étaient pas reconnus autrefois. Ils ne servent pas seulement à remplir le temps inoccupé après la retraite. Ils apportent le support nécessaire devant l'anxiété provoquée par la maladie et la mort ; ils offrent aussi de nouveaux intérêts qui peuvent compenser pour les intérêts du travail perdu et ils conduisent souvent à l'établissement d'amitiés solides et en fait à un nombre considérable de mariages…

Cela suffit probablement pour illustrer ce que signifie l'emploi de diverses expériences de groupe pour suppléer aux autres relations. Ici aussi, comme dans la section précédente, il devrait être évident que, où cela est possible, le «leadership» devrait être équipé pour comprendre ce que sont les besoins psychologiques fondamentaux des membres et aussi quels genres de programmes et d'expériences de groupe peuvent le mieux y répondre. De tels programmes doivent naturellement être considérés comme un supplément et être organisés de façon à s'intégrer dans la vie des participants d'une manière utile ».

Aide mutuelle et savoirs d'expérience

Dans la méthode de groupe, le travailleur social ne constitue pas la ressource principale de l'aide, cette dernière est inhérente au groupe. Il remplit des rôles d'organisation et d'animation.

Le groupe représente l'instance principale de laquelle chaque membre pourra recevoir de l'aide. Chaque membre devient ainsi une ressource pour les autres, du fait des savoirs et des compétences qu'il a acquis par ses expériences de vie, les problèmes qu'il a affrontés, les essais de solutions qu'il a expérimentés ou les mécanismes de survie qu'il a utilisés. Ces connaissances, issues de l'expérience, sont autres, mais tout aussi importantes que les connaissances professionnelles (Borkman, 1976) ou les connaissances produites par la recherche scientifique. Le savoir-faire acquis à partir des leçons de la vie quotidienne ou du vécu est de première importance (Schön, 1983) dans la dispensation des services aux personnes, car ce savoir-faire est le fondement de connaissances susceptibles de profiter à d'autres dans des situations semblables. Le mécanisme par lequel les membres d'un groupe se supportent les uns les autres pour travailler à ces tâches communes, c'est l'aide mutuelle (Schwartz, 1961 ; Shulman, 1976 ; Lindsay, 1990).

L'aide mutuelle, en plus d'être différente de l'aide professionnelle, est, dans certaines situations, une ressource irremplaçable :

- l'aide mutuelle possède une dimension (Riessman, 1976) qui lui donne des qualités multiples : « l'aide apportée tend à être plus subjective, plus informelle, plus concrète, plus pertinente dans l'immédiat et plus accessible que l'aide professionnelle » (Hopmeyer, 1990). Elle est, aux yeux de certains, plus crédible, plus près d'eux : « lui, (le professionnel), il vit dans une citadelle, il vit avec un livre dans la tête… il a lu mon quartier, il n'a pas vécu mon quartier » (Saint-Amand, 1991) ;
- pour des adolescents, pour des adultes et pour des clients non volontaires, l'aide mutuelle, parce qu'elle vient des pairs, est souvent plus acceptable et plus bénéfique, moins menaçante, les professionnels représentant pour eux des figures d'autorité ;
- l'aide mutuelle n'étant pas liée aux contraintes institutionnelles (tâches, horaires…) et éthiques (codes de déontologie professionnelle) devient plus « extensible » : des amitiés, des unions, même des mariages peuvent s'y nouer (Coyle, 1947), des rencontres s'organisent en dehors des réunions du groupe, des activités se prolongent (week-end, vacances, voyages) ce qu'un professionnel ne peut évidemment pas se permettre de faire ;
- dans l'aide mutuelle, les membres passent ainsi du statut de consommateurs d'aide à producteurs d'aide : l'occasion est fournie à chacun d'utiliser ses savoirs, d'exercer ses compétences, de faire valoir ses expertises. Pour ses membres, le groupe devient éminemment correcteur des images négatives, des sentiments d'incompétence qu'une personne en difficulté nourrit

à l'endroit d'elle-même ou que son réseau social entretient en lui envoyant très souvent le message que ses problèmes sont imputables à des carences personnelles. Le fait d'être tout autant aidant qu'aidé peut développer la perception d'être une personne ayant de la valeur et digne d'estime (Breton, 1990), et activer un sentiment d'utilité sociale et de compétences inter-personnelles (Hopmeyer, 1990).

Solidarité intragroupe et solidarité communautaire

La méthode du service social des groupes est une méthode charnière entre la méthode du service social personnel et l'organisation communautaire, la méthode de groupe contribuant à développer la solidarité entre les personnes (Breton, 1990), c'est-à-dire la solidarité intragroupe : le groupe brise les processus d'isolement, instaure le déclic de l'espoir (d'autres s'en sont sortis), stimule les sentiments de compétence, les capacités d'apprentissage, l'autonomie.

Cette solidarité intragroupe se double d'une solidarité intergroupe et d'une solidarité communautaire : pour démarrer des groupes, les travailleurs sociaux doivent solliciter une multitude d'acteurs sociaux : communautés-hôtes (celles où sont localisées les rencontres de groupe), usagers, bénévoles, professionnels, bailleurs de fonds, bureaucrates, élus, décideurs. La mise sur pied de tels groupes suppose que les travailleurs sociaux conçoivent la communauté comme une ressource et non comme un obstacle, que les partenaires représentent des collaborateurs à solliciter et un potentiel d'aide à utiliser et à développer.

Les approches en service social des groupes

Les diverses finalités que peut poursuivre le travail social de groupe ont conduit à l'élaboration d'un ensemble de modèles de pratique et à la mise en place de dispositifs spécifiques visant autant à réhabiliter les membres du groupe, à les éduquer, à les socialiser, qu'à faire en sorte qu'ils puissent se développer, exercer leur *leadership* en vue de modifier leur environnement ou avoir un meilleur contrôle sur les systèmes organisationnels et professionnels qui affectent leurs vies (Wilson, 1960 ; Home et Darveau-Fournier, 1981 ; Papell et Rothman, 1983 ; Lindsay, 1990 ; Toseland et Rivas, 1998 ; Turcotte et Lindsay, 2001). On peut situer, de la manière suivante, les approches selon la classification que nous avons adoptée : la personne – les transactions sociales – l'environnement.

4.2.1. Les approches axées sur le groupe lui-même

Ces approches visent à aider les personnes ayant des problèmes de fonctionnement social ou des difficultés d'ordre émotif à faire l'apprentissage de comportements plus adaptés ou à développer des capacités à surmonter les difficultés.

4.2.1.1. La réadaptation

Cette approche est aussi nommée le développement personnel, le changement personnel, la réhabilitation, le traitement social. Dans cette approche, on utilise la structure et les procédures de petit groupe pour réaliser des objectifs de changement psychosocial au niveau des processus de pensées, et/ou des attitudes et des comportements. La personne est identifiée comme affectée d'un dysfonctionnement dans ses relations personnelles, familiales et sociales.

Les groupes de réadaptation visent à corriger un fonctionnement social inadéquat, à resocialiser les personnes vers des comportements responsables, à faciliter le changement d'attitudes et de comportements chez les membres violents ou abuseurs, à surmonter des difficultés d'ordre émotionnel.

Le but est d'aider les personnes à surmonter et à mieux faire face à des problèmes personnels, familiaux : par exemple, se préparer à une crise proche (parents d'enfants atteints de maladie cancéreuse), faire face à un changement de vie (la mise à la retraite, un divorce, un remariage), amener à une meilleure compréhension de soi (parents alcooliques abuseurs), pour une personne handicapée, alléger son isolement.

L'intervention du travailleur social, dans les groupes de réadaptation où il est une figure d'autorité et d'expert, est plus marquée que dans les autres groupes et consiste à :
- procéder à une sélection des membres du groupe, en lien avec les problématiques de chacun et leur motivation à participer aux activités ;
- concevoir et à élaborer des activités en fonction de leurs effets sur chacun des membres du groupe ;
- prévoir des apports d'information sur la future situation ;
- veiller, de façon constante, à la structuration du groupe et à la création d'une culture de groupe en fonction de normes et de valeurs sociales ;
- favoriser l'exploration et l'expression des sentiments ;
- stimuler les prises de décision collectives ;
- offrir un soutien personnalisé aux membres qui en manifestent le besoin. (Winter, 1967 ; Massa, 1976 ; Rose, 1977 ; Heap, 1985 ; Papell et Rothman, 1990 ; Lindsay, 1990 ; Turcotte et Lindsay, 2001).

4.2.1.2. L'éducation

Cette approche est aussi identifiée comme le modèle d'apprentissage ou le modèle de croissance. L'éducation centre ses intérêts sur le groupe comme micro-organisation sociale et vise à mener à bien des actions d'habilitation. Les interventions sont axées sur l'apprentissage de capacités, l'évitement d'une stigmatisation, le développement du fonctionnement personnel et social dans des rôles sociaux que les membres sont appelés à jouer en tant que citoyens ou acteurs dans la société. Le but poursuivi, c'est l'adoption de modes de conduites appropriées, l'accroissement de la conscience sociale et le sens des responsabilités.

Ces types de groupes se trouvent souvent dans des centres sociaux, des clubs de jeunes, des centres de jour, des écoles, des centres d'accueil destinés aux jeunes contrevenants, aux personnes âgées ou personnes handicapées. Les groupes ainsi formés sont considérés comme une mini-société dans laquelle les capacités à échanger, à résoudre des problèmes, à maîtriser les pulsions, à prendre des responsabilités et des décisions peuvent s'expérimenter : par exemple, la prévention de l'agression en milieu scolaire, le retour à la vie quotidienne après une longue hospitalisation, se faire des amis, pour de jeunes hommes handicapés physiques, l'insertion sociale d'adultes alcooliques et toxicomanes, la prévention des MST-VIH auprès d'adolescents, la formation des familles d'accueil.

Dans les groupes d'éducation et de croissance, l'intervention du professionnel s'apparente à celle d'un enseignant. Elle est axée sur la démarche d'apprentissage des membres du groupe et comporte les éléments suivants :
- élaborer des activités (pièces de théâtre, jeux de rôle, films, ateliers, journée ou semaine thématique) pour faire vivre des expériences d'apprentissage, par exemple en rapport avec la violence, l'agressivité ;
- amener le groupe à travailler au changement social, apprendre à participer et à adhérer à une cause commune, à découvrir les forces du groupe et son potentiel, à exercer des rôles de leader, à respecter les normes de la société et les règles de la démocratie.

(Schwartz, 1961 ; Papell et Rothman, 1966 ; Massa, 1976 ; Shulman, 1976 ; Heap, 1985 ; Home et Tremblay, 1990).

4.2.2. Les approches axées sur les transactions interpersonnelles

4.2.2.1. Le soutien social

Cette approche est également identifiée sous les vocables d'aide mutuelle et de réciprocité.

Les groupes de soutien social rassemblent des personnes qui partagent une même difficulté ou une même situation et dont le stress est souvent augmenté par les réactions et les perceptions de l'environnement social (Wassman et Danforth, 1988, rapporté par Renaud, 1996), comme, par exemple, des femmes victimes de violence conjugale, des personnes atteintes du sida, des enfants du divorce, des parents éprouvant des difficultés avec leurs adolescents ou encore des adultes ayant à charge leurs parents âgés.

La visée poursuivie dans les groupes de soutien social, c'est de développer l'entraide entre les personnes, de renouer les mailles du tissu social. L'interdépendance, l'entraide sont les bases de l'aide mutuelle qui consiste, pour les membres d'un groupe, à partager des informations pertinentes pour leur situation, à les approfondir, en abordant par exemple, les interdits et les tabous, à se donner du soutien en réponse aux attentes des membres, à essayer, dans le cadre du groupe, de nouvelles façons d'être et de faire, ce qui permet de prendre conscience de la force du groupe et de ses propres forces.

L'intervention professionnelle dans un groupe de soutien social consiste à :
- clarifier l'objectif du groupe : aider le groupe à décider d'un objectif commun à poursuivre, auquel tous les membres adhèrent ;
- clarifier le rôle de l'intervenant social dans le groupe, notamment les questions liées à l'autorité, à la confidentialité des discussions et à ses limites (le travailleur social ne dénonce pas les membres du groupe, sauf s'ils exercent des activités illégales à l'intérieur des institutions où se déroulent les rencontres du groupe, ou s'ils constituent un danger pour eux et pour les autres) ;

- planifier les rencontres, animer les discussions de manière à favoriser l'émergence de l'aide mutuelle ;
- aider le groupe à surmonter les obstacles à l'aide mutuelle : les intérêts divergents, l'absence d'interactions directes ;
- stimuler la relation réciproque entre les membres et le groupe : apprendre comment être un système d'aide mutuelle et bâtir des relations fondées sur l'empathie et non sur l'exploitation.
(Schwartz, 1961 ; Shulman, 1979 ; Lee et Swenson, 1986 ; Gitterman, 1989 ; Schulman, 1997).

4.2.3. Les approches axées sur l'environnement

Les deux approches de groupes dans cette section ont pour point commun d'être des groupes de tâches, mais ils se différencient quant aux besoins sur lesquels ils sont centrés : le groupe d'action autogérée est davantage préoccupé par les besoins de catégories de populations ou de communauté, tandis que le groupe de fonctionnement organisationnel a comme cible les besoins de l'institution et du personnel professionnel en regard des clientèles cibles et vice-versa.

4.2.3.1. L'action autogérée

Cette approche est nommée au Québec le modèle d'action sociale ; les vocables suivants sont également utilisés : le groupe à buts sociaux, le modèle de groupe autodirigé ou « la pratique *post-empowerment* » (Breton, 1999).

L'approche d'action autogérée s'applique auprès de tout groupe dont les membres posent des actions en vue de résoudre des situations sociales problématiques. Dans cette approche, le travailleur social apporte une assistance aux groupes communautaires pour la correction de déficiences de l'environnement social. Ces déficiences peuvent concerner la politique sociale, l'allocation des ressources ou l'administration de programmes sociaux. C'est une approche dont les objectifs de changement sont hors des frontières du groupe. Les cibles du changement concernent des éléments extérieurs au groupe : des personnes, des organismes, des règlements, des lois, des traditions, des attitudes, des idéologies.

L'approche d'action autogérée peut être utilisée auprès de tout groupe de personnes étiquetées comme « défavorisées, opprimées, irrécupérables ». Les ennuis personnels ou les difficultés intimes et d'ordre privé deviennent dans les groupes autogérés des problèmes partagés, « des questions d'ordre public », qui fournissent matière à analyse des causes structurelles des difficultés et matière à des actions de groupe ou collectives pour susciter le changement social.

Dans le modèle d'action autogérée, le but poursuivi est d'aider les marginaux et les opprimés à découvrir et à utiliser leurs potentialités, en vue d'obtenir des changements de la part de l'environnement. Les personnes qu'on invite à se joindre volontairement (et non par référence) au groupe, sont considérées, dans ce modèle, comme des personnes normales (et non comme des malades ou des personnes déviantes) qui font face à des circonstances de vie difficiles. En raison de leurs expériences de vie (vécu institutionnel, abus parental, oppression pour raison de race, de sexe, d'âge, d'état de santé, d'orientation sexuelle), ces personnes peuvent, au contraire, apporter beaucoup aux autres membres du groupe ; elles possèdent de plus les compétences pour se prononcer sur tous les aspects qui les concernent.

L'intervention dans l'approche d'action autogérée consiste à :
- repérer les populations susceptibles d'être approchées pour devenir membres potentiels et à inciter les membres à identifier par eux-mêmes leurs besoins et leurs préoccupations ;
- combattre, dans le groupe même et dans tous les autres lieux de vie et de travail, les formes d'oppression, à cerner l'impact que les problèmes sociaux ont sur les personnes : pourquoi ces problèmes existent, et quelles sont les difficultés relatives aux modalités d'obtention de changements de la part des institutions et de l'environnement ;
- faire percevoir ce que le travail de groupe peut apporter : « l'union fait la force » ;
- faciliter, par une écoute active et par divers outils concrets, l'énonciation par les personnes de leurs points de vue, la prise de parole en public (émissions de télévision, radio, conférence) pour expliquer leur situation et leurs revendications ;
- les amener à se proposer comme porte-parole ou interlocuteurs auprès des institutions décidant des politiques relatives aux problèmes qu'ils vivent, à organiser des colloques, à prendre part à des congrès, à participer aux comités de sélection du personnel professionnel, à élaborer des guides d'emploi des services sociaux.

En conclusion, dans cette approche, les organisations et les travailleurs sociaux agissent comme stimulateurs des potentialités d'action des groupes de personnes marginalisées et opprimées. Ils leur offrent un soutien pour qu'elles prennent leur place, acquièrent ou affirment leur leadership, choisissent les buts et les actions à entreprendre et qu'elles trouvent ainsi leur place dans les structures démocratiques de la société (Breton, 1999).

(Lewis, 1983 ; Breton, 1990, 1999 ; Mullender et Ward, 1991 ; Lindsay, 1992 ; Ward, 1997 ; Manson, 1997).

4.2.3.2. Le fonctionnement organisationnel

L'approche du fonctionnement organisationnel s'applique auprès de groupes de tâches qui traitent du fonctionnement et du développement des organismes et de la qualité des services, dans le but d'influencer les institutions vers une plus grande humanisation et une meilleure adéquation dans la prestation de services en direction des clientèles et des populations. « En présence d'une personne en difficulté il faut dégager les moyens d'intervenir les plus divers pour faire face simultanément à toutes les composantes d'une situation complexe : soutien psychologique, prise en charge physique et matérielle, aspects financiers, contraintes légales » (Hazebroucq, 1999).

Ces groupes de tâches sont liés au soutien organisationnel défini comme « l'ensemble des mesures qu'une organisation et ses gestionnaires adoptent pour soutenir concrètement chacun des employés dans l'exercice de sa tâche et l'aider à surmonter les difficultés d'adaptation professionnelles et personnelles ». Le soutien organisationnel cherche à réaliser la mission de l'organisme « en assurant des services de qualité à la clientèle tout en se préoccupant de la qualité de vie au travail du personnel et du développement de son potentiel » (Larivière, 1997).

Ces groupes de tâches se retrouvent sous diverses formes : équipes multidisciplinaires, groupes de supervision, conférences de cas ou réunions de synthèse, comités, conseils consultatifs, tables ou groupes de concertation.

Les interventions peuvent, selon la nature des besoins à satisfaire, s'attaquer à diverses cibles :

– le fonctionnement bureaucratique : réponses dépersonnalisées, personnels davantage préoccupés de leur carrière ou de l'institution que de la clientèle, rigidité, lenteur à répondre aux nouveaux besoins et aux transformations sociales ;

– les inégalités du positionnement social lié au statut, à l'âge, à l'instruction, à la nationalité, la remise en cause des pratiques institutionnelles qui compromettent l'équité ;

– l'élaboration de politiques et de procédures organisationnelles appropriées aux clientèles, de façon à faciliter l'accessibilité et l'utilisation des dispositifs et des mesures d'aide et de soutien, à favoriser la concertation entre institutions, quelque(s) famille(s) pouvant être importunée(s) par des interventions non coordonnées de nombreux établissements et professionnels.

(Chau, 1990 ; Toseland et Rivas, 1998 ; Turcotte et Lindsay, 2001).

4.3. L'organisation communautaire

L'organisation communautaire a fait l'objet de plusieurs appellations, au cours des années : intervention sociale collective, action collective, action communautaire, travail social à dimension collective, travail social d'intérêt collectif, travail social de communauté, animation sociale. On a finalement retenu, en France, le terme *travail social d'intérêt collectif* et, au Québec, celui d'*organisation communautaire*, pour désigner cette forme d'intervention sociale.

L'organisation communautaire a été reconnue comme l'une des méthodes de service social, en 1950, par l'Association américaine des travailleurs sociaux. Elle tire ses origines des *settlements houses* de Londres, en Angleterre, au dernier quart du XIXe siècle, qui étaient des centres communautaires implantés dans les quartiers ouvriers où de jeunes universitaires furent invités à un travail d'éducation auprès des familles. Les premiers *settlements* furent implantés aux États-Unis vers 1886 (New York, Chicago, Washington). Jane Addams, en 1889, établit un *settlement* à Chicago, le Hull House, qui devint le prototype des centres sociaux et dans lequel elle développa les bases de l'organisation communautaire. Les *settlements* inspirèrent les résidences sociales (les ancêtres des centres sociaux actuels) qui furent créées à Paris entre 1896 et 1910.

Dans les sociétés démocratiques, on constate que certains groupes, certains segments de la société vivent des situations d'inégalité, de marginalisation, d'exclusion sociale, de discrimination, de pauvreté, de dépendance et de soumission aux institutions sociales. Ces problèmes s'inscrivent dans une dynamique où le pouvoir (économique, politique et social) est inégalement réparti entre les groupes qui constituent la société. Il existe des luttes entre les groupes, où les enjeux sont en lien avec l'argent et le partage des ressources (Doucet et Favreau, 1991) et où circulent souvent des préjugés selon lesquels les pauvres sont paresseux et les riches plus intelligents et plus vaillants, ce qui accentue la marginalisation des personnes et des groupes ainsi dépréciés et leur exclusion de la société.

Définition de l'organisation communautaire

Le travail communautaire cherche à organiser les collectivités avec leurs leaders, à les mobiliser, à leur assurer plus de force et de pouvoir pour mettre sur pied des programmes d'action afin de résoudre des problèmes d'ensemble, pour changer des conditions de vie dégradantes ou des pratiques sociales discriminatoires. C'est l'action menée par des intervenants sociaux auprès de groupes, de catégories de population (par âge, par sexe, par milieu socioprofessionnel) ou auprès de la population d'une aire géographique délimitée (ville, village, quartier, bâtiment, secteur) (De Robertis et Pascal, 1987) ou encore auprès de groupes d'intérêt ou de groupes d'identité dans le but de susciter leur mobilisation et leur insertion dans des processus de réalisation de changements sociaux (Alinsky, 1946, cité par Doré, 1985).

L'organisation communautaire « réfère à différents modes d'intervention par lesquels un agent de changement professionnel aide un système d'action communautaire composé d'individus, groupes ou organisations à s'engager dans une action collective planifiée dans le but de s'attaquer à des problèmes sociaux en s'en remettant à un système de valeurs démocratiques. Sa préoccupation touche des programmes visant des changements sociaux en relation directe avec des conditions de l'environnement et des institutions sociales » (Krammer et Specht, 1969, cité dans Doucet et Favreau, 1991). L'organisation communautaire est donc une « intervention sociale liée à la volonté de lutter contre la désorganisation des communautés » (Bouquet *et al.*, 1981). Elle vise, avec l'intervention d'un agent de l'extérieur, à transformer une communauté en la faisant participer à son propre changement (Beauchard, 1981).

Buts de l'organisation communautaire

L'idée-force de l'organisation communautaire, c'est que « l'action collective des groupes sociaux marginalisés est possible […] ; regroupés, […] ils sont à même de s'affranchir des contraintes multiples, d'affirmer leur identité, de prendre place dans le jeu social » (Dumas et Séguier, 1997). C'est du coup reconnaître « la capacité d'emprise des groupes sur leur destin » (Barel, 1981). Des citoyens bien informés et actifs sont à même d'évaluer leurs propres besoins et sont susceptibles de s'engager avec les organisations officielles pour établir des priorités et influencer les politiques sociales (Lewis, 1983). Mais, pour cela, les groupes de citoyens « doivent élaborer des projets, construire des outils, rechercher des appuis » (Dumas et Séguier, 1997).

Les travailleurs sociaux en organisation communautaire offrent aux groupes concernés de les organiser, de les soutenir (et non de leur procurer des aides) pour qu'ils s'attaquent à ces problèmes, dans une démarche démocratique, au lieu de les subir passivement. Les méthodes d'organisation communautaire tentent de susciter ou de provoquer la participation et l'implication des populations, tant au niveau de la définition des problèmes et de leurs causes qu'au niveau de l'élaboration de plans pour y remédier. Cette participation et cette implication se feront « à la base » (et non par le haut, à partir de l'État ou des appareils gouvernementaux) où les représentants, les leaders locaux de ces groupes seront repérés pour que les populations exercent leurs dynamismes, leurs forces, leurs talents, et que l'expertise des personnes qui vivent la pauvreté, l'exclusion, la marginalisation soit reconnue et utilisée (Doumenc et Groc, 1998).

Le travail communautaire veut instaurer un changement important dans l'organisation des appareils d'État et de la mise en place des politiques sociales. L'organisation communautaire exerce une fonction d'agent de médiation dans le champ des stratégies des acteurs en cause : la population, les élus, les services. Son objectif concerne « la revitalisation et l'amélioration du milieu par la mise en valeur des ressources potentielles, la détection des capacités latentes d'un milieu, le repérage des gisements de solidarité, la revitalisation des solidarités de proximité » (Conseil supérieur du travail social, 1987).

Qu'est-ce qu'une communauté ?

La notion de communauté réfère de façon habituelle à deux significations :
- « un groupement social local constitué de familles qui occupent un même territoire géographique, partageant une même culture : la tribu, le village, le quartier, la ville ;
- une forme d'association étroite dans laquelle des liens fonctionnels, personnels et affectifs existent entre les membres : la famille, la secte religieuse, les communautés de vie ou de production » (Lipiansky, 1995).

« Le terme communauté désigne, en France, aussi bien un régime matrimonial, un groupe religieux, une nouvelle structure familiale qu'un groupe social *vivant ensemble, ayant des biens communs, des intérêts et des buts communs* » (De Robertis et Pascal, 1987) ; « une communauté présuppose *des rapports cimentés par des intérêts identiques, par une idéologie homogène, axés vers le maintien à tout prix d'un équilibre et d'un bien-être collectif* » (Baubion-Broye, 1980). « Ces termes — communauté-communautaire — recouvrent une unité spirituelle. Il s'agit d'une affinité, d'un idéal entre les hommes. On a une vie communautaire, ou on habite en communauté » (Graaff, 1968b). Par contre, dans les pays anglo-saxons (Angleterre, États-Unis, Canada et Québec), la notion de communauté ne réfère pas à cette caractéristique d'une « collectivité fortement intégrée » (Tiévant, 1983). La communauté renvoie pour les Anglo-saxons, à des notions, d'une part, de territoire et, d'autre part, de rapports sociaux qui se tissent entre les personnes et les groupes. Le terme « *community* » désigne toutes les formes de regroupements familiaux, amicaux ou locaux (Journet, 1995).

Mais depuis un certain temps, émerge l'idée qu'« il devient possible de ne plus parler dans le vague de la population ou du quartier, mais d'un certain nombre de groupes et de personnalités dont les statuts, les caractéristiques économiques et culturelles, les modes de vie, les intérêts, les ressources et les contraintes varient » (Goudet, 1989). C'est à partir de ces composantes diverses qu'on peut envisager les communautés comme des formes de regroupements : « des manières de s'organiser et de se rapporter aux autres » (Maffesoli, 1988) sous les trois dimensions du territoire, de l'intérêt et de l'identité (Heller, 1989 ; Blanc *et al.*, 1989 ; Doucet et Favreau, 1991 ; Chaskin, 1995 ; Johnson, Schwartz et Tate, 1997 ; Dumas et Séguier, 1997 ; Kemp, 1998) :

– *le territoire ou les interactions sociales* : un groupe de personnes qui vivent dans un même espace de vie ou dans une aire géographique particulière (les habitants d'un immeuble, d'un quartier, d'une ville, d'une cité, d'une banlieue, d'un arrondissement, d'une circonscription, d'une zone rurale, d'une région) forme une communauté géographique ou le voisinage, qu'on peut définir comme un contexte spécifique de relations, d'opportunités et d'obligations qui sont, dans une large mesure, définies ou délimitées dans un espace : les interactions sociales sont basées sur la proximité, les événements sociaux partagés et les liens ethniques ou culturels. Il est à noter que la communauté géographique comporte des nuances à prendre en compte : des gens qui vivent à proximité les uns des autres ne se sentent pas nécessairement liés ; plusieurs communautés coexistent souvent sur un même territoire géographique. D'autre part, certains individus préfèrent être libres de toute attente de la part de la communauté, tandis que d'autres, particulièrement ceux qui vivent dans des voisinages qui sont perçus comme dangereux ou hostiles, voudront éviter soigneusement les liens avec la communauté locale ;

– *l'intérêt* : des populations ou des groupes se structurent selon des affinités pour des activités récréatives, sportives ou culturelles, tout autant que des segments de population qui partagent des conditions de vie identiques ou des problèmes communs. Ces communautés ne sont pas nécessairement reliées à une localité ou à un espace géographique (des communautés sans proximité), par exemple, les diverses communautés du sport ou de la culture, les locataires, les sans-abris, les chômeurs de longue durée, les retraités, les familles monoparentales. C'est la communauté d'intérêts : des personnes ou des groupes sociaux présentant une similitude de conditions quotidiennes d'existence (Dumas et Séguier, 1997). Mais encore, il y a des communautés non localisées, « virtuelles », comme sur Internet, qui procurent à nombre de personnes des opportunités d'échanges d'informations, de soutien social et d'aide mutuelle ;

– *l'identité* : des personnes qui ont une appartenance commune comme la nationalité, la langue, le genre, l'expérience migratoire (Thomas, 1997) et/ou qui sont inscrites dans des catégories sociales — les enfants, les jeunes, les adultes, les personnes âgées, les immigrés, les réfugiés, les francophones, les arabes, les chrétiens, les chiites, les sunnites, les homosexuels, les femmes, les noirs constituent des communautés d'identité. Ce sont des groupes sociaux spécifiques qui partagent une dimension culturelle — modes de vie, croyances, rituels communs — et des valeurs face à une même « communauté de destin » (Maffesoli, 1995).

L'environnement comme cible de changement

En organisation communautaire, les problèmes sont de l'ordre des questions publiques ; les causes des problèmes sont à rechercher dans les environnements des personnes et des communautés, les personnes étant plutôt considérées comme des victimes des situations sociales. Comme les problèmes sociaux sont de nature collective, les solutions le sont elles aussi. Changer les politiques et les structures des environnements suppose, de la part des professionnels en organisation communautaire, des compétences sociopolitiques et non plus socio-émotionnelles, comme dans l'intervention centrée sur le changement des personnes (Neugeboren, 1995).

L'environnement social, comme on a pu le constater au chapitre 3, est constitué d'un ensemble d'éléments qui comprend des personnes, des familles, des groupes, des communautés, des associations et des institutions. Dans cet ensemble, la communauté est un mode d'union de personnes, fondé sur l'instinct et le sentiment de vouloir être ensemble ; la communauté remplit, tout au moins en partie, des fonctions nécessaires à l'existence et à la survie des personnes (Warren, 1963) :

– la production, la distribution et la consommation de biens et de services ;
– la socialisation : processus d'intégration à la société, principalement par la famille et l'école ;
– le contrôle social : dispositifs pour assurer la conformité aux attentes, normes et valeurs de la société ;
– la participation sociale : l'insertion des personnes dans les diverses organisations sociales des champs sociaux et des groupes privés ;
– le soutien mutuel : assistance réciproque, spontanée et informelle.

L'organisation communautaire vise, lorsque des problèmes surgissent et que des solutions sont envisagées, des cibles de changement, au-dessus du niveau de l'individu, de la famille et du groupe. Ses cibles privilégiées sont les organisations, les communautés, les entités régionales et nationales (Cox *et al.*, 1987, cité par Doucet et Favreau, 1991). Lorsqu'un projet est retenu, que ce soit sous forme d'une offre ou d'une demande, le professionnel adopte une démarche d'intervention planifiée, au même titre que dans les méthodes du service social personnel et du service social des groupes.

Les étapes du processus d'intervention en organisation communautaire

Ces étapes méthodologiques peuvent se résumer de la manière suivante :

– *la préparation avant l'intervention* : se faire une idée des éléments en place, concernant, par exemple, la connaissance par les populations de l'organisme d'intervention, le territoire desservi, la clientèle visée, la structure organisationnelle et les règlements administratifs, les services et le personnel ; connaissance également concernant le mandat de l'intervenant, les décideurs, les politiques, les lignes d'autorité et les normes ;
– *l'analyse de la situation* : analyse des besoins pour bien lancer l'action ; établissement du portrait général de la condition qui affecte les personnes concernant les matières jugées indésirables et qui peuvent être changées par l'action collective ; identification concrète du problème, son origine, sa localisation géographique et sociologique, son ampleur, les victimes,

les efforts faits dans le passé; les structures sociales et les factions qui maintiennent les problèmes;
– *le choix d'un projet d'action*: évaluation des choix possibles, prise de décision démocratique, disponibilité des personnes, présence des leaders, appui du milieu;
– *l'élaboration d'un plan d'action*: définition des objectifs (résultats à atteindre), définition des stratégies d'action, selon l'approche retenue (développement local, planning social, action sociale) et établissement d'un échéancier; précision du mode de fonctionnement (la structure de prise de décision, le partage des responsabilités et des tâches, les modalités de coordination des comités, le recours à des ressources externes);
– *la réalisation de l'intervention*: la mobilisation et les efforts pour engager, regrouper les personnes impliquées; la conscientisation ou la sensibilisation; la mise en œuvre du plan et les réunions (leur organisation, l'animation, le suivi, la communication, le travail d'équipe);
– *l'évaluation*: vérification de l'atteinte des objectifs, la fin du mandat.
(Graaff, 1968a; Blanc *et al.*, 1986, 1989; Cox *et al.*, 1987; Lamoureux *et al.*, 1996).

Les approches en organisation communautaire
Les travailleurs sociaux ont élaboré des modèles de pratique qui sont en quelque sorte les formes possibles que peuvent prendre les projets d'organisation communautaire avec leurs stratégies, leurs intentions ou leurs visées propres:
– ainsi certains projets cherchent davantage à travailler à la base pour amener une communauté à régler ses problèmes par elle-même, au plan local, dans une optique de développement économique et social;
– d'autres projets s'orientent dans la lutte contre des problèmes (sociaux ou sanitaires) complexes, dans l'élaboration de services ou de ressources pour répondre aux besoins divers des populations-cibles bénéficiaires, considérées comme des partenaires des institutions publiques, dans l'optique d'une rationalisation des ressources;
– d'autres projets, par contre, veulent aider les opprimés et les exclus de la société à prendre leur place sur l'échiquier social et à revendiquer un traitement égalitaire dans la distribution des ressources.

D'autre part, il s'est développé en organisation communautaire une conception d'approches multimodales (Rothman, 1995; Doucet, 1997). Ces approches multimodales veulent rendre compte des pratiques sociales sur le terrain où il est bien rare de trouver l'application d'un modèle ou d'une approche à l'état pur: «les modèles ne sont pas mutuellement exclusifs, mais ils se chevauchent pour former des mélanges» (Doucet, 1997). Les organisateurs communautaires, lorsqu'ils sont en action et engagés dans des interventions étalées sur des laps de temps pouvant aller de quelques mois à plusieurs années, peuvent passer d'une approche à l'autre selon les problèmes à résoudre et les objectifs à atteindre. On peut alors se référer à des mélanges bimodaux (Doucet, 1997):
– *intervention communautaire ou action sociale/développement local*: par exemple, des groupes de femmes peuvent, dans un premier temps, travailler à l'élimination des rapports inégalitaires homme/femme pour, dans un deuxième

temps, chercher à instaurer le développement personnel et les compétences relationnelles pour créer des environnements conduisant au progrès socioéconomique ;

– *intervention communautaire ou action sociale/planning social :* par exemple, des groupes de défense des droits au logement social associeront des architectes et des administrateurs pour le réaménagement et la reconversion de taudis en coopérative d'habitation ;

– *planning social/développement local :* par exemple, dans un projet pour la prévention du sida, un groupe de personnes atteintes participe à l'implantation d'activités éducatives en collaborant avec les experts qui ont élaboré la politique d'une campagne de sensibilisation à des pratiques sécuritaires en matière de drogues et de sexualité.

Plusieurs approches ou modèles ont été développés à partir de la typologie proposée par Rothman (1979) et reprise par Doucet et Favreau (1991). Nous les replaçons sur le continuum personne – transactions sociales – environnement que nous avons adopté.

4.3.1. Les approches axées sur la communauté

Les approches axées sur la communauté visent le développement des compétences des populations, la mobilisation des forces et la mise en valeur des ressources humaines des communautés.

4.3.1.1. Le développement local

Le développement local a comme but la prise en charge par les populations de leur propre développement. « La notion de développement local recouvre deux courants : le courant économique et social qui vise au développement économique et à l'aménagement du territoire et le courant solidariste qui cherche à développer des liens sociaux et à résoudre des questions sociales » (Barreyre *et al.*, 1995). Le développement local concerne le travail auprès de populations partageant un même espace géographique, des modes de vie semblables et un sentiment d'appartenance fort, pour résoudre des problèmes sociaux par l'autodéveloppement économique et social et un savoir-faire social local. « Un quartier capable ou viable est un quartier où les habitants collaborent pour influencer les différents aspects de la vie sociale locale, où ensemble ils se donnent des buts, et où ils réussissent une action pour atteindre ces buts » (Henderson et Thomas, 1992).

L'organisateur communautaire, par son action professionnelle, vise à enclencher une dynamique de prise en charge collective des efforts à fournir pour modifier des situations-problèmes et améliorer les conditions de vie : une prise en charge des décisions, des projets, des programmes et des politiques pour atteindre cet autodéveloppement, et pour susciter la participation et le partenariat des personnes concernées par les problèmes pour créer des liens entre les personnes et renforcer le tissu social. En somme, réunir les membres de la communauté pour qu'ils partagent leurs problèmes, leurs aspirations, leurs projets et qu'ils cherchent ensemble les solutions, à travers des processus de démocratisation et de décentralisation et par une assistance à l'organisation de structures et à la formation des ressources locales (Konaté *et al.*, 1999).

Les problèmes sociaux auxquels le développement local s'attaque sont, entre autres : le développement régional, l'exode rural et le déclin démographique et économique, la protection de l'environnement, l'aménagement du territoire (la mise sur pied de coopératives d'habitation), l'économie sociale (par exemple, la création de jardins communautaires, les coopératives d'aliments naturels, les cuisines collectives).

L'intervention en développement local implique, pour l'organisateur communautaire, de mettre en place :
– *une pré-phase d'organisation :* « avant de démarrer les activités […], il importe de doter la communauté d'une association représentative de l'ensemble de la population et que cette dernière soit initiée à de nouveaux modes de prise de décision et de gestion collective » (Konaté *et al.*, 1999).
– *une phase d'exploration ou d'étude du milieu :* examen de l'ensemble des structures et des institutions existantes, au moyen d'activités, en identifiant leur mission, leur composition, leurs tâches, leur fonctionnement interne et externe, repérage des leaders, identification des problèmes majeurs, mise en commun du processus d'analyse, identification des ressources, analyse des forces locales ;
– *la planification du travail d'organisation du milieu*, en identifiant des projets prioritaires et des activités significatives, en mettant en place des comités ;
– *l'organisation, avec et dans le milieu, de la mise en œuvre des projets* à travers la constitution et la coordination des groupes de travail, la répartition des tâches, la gestion des conflits ;
– *la vérification des actions entreprises et l'évaluation des projets.*
(Ninacs, 1990 ; Remion, 1990 ; Doucet et Favreau, 1991 ; Estivil, 1995 ; Barreyre *et al.*, 1995 ; Henriques, 1995 ; Comeau et Favreau, 1998 ; Konaté *et al.*, 1999).

4.3.1.2. La conscientisation

La conscientisation vise à amener des personnes opprimées à entreprendre par elles-mêmes des actions pour faire face à des problèmes concrets et à avoir une connaissance claire de leur situation et de leurs intérêts, contradictoires avec ceux des individus ou groupes qui les dominent et les exploitent et, finalement, à mesurer leur force si elles agissent collectivement. Les premiers pas à faire, c'est de leur faciliter une prise de conscience qui leur permettra de développer leurs capacités d'autonomie et d'action. Cette prise de conscience suppose que les personnes opprimées soient entraînées à :
– percevoir les situations de domination, à en identifier les causes (économiques, politiques, sociales, culturelles) et à devenir capables de les exprimer, de les nommer. En d'autres mots, c'est passer de la conscience magique ou primaire (perception des faits en leur attribuant un pouvoir supérieur qui les domine de l'extérieur et auquel elles doivent se soumettre docilement : « on n'y peut rien, c'est la volonté de Dieu, c'est mon destin, c'est la malchance,

le mauvais sort, c'est comme ça dans les normes des institutions, dans les lois») à la conscience critique (perception des faits, tels qu'ils existent concrètement, dans leurs relations logiques et circonstancielles) où les personnes se sentent libres de comprendre les faits et les événements à leur manière ;

– briser la spirale de l'infériorisation : les opprimés intériorisent souvent le discours dominant de la société à leur égard, selon lequel leur situation est un choix individuel honteux. La marginalisation qui accompagne l'infériorisation et les sentiments d'impuissance et d'inadéquation qui les animent les poussent à s'en remettre aux autres pour agir dans la société ;

– prendre la parole : « la libération par la parole », « sa parole dans ses propres mots », leur permet d'exprimer leur façon de vivre, leur culture, leurs valeurs et la mise en commun de leur vécu ;

– agir contre les éléments oppressifs de la réalité, à entreprendre des actions de transformation de cette situation : transformation des structures, transformation des mentalités.

La conscientisation est donc un processus désignant « une dynamique collective qui conduit un ensemble d'individus vivant une même situation d'oppression ou d'exclusion, à en devenir conscients et à s'en affranchir en se définissant un projet commun » (Dumas et Séguier, 1997).

Les interventions professionnelles, dans l'approche de conscientisation, s'instaurent dans une relation de dialogue et impliquent de :

– explorer l'univers des personnes ou des collectivités : leur genre de vie, leurs manières d'être et de se comporter, leur interprétation de la réalité, leur vision du monde ;

– fournir le cadre et les moyens du développement d'une pensée critique autonome, par l'alphabétisation : apprendre à lire la réalité, « sa réalité » en même temps qu'apprendre à lire et à écrire, pour pouvoir travailler à partir des mots qui ont une charge signifiante du vécu ;

– renvoyer aux personnes et aux collectivités l'image de leurs conditions de vie, telle qu'elles la perçoivent déjà en elles-mêmes. Il ne s'agit pas de dicter des idées mais d'échanger et de discuter d'idées. Ce n'est pas un endoctrinement mais une analyse ;

– dégager les thèmes, les tendances sous forme de problèmes à résoudre, envisagés comme des défis à relever au niveau de l'action plutôt que des impasses ou des fatalités auxquelles il faut se soumettre ;

– se réapproprier ce vécu et ces analyses, d'envisager les possibilités d'action de changement par rapport aux situations perçues comme déterminées par des événements non désirés (et non pas comme une conséquence d'un choix individuel) ;

– élaborer des graphiques, des codages, des simulations d'action (jeux de rôle, théâtre de rue) ;

– agir sur les problèmes perçus ;

– faire des relances et des bilans.

(Freire, 1971, 1974 ; Humbert, 1975 ; Darcy De Oliveira, 1975 ; Humbert et Merlot, 1978 ; Hesse, 1981 ; Ampleman *et al.*, 1983 ; Moreau, 1990 ; Dumas et Séguier, 1997).

4.3.2. Les approches axées sur les transactions sociétales

Ces approches visent à développer un partenariat entre les pouvoirs publics et les citoyens concernés par des mesures sociales.

4.3.2.1. Le planning social

Le planning social est un mode d'intervention qui cherche à résoudre, de façon structurée, des problèmes sociaux à large portée (par exemple, santé mentale, habitation, délinquance, pauvreté) et dont la promotion et la planification sont assurées par les pouvoirs publics, par le biais des institutions étatisées, au plan local (ville, région) ou national.

Le planning social se préoccupe de :
– l'implantation de services, avec le concours d'experts dans les matières reliées aux problématiques sociales vécues par une population ou dans un territoire, et avec la participation active des populations ciblées, par l'intermédiaire, par exemple, des conseils consultatifs ;
– la coordination et de la concertation entre les institutions publiques et les organismes communautaires locaux (le secteur associatif) : en France, la coordination ; au Québec, les tables de concertation.

Par le planning social, l'organisation communautaire cherche à promouvoir la rationalisation des ressources et la mise en valeur de la complémentarité entre les institutions publiques, les associations et les bénéficiaires ou consommateurs des services, tous considérés comme des partenaires engagés dans des luttes contre des problèmes complexes. L'approche de planning social se présente comme un contrepoids « à l'idéologie gestionnariste » (Pollitt, 1998) et à la nouvelle gestion publique, selon laquelle le progrès matériel des sociétés occidentales est essentiellement fonction d'une amélioration des modes de gestion : selon eux, ces modes sont universels et il n'existe pas de différence fondamentale entre les secteurs public et privé. Ce nouveau *management* public ne va pas sans conséquences négatives pour les populations marginalisées et diminuées économiquement, du fait de l'éloignement de plus en plus grand entre les décideurs des institutions publiques — qui ont, le plus souvent, une méconnaissance des conditions de vie concrètes des populations — et les consommateurs de services. Quant aux gestionnaires, ils se contentent généralement d'améliorer des procédures administratives, par exemple, les délais de traitement des formulaires de réclamation plutôt que de s'assurer que les prestations sont suffisantes pour atteindre un niveau de vie acceptable (Côté, 1999).

Les actions collectives se situent toujours à l'interface des intérêts des institutions et de ceux des populations. Par l'approche de planning social, on veut construire ou améliorer des services : on utilise davantage des techniques de persuasion que de coercition ou de pression pour parvenir à une meilleure connaissance réciproque des usagers et des institutions ou de nouvelles méthodes de lutte contre des fléaux sociaux (par exemple, le sida, la pauvreté, le chômage). On veut faire participer les clientèles à la planification, à l'élaboration et à la supervision des services, et ce, par l'intermédiaire de diverses structures territoriales d'action sociale comme, par exemple, en France, les comités départementaux de liaison et de coordination des services sociaux, les circonscriptions, les comités communaux d'action sociale, la permanence d'accueil, d'information et d'orientation (PAIO), et au Québec, les plans régionaux d'organisation de services (PROS), les centres d'action bénévole (CAB) et les tables de concertation.

La concertation et la coordination visent à développer une reconnaissance mutuelle des intérêts, aussi bien communs que contradictoires, de la multitude d'organisations publiques, communautaires et privées qui desservent un territoire. La coordination sollicite divers systèmes dans cette gestion du social : les usagers des services sociaux, qui peuvent être affectés par la désorganisation des services ; les travailleurs sociaux, qui peuvent, sur le terrain, identifier les zones de dysfonctionnement et « participer à la redéfinition des politiques sociales et à leur articulation dans un espace cohérent » ; et l'ensemble des institutions qui disposent de pouvoirs « pour prodiguer un traitement égalitaire aux personnes et assurer ainsi une gestion cohérente du social au plan local » (Franco, 1989). On veut, par les actions de concertation, briser l'isolement des acteurs et favoriser la coopération sur le terrain et ce, en lien avec les systèmes-clients concernés. Ce qu'on cherche dans les tables de concertation, c'est la complémentarité des organisations et des acteurs et la continuité des soins, ce qui suppose un arrimage important au niveau administratif, clinique et professionnel entre les dispensateurs de services d'une unité géographique spécifique (Fleury, 2002). Les organismes sont clairement identifiés et définis par leurs mandats. Ces collaborations impliquent qu'il est possible de créer des alliances avec certains, construites à partir d'intérêts spécifiques (Martin *et al.*, 1985 ; Mercier *et al.*, 1993).

Il est à noter que le planning social s'inscrit dans le changement environnemental de niveau macro-système, impliquant des modifications au plan des politiques et des structures des programmes d'assistance, tandis que le fonctionnement organisationnel dont on a fait mention à propos du travail social de groupe relève du changement environnemental de niveau micro-système, c'est-à-dire s'intéressant à des modifications des situations d'individus ou de groupes d'usagers nommément identifiés (Neugeboren, 1995 ; Hazebroucq, 1999).

(Blanc *et al.*, 1986, 1989 ; Doucet et Favreau, 1991 ; Simonin, 1995 ; Rodrigues, 1995 ; Manson, 1997).

4.3.2.2. L'approche communautaire

Cette approche est aussi appelée approche-milieu ou prise-en-charge par le milieu (PCM). L'approche communautaire vise à renvoyer aux communautés la responsabilité de la satisfaction des besoins de leurs membres. La pratique d'approche communautaire repose sur l'idée que la majorité des gens ont davantage de potentiel, de compétences et d'intérêts à s'entraider que ne le supposent les pratiques professionnelles et institutionnelles qui se sont, en quelque sorte, accaparé le pouvoir des gens et se sont substituées indûment aux communautés. Elle reconnaît et utilise l'expertise des habitants d'un quartier, d'une commune, d'une ville. Les travailleurs sociaux, même si leurs relations avec les usagers se vivent pour une grande part sur des bases individualisées, constituent pour ainsi dire un collectif d'intervenants qui se donnent comme mission de pratiquer un pluralisme multidimensionnel de participation entre les services publics, les organismes communautaires ou associatifs, les institutions privées et les usagers.

Dans l'approche communautaire, l'intervenant social tente :
– d'inscrire la demande d'aide, présentée sur une base individualisée, dans une démarche de collectivisation des besoins et des problèmes et d'apprentissage du lien communautaire ;
– d'adopter un rôle de soutien auprès des réseaux sociaux et de la communauté : les aidants naturels (les parents, les amis, les compagnons, l'épicier du coin, le coiffeur, le barman), les bénévoles des groupes d'entraide ou d'intérêt, les acteurs des institutions sociales (médecin, instituteur, pharmacien) pour qu'ils fournissent les aides appropriées ;
– d'agir comme expert connaissant l'équipement social dans des rôles de courtier, de médiateur et d'avocat pour amener la communauté à s'impliquer dans la résolution des problèmes ;
– d'établir des partenariats dans lesquels les usagers exercent un rôle prépondérant dans la recherche et la mise en place des solutions ainsi que dans le partage des responsabilités.
(Barclay, 1982 ; Bourque, 1985 ; Alary *et al.*, 1998 ; Gingras, 1991 ; Doumenc et Groc, 1998).

4.3.3. Les approches axées sur l'environnement

4.3.3.1. L'intervention communautaire

Cette approche, au Québec et aussi aux États-Unis, est dénommée l'action sociale (Doucet et Favreau, 1991), quelquefois l'intervention communautaire (Lamoureux, Mayer et Panet-Raymond, 1984). Nous proposons de retenir la dénomination intervention communautaire, car en France, l'action sociale fait référence aux politiques de l'État concernant le Bien-être social ou le *Welfare*.

L'approche d'intervention communautaire est essentiellement une intervention auprès de populations démunies, marginalisées, opprimées, pour les aider à s'organiser en vue d'obtenir, de la part des autorités, une réponse à leurs revendications. Elle a pour objectif la résolution des problèmes sociaux par les groupes défavorisés eux-mêmes, dans une démarche structurée pour construire le rapport de forces. L'intervention communautaire vise à l'organisation des minorités (dont la survie psychique et physique est menacée) en groupes de pression ; et ce, afin de mettre leur pouvoir en action et de l'utiliser pour affronter et infléchir les systèmes décideurs (publics ou privés). Le but est de transformer les situations d'injustice, d'obtenir le respect de leurs droits en référence aux lois, aux règlements, aux directives administratives en vigueur : une contestation, non pas devant les tribunaux, mais des interpellations directes des institutions et des décideurs.

Un des défis pour le travail social d'aujourd'hui est la lutte contre l'exclusion sociale : l'accès des personnes et des groupes à l'emploi, aux services des diverses institutions que la société a mis en place pour soutenir le développement des personnes et des communautés, mais accès qui, souvent, est refusé à des catégories ou à des pans entiers de population (Ward, 1997). « Même si les droits à des prestations et les protections classiques ne disparaissent pas, ils sont réintégrés dans une logique dont la finalité essentielle est de produire des arrangements à l'intérieur de la société, de permettre des négociations entre chacun et la société, pour que chacun définisse sa place en accord avec l'ensemble social dans lequel il vit. Il s'agit de produire des acteurs performants dans une société qui se pense spontanément comme plus éclatée. La valeur suprême, c'est la valeur de reconnaissance mutuelle » (Lafore, 1997).

Pour mener à bien leurs revendications, les groupes d'intervention communautaire peuvent utiliser un ensemble de techniques de persuasion et de pression, la participation et la contestation :

– *la stratégie consensuelle par la participation* : des négociations avec les autorités permettent de dégager l'intérêt commun et de travailler à trouver ensemble les arrangements pour résoudre les problèmes ;
– *la stratégie conflictuelle par la contestation* : l'utilisation de moyens comme la grève, le boycott, les marches, le sitting, l'occupation, la désobéissance civile permet d'exercer des pressions sur les décideurs. Il faut avoir du pouvoir pour exercer de l'influence.

L'action professionnelle, dans l'approche d'intervention communautaire, s'attache à :

– aider la population à cerner ses intérêts propres, lesquels sont lésés par les lois et les règlements en vigueur ;
– maintenir la motivation des gens à agir et à mettre en action la démarche de revendication, à en élaborer le rationnel, au plan éthique et législatif ;
– travailler de manière structurée :
  • formuler eux-mêmes leurs demandes ;
  • s'adresser directement aux pouvoirs en place, lors de réunions publiques ;
  • faire l'apprentissage des techniques de confrontation et de négociation.

L'organisateur communautaire a pour tâche de :

– cibler avec des leaders du milieu l'injustice qu'on veut combattre et de développer, chez eux, une connaissance exacte des forces en présence, surtout celles des adversaires ainsi qu'une connaissance des lois ;
– choisir un objectif atteignable, précis, limité, réaliste et ouvrir des négociations loyales avec les autorités ;
– mettre en œuvre toutes sortes de moyens, y compris de contrainte si nécessaire : grève ou actions d'éclat (marche, manifestation…) ;
– informer les groupes, organisations, mouvements, personnalités pour obtenir leur soutien et faire éclater l'injustice sur la place publique, en cas de rupture des négociations.

(Médard, 1969 ; Alinsky, 1971 ; Bouchard, 1981 ; Doucet et Favreau, 1997 ; Doumenc et Groc, 1998).

4.4. Les références théoriques

Les théories que nous présentons dans cette section sont les théories qui sont les plus utilisées dans les actions professionnelles des travailleurs sociaux : elles sont identifiées tant en Europe qu'en Amérique du Nord dans des ouvrages (Du Ranquet, 1981 ; De Robertis, 1981 ; Roberts et Greene, 2002) ou dans des articles de revues professionnelles (Whittaker, 1976 ; Harper, 1978 ; Bodart, 1983 ; Julier, 1989 ; Angel, 1989). Ces théories ont souvent été proposées aux professionnels du service social dans des séminaires de formation continue, des sessions de sensibilisation ou d'approfondissement, par les services employeurs et par les associations professionnelles (Prieur, 1983).

4.4.1 Les théories d'orientation analytique

Pour l'ensemble de ces théories, c'est la personne qui est le sujet (et non l'objet) de l'intervention. Les problèmes résident dans la psyché de la personne qui n'en perçoit pas les éléments essentiels qui sont dissimulés à sa conscience et se manifestent par des signes indirects. Les aides proposées à la personne en difficulté visent dans la plupart des cas à faire remonter ces éléments au niveau de sa conscience et à la libérer des entraves qu'ils représentent à son existence et à son développement. Les difficultés qu'éprouve une personne trouvent leur origine dans les conflits refoulés et non résolus dans sa petite enfance. Le changement naît de la prise de conscience des éléments de son passé qui interfèrent dans ses comportements actuels.

La psychanalyse

La psychanalyse a mis en lumière la manière dont la personnalité se forme dans un contexte particulier, notamment l'environnement familial. Sigmund Freud (1856-1939), le fondateur de la psychanalyse, a proposé une théorie de la personnalité ainsi qu'une méthode pour en traiter les désordres. Pour Freud la personnalité est dotée d'une structure à trois instances, personnalité qui se construit par périodes ou par phases au cours des premières dix-huit années de l'existence. Les trois *instances de la personnalité* sont le *ça* ou le *id* qui est le siège des instincts et des pulsions, soumis aux principes du plaisir ; le *moi* ou l'*ego* qui représente la fonction de la perception de la réalité, soumis aux exigences de la vie en société ; le *surmoi* ou le *super-ego* qui est l'intériorisation des interdits parentaux et de la morale.

Les phases au cours desquelles la personnalité se construit sont identifiées en trois périodes :

– *de la naissance à cinq ans, ce sont les phases orale, anale et phallique* ; elles sont les plus décisives dans la construction de la personnalité. Elles sont ainsi nommées, parce qu'elles représentent les centres d'intérêts de l'enfant, ses sources de plaisirs et les premières manifestations de la sexualité. *La phase orale jusqu'à un an* concerne la bouche, les activités d'incorporation par succion et par morsure ; *la phase anale, à 2 et 3 ans*, est liée au sevrage, à l'apprentissage de la propreté et à la fonction de défécation ; *la phase phallique, de 4 à 5 ans*, dans laquelle l'organe sexuel de l'enfant est le siège d'excitations et de sensations agréables, est caractérisée par l'émergence de

la libido (l'énergie sexuelle) ; c'est au cours de la phase phallique que se noue le complexe d'Œdipe (l'attachement érotique de l'enfant aux parents) ;
– *de 6 à 12 ans, c'est la phase de latence*, au cours de laquelle il y a une pause, une sorte de déclin des activités de la sexualité infantile, laquelle va s'exprimer dans d'autres activités : la curiosité sexuelle sera remplacée par la curiosité intellectuelle, la compétition sexuelle avec les parents par la compétition scolaire ou sportive ;
– enfin, *de 12 à 18 ans, c'est la phase génitale ou la puberté :* elle correspond au début de la sexualité du jeune adulte, au cours de laquelle la libido se manifeste vis-à-vis des autres.

Pour Freud, les problèmes psychiques sont assimilés à une lutte chaotique entre les trois instances de la personnalité, le *ça* avec les pulsions, le *surmoi* avec la censure, le *moi* se révélant incapable de trouver une issue à ce conflit, ce qui donne lieu à des fixations et des arrêts du développement vers le stade adulte.

La personne peut être aidée à reprendre son histoire là où elle a été interrompue. La démarche psychanalytique consiste à :
– conduire la personne à prendre conscience des causes de ses difficultés. La technique des pensées spontanées et des associations libres, dans le récit de ses expériences de vie, permet ainsi le retour du refoulé et la mise à jour des conflits non résolus ;
– revivre ces conflits, au cours des rencontres avec l'aidant : par le phénomène du transfert, la personne manifeste envers le thérapeute des attitudes et des comportements jadis vécus envers les parents ;
– permettre la décharge d'émotions – la catharsis – liées aux effets pathogènes des événements du passé : l'expression des émotions entraîne un allégement, un soulagement de la souffrance, sa diminution et souvent sa disparition ;
– proposer l'adoption de comportements plus sains et plus adéquats, tenant compte des réalités de l'âge adulte.
(Freud, 1921, 1951 ; Ey, Bernard et Brisset, 1960 ; Porot, 1960 ; Nuttin, 1968 ; Lagache, 1979 ; Leguen, 1989 ; Bouchard, 1990 ; Sinelnikoff, 1998).

Les origines de la psychanalyse, qui n'ont été révélées qu'en 1995, peuvent intéresser les travailleurs sociaux. On attribue l'invention de la psychanalyse à Anna O., « de son vrai nom Bertha P. Oppenheim (1859-1936) » qui fut une pionnière et une figure de proue du service social en Allemagne. Cette dernière fut soignée en 1880 pour des troubles hystériques par un médecin viennois, Joseph Breuer, collègue et ami de Freud. Bertha Oppenheim était tombée malade, à l'âge de 21 ans, en soignant son père, atteint de tuberculose. Peu avant la mort de ce dernier, Bertha développa une série de symptômes (toux sévère, paralysie des membres, troubles de la vue, pertes de conscience, hallucinations, perte de l'usage de la langue maternelle, l'allemand, au profit de l'anglais…). Breuer diagnostiqua une hystérie. Il publia par la suite avec Freud un ouvrage, en 1895, *Études sur l'hystérie*, traduit en français en 1956, dans lequel le cas de Bertha Oppenheim est rapporté sous le pseudonyme d'Anna O. Breuer raconte que Bertha qualifiait le traitement qu'elle recevait, de « traitement par la parole » *(talking cure)* et de « ramonage de cheminée » *(chimney sweeping)* ; il consistait à raconter à son médecin les incidents désagréables et à décharger ainsi son esprit. Breuer avait noté que les symptômes disparaissaient alors complètement, suite aux procédés utilisés par Bertha. Il leur donna le nom de *catharsis* et le cas d'Anna O. en fut le prototype. Bertha Oppenheim, à l'âge de trente ans, entreprit des études de service social ; elle travailla, par la suite, pendant douze ans, comme responsable d'un orphelinat en Allemagne, puis, comme travailleuse sociale dans des organisations de secours en Europe de l'Est (Pologne, Roumanie, Russie), en faveur d'enfants dont les parents juifs avaient péri dans les pogroms. En 1904, elle fonda, en Allemagne, la Ligue des femmes juives. Elle se consacra à l'enseignement du service social et à l'étude des conditions des femmes juives. Après sa mort, le gouvernement allemand honora sa mémoire par l'émission d'un timbre-poste (Jones, 1958 ; Miermont, 1987 ; Webster, 1998).

La psychanalyse a exercé, tout au long du XXᵉ siècle, une profonde influence sur toutes les méthodes psychologiques d'assistance, y compris le service social. La psychanalyse a représenté pour les travailleurs sociaux une attraction certaine, car elle apportait un éclairage sur l'irrationalité des comportements humains et sur les mécanismes de la relation d'aide (Perles et Salomon, 1994).

4.4.2. Les théories d'orientation existentielle-humaniste

Les approches existentielles-humanistes sont fondées sur le postulat que les problèmes soumis par la personne à l'intervenant ne constituent pas des maladies qu'il faut traiter mais un blocage momentané de son processus de croissance et que chaque personne possède en elle-même les ressources nécessaires pour diriger son existence et se réaliser pleinement, la personne étant entièrement responsable de ses comportements, peu importe ce qui a pu se produire dans le passé.

4.4.2.1. La non-directivité

Carl Rogers (1902-1987), psychologue américain, mit au point une méthode d'aide qu'on qualifie de non-directive ou centrée sur la personne. Le credo de l'approche rogérienne comprend les éléments suivants :
- l'origine du problème psychologique est que la constitution de la personnalité a été enrayée par des circonstances défavorables ou encore qu'elle s'est poursuivie en des voies inadéquates entre la personne et les autres ;
- les forces saines et constructives de croissance de la personne, c'est-à-dire la poussée innée à l'actualisation de soi-même, constituent le noyau de la personnalité ;
- face à une personne en difficulté, le professionnel tente de faire vivre une expérience de rencontre entre deux êtres humains dans laquelle l'intervenant pratique systématiquement :
  • la congruence : être soi-même, sans masque, sans façade ;
  • l'acceptation inconditionnelle de la personne telle qu'elle est ;
  • la compréhension empathique : l'intervenant cherche à être avec l'autre, dans son monde intime, bien qu'il ne soit pas, et ne vive pas, comme la personne ;

– l'intervenant vise, par ces attitudes et ces comportements, à stimuler et à fortifier le processus de croissance de la personne. Cette dernière, se sentant en confiance et comprise, est amenée à parler d'elle-même au présent et à éprouver d'une manière nouvelle sa propre personnalité et celle des autres ; chaque personne étant unique, c'est dans ce qu'elle vit et expérimente concrètement qu'elle peut trouver les solutions à ses souffrances ;
– ce lien empathique facilite l'activation des potentialités positives.
(Rogers, 1951, 1966 ; Rogers et Kinget, 1962 ; Nuttin, 1968 ; Megglé, 1990).

4.4.2.2. La *gestalt*

La *gestalt* est un système thérapeutique élaboré par Frédéric Perls (1893-1970). Selon Perls, la personne, dans sa recherche pour satisfaire ses besoins, essaie d'agir sur l'environnement dans lequel elle évolue, donnant un sens à ses comportements et à la manière dont elle s'y prend (paroles, gestes ou sentiments) pour obtenir ce dont elle a besoin et pour combattre ce qui lui nuit. Cette recherche de la satisfaction des besoins se réalise selon un cycle. L'émergence d'un besoin fait naître des malaises, des tensions, des sentiments ou des émotions, autant de problèmes à résoudre. Ce sont les *gestalts*, c'est-à-dire des figures psychiques de l'expérience, ressentis corporels, images, sensations, auto-verbalisation qui prennent alors forme. Les *gestalts* poussent la personne à poser des gestes pour satisfaire son besoin. Lorsque cette satisfaction se réalise, cela permet à la *gestalt* de se conclure et de se dissoudre, laissant la personne disponible pour d'autres activités et pour poursuivre son développement. Dans cette recherche, la personne n'est pas maîtresse de la réalité de son environnement. Elle n'est maîtresse que de ses réactions. La santé, c'est l'équilibre entre le contrôle interne de la personne et le contrôle externe provenant de l'environnement.

Lorsque des *gestalts* ne peuvent arriver à leur fin, les tensions demeurent et s'inscrivent dans la mémoire, créant ainsi des angoisses, des remises en question, des maladies qui sont des symptômes de cette démarche inachevée. Pour les gestaltistes, rechercher les causes des difficultés de la personne, c'est perdre son temps ; la personne est plutôt amenée à trouver ce à quoi lui sert, ici et maintenant, le comportement problématique, c'est-à-dire en quoi ce problème l'aide à éviter les contacts avec elle-même et avec les autres. L'intervenant invite ensuite la personne à travailler sur ses réactions pour devenir créatrice et active, plutôt que dépendante et soumise aux situations.

L'intervention en *gestalt*-thérapie consiste, entre autres, à aider la personne à :
– être attentive et présente à elle-même, à son corps, dans lequel le passé douloureux est inscrit et qui lui indique où travailler ;
– revivre, en les amplifiant dans des jeux de rôle, des simulations, des exercices, des scènes de la vie infantile où les pulsions et les fantasmes sont exprimés sans les défenses habituelles. La personne peut ainsi, en parlant d'elle-même aux personnes significatives et en utilisant des objets (chaises, coussins, poupées), libérer les émotions retenues, signes de *gestalt*s non achevées. Dans le théâtre grec antique, on pensait que les représentations

théâtrales des drames humains permettaient aux spectateurs d'expérimenter une abréaction de leurs émotions liées à leurs propres drames. Ainsi, ils étaient purgés, libérés et rendus à eux-mêmes ;
– réaliser, dans le cadre de l'interaction professionnelle, un exercice de créativité, une mise en situation de la difficulté, afin que la personne puisse décider d'une autre issue, agir ici et maintenant, dans la réalité, une réalité désormais protégée par la situation thérapeutique.
(Bélanger, 1977 ; Marc, 1984 ; Gagnon, 1984 ; Bouchard, 1990 ; Megglé, 1990 ; Delisle, 1993 ; Sinelnikoff, 1998).

4.4.2.3. L'analyse transactionnelle

Éric Berne (1910-1970) psychiatre, né à Montréal, est à l'origine de l'analyse transactionnelle. Cette approche propose à la personne un cadre pour comprendre ce qui se passe lors de ses transactions avec les autres. Deux systèmes de phénomènes sont mis en avant dans l'analyse transactionnelle : les positions de vie et les composantes du moi.

Les positions de vie constituent le pôle de référence d'une personne, la structure de base qui détermine ses perceptions, ses émotions, ses valeurs. Dès sa naissance, et tout au long de sa vie, la personne a besoin, pour survivre et se développer, de recevoir des marques d'attention de la part de son entourage, qu'il s'agisse de contacts physiques, de caresses, de nourriture ou d'attentions symboliques, comme des sourires, des regards, des compliments, des remontrances. Ces marques d'attention constituent les éléments fondamentaux tant de la perception et de l'estime de soi que de la perception et de l'estime des autres. La personne se situe, selon le vécu qu'elle a eu dans son enfance, dans l'une des quatre positions de vie suivantes :

> je suis O.K., tu es O.K.
> je suis O.K., tu n'es pas O.K.
> je ne suis pas O.K., tu es O.K.
> je ne suis pas O.K., tu n'es pas O.K.

La position de vie influence la manière dont la personne pense, ressent des émotions et échange avec les autres. L'idéal, c'est que la personne en arrive à la position exprimée par « je suis O.K., tu es O.K. », pour s'adapter aux situations de réalité et mettre fin au déterminisme de la position initiale inadéquate.

Quant aux composantes ou états du moi, elles réfèrent au répertoire de comportements dans lequel la personne va puiser pour entreprendre des actions, élaborer des décisions ou maîtriser les situations et pour répondre aux diverses demandes qui lui sont soumises dans les échanges avec les autres.

Ces comportements ont des attributs, des caractéristiques spécifiques, en termes d'attitudes, de pensées, d'émotions ; ils sont identifiés sous forme de personnages qui décrivent ce qui se passe à l'intérieur de chacun de nous et qui sont en perpétuel dialogue mental entre eux. Ces composantes du moi sont :
– le parent : c'est l'instance qui, en nous, réactive les interdictions et les ordres parentaux (il faut que, on ne fait jamais). C'est l'ensemble des règles, des injonctions, le réservoir des valeurs culturelles et sociales. Le parent

peut être critique — censures, blâmes, interdictions — ou parent nourricier — attention, support, tolérance ;
– l'enfant : c'est l'instance qui ressent ses émotions immédiates, tant de colère que de joie et qui s'y laisse aller. C'est le monde des sentiments, de la créativité, de l'émerveillement, des besoins psychologiques et affectifs. L'enfant peut être soumis ou adapté : il capitule et nie ses besoins profonds pour accepter les contraintes des autres et garder leur approbation ; ou l'enfant peut être libre ou rebelle : il refuse systématiquement ce qui lui est demandé, pour préserver son indépendance ;
– l'adulte : c'est l'instance qui raisonne froidement et logiquement, à partir des éléments de la réalité, c'est le monde de la responsabilité, de la pensée rationnelle qui décide des actions à mener, suite à l'analyse des faits. L'adulte est en quelque sorte l'arbitre entre le parent et l'enfant.

Ce que l'analyse transactionnelle vise, c'est aider la personne :
– à établir un dialogue ouvert et authentique entre les composantes affectives et intellectuelles de la personnalité ;
– et, eu égard aux réalités, à abandonner des comportements appris dans le passé qui entravent la réalisation de soi (« se comporter comme au temps de son enfance »), pour adopter des systèmes cohérents de pensées et de conduites, correspondant à ses responsabilités familiales ou professionnelles d'adulte. (Berne, 1961, trad. fr. 1971 ; Berne, 1964 ; Harris, 1969 ; Bonin, Bonin et Pellerin, 1977 ; James et Jongeward, 1978 ; Harper, 1978 ; Sinelnikoff, 1998).

4.4.2.4. La bioénergie

Dans cette approche de type psychothérapie corporelle, on fait appel à l'énergie et aux mouvements du corps comme agents thérapeutiques pour soulager des troubles de la psyché. Deux psychiatres, Alexander Lowen (1910-) et William Reich (1897-1957), sont les principaux théoriciens de la bioénergie qui a pris forme dans les années soixante. Pour le courant bioénergétique, les problèmes se manifestent sous plusieurs formes de manque de vitalité, à la fois dans le corps et dans l'esprit : comportement autodestructeur, dépression nerveuse, manque de plaisir de vivre, sentiments de culpabilité, tensions physiques, incapacité d'exprimer son agressivité. Ces problèmes auraient pour cause la répression de la sexualité infantile ; la société, par l'intermédiaire de la famille et de l'école, forme ainsi des individus qui se soumettront plus facilement aux représentants des classes et des institutions dominantes. Comme les conséquences du refoulement sexuel sont davantage corporelles, la personne sera amenée à effectuer des mouvements pour défaire les blocages musculaires, libérant ainsi l'agressivité et ramenant à la conscience des affects et les souvenirs liés aux situations à l'origine de la répression infantile.

L'intervention consiste à amplifier les positions stressantes, pour identifier les tensions et les émotions qui y sont reliées, à proposer une série d'exercices musculaires, respiratoires et moteurs ainsi que des massages, pour libérer les énergies, les utiliser ou les réorienter, à utiliser des techniques verbales de libération des émotions, par exemple hurler en martelant et libérer ainsi des quantités importantes d'énergie liées à des émotions négatives refoulées ; l'objectif est que la personne entreprenne les changements à réaliser et devienne ainsi responsable de ses comportements.

(Reich, 1972 ; Lowen, 1976 ; Brûlé, 1984).

4.4.3. Les théories d'orientation cognitive

4.4.3.1. Le behaviorisme

Le behaviorisme se nomme également thérapie comportementale ou modification du comportement. Pour l'intervenant comportementaliste, la question n'est pas de savoir quelle est la cause du problème de la personne mais comment cette personne a appris à être, par exemple, obsessionnelle et comment elle va apprendre à ne plus l'être. Dans ce sens, l'intervention comportementale est une activité pédagogique d'apprentissage. Tout comportement, qu'il soit adapté ou problématique, est appris selon les mécanismes stimulus-réponse-renforçateur. L'apparition d'un comportement chez la personne se produit, selon deux modes de conditionnement :

- le conditionnement répondant : un comportement est la réponse d'un organisme à des stimulations qui agissent sur lui, réponse en termes physiques ou physiologiques ;
- le conditionnement opérant : le comportement est considéré comme déterminé par les conséquences positives ou négatives qu'il entraîne, c'est-à-dire les renforçateurs matériels (nourriture, argent, jouet) ou les renforçateurs sociaux (marques d'attention, d'affection, de considération) de la part de l'entourage.

En travail social, c'est surtout le conditionnement opérant qui sera retenu comme base d'une intervention pour obtenir, supprimer ou atténuer des comportements chez certains types de clientèles — délinquance juvénile, difficultés de comportements à la maison, phobies, alcoolisme et toxicomanie —, en sollicitant la collaboration de l'entourage dont les conduites, à titre de renforçateurs matériels ou sociaux, exercent une influence sur les comportements en question.

L'intervention consiste à :
- procéder à une évaluation préliminaire du comportement à modifier et des personnes de l'entourage à impliquer ;
- fixer un plan concernant les types de renforcements à mettre en place : à chaque fois que le comportement désiré chez la personne aura lieu, le système punitions/récompenses jouera ; le plan prévoit également des rencontres à date fixe pour évaluer le niveau des résultats, souvent à l'aide de graphiques.
  (Whittaker, 1976 ; Du Ranquet, 1981 ; Marc, 1982 ; Bodart, 1983 ; Sinelnikoff, 1998).

4.4.3.2. La thérapie cognitive-rationnelle-émotive

Selon les tenants de cette approche, il émerge chez la personne des pensées et des émotions, en rapport aux événements qui se produisent, dans leurs interactions avec leurs environnements. Ces pensées et ces émotions, positives ou

négatives, s'installent très tôt, dès l'enfance, en réponse à des messages parentaux, et elles sont conditionnées par l'analyse que la personne fait de ces événements. Et derrière les émotions, il y a des pensées qui surgissent automatiquement
dans la conscience de la personne, de façon fugitive. Ces émotions et ces pensées
constituent les schémas cognitifs : le système de croyances de la personne, ses
attitudes fondamentales, son style de vie. Les schémas cognitifs sont automa-
tiques et, pour la plupart, inconscients. Certains problèmes psychologiques —
des phobies, des obsessions, la dépression, la panique émotionnelle — dépendent
d'un système particulier de croyances erronées, lequel système filtre et déforme
l'information en provenance de l'environnement, ce qui amène la personne à
accorder son attention à certains éléments négatifs, à raisonner en système
binaire : noir ou blanc, tout le monde est contre moi ou pour moi.

La thérapie cognitive vise à modifier les pensées et les émotions négatives
qu'une personne adopte vis-à-vis d'elle-même, à les remplacer par des appré-
ciations positives, à augmenter les habitudes et les activités saines, au cours
d'exercices concrètement menés, d'abord durant les séances avec le professionnel, ensuite dans la vie de tous les jours.

(Megglé, 1990 ; Ellis et Harper, 1992 ; Cottraux, 1992 ; Sinelnikoff, 1998).

4.4.3.3. La thérapie de la réalité

On la dénomme également la *reality* thérapie, la thérapeutique par la réalité.

Toute personne doit apprendre à satisfaire ses besoins, à l'intérieur de la
structure du monde réel, sans chercher à nier l'existence de cette réalité ou
certains de ces aspects. La satisfaction des besoins se réalise dans les liens que
la personne entretient avec d'autres personnes auxquelles elle se sent émo-
tionnellement rattachée, des personnes qui s'intéressent à elle et qui se préoccupent de ce qui lui arrive. C'est généralement au début de sa vie qu'une
personne reçoit, de la part de ses parents et d'adultes, l'enseignement de la
responsabilité par lequel la discipline et l'amour lui sont prodigués.

Les problèmes qui amènent une personne à solliciter de l'aide sont en fait
des comportements inadaptés et irréalistes pour satisfaire ses besoins. Le but
que poursuit la thérapie par le réel, c'est que la personne acquiert de la maturité et le sens des responsabilités. L'intervenant adopte comme stratégie les
comportements suivants :
- construire rapidement avec la personne des liens émotionnels solides pour
  que la personne sente que quelqu'un s'intéresse à elle et veuille l'aider à
  s'en sortir ;
- se centrer sur l'immédiat et les comportements de la personne — les faits,
  les actes, les conduites concrètes (et non les sentiments, les réalités émotionnelles ou les douleurs qui accompagnent les comportements irresponsables) — pour déterminer si ceux-ci contribuent ou non à satisfaire ses
  besoins essentiels, qui concernent la vie actuelle ; cette démarche n'a rien
  à voir avec son passé ;
- stimuler la capacité de la personne à faire face aux réalités : ses capacités,
  entre autres, de satisfaire de façon socialement acceptable, les besoins

fondamentaux de tout être humain d'être aimé et d'aimer, de se sentir une personne de valeur à ses propres yeux et d'être reconnue comme telle par les autres;

– inciter, par des enseignements et des suggestions, la personne à adopter des comportements responsables, quels que soient son passé et le milieu dans lequel elle a grandi ou vit actuellement, à expérimenter des comportements différents de ceux qu'elle adopte habituellement, pour créer des liens avec les autres, à s'engager activement dans la résolution de ses difficultés, dans le respect des normes c'est-à-dire en se pliant à la nécessité pour toute personne de se préoccuper de la moralité de ses comportements et de leurs effets de bien-être ou de nuisance auprès des autres. (Glasser, 1971, 1982; Harper, 1978).

4.4.3.4. La programmation neurolinguistique

La PNL est une approche de la communication et du comportement humain dans laquelle l'intervenant guide le processus d'apprentissage et de modification de comportements d'une personne par des procédés qui utilisent les programmes de communication de la personne : les mots, les modes de pensée et les canaux sensoriels internes et externes privilégiés de cette dernière. Chaque personne possède une orientation sensorielle qui lui est propre : visuelle, auditive, kinesthésique ou olfactive (la VAKO). La PNL étudie donc le langage corporel et le langage verbal pour découvrir le non-dit. La représentation qu'une personne se fait de la réalité, son modèle du monde, résulte du processus interne combinant des éléments de la VAKO. C'est par une observation minutieuse des réactions verbales et non verbales de la personne que l'aidant en arrive à « savoir ce qui doit être fait et comment le faire », dans chaque cas particulier. La programmation neurolinguistique est une intervention technique et directive où le savoir-faire du professionnel est fortement codifié et exige un entraînement spécialisé.

L'intervention consiste, par des techniques bien précises, dont, en particulier, l'ancrage, à relier le système de ressources de la personne à la situation problème. Par la technique d'ancrage, le thérapeute demande à la personne de se remémorer (ou la fait parler négligemment) des situations où les ressources étaient en action, de les « ancrer » par une pression de la main ou même par un regard appuyé, pour marquer la zone positive, et par la suite, de transférer ces ressources ou d'y accéder, pour résoudre les situations actuelles. (Bandler et Grinder, 1975, 1999 ; Côté, 1982 ; Sinelnikoff, 1998).

Conclusion

L'éclectisme des méthodes et des approches en service social s'avère être de plus en plus nécessaire, car ce sont des théories, des points de vue qui peuvent, dans certaines situations, se révéler utiles ou être, au contraire, un obstacle dans d'autres circonstances (O'Hanlon et Beadle, 1997). Il faut recourir à des théories là où elles sont nécessaires ; en allant d'une théorie à une autre, on passe d'une question à une autre, car il existe des conceptions variées des problèmes, quant à leur origine et à leur solution. Méthodes ou approches ont tendance à s'intéresser à certains aspects du fonctionnement humain et du processus de changement plutôt qu'à d'autres.

Un professionnel, à l'évidence, ne peut maîtriser l'ensemble de ces méthodes et de ces approches dans sa pratique avec les diverses clientèles qu'il côtoie. Par contre, il peut en référer à des collègues et à d'autres professionnels, lorsqu'il juge que la solution à un problème serait mieux élaborée avec une méthode plutôt qu'une autre ; ou encore, que telle approche serait mieux indiquée pour travailler un élément de la situation de la personne, en tenant compte du stade d'évolution où se trouve cette dernière. Le choix de l'approche dépend également du levier le plus avantageux pour vaincre les résistances d'une personne (Wath, 2000). C'est pourquoi tout mode d'intervention devrait tenir compte de la nature complémentaire des méthodes et des approches de traitement des problèmes humains pour déboucher sur une pratique pluridisciplinaire (Norcross, 1994).

5. ORIGINES ET HISTOIRE DU SERVICE SOCIAL

Les premières définitions du service social tournent autour des thèmes de la charité, de l'assistance et des aides qui en découlent : une charité organisée, une philanthropie scientifique. D'ailleurs, la première école américaine de service social, créée à New York, en 1899, portait le nom de « School of Applied Philanthropy ».

L'assistance est un phénomène universel et polymorphe. Les sociétés humaines ont développé au cours des âges différentes formes d'attention et d'aide aux malades, invalides et indigents de toutes sortes (veuves, orphelins, enfants abandonnés, personnes âgées, pauvres, chômeurs, vagabonds). Attention et assistance se sont diversement matérialisées : de la bastonnade et de l'enfermement à la sollicitude et à la prise en charge. Chaque société, en son temps et à sa mesure, a élaboré des solutions aux problèmes sociaux.

Il nous paraît indiqué de replacer, dans cette immense fresque des systèmes d'assistance élaborés au cours des siècles, les origines du service social. Ce dernier est l'aboutissement d'un long cheminement que nous examinerons, à compter de l'an mil, et que nous subdivisons en quatre périodes :
– la période médiévale : du Xᵉ siècle au XVᵉ siècle (900-1499) ;
– la période moderne : du XVIᵉ siècle au XVIIIᵉ siècle (1500-1799) ;
– la période de la révolution industrielle : le XIXᵉ siècle (1800-1899) ;
– la période contemporaine : le XXᵉ siècle (1900-2000).

« La genèse du travail social et la création des services sociaux [...] paraissent étroitement associées aux transformations de la signification sociale de la pauvreté et des phénomènes qui lui sont liés » (Delay-Malherbe, 1982). Au cours des siècles, les sociétés occidentales ont élaboré des réponses collectives aux problèmes de la pauvreté et des déviances, selon la conception qu'elles avaient de l'origine de ces problèmes et de l'implication des déshérités dans leur relèvement et leur retour à une vie normale : des représentations du pauvre, tantôt comme un damné ou un criminel, tantôt comme un malade ou un exclu, constituèrent, pendant près de mille ans, la toile de fond sur laquelle s'est forgée l'intervention sociale (Lallemand, 1906, 1910 ; Lascoumes, 1982 ; Geremek, 1987).

5.1. La période médiévale : du Xᵉ au XVᵉ siècle (900-1499)

> La pauvreté est une fatalité. Le pauvre est un damné. L'assistance se fait par la charité.

5.1.1. La société en Europe et en France

La société fut marquée, au début du Moyen Âge, par la féodalité, un système hiérarchisé constitué par le roi, les seigneurs et leurs vassaux ou serfs. Le vassal était un paysan, généralement un homme libre, qui se plaçait sous la protection d'un seigneur et qui recevait un fief (une terre, « un manse », une habitation ou son usufruit), en échange des services qu'il assurait à ce dernier (exploitation agricole des domaines, armée). Jusqu'à la fin du XIIIᵉ siècle, la société médiévale était composée de petites communautés dont la vie et l'économie, essentiellement agricoles, s'organisaient autour du château ou du manoir du seigneur (Mendras et Forsé, 1983). La société médiévale est caractérisée par trois « ordres » : les *laboratores*, les paysans : ceux qui travaillent et qui peinent de leurs mains à la terre ; les *oratores*, ceux qui prient : les hommes nantis de pouvoirs magiques ; et les *bellatores*, ceux qui combattent : les spécialistes de la violence militaire (Gonthier, 1978 ; Dockès *et al.*, 1982).

À compter du début du XIVᵉ siècle jusqu'à la fin du XVᵉ siècle, il se produisit un certain nombre de « révolutions » qui contribuèrent à changer radicalement la vie quotidienne : l'utilisation généralisée du fer, l'implantation du cheval comme bête de somme dans le travail de la terre, l'installation de moulins hydrauliques. Toutes ces innovations permirent d'augmenter le rendement agricole des terres arables et d'instaurer l'élevage d'animaux domestiques. De plus, le commerce se développa : des marchands sillonnaient les régions les plus éloignées.

Il s'amorça aussi un vaste mouvement des populations qui s'accentua avec la disparition du système féodal. Le roi renforça son pouvoir et diminua les liens d'assujettissement des vassaux aux seigneurs pour devenir le seul seigneur auquel tous les sujets étaient soumis. La notion de vassal fut remplacée par celle de sujet du roi. La liberté des individus rendit possible la mobilité des populations, à la recherche d'emploi ou de maître, les salaires furent régis par des contrats passés entre les maîtres et les travailleurs. Les seigneurs s'adonnaient davantage à la guerre et ils déléguaient la gérance de leurs domaines à des intendants, des économes et des receveurs. Il en fut de même pour le roi, avec les baillis, les divers officiers royaux, les hommes de loi (Mendras et Forsé, 1983).

Le nombre d'artisans augmenta ; les métiers se diversifièrent et s'organisèrent en corporations et confréries de tous genres. Les marchands créèrent de leur côté des associations, appelées guildes. Des dizaines de métiers se partagèrent les domaines de l'alimentation, des armes et de la métallurgie, des arts, du bâtiment, du cuir, du transport, de la santé (Gonthier, 1978).

Plusieurs conflits, calamités et mouvements de population marquèrent le Moyen Âge :

- la guerre de Cent ans (1337-1453), qui opposa l'Angleterre à la France, à propos de la revendication du trône de France par Édouard d'Angleterre ;
- les famines qui assaillirent les populations et les affaiblirent jusqu'à la mort ;
- la Peste noire ou la Grande Peste (1346-1353) qui ravagea l'Europe entière (25 millions de morts) ; à compter de 1353, ce fléau s'éloigna mais revint tous les dix ans jusqu'à la fin du siècle ;
- les grandes invasions barbares et les pirateries, au cours desquelles les peuples d'Europe et d'Orient firent de fréquentes irruptions les uns chez les autres, non sans occuper des territoires ;
- les guerres privées entre les seigneurs, tant voisins que de contrées plus ou moins lointaines : chaque seigneur réglait ses comptes par les armes ;
- les guerres de religion, en particulier les Croisades, des expéditions militaires organisées par les nobles et sanctionnées par l'Église de Rome pour la délivrance de la Terre Sainte (Lallemant, 1906) ;
- les pèlerinages vers de nombreux lieux saints et sanctuaires d'Espagne, de France, d'Angleterre, d'Allemagne, accomplis par dévotion, par suite d'un vœu ou d'une pénitence imposée en confession.

5.1.2. Les assistés en Europe et en France

Dans la société féodale du Moyen Âge, la pauvreté, tout comme la richesse, était une condition de vie considérée comme naturelle, inchangeable et intangible. On naissait riche ou pauvre et destiné à le demeurer toute son existence (George, 1973). La pauvreté était un *fatum* : une fatalité, une nécessité du destin, un élément des forces naturelles ou surnaturelles (Delay-Malherbe, 1982) qui pouvait, quelquefois, être un choix de vie. En tant que telle, la pauvreté n'était donc pas considérée comme un problème social. Par contre, l'afflux dans les villes d'un nombre de plus en plus grand de pauvres à la recherche d'emploi ou de secours devint une préoccupation des pouvoirs publics, parce que cela troublait l'ordre social.

L'interdépendance du sort de chacun des trois ordres (ceux qui prient, ceux qui combattent et ceux qui travaillent) était reconnue dans la société et la signification religieuse du pauvre y était affirmée. Les pauvres étaient baptisés généralement « pauvres du Christ » ou « pauvres de Notre Seigneur Jésus-Christ » (Gonthier, 1978).

Les pauvres formaient plusieurs catégories. Ils étaient classés soit *comme pauvres involontaires*, soit *comme pauvres volontaires*. La masse de *pauvres involontaires* comprenait aussi bien des malades, des estropiés, des vieillards, des lépreux, des infirmes que des déshérités, des orphelins, des enfants trouvés ou abandonnés, des veuves, des filles restées célibataires (il leur fallait se marier avant vingt ans), des femmes prostituées et libertines. S'y ajoutaient les miséreux suite à des disettes ou des épidémies, les chômeurs en quête d'embauche, les journaliers itinérants, les estropiés des guerres, les voyageurs et les pèlerins victimes de brigandage, les moines en rupture de vœux, les prêtres pauvres, les seigneurs et les marchands qui avaient été victimes de rapines ou de duels, les déchus, c'est-à-dire les bourgeois et les artisans, incapables de payer leur part de l'impôt royal ou les rançons de guerre, suite à des revers de fortune, des crises économiques ou des mauvaises récoltes. Tous ces gens perdaient leur statut et rejoignaient le lot des gueux, des vagabonds et des mendiants. Ces pauvres involontaires étaient classés en trois catégories : *les dévalués* (des sédentaires qui ne travaillaient pas et qui risquaient, en raison de leur précarité, de sombrer dans l'errance), *les exclus* (des travailleurs n'ayant pas de domicile fixe : comédiens, conteurs, écrivains publics, histrions, jongleurs, musiciens) et *les marginaux* (ceux qui ne respectaient pas les normes de la société : alchimistes, juifs, prostituées, tsiganes, usuriers) (Le Goff et Schmitt, 1999). Quant aux *pauvres volontaires*, il s'agissait des Ordres mendiants — les frères Prêcheurs, les frères Mineurs, les Carmes, les Augustins, les Moniales de la Déserte, entre autres — dont l'Église catholique avait approuvé la constitution et qui poursuivaient l'idéal d'imitation de Jésus-Christ, en adoptant une vie de pauvreté salvatrice et en instituant «la mendicité conventuelle quotidienne par l'intermédiaire de frères et sœurs quêteurs». Certains ne se contentaient pas de mendier : lorsqu'ils «avaient faim, ils entraient dans les maisons des habitants et de ce qu'ils trouvaient de comestible, ils se servaient autant qu'il leur était nécessaire» (Gonthier, 1978). «Ils allaient même piller les marchands, en cas de besoin de vêtements et de chaussures». Plusieurs philosophes réclamèrent la suppression des Ordres des moines mendiants «qui vendent cher leur sale misère de gueux» (Érasme, *Colloques*, 1522), «des mendiants sains et forts qui cachent leur paresse sous les apparences de la maladie» (Thomas More, *L'Utopie*, 1515). Mais, en tout état de cause, ces pauvres volontaires vivaient de la charité des laïcs et ils exerçaient une fonction d'assistance auprès des pauvres involontaires.

(Witmer, 1942 ; Haesler, 1955 ; Gonthier, 1978 ; Delay-Malherbe, 1982 ; Le Goff et Schmitt, 1999).

5.1.3. Les services en Europe et en France

L'assistance consistait en un simple soulagement de la misère, par une aide ponctuelle et massive aux nécessiteux : donner des repas, tant qu'il y avait de la nourriture, loger les miséreux, «les bougres», tant qu'il y avait de l'espace dans les refuges, les asiles de nuit, les hôpitaux ou les léproseries. La tendance à «l'enfermement», c'est-à-dire à garder les assistés dans les hôpitaux, s'accentua, suite aux grandes épidémies de peste. Les hôpitaux ne différaient en rien des maisons de correction : le malade était envisagé comme un pécheur, la maladie comme une punition. La première aide qu'il devait recevoir était la confession puis l'asile et l'assistance (Witmer, 1942 ; Geremek, 1976 ; Gonthier, 1978 ; Delay-Malherbe, 1982). D'autre part, des mesures furent mises en place pour la prise en charge des enfants trouvés et orphelins par les seigneurs, par les paroisses, par les municipalités qui payaient des officiers, des «gard'orphènes», pour s'occuper de leurs intérêts (Lallemand, 1906).

En retour, les pauvres exerçaient « une fonction d'intermédiaire entre le Ciel et la Terre » (Gonthier, 1978) : placés sous la protection du Christ, ils incitaient les riches à pratiquer la charité, à reconnaître en eux le Christ, à être le ferment de leur salut. Les pauvres étaient recrutés, lors des enterrements, « où ils pouvaient entourer le cercueil en tenant des torches, habillés de pannes noires et blanches, de tuniques, de capuchons et sandales ». Ils étaient également sollicités lors des anniversaires du décès des donateurs. Au cours de ces cérémonies, il y avait « des donnes » d'argent ou d'aliments ou même des dots aux servantes célibataires en vue de les marier.

5.1.4. Les instances en Europe et en France

La charité était le plus souvent exercée par les établissements religieux ou laissée aux initiatives privées. Obligation morale et personnelle, l'Église en faisait une condition pour expier ses péchés et pour sauver son âme et celle de ses parents : « comme l'eau éteint le feu, l'aumône éteint le péché » (Geremek, 1980). Des banquiers, des marchands, des bourgeois donnèrent leur argent sur leur lit de mort pour réparer les injustices qu'ils avaient commises (Lallemand, 1906). La charité devint un élément de prestige social pour les nobles et les riches mais aussi une occasion de corruption dans l'administration des fonds (Witmer, 1942). Des familles riches donnèrent par legs et testaments leurs biens, à l'intention de certaines catégories de personnes. Les petites gens participaient également, à leur mesure, par des legs de terres, de bois, de moulins, de rentes et même, pour les malades des hôpitaux, de leurs literies et vêtements personnels.

L'Église, qui était alors l'institution dominante, se chargea de l'organisation de la charité, en instituant d'abord des quêtes d'argent dans les rues puis dans les églises, et enfin le prélèvement de dîmes. Cet argent était distribué par l'évêque du lieu, puis par les prêtres des paroisses et par les monastères. L'Église, par l'intermédiaire des évêques et des monastères, fonda les Maisons-Dieu, les aumôneries et les léproseries, tandis que les nobles et les seigneurs s'occupèrent des asiles et des hôpitaux ; les bourgeois, les marchands, les communautés d'habitants prirent en main les tables des pauvres, les fondations et les confréries. Celles-ci étaient en quelque sorte « des associations de secours, des fonds de prévoyance qui recevaient des dons des membres d'une même profession ou qui groupaient les habitants d'une même paroisse, d'une même classe d'âge ou de conditions sociales identiques » (Gonthier, 1978). En plus des dons et legs des particuliers ou des confréries et corporations, existait la pratique de la part « d'hommes et de femmes qui se donnent eux et leurs biens aux Maisons hospitalières : on les nommait selon les critères *familiers, donnés, rendus, oblats* » (Lallemand, 1906).

On assista progressivement, dès le XVe siècle, à la faillite du système féodal, faillite due à plusieurs facteurs parmi lesquels « le développement des manufactures de laine, la conversion des terres de culture en pâturages pour les moutons, le développement du commerce avec l'étranger, les guerres, la peste… » (George, 1973). La servilité du serf face au seigneur tomba en désuétude, les gens devinrent libres, mais sans maîtres et sans métiers. La majorité des gens ne pouvant trouver un emploi devait solliciter l'aumône auprès des instances religieuses plutôt qu'auprès des seigneurs ou des paroisses. De plus, des masses considérables de gens affluèrent des campagnes vers les villes à la recherche d'un emploi.

Les municipalités, les communes et les paroisses ne jouèrent guère un rôle actif dans ces institutions : on ne concevait pas que de telles œuvres soient alimentées par de l'argent perçu auprès du peuple. Les communes acceptèrent, par contre, la direction des asiles et des diverses institutions ; elles secondèrent les efforts des particuliers, en leur accordant des subventions et des terres (Lallemand, 1906).

En somme, à la fin du Moyen Âge, tant en France et en Angleterre qu'en d'autres pays d'Europe, les gouvernements furent concernés au premier chef par le nombre grandissant de pauvres ; ils se préoccupaient non pas de soulager la souffrance de ces derniers mais de maintenir la loi et l'ordre, estimant que la pauvreté — non secourue et non contrôlée — était un terreau fertile pour les désordres politiques et les soulèvements des populations (Rimlinger, 1971, cité par George, 1973).

5.2. La période moderne : du XVIᵉ au XVIIIᵉ siècle (1500-1799)

La pauvreté est une nuisance sociale. Le pauvre est un oisif. L'assistance se fait par des mesures de répression.

5.2.1. La société

5.2.1.1. L'Europe et la France

En France, c'est l'Ancien Régime (1600-1789) et le règne de la monarchie absolue : tous les pouvoirs sont centralisés et relèvent de la seule autorité du roi, exempte de tout contrôle. La société n'est pas divisée en classes sociales mais en trois ordres : la noblesse, le clergé et le tiers état ou les roturiers (le peuple).

L'Europe entière est le théâtre de différents événements qui créent nombre de problèmes : des guerres et des courants d'idées bouleversent les mœurs et les habitudes. On retiendra parmi ces événements les suivants :

• Les pays d'Europe (Allemagne, Angleterre, Espagne, France, Italie) se livrèrent entre eux des guerres meurtrières, avec leur cohorte de pillages, d'incendies de fermes et de massacres des populations.

• Catholiques et protestants, à partir du XVIᵉ siècle, s'opposèrent dans des guerres de Religion qui se concrétisèrent par la Réforme protestante et la Contre-Réforme catholique. Les chefs de la Réforme protestante remettaient en question l'Église de Rome, sur des questions fondamentales du *Credo* chrétien. Ainsi, Martin Luther (1483-1546) prêchait en Allemagne sur les thèmes du salut et des indulgences. Pour Luther, la foi seule suffit pour assurer le salut de l'homme (« la dangereuse croyance au mérite des œuvres » en regard de « la libre grâce de Dieu ») ; le Christ a expié par sa mort les fautes de l'homme.

En 1517, Luther afficha sur les portes de l'église du Château, à Wittenberg en Allemagne, ses 95 thèses sur la Réforme. Luther brûla aussi la bulle du pape Léon X sur le dogme du mérite des bonnes œuvres pour le salut et qui avait, depuis seize siècles, inspiré la charité chrétienne (Lallemand, 1910). Luther partit ainsi en guerre contre la pratique des indulgences, liée aux œuvres de charité et à l'aumône, que l'Église de Rome privilégiait pour le salut de la personne, tandis que Jean Calvin (1509-1564) poursuivait à Genève, en Suisse, l'œuvre de Luther, de façon radicale, avec la doctrine de la prédestination : l'homme est damné ou sauvé, indépendamment de sa vie ou de sa foi : « Dieu, [est le] seul maître de l'homme par la prédestination : son salut ou sa damnation ». Calvin prôna la suppression de l'épiscopat ; pour lui, l'Église n'est constituée que par la communauté des fidèles. L'Église catholique, sous le pontificat de Paul III (1534-1563), répondit aux détracteurs de la Réforme protestante par le Concile de Trente (1545-1563) et entreprit la Contre-Réforme : une réaffirmation des dogmes et de la croyance en la bonté humaine. La Contre-Réforme proposa aussi une révision de la discipline intérieure de l'Église : prédication de l'Évangile, réforme du clergé, exercice des sacrements, messe du dimanche, catéchisation.

• Pour des raisons qui n'étaient en rien doctrinales, Henri VIII (1491-1547), roi d'Angleterre, se sépara de l'Église de Rome, en 1534 : le pape Clément VII lui refusait l'annulation de son mariage avec Catherine d'Aragon et son remariage avec Anne Boleyn. Aussi Henri VIII se proclama-t-il le chef suprême de l'Église d'Angleterre et confisqua-t-il les propriétés et les monastères de l'Église catholique du Royaume-Uni pour les transformer en œuvres hospitalières. Cette mesure provoqua une baisse considérable des secours sur lesquels les pauvres pouvaient compter jusqu'alors, rendit impuissants la plupart des lieux traditionnels d'assistance et contribua à la laïcisation de la charité (Lallemand, 1910 ; Dutrenit, 1980).

• Le renouveau culturel de la Renaissance envahit toute l'Europe, au cours des XVe et XVIe siècles, dans les domaines artistiques, philosophiques et sociaux. C'est au cours de la Renaissance que s'élabora une nouvelle morale humaniste et qu'on assista à la naissance du capitalisme moderne.

• Du XVIe jusqu'au XVIIIe siècle les pays d'Europe se lancèrent dans la fondation d'empires coloniaux en Afrique et dans le Nouveau Monde :
- l'Espagne : Mexique, Pérou, Chili, Argentine ;
- l'Angleterre : les 13 territoires de la côte est américaine, et l'Inde, entre autres ;
- le Portugal : Brésil, Angola, Mozambique ;
- la Hollande : Afrique du Sud, la Nouvelle Amsterdam (aujourd'hui New York) et Fort Orange (Albany) ;
- la France : Sénégal, Guinée, Guadeloupe et Martinique, La Réunion, la Louisiane et le Canada, c'est-à-dire la Nouvelle-France. L'établissement de colonies de peuplement en terres lointaines, comme au Canada, permettait à des cadets de famille et aussi à de simples laboureurs d'acquérir des droits de noblesse et d'aînesse, de disposer de parcelles de terre, comme

ils n'avaient jamais osé en rêver dans la métropole, sans compter la liberté d'initiative dont ils pouvaient jouir (Lassegue-Moleres, 1983).

• La colonisation entraîna la traite des Noirs et le trafic des esclaves. Mais, auparavant, les colonisateurs eurent recours au travail sous contrat. Les travailleurs sous contrat étaient recrutés principalement dans les couches inférieures des sociétés européennes pour mettre en valeur les terres conquises et pour assurer le travail dans les mines et les cultures. On leur offrait le paiement du voyage, s'ils signaient un contrat qui les engageait à travailler pendant quatre à cinq ans, s'il s'agissait d'adultes, et de sept ans, pour les enfants qui étaient souvent kidnappés et recrutés de force. Dans un premier temps, l'économie se diversifia dans la production de denrées inconnues en Europe comme le tabac, le maïs, les haricots et l'élevage de la dinde ; puis il y eut nombre de plantations de canne à sucre, de coton, de riz qui exigèrent une main-d'œuvre importante.

• Le Nouveau Monde étant faiblement peuplé et les populations indigènes peu disposées à travailler pour les conquérants ennemis, les planteurs eurent recours à l'achat d'esclaves. En provenance d'un peu partout en Afrique occidentale, les esclaves comprenaient des prisonniers — victimes des guerres tribales africaines —, des enfants — souvent vendus par leurs parents dans les périodes de disette, des criminels, puis des hommes pourchassés et capturés par des trafiquants locaux. Ils étaient embarqués de force et enchaînés sur des navires pour la traversée de l'Atlantique. La traite des Noirs reçut une approbation explicite de l'Église catholique : en 1454, une bulle du pape Nicolas V, avait autorisé le Portugal à razzier des Noirs en Afrique pour les transporter dans son royaume afin de les évangéliser : « un moyen infaillible, et l'unique qu'il y eut, pour inspirer le culte du vrai Dieu aux Africains, les retirer de l'idolâtrie et les faire persévérer jusqu'à la mort dans la religion chrétienne, qu'on leur ferait embrasser », selon la déclaration du Père J.-B. Labat, jésuite (Fohlen, 1998).

• Dès 1600, pour remplacer la condamnation aux galères, la France et l'Angleterre pratiquèrent la déportation vers les colonies d'Amérique, dont celle de femmes détenues pour mauvaise conduite. Commencées vers 1670, ces déportations suscitèrent de telles émeutes qu'on y mit fin au XVIIIᵉ siècle.

• En Europe, l'ère de l'industrialisation s'amorça au XVIIIᵉ siècle avec l'utilisation des machines mues par la force de l'eau ou de la vapeur. C'est l'époque de la création des premières grandes manufactures, les fabriques et les filatures de coton et de lin. L'Angleterre fut la première à prendre la mesure de l'industrialisation. On dut recourir à une main-d'œuvre nombreuse et nécessiteuse composée d'hommes, mais aussi de femmes et d'enfants, filles et garçons dès l'âge de 5 à 6 ans, en provenance de tous pays et milieux ruraux. Dès le début, les manufacturiers anglais firent appel aux paroisses pour avoir comme main-d'œuvre les enfants qu'elles assistaient (« les apprentis des paroisses »), ces dernières étaient favorables à ces pratiques, voyant ainsi alléger leurs charges sociales. Les enfants étaient forcés de quitter la paroisse pour aller travailler pendant plusieurs années dans les fabriques, loin de leurs parents. Ces derniers, d'abord réticents, finirent par souhaiter ces mesures, car les gains des enfants n'étaient pas à dédaigner. On en vint même à considérer les manufactures comme des sortes « d'écoles d'industries » (Fohlen et Bédarida, 1960).

• Au XVIIe siècle et au XVIIIe siècle — le Siècle des Lumières —, de nouvelles idées donnèrent naissance au rationalisme, caractérisé, entre autres, par le primat de la raison sur la religion, par des lois gouvernant le monde physique, par les droits de l'homme, par la démocratie politique. Des philosophes de tous horizons élaborèrent des thèses qui ont marqué les fondements de la démocratie actuelle :

- John Locke (1632-1704), en Angleterre, par exemple, prônait que la source de nos connaissances se trouve dans l'expérience sensible, que la société repose sur un contrat social, et que le roi doit obéir aux lois ;
- Thomas Hobbes (1588-1679), un autre philosophe anglais, affirmait que l'homme est un loup pour l'homme, que ce dernier est mû naturellement par le désir et la crainte, et que pour vivre en société, l'homme doit renoncer à ses droits au profit de l'État qui fait régner l'ordre ;
- Charles de Secondat, baron de La Brède et de Montesquieu (1689-1755), philosophe français, publia plusieurs ouvrages qui eurent une influence considérable parmi lesquels *De l'esprit des lois*, paru en 1748, dans lequel il montre les rapports qu'entretiennent les lois avec la constitution des États, les mœurs, la religion, la commune, le climat et la nature des sols. Il y dénonce, entre autres, que « quelques aumônes que l'on fait à un homme nu, dans les rues, ne remplissent point les obligations de l'État qui doit à tous les citoyens une subsistance assurée, la nourriture, un vêtement convenable et un genre de vie qui ne soit pas contraire à sa santé ». *De l'esprit des lois* inspira la Constitution française de 1791 qui établit une séparation des pouvoirs législatif, exécutif et juridique ;
- Jean-Jacques Rousseau (1712-1778), genevois de langue française, orphelin de mère, abandonné par son père à l'âge de 10 ans, connut dans sa vie de jeune adulte le rejet, l'incompréhension et la solitude. Ses écrits ont porté sur le bonheur, la compréhension mutuelle entre les hommes et le rôle de la société dans cette démarche. Rousseau a écrit, entre autres, deux ouvrages qui sont des textes fondateurs de la vie sociale et de la démocratie : *Discours sur l'origine et les fondements de l'inégalité parmi les hommes* (1755) où il montre comment la société, en créant des inégalités, a corrompu la nature de l'homme, bonne à l'origine et *Du contrat social ou principes du droit politique* (1762) qui défend la thèse que la société, au profit de laquelle l'individu a aliéné une part de liberté, doit, en échange, faire bénéficier celui-ci d'une organisation sans faille. Selon Rousseau, la pauvreté n'est pas un vice, mais un manquement, un défaut à ce contrat social.

• À la fin du XVIIIe siècle, deux événements viennent bouleverser le paysage politique du monde :

- 4 juillet 1776 : l'Indépendance américaine. La déclaration, par le Congrès à Philadelphie, de l'Indépendance des colonies britanniques d'avec l'Angleterre se fit « au nom des droits naturels » : « Tous les hommes naissent égaux, dotés de certains droits inaliénables, parmi lesquels la vie, la liberté et la recherche du bonheur ». En 1787, une Constitution fédérale est élaborée par la convention de Philadelphie. Il est à noter que « la révolution américaine fut mise en route par une élite de planteurs de l'État de Virginie, propriétaires d'esclaves, quoiqu'hostiles idéologiquement à l'esclavage, Patrick Henry, Thomas Jefferson, George Mason, George Washington » (Fohlen, 1998). Washington fut le premier président des États-Unis, de 1789 à 1797, et Jefferson, le troisième, de 1801 à 1809. C'est surtout la traite des Noirs qui fut dénoncée. Il a fallu attendre la guerre de Sécession, (1861-1865), qui opposa, à propos de l'abolition de l'esclavage des Noirs, les États esclavagistes du Sud aux États du Nord. Abraham Lincoln (1809-1865), alors président, proclama l'abolition de l'esclavage, le 1er janvier 1863. Il fut assassiné le 14 avril 1865.

– 14 juillet 1789 : en France, la proclamation de l'Assemblée nationale et la Déclaration des droits de l'homme et du citoyen, par les États généraux. La Révolution française mit fin à l'Ancien Régime et à la monarchie. L'Assemblée nationale établit, en 1791, la Constitution. La Première République fut instituée le 22 septembre 1792. L'Assemblée nationale constituante vota la Déclaration des droits de l'homme et des citoyens, le 24 juin 1793. On y affirmait que « les secours publics sont une dette sacrée ; que la société doit assurer la subsistance aux citoyens malheureux, soit en leur procurant du travail, soit en assurant les moyens d'existence à ceux qui sont hors d'état de travailler ». Après plusieurs coups d'État, Napoléon Bonaparte (1769-1821) prit le pouvoir et devint empereur en 1804, sous le nom de Napoléon Ier.

5.2.1.2. Le Canada sous le régime français : 1608-1763

« L'aventure française en Amérique est née de deux rêves : trouver le passage vers les Indes et la Chine, et faire de l'Amérique un continent français » (Mathieu, 2000). En juillet 1534, Jacques Cartier prit officiellement possession du Canada, à Gaspé, au Québec, au nom de François Ier, roi de France (Lacoursière, 1995). De 1534 à 1690, la France a connu une période intense de colonisation et d'expansion de son territoire en Amérique du Nord : en 1604-1605, la colonisation de l'Acadie (aujourd'hui la Nouvelle-Écosse, l'une des dix provinces canadiennes) et la création de Port-Royal ; en 1608, sous le règne du roi Louis XIII, Samuel de Champlain débarqua à Québec et jeta les fondations de la première ville française en Amérique du Nord. La France poursuivit son expansion pendant près d'un siècle : après Québec, des établissements de peuplement sont établis à Trois-Rivières en 1634, et à Montréal en 1642. La présence française est amorcée également par les missionnaires : les Jésuites érigèrent une mission auprès de Hurons dans la Baie Georgienne en 1632 ; de grands explorateurs sillonnèrent le continent américain : Dollier de Casson et François de Galinée, en 1668, découvrirent les Grands Lacs, Louis Jolliet et le Père Marquette descendirent le Mississipi en 1673, tandis que Robert Cavelier de la Salle, en 1682, occupa le territoire bordant le golfe du Mexique, qu'il baptisa Louisiane, en l'honneur du roi Louis XIV ; Pierre Le Moyne d'Iberville, en 1690, explora la Baie d'Hudson, LaMothe-Cadillac fonda Détroit en 1701 ; La Vérandrye, en 1743, alla jusqu'au pied des Rocheuses (Mathieu, 2000).

La colonisation au Canada devait commencer par le défrichement des terres arables et l'installation de colons, tout au long du fleuve Saint-Laurent, sous l'encadrement général de seigneuries accordées par le roi. Parallèlement à cette activité agricole, le commerce des fourrures par des marchands français était fort lucratif dans la colonie : dès les années 1604, plusieurs d'entre eux avaient fondé des compagnies privées dans lesquelles ils s'associaient avec des financiers et des propriétaires de navires français pour ouvrir des comptoirs de traite de fourrures (on échangeait des marchandises contre les fourrures des Indiens) qu'ils rapportaient en France et vendaient pour la confection de chapeaux et de vêtements. En 1627, le cardinal de Richelieu, alors chef au Conseil du roi Louis XIII, fonda la Compagnie des Cent-Associés, pour soustraire la Nouvelle-France à l'exploitation des sociétés privées. Cette Compagnie, à laquelle le roi avait accordé le monopole de la traite des fourrures à perpétuité se voyait confier également le mandat du peuplement de la colonie. Mais, face à l'échec de cette entreprise, Louis XIV créa, par un édit de mai 1663, la nouvelle Compagnie des Indes Occidentales pour prendre la relève ; il réunit également la colonie au domaine royal, en en faisant une province de France (Dumas, 1972).

Le peuplement de la colonie se révéla plus difficile qu'on ne l'avait envisagé au départ. Une politique d'immigration fut mise en place qui impliquait le respect de certaines règles : l'obligation, pour les propriétaires de navires des compagnies, de transporter vingt immigrants par année et de participer à l'apport massif de soldats ; l'instauration de contrats d'engagés ou les *trente-six mois* : des gens de métier consentaient à servir un maître pour une période de trente-six mois, « moyennant un salaire fixé lors de l'engagement signé en France et l'interdiction de quitter le maître sans sa permission, et ce sous peine d'amende ou d'emprisonnement » ; le recrutement « *de filles à marier* » : des embaucheurs (marchands ou armateurs), moyennant « une prime de dix livres par recrue », sollicitaient, en vue d'émigrer, des jeunes femmes célibataires ou veuves, des paysannes en majorité mais aussi des filles des villes (artisanes, domestiques, journalières) et quelques candidates de la petite bourgeoisie : filles de négociants, de fonctionnaires, de militaires « qui épouseront des marchands, des seigneurs, des professionnels — notaires, médecins, apothicaires », les coûts de transport et d'installation étant, bien entendu, à la charge du trésor royal ; par la suite, un plan d'émigration féminine massive avec l'envoi des *Filles du Roy* : de 1663 à 1673, des jeunes filles de 15 à 20 ans, orphelines ou indigentes, hébergées, à la charge du Roi, à la Salpêtrière, une succursale de l'Hôpital général de Paris. Sur une base volontaire, ces filles étaient transportées vers les colonies françaises d'Amérique, soit aux îles de la Guadeloupe, de Saint-Domingue ou de Sainte-Croix, soit au Canada, vers les villes de Québec et de Montréal — en vue de les marier à des colons ; et enfin l'adoption de mesures incitatives, et même coercitives, concernant le mariage et les naissances dans la colonie : un édit royal du 5 avril 1669 prévoyait une amende « contre les pères qui ne mariaient pas leurs enfants à l'âge de vingt ans pour les garçons et de seize ans pour les filles »; par contre, ceux qui acceptaient de se marier avant ces âges recevaient, le jour de leurs noces, la somme de vingt livres (« le présent du Roi »); les récalcitrants ou les célibataires endurcis se verraient « privés de la liberté de chasse et de pêche, et de la traite avec les Sauvages, et de plus grande peine si nécessaire » (Dumas, 1972 ; Lacoursière, 1995).

Par ailleurs, le commerce des fourrures à destination de l'Europe devint un concurrent important de l'économie agricole de la colonie de la Nouvelle-France. La majorité des familles pionnières en provenance des provinces rurales de la France (Picardie, Normandie, Île-de-France, Poitou…) vivaient dans une relative pauvreté ; ce n'est qu'au bout de trois ou quatre ans qu'un chef de famille, avec ses enfants, pouvait escompter survivre avec les fruits de la ferme. La grande majorité des familles était obligée alors de s'embaucher dans le commerce des fourrures : la Compagnie avait grand besoin de commis — qu'on appelait les coureurs de bois — pour servir d'intermédiaires et d'interprètes avec les Indiens : beaucoup de jeunes Français apprenaient les langues autochtones (le montagnais, l'algonquin, le huron, l'iroquois, entre autres) et s'étaient familiarisés avec leurs coutumes au cours de séjours de plusieurs mois dans leurs campements. Les territoires que les coureurs des bois devaient parcourir s'étendaient sur des milliers de kilomètres, du nord-ouest du Québec jusqu'aux colonies anglaises de l'Ontario, des Prairies et du Mississipi. Le commerce des fourrures exerçait un immense attrait auprès des jeunes hommes de la colonie française, pour plusieurs raisons dont les gains rapides et l'émancipation du contrôle de la famille, la grande liberté de mœurs, les déplacements et les échanges avec diverses cultures amérindiennes et anglaises. « On fait plus facilement un Sauvage avec un Français qu'un Français avec un Sauvage », selon Marie de l'Incarnation, la supérieure des Ursulines à Québec (cité par Pommerleau, 1994). Les coureurs des bois devinrent rapidement incapables d'assumer les travaux de défrichement et d'agriculture, dont ils ne pouvaient plus supporter la monotonie et la dureté. Les autorités s'inquiétèrent de cette situation et tentèrent d'en limiter les conséquences par des ordonnances obligeant les hommes à demeurer dans la colonie.

D'autre part, de 1690 à 1763, plusieurs conflits opposèrent la France à l'Angleterre, dans cette lutte pour la conquête et l'expansion des territoires et leur contrôle en Amérique du Nord. L'Angleterre voyait d'un mauvais œil la présence de la France dans les territoires américains : en 1755, elle entreprit la déportation de 10 000 à 15 000 habitants de l'Acadie vers la Louisiane et les Antilles et appela l'Acadie « Province of Nova-Scotia »; elle mena également plusieurs batailles dans les territoires français, dont entre autres, la bataille des Plaines d'Abraham, à Québec, en 1759, au cours de laquelle la France perdit la Nouvelle-France. L'Angleterre obligea alors son ennemie à choisir de lui céder la Nouvelle-France ou les Antilles. En 1763, la France, par le traité de Paris, céda à l'Angleterre l'Inde et toutes ses possessions du Canada : l'Acadie (la Nouvelle-Écosse), Terre-Neuve, la Baie d'Hudson et la Nouvelle-France, gardant les Antilles ainsi que les Îles Saint-Pierre et Miquelon (Lacoursière, 1995 ; Bourdon et Lamarre, 1998).

5.2.1.3. Le Canada sous le régime anglais (1763-1791)

Par la Proclamation royale du 7 octobre 1763, l'Angleterre donna un nouveau nom à la Nouvelle-France, « *the Province of Quebec* », qui devint une colonie anglaise, s'ajoutant à ses treize autres colonies de la côte Est américaine. Il s'en suivit immédiatement une « décolonisation » de l'élite canadienne française qui effectua un retour vers la France, à l'exception des membres du clergé catholique. Les Canadiens français se retrouvèrent davantage dans les campagnes. La paroisse représentait le pôle principal de la vie sociale. Puis en 1774, l'Angleterre adopta une loi, « l'Acte de Québec » *(Quebec Bill)*, qui accordait aux Français le droit d'exercer la religion de l'Église de Rome et remettait en vigueur des lois civiles françaises, à l'exception des lois criminelles (Lacoursière, 1995). Avec l'Acte de Québec, l'Angleterre mettait également sous le contrôle de la *Province of Quebec* une immense partie du territoire de ses colonies américaines des Grands Lacs, de l'Ohio jusqu'au Mississipi. Ces nouvelles dispositions n'étaient pas sans lien avec les tensions qui existaient entre l'Angleterre et ses colonies américaines ; au cours des années 1763 à 1774, l'Angleterre, après la victoire de la guerre de Sept Ans, avait considérablement étendu son Empire en Amérique du Nord et se trouvait, du même coup, dans une situation financière difficile pour entretenir ses colonies. Elle eut recours à une politique qui consista à les faire participer à l'effort de redressement économique de son Empire, en taxant le commerce et les transactions d'affaires qui s'y passaient (Bourdon et Lamarre, 1998). Les colonies américaines protestèrent vivement, entre autres, par le largage à la mer, le 16 décembre 1773, d'une cargaison de thé dans le port de Boston. Les choses s'envenimèrent à tel point qu'une révolte ouverte se manifesta en vue d'une séparation d'avec la Mère Patrie. Les colonies américaines invitèrent même les colons de la *Province of Quebec* à s'allier avec eux contre l'Angleterre. Devant le refus des Canadiens, les colons américains tentèrent d'annexer par la force, les colonies canadiennes : ils occupèrent militairement Montréal, en 1775 et Québec, en 1776. L'Angleterre, répugnant à combattre des compatriotes, préféra engager des mercenaires allemands pour libérer la *Province of Quebec* de l'occupation américaine, au cours des mois de mai et de juin 1776 (Lacoursière, 1995).

Les colonies américaines, réunies en congrès général à Philadelphie, proclamèrent leur indépendance le 4 juillet 1776 (cf. *supra*). Peu après un certain nombre de citoyens des treize colonies qui voulaient demeurer fidèles à l'Angleterre, les loyalistes, se réfugièrent dans la *Province of Quebec*, notamment en Nouvelle-Écosse, à tel point que cette dernière fut divisée en deux provinces dont l'une devint, en 1785, le Nouveau-Brunswick ; d'autres loyalistes émigrèrent dans les régions de l'Outaouais et des Cantons de l'Est, au Québec. Ces déplacements eurent pour effet de grossir considérablement la population anglophone du Québec (Bourdon et Lamarre, 1998).

D'autre part, sous la pression des colons anglais, insatisfaits des dispositions de l'Acte de Québec de 1774 qui accordait trop de pouvoirs aux franco-catholiques, l'Angleterre promulgua, en 1791, l'Acte constitutionnel qui divisa la *Province of Quebec*, en deux entités politiquement distinctes : le Haut-Canada (l'Ontario actuel) à majorité anglophone et le Bas-Canada (le Québec d'aujourd'hui) à majorité francophone. On accorda au Bas-Canada le droit d'appliquer le code civil français et la liberté de pratiquer la religion de l'Église de Rome.

5.2.2. Les assistés

5.2.2.1. L'Europe et la France

Au cours de la période moderne, la pauvreté, au lieu de diminuer, connut un accroissement considérable. Des hordes de personnes se répandirent sur toutes les routes de l'Europe à la recherche d'emplois, de gîtes, de secours, s'ajoutant aux pèlerins traditionnels qui passaient par les villes des grandes foires commerciales (Lyon, en France ; Medica Del Campo, en Espagne ; Bruges et Anvers en Belgique). Les grands centres urbains industriels attiraient des foules nombreuses et donnaient lieu à des bagarres et altercations de toutes sortes. Tous ces gens transitaient d'une ville à l'autre, ignorant les frontières et les pays. « On assiste alors à un phénomène de migrations internationales que les nations essaient de résoudre soit en refoulant aux frontières, soit en enfermant toutes les catégories de pauvres dans des asiles ou des dépotoirs de main-d'œuvre bon marché » (Lassegue-Moleres, 1983).

La société des nantis, devant l'augmentation du nombre de pauvres, chercha à se protéger : on leur réserva des quartiers, nettement séparés de ceux des riches, et surtout, on créa des hôpitaux généraux pour les y enfermer (Mezzadri et Nuovo, 1981). Puis, il apparut comme une évidence que les pauvres étaient « des paresseux incorrigibles, que la pauvreté était la conséquence d'une faute morale ». Alors, le pauvre fit peur : il était considéré comme la cause de diffusion des épidémies et le responsable des vols, des délits et de violences diverses.

« La pauvreté devint ainsi un vice, une nuisance publique qu'il fallait combattre à tout prix, une sorte de crime et de subversion que l'État devait réprimer sans merci » (George, 1973). Les pauvres étaient considérés comme des « inutiles au monde, inutiles à la chose publique, poids inutile de la terre, dignes de mourir » (Geremek, 1980).

On chercha d'abord à distinguer les pauvres méritants des pauvres non méritants (Lallemand, 1910) :
- les pauvres méritants étaient les invalides, inaptes à travailler. Il s'agissait des malades, des infirmes, des estropiés, des handicapés mentaux, des femmes à charge d'enfants, des vieillards, des familles réduites à la misère par la guerre et les fléaux sociaux ;
- les pauvres non méritants, quant à eux, étaient des personnes valides : des individus sans emploi, des paysans sans terre, des soldats sans guerre, des compagnons ou des laquais sans maître, des pèlerins et des voyageurs malchanceux, des nobles déchus. À cette époque, même celui qui travaillait ne gagnait pas assez pour subvenir à ses besoins. Ces pauvres erraient, à la recherche d'emplois ou d'aumônes, « sans feu ni lieu, demeurant partout », « des vagabonds et des mendiants qui s'adonnaient à la paresse, au vice, au viol et au crime ». L'errance et le vagabondage étaient suspects : ils situaient l'individu en dehors des attaches sociales établies, c'est-à-dire

les liens de famille et du voisinage, le rendant inquiétant ou dangereux pour la société (Geremek, 1980). On considérait que les mendiants et les vagabonds refusaient de travailler ;

– de plus, parmi ces pauvres non-méritants, il y avait les « faux pauvres », des bandits et des simulateurs qui transformaient la mendicité en une industrie lucrative. On a dénombré jusqu'à 28 types de faux pauvres parmi lesquels des soldats licenciés ou déserteurs de l'armée ; des nomades, jongleurs, chiromanciens, diseurs de bonne aventure, montreurs d'ours ; des simulateurs de maladie ou de handicap ; des femmes avec des enfants dans les bras qui, bien souvent, n'étaient pas à elles ou encore des femmes qui exposaient leurs enfants nus et affamés ; des hommes et des femmes ayant volé des enfants dont ils avaient déformé les membres pour attirer la compassion ; des femmes libertines ; les Bohémiens, les Égyptiens, les Romanichels, les Tsiganes. Tous ces faux pauvres « des hommes, grands, robustes et jeunes qui pratiqu[ai]ent l'intimidation, le vol et le crime » étaient aussi prêts à s'impliquer dans toutes sortes d'affaires et à vendre leurs services pour toute espèce de soulèvement contre l'autorité établie.

Ces gueux en vinrent à former des organisations parallèles puissantes, avec leurs rois et leurs propres hiérarchies. Ils allaient par les villes et les campagnes, « mendiant avec insolence et menaces, portant couteau à la boutonnière de leur habit ». Ils étaient fiers de ne rien devoir aux pouvoirs publics qui les pourchassaient. Ces « corporations » comprenaient les malingres, qui feignaient d'être en mauvaise santé ; les piètres, dépravés, et misérables ; les ruffians, sales et débauchés ; les truands, mendiants professionnels du vol et du crime ; les coquillards, mendiants qui se faisaient passer pour des pèlerins ; les marauds, filous, voleurs de récoltes, de fruits ou légumes encore sur pied ; les ribauds, personnes débauchées, de mauvaise vie ou qui suivaient l'armée en vue du pillage ou du commerce sexuel. Toutes ces corporations ont tenu en échec les gouvernements d'Europe (Lallemand, 1910 ; Geremek, 1980, 1991).

5.2.2.2. Les assistés au Canada sous le régime français (1608-1763)

Les assistés étaient toujours les infirmes, les orphelins, les vieillards, les pauvres et les malades. Les malades amérindiens constituaient une catégorie spéciale, laissée aux soins des communautés religieuses.

Des problèmes sociaux et familiaux spécifiques à la colonie apparurent. En premier lieu, la colonie était peuplée en majorité d'hommes célibataires ; les premières vagues d'immigrants venues de France étaient en effet composées de fils de famille, de paysans, de soldats à la solde du roi ou de forçats qu'on avait obligés à l'exil et à la déportation. Plusieurs colons, non habitués aux travaux agricoles préféraient s'adonner à la mendicité (Mongeau, 1967).

Le deuxième problème était lié à l'isolement des familles pionnières, lequel isolement les rendait très vulnérables aux attaques incessantes des Indiens qui livraient une guerre farouche et cruelle aux familles dont les hommes étaient partis faire le commerce des fourrures, laissant aux femmes et aux vieillards les travaux de l'agriculture.

Le troisième problème concernait l'alcoolisme et le vagabondage des coureurs des bois ainsi que leur caractère «irresponsable». Ils étaient payés par les compagnies de traite des fourrures à leur retour des tournées, au poste de ralliement à Montréal : fêter le retour au pays donnait très souvent lieu à des beuveries. On leur reprochait aussi leurs comportements irresponsables d'imprévoyance et d'indolence, «acquis aux contacts des Indiens» qui passaient pour avoir des mœurs libertines. Une ordonnance de 1673 défendit aux colons d'aller dans les bois plus de 24 heures sans permission.

5.2.2.3. Le Canada sous le régime anglais (1763-1791)

Il s'agit toujours des enfants abandonnés, illégitimes, ou orphelins, des vieillards, des malades mentaux. S'y ajoutent les soldats blessés de l'armée britannique, et surtout, les malades indigents, de plus en plus nombreux. Avec l'arrivée d'un nombre considérable d'immigrants en provenance d'Angleterre et d'Irlande, compte tenu des mauvaises conditions d'hygiène à bord des bateaux, plusieurs épidémies éclatèrent (en 1783, la variole, en 1793, la syphilis, surnommée «le mal de la baie Saint-Paul», et beaucoup plus tard, en 1832, le choléra asiatique). Enfin, il existait une catégorie spéciale d'indigents, «proches des autorités», comme les officiers, les soldats, les prêtres retraités, qui recevaient des aides et des pensions «pour services rendus» (Anctil et Bluteau, 1986).

5.2.3. Les services

5.2.3.1. L'Europe et la France

On commença par exercer une répression générale et implacable de la mendicité et du vagabondage, tant vis-à-vis des pauvres invalides que des pauvres valides (Lallemand, 1910 ; Guerrand et Rupp, 1978 ; Geremek, 1980, 1987).

Pour les pauvres invalides, inaptes au travail, on adopta plusieurs mesures :
– *une autorisation à mendier l'aumône sur la place publique, sous certaines conditions :* être un enfant du pays, se trouver dans l'impossibilité de pourvoir à sa subsistance par le travail en raison de sa santé, de son âge, de ses infirmités ; être un étudiant sans fortune ; sortir, convalescent, d'un hôpital. La personne devait mendier à certaines heures du jour, par exemple de 11 h 00 à 13 h 00 et elle devait porter un insigne sur ses habits, destiné à la faire reconnaître ;
– *des mesures d'enfermement, c'est-à-dire le placement en institutions :* on voulut enfermer les pauvres, contrairement au Moyen Âge où ils demeuraient, comme les malades, dans les villages. L'édit royal de 1662, en France, ordonnait la création d'un hôpital général dans chaque ville pour enfermer les déshérités, malades et inadaptés de toutes sortes ;
– *la paroisse ou la commune comme organisation des secours :* en Angleterre, en 1601, la loi des Pauvres prévoyait de renvoyer les pauvres invalides dans leurs paroisses d'origine, où ils devaient être secourus par des dons privés ;
– *la recommandation était faite aux habitants, aux personnes charitables et aux bourgeois d'exercer l'aumône de façon non ostentatoire,* «de le faire à propos», «d'exercer une pitié discrète» ; c'est l'époque où on a installé des troncs

dans les églises ; la règle était d'assister, mais de ne rien faire qui puisse favoriser la mauvaise conduite.

Pour les pauvres valides, aptes au travail, on imposa diverses contraintes, de façon stricte et implacable :

– *l'interdiction aux gens de leur faire la charité* et ce, afin de les forcer à travailler. Quiconque faisait l'aumône ou hébergeait un mendiant valide était passible de prison ; un aubergiste ou un cabaretier, par exemple, pouvait voir son établissement fermer pendant un mois. Les propriétaires et leurs domestiques, sollicités par un mendiant valide étaient tenus de le garder de force, en attendant l'arrivée des archers, sous peine d'amendes. Des primes étaient également accordées pour la capture des mendiants (comme on le faisait pour la tête des loups !). Il était aussi interdit de donner aux pauvres connaissance des résolutions prises à leur sujet (Lallemand, 1910 ; Geremek, 1980, 1987) ;

– *l'interdiction aux pauvres valides de mendier* était liée aux lois de résidence qui défendaient aux gens d'aller chercher de l'emploi en dehors de leur localité. Cette interdiction absolue était assortie de diverses peines (Witmer, 1942 ; Geremek, 1980) :

• à la première offense, c'était le supplice du pilori ou du carcan, avec exposition sur la place publique pendant plusieurs heures, un jour de marché ; de plus, les hommes avaient la barbe et le crâne rasés, les femmes, les cheveux coupés ; tous devaient porter un écriteau indiquant qu'ils étaient des mendiants non autorisés ;

• en cas de récidives répétées, les peines pouvaient comporter de 20 à 60 coups de fouet « jusqu'au sang » et le marquage au fer rouge des lettres ROM (romanichel, tsigane). Afin de reconnaître les pauvres valides au premier coup d'œil comme fraudeurs, on pouvait procéder soit à l'enlèvement du haut de l'oreille droite ou au percement des oreilles ou même à l'ablation d'une ou des deux oreilles. Dans les cas graves, ils pouvaient être jetés en prison, pour de courtes durées : de quatre à quinze jours ; et d'un mois à deux ans dans des cas plus graves. Ils n'avaient pour nourriture que du pain et de l'eau ou des aliments de rebut ;

• ils pouvaient être bannis de la ville ou de la commune (l'interdiction de séjour que nous utilisons de nos jours) ou encore condamnés à ramer sur les galères royales, pendant trois ans et plus selon les offenses, s'ils étaient des hommes de plus de 16 ans ;

• ils pouvaient subir la déportation aux colonies d'Amérique et même être pendus, « à titre d'ennemis de la société ».

En raison des abus possibles, on n'accordait aucun secours en argent à des pauvres valides ; seuls ceux qui étaient jugés comme « pauvres méritants », généralement ayant de jeunes enfants, pouvaient obtenir des secours en denrées : du pain livré et payé à prix modique, du lait et de la farine pour les mères ayant des petits à nourrir, des fournitures de layette, de lits, de vêtements, et même d'outils et parfois des secours partiels pour régler le loyer.

– *le travail forcé* : c'est surtout du travail qu'on cherchait à leur proposer ou à leur imposer : « les occuper dans leur métier, afin de pouvoir gagner leur vie ». Le plus souvent, c'était le travail forcé qui était de mise. L'obligation de travail avait une connotation plus morale qu'économique. L'enfermement dans les hôpitaux et les *workhouses* s'est fait sous la pression d'une nouvelle conception de la société bourgeoise où on exaltait le travail et condamnait l'oisiveté, liant le dur labeur à la vertu. « Le refus de travailler met en danger l'ordre public. Il est perçu comme la racine de tout comportement anomique, c'est-à-dire comme violant les normes de l'ordre établi ; la société exclut ceux dont elle se sépare et qui se séparent d'elle » (Geremek, 1980 ; Lascoumes, 1982). Les pauvres valides étaient mis au travail forcé, soit dans leur propre maison, soit au service des autres dans la communauté, soit dans des ateliers de travail — des *workhouses* — qui étaient en quelque sorte des asiles municipaux ou paroissiaux. Les ateliers de travail ont été créés, dès 1725, dans tous les pays européens. Ils ont porté des appellations diverses : les maisons de la miséricorde *(casas de misericordia)* en Espagne ; les hospices apostoliques *(ospizio apostolico)* en Italie ; les maisons de travail en Allemagne ; les dépôts de mendicité en France ; l'œuvre des sonnettes *(Schellenwerk)* en Suisse (on agitait des sonnettes pour avertir les habitants d'un quartier du passage de ces balayeurs de rue). Tout pauvre valide qui refusait d'entrer dans un atelier était rayé des registres de la paroisse ou de la commune, le but étant de décourager les pauvres valides de la mendicité, en les traitant durement au plan du travail, de la nourriture et des châtiments. Les travaux pouvaient consister en activités de jardinage, d'entretien des ateliers, de tissage, de filage (coton, lin, chanvre peigné), d'entretien des routes de campagne, de nettoyage des rues à la ville ou au village, de ramassage des immondices, surtout les excréments des animaux (Witmer, 1943 ; George, 1973).

Le chômage et la pauvreté continuèrent d'augmenter, malgré la sévérité des *workhouses*, surtout dans les zones rurales. Les industries familiales du filage et du tissage, en déclin, et le clôturage des prairies en expansion jetèrent sur les routes les ouvriers ruraux vers les centres urbains, à la recherche d'emploi, dans les nouvelles industries, pour lesquels ils étaient mal ou peu préparés (George, 1973). En définitive, les aptes au travail qui ne travaillaient pas étaient dans une double contrainte : l'injonction de travailler et l'impossibilité de travailler.

5.2.3.2. Le Canada sous le régime français

Sous le régime français, la Nouvelle-France reproduisit — en plus petit — le système d'assistance en vigueur en France, au XVIIᵉ siècle : l'assistance était basée sur la solidarité de la famille et de la paroisse ; l'Église et la Monarchie exerçaient des rôles supplétifs. Cependant, contrairement à la France où la Monarchie tentait de contrôler les institutions d'assistance, au Canada, c'est l'évêque qui exerçait les pouvoirs et qui demeura le personnage le plus important dans la colonie française. Les services consistèrent, entre autres, en des mesures d'hospitalisation des indigents et des malades à l'Hôpital général qui devenait ainsi davantage un refuge pour les démunis qu'une structure de soins ; des mesures d'assistance à domicile par les comités des pauvres, relevant des paroisses ; des mesures aussi de placement et de mise en apprentissage des enfants trouvés chez des nourrices, à la charge des seigneuries (Anctil et Bluteau, 1986).

5.2.3.3. Le Canada sous le régime anglais

Des services identiques étaient assurés aux deux communautés mais par des instances différentes : les francophones catholiques recevaient de l'assistance à domicile par le truchement des paroisses tandis que les anglophones protestants la recevaient par l'intermédiaire de sociétés de bienfaisance privées et laïques nouvellement constituées, selon la tradition britannique (Mongeau, 1967).

5.2.4. Les instances

5.2.4.1. L'Europe et la France

L'Église catholique exerça une influence moindre dans le système de l'assistance, ses biens ayant été saisis ou pillés lors des guerres de Religion. Il y eut un recul de l'esprit de charité, aidé par les idées de la Réforme protestante sur l'inutilité des œuvres dans le salut personnel. Les communes et les paroisses prirent une place plus active dans la création des établissements et la distribution des secours. Une politique restrictive s'instaura cependant dans la prise en charge : les indigents relevaient en première ligne de leur famille immédiate et de leur parenté ; en second lieu, de la bienfaisance privée, et enfin, des pouvoirs communaux et paroissiaux. Ces derniers émirent la règle stricte de ne nourrir que leurs pauvres : les pauvres en provenance des autres communes ou de l'étranger étaient refoulés par des archers, à cheval ou à pied (des « chassegueux », accompagnés de « hoquetons » ou d'hommes d'armes) ; refoulés aussi par des « bedeaux d'aumônes », dans les paroisses ou des « officiers du guet ». Tous étaient tenus de capturer et d'emprisonner les mendiants (Lallemand, 1910).

Cependant, beaucoup de personnes, particulièrement des membres du clergé, condamnaient cette répression inhumaine des pauvres. Trois personnages, entre autres, proposèrent au cours de la période moderne des idées et des systèmes d'assistance novateurs, systèmes qui ont constitué des approches humanistes, hors du commun. On peut les considérer comme les précurseurs du service social actuel : Bartholomé de Las Casas, au Mexique ; Juan Vivès, en Belgique et Vincent de Paul, en France.

Bartholomé de Las Casas (1474-1566)

Dominicain, originaire de Séville, en Espagne, Las Casas, fut d'abord missionnaire à l'Isla Ispaniola (Saint-Domingue et Haïti), découverte par Christophe Colomb en 1492, puis évêque de San Cristobal, dans l'État du Chiapas au Mexique. En tant que théologien, il prit part aux débats de l'École de Salamanque en Espagne, sur les thèmes controversés de « la juste conquête des Indes » (c'est-à-dire des Amériques) et, surtout, de « la question d'une juste guerre contre les Indiens rebelles ». Il défendit les Indiens (qu'il appelait les Christs crucifiés) contre l'oppression des conquérants espagnols, s'appuyant sur la doctrine proférée en 1537 par le pape Paul III, dans la bulle *Les Indiens sont des hommes*.

Las Casas milita pour les droits des miséreux, proposa un programme de restitution aux populations indiennes tant des biens que les conquérants avaient spoliés que « des biens sans maître », c'est-à-dire les trésors enfouis dans les tombes des Incas. En 1550, il retourna en Espagne où il participa au procès appelé la *Controverse de Valladolid*, concernant le droit de la chrétienté à une guerre juste contre les Indiens (thèse soutenue par le théologien Gines de Sepulveda) opposé au droit des Indiens de préserver leurs propres biens (thèse soutenue par Las Casas).

Las Casas continue, encore de nos jours, d'exercer une profonde influence, particulièrement sur le mouvement de la théologie de la libération en Amérique latine.

Juan Vivès (1492-1540)

Vivès naquit à Valencia, en Espagne, dans une famille de juifs convertis au catholicisme dont les parents furent condamnés au bûcher par l'Inquisition espagnole. Vivès échappa à cette tragédie, car son père l'avait envoyé, dès l'âge de 16 ans, étudier la philosophie à la Sorbonne, à Paris. Il fit de longs séjours à Bruges (Belgique), où il se maria en 1524. Il enseigna d'abord la philosophie à l'université de Louvain (Belgique). Puis, pendant cinq ans, il professa au Corpus Christi College de l'université d'Oxford (Angleterre) et il devint le conseiller d'Henri VIII et le précepteur de la princesse Marie Tudor. Lorsqu'Henri VIII répudia, en 1533, Catherine d'Aragon pour épouser Anne Boleyn, Vivès quitta l'Angleterre, étant hostile, en tant que catholique, au geste d'Henri VIII, pour revenir à Louvain (Ibanez, 1994).

Durant son séjour en Angleterre, Vivès correspondit avec le chef de la municipalité de Bruges et, en 1526, ses réflexions donnèrent naissance à un livre écrit en latin : *De Subventione Paupereum*, dont une première traduction française, *L'Aumônerie*, fut publiée à Lyon en 1583 (Lallemand, 1910) ; une nouvelle traduction parut à Bruxelles en 1943 sous le titre *De l'assistance aux pauvres*. Vivès y définit la pauvreté, en ces termes : « ne sont pauvres [pas] seulement ceux qui ont faute d'argent ; mais quiconque n'a ou la force du corps, ou la santé, ou l'esprit et le jugement ». Vivès formula ainsi une conception profane de la charité ; il était également favorable à l'intervention des pouvoirs publics alors qu'on prônait depuis toujours que la charité relevait du domaine de l'Église. Il définissait le besoin de faire du bien comme une condition essentielle de l'existence même de la société (Foucault, 1968 ; Geremek, 1987).

Lorsque Vivès rentra en Belgique, la commune de Bruges fit appel à lui pour l'organisation de l'assistance aux pauvres. Il recommanda de désigner, dans chaque cité, des magistrats qui devaient parcourir les rues et les quartiers pauvres, tenir registre des misérables, s'informer de leur vie, du nombre de leurs enfants, de leur moralité, mettre dans des maisons d'internement les plus obstinés, créer pour tous des maisons de travail : « Tout comme il est malséant pour un père de famille dans sa confortable demeure de permettre à quelqu'un la disgrâce d'être nu ou vêtu de lambeaux, de même il ne convient pas que les magistrats d'une cité tolèrent une condition dans laquelle les citoyens souffrent de la faim et de la détresse ». De plus, il sollicitait les pouvoirs publics pour l'instauration d'une politique sanitaire préventive, pour une organisation et un financement de l'assistance publique ainsi qu'une élaboration de méthodes de rééducation et de réadaptation révolutionnaires, en bien des points, pour son époque (De la Bellacasa, 1994).

Les méthodes d'assistance aux pauvres devaient tenir compte des éléments suivants :
- toutes les demandes feraient l'objet d'une enquête ou d'une étude de cas ;
- un traitement individualisé, dans le respect de la personne, viserait à sa réhabilitation ;
- les pauvres invalides devraient être soignés dans des institutions ;
- du travail serait proposé aux pauvres valides ;
- et enfin, les enfants, filles et garçons, seraient éduqués dans des écoles spéciales.
(Sand, 1931 ; Witmer, 1942 ; Bray et Tuerlinckx, 1956).

Saint Vincent de Paul (1581-1660)

Troisième des six enfants de Jean de Paul et de Bertrande de Moras, Vincent est né au lieu-dit de Ranquines, à Pouy (aujourd'hui Saint-Vincent-de-Paul), près de Dax, en France, le 24 avril 1581, où ses parents étaient de petits propriétaires paysans. Il fit des études chez les Cordeliers, à Dax. Pour subvenir à ses besoins, il fut précepteur, malgré son jeune âge, chez le juge de Pouy, Monsieur de Comet, avocat à la Cour présidiale ; puis il accepta la charge d'un petit pensionnat d'élèves appartenant à la noblesse ou à la bourgeoisie à Buzet, à une trentaine de kilomètres de Toulouse. En 1597, il entreprit des études de théologie à l'université de Toulouse et, le 23 septembre 1600, il fut ordonné prêtre, à l'âge de dix-neuf ans et demi, par l'évêque de Périgueux. Pendant sept ans, il entreprit des voyages, à Tunis et à Rome et il tenta d'obtenir une cure « à bénéfices ».

En 1608, il débarqua à Paris en provenance de Rome où il prit rang parmi les aumôniers de la cour de la reine Marguerite de Valois, connue sous le nom de « la reine Margot », la première épouse d'Henri IV. Vincent de Paul, en 1612, accepta une cure à Clichy, à Paris, où il demeura en résidence un an seulement. En 1613, Vincent de Paul entra chez Monsieur Philippe Emmanuel de Gondi, comte de Joigny, général des Galères de France, comme précepteur des enfants et directeur de conscience de Madame de Gondi, née Françoise-Marguerite de Silly. Il fit des visites pastorales dans divers villages, des domaines appartenant à la famille de Gondi. Lors d'une visite pastorale qu'il fit en 1617, à Gannes-Folleville, dans le diocèse d'Amiens où la famille de Gondi avait un château, il fut appelé au chevet d'un paysan qui était à l'article de la mort et qui lui révéla des fautes qu'il n'avait jamais osé avouer à son curé, par honte et amour-propre. Les paroisses étaient, en ce temps-là, très souvent confiées à des prêtres ignorants et de moralité douteuse. Vincent de Paul fut bouleversé devant le délabrement moral qui y régnait. Le dimanche suivant ce constat, il monta en chaire et proposa aux paroissiens de faire venir quelques prêtres de Paris pour des confessions générales (Cognet, 1959 ; Six et Loose, 1980). Cet événement fut à l'origine de la fondation de la Congrégation des Missions (cf. *infra*).

Peu de temps après, Vincent de Paul avait fait part à son directeur spirituel, Pierre de Bérulle, fondateur des prêtres de l'Oratoire de Jésus, une congrégation d'ecclésiastiques voués à la pauvreté, des malaises qu'il ressentait à demeurer dans un palais, à l'abri de tous soucis, parmi «les Grands du Royaume». Il fut convenu que Vincent de Paul revienne à l'expérience pastorale. Il accepta d'être curé à compter du 1er août 1617, à Châtillon-des-Dombes une petite paroisse entre Lyon et Genève, dans la Bresse. Mais, sur les requêtes insistantes des Gondi et à la demande de son directeur spirituel, Bérulle, il réintégra son poste d'aumônier et de précepteur de la famille Gondi, à Paris, la veille de Noël 1617.

C'est à partir de cette date que Vincent de Paul s'attaqua à ce qui devait être l'œuvre majeure de sa vie: l'organisation de la charité. Vincent de Paul fonda plusieurs œuvres et communautés qui marquèrent son temps et qui sont encore de nos jours des institutions importantes.

1617-1621: les Confréries de la Charité

Le dimanche 20 août 1617, à Châtillon-des-Dombes (aujourd'hui, Châtillon-sur-Chalaronne dans le département de l'Ain) juste avant la messe, on vint dire à Monsieur Vincent «qu'en une maison écartée des autres, à un quart de lieu du village, tout le monde d'une famille était malade, sans qu'il restât une seule personne pour assister les autres». À l'appel de Vincent de Paul, des paroissiens vinrent immédiatement en aide à la famille. Pour lui, ce mouvement spontané n'était pas suffisant, il fallait organiser la charité. Le 23 août, il réunit une équipe de femmes touchées par cette situation. et leur lut un texte qui indiquait le programme à suivre à l'avenir, dans ce genre de cas: «commencer à soigner les malades qui pouvaient avoir quelqu'un auprès d'eux et finir par ceux qui étaient seuls, pour pouvoir être plus longtemps avec eux». Le texte prévoyait aussi de créer une association pour assurer organisation et durée. Monsieur Vincent indiquait que «la confrérie s'appellera Confrérie de la Charité, à l'imitation de l'Hôpital de la Charité de Rome, que les personnes dont elle serait principalement composée s'appelleront Servantes des pauvres ou Servantes de la Charité» (Daniel-Rops, 1959).

Les confréries de charité furent d'abord exclusivement féminines; mais, en 1620, à Folleville, Vincent de Paul installa une confrérie d'hommes et, par la suite, des confréries mixtes. Les confréries ou compagnies de charité étaient des instances paroissiales, composées de laïcs: «groupes d'hommes et de femmes», «de magistrats, de simples bourgeois» «de haute moralité et de bonne conduite» qui consacraient une part de leur temps à l'assistance aux pauvres.

Le curé présidait les séances; une femme remplissait les fonctions de trésorière; le curé était assisté par des conseillers, choisis parmi les membres, ecclésiastiques et laïcs. Les compagnies s'occupaient de la distribution du pain, du lait et des demandes des pauvres valides et plus particulièrement des pauvres honteux (le pauvre honteux, c'est «celui qui ne peut gagner sa vie et qui a honte sur le front pour oser demander la charité»). Ces pauvres honteux étaient en fait le plus souvent des artisans ou des maîtres de métiers.

À l'automne 1621, Vincent de Paul venait de passer trois semaines à Mâcon. Il fut frappé par le nombre de mendiants qui rôdaient dans les rues de la ville.

Il en parla aux autorités municipales. On tint une assemblée, le 16 septembre 1621, qui approuva le projet de Vincent de Paul : la mise sur pieds d'une confrérie mixte. Il fit faire le recensement des indigents. Après la messe, chaque dimanche, il y avait distribution de secours en argent et en nature. Des visites à domicile furent instituées. La confrérie fut dotée de montants fixes pour assurer ses fonctions (Cognet, 1959).

D'autres confréries se développèrent un peu partout en France et se consacrèrent à résoudre d'autres problèmes que ceux liés à la pauvreté : la famine, la peste, le chômage, la guerre (en Lorraine, la confrérie créa un refuge pour femmes en danger d'être victimes de la soldatesque). À Paris, grâce à la présence constante de Louise de Marillac (dont il sera question dans les pages consacrées aux Filles de la Charité), des confréries furent instaurées dans six paroisses, ainsi qu'à l'Hôtel-Dieu de Paris, l'un des plus importants hôpitaux de la ville.

1619 : l'Œuvre des Galériens

Vincent de Paul, dès 1618, visita les forçats de Paris dont il tentait d'améliorer le sort sur le plan matériel. Louis XIII créa spécialement pour Monsieur Vincent la charge d'aumônier général des Galères royales en février 1619, à la demande de Monsieur de Gondi (Aragon, 1991). La marine royale ayant de la difficulté à recruter des rameurs volontaires, il était devenu d'usage courant, dans le système pénal français, d'envoyer les condamnés ainsi que les musulmans faits prisonniers, lors des invasions guerrières en Méditerranée, sur les galères. Cette flotte était composée d'une vingtaine de navires et employait six mille forçats (Cognet, 1959). Dès sa nomination, Vincent de Paul eut l'occasion de se rendre à Marseille et à Bordeaux d'où les galères partaient sur les mers. Immédiatement, il s'activa pour améliorer le sort de ces malheureux, « les plus pauvres d'entre les pauvres », d'abord, sur le plan des conditions de vie (il obtint qu'on les retire des basses fosses où ils croupissaient à Paris, avant leur départ pour Marseille et Bordeaux, pour être logés dans une maison du Faubourg Saint-Honoré, et qu'on les nourrisse convenablement), et, sur le plan moral, demandant qu'ils puissent recevoir des visites, des secours, « des petites douceurs » de la part de leurs parents. Il organisa également un système de défense de leurs droits et de contestation des condamnations.

1625 : la Congrégation de la Mission ou les Lazaristes

Au XVIIᵉ siècle, les guerres de Religion avaient profondément divisé la France qu'on pouvait d'ailleurs considérer « comme un pays de mission » nécessitant un travail d'évangélisation. Cette idée de mission avait germé, dès janvier 1617, lors de la visite pastorale de Vincent de Paul à Gannes-Folleville.

En avril 1625, la famille de Gondi, mit à la disposition de Monsieur Vincent des sommes d'argent pour mener son travail apostolique dans les paroisses. Deux mois plus tard, Madame de Gondi mourait et, l'année suivante, son mari entrait à l'Oratoire (Daniel-Rops, 1959). En 1626, un acte d'association de la Congrégation des Prêtres de la Mission fut promulgué et stipula que le but de la Congrégation était l'évangélisation des pauvres gens de la campagne et la formation du clergé. En 1631, l'archevêque de Paris offrit à Vincent de Paul un ensemble imposant de bâtiments : l'ancienne léproserie de Saint-Lazare. Les prêtres de la Mission s'y installèrent et furent ainsi nommés Lazaristes. Saint-Lazare devint un centre de formation et de rencontres pour le clergé : chaque mardi, des prêtres s'y rassemblaient pour prier, réfléchir, échanger. C'étaient « les conférences du mardi ». On affirme que, de 1628 à 1660, plus d'un million de « missions » furent réalisées par la Congrégation de Saint-Lazare. Aujourd'hui, il y a plus de 5 000 Lazaristes, à travers le monde.

1633 : la Compagnie des Dames de la Charité

Vincent de Paul sollicita de plus en plus des dames de l'aristocratie et de l'élite de la noblesse française pour être visiteuses pour la Confrérie de l'Hôtel-Dieu de Paris et pour diverses œuvres dont il avait la responsabilité, dans plusieurs villes de province. Vincent de Paul n'hésita pas à faire appel à cette classe privilégiée pour ses œuvres auprès des démunis. Il créa alors la Compagnie des Dames de la Charité. L'apostolat des Dames de la Charité s'exerçait aussi bien dans le domaine des corps que dans celui des âmes. Il fut convenu avec Vincent de Paul « d'ajouter aux paroles de consolation quelques douceurs par manière de collation, entre le dîner et le souper » : distributions aux malades « de bouillons au lait, de pain blanc, de biscuits, de confitures et de gelées ; en saison, de citrons, de poires cuites et de rôties au sucre » (Cognet, 1959).

Les Dames de la Confrérie allaient également porter des repas et des remèdes, dans les mansardes des pauvres gens. Il était précisé, dans le règlement général des Confréries qu'« il sera [it] donné à chaque pauvre malade, pour chaque repas, autant de pain qu'il en pourra [it] suffisamment manger, cinq onces de veau ou de mouton, (ou deux œufs, aux jours maigres), un potage, un demi setier de vin, mesure de Paris ». En plus de la distribution des secours matériels, les Dames de la Charité enseignaient le catéchisme, disposaient les malades à la confession générale et, lorsqu'il le fallait, elles les préparaient à la mort. Les Dames de la Charité devaient participer à l'enterrement des pauvres malades qu'elles avaient assistés et faire dire une messe pour le repos de leurs âmes.

De grands noms de l'élite de la noblesse française figurent dans la liste des Dames de la Charité, Charlotte de Montmorency, princesse de Condé ; la duchesse de Nemours ; Marie de Gonzague qui devint reine de Pologne. Marie de Vignerod (1604-1675), marquise de Combalet, nièce du cardinal de Richelieu, devenue duchesse d'Aiguillon, en 1635, soutint les œuvres de Vincent de Paul, inlassablement. Elle fut présidente des Dames de la Charité de 1652 à 1675. Elle joua un rôle important dans la fondation de l'Hôtel-Dieu de Québec, en tant que bienfaitrice (Lallemand, 1895).

1634 : la Congrégation des Filles de la Charité

Bien que les Dames de la Charité fussent très dévouées, elles ne pouvaient pas s'abaisser aux besognes ménagères ou culinaires, besognes jugées indignes de leur rang. La plupart des Dames d'ailleurs y employaient leurs propres domestiques, lesquelles rechignaient contre le surcroît de travail que cela représentait. La solution consista alors à créer un groupe de bénévoles — des servantes des pauvres — composées de filles pieuses, issues des classes modestes de la population (Lallemand, 1910 ; Cognet, 1959).

C'est avec la collaboration de Louise de Marillac (1591-1660) que Vincent de Paul fonda la Congrégation des Filles de la Charité. Louise de Marillac, fille naturelle de Louis de Marillac née à Ferrières-en-Brie (région du Bassin parisien), avait un désir ardent de se faire religieuse mais sa santé l'en empêcha. Elle fut mariée en 1613 à Antoine Le Gras secrétaire de Marie de Médicis dont elle eut un fils, Michel de Marillac. Suivant les usages du temps, on l'appela Mademoiselle Le Gras (et non Madame Le Gras, le nom de Madame étant réservée à la noblesse, celui de Mademoiselle à la bourgeoisie). C'est dans le cadre des activités des Dames de Charité qu'elle fit la connaissance de Vincent de Paul qui devint son directeur spirituel, dès 1624 : Louise de Marillac, très pieuse, éprouvait des scrupules à la pensée d'avoir été infidèle à sa vocation (Mezzadri et Nuovo, 1981). En décembre 1625, Antoine Le Gras mourut. Mlle Le Gras se consacra par la suite aux œuvres de charité. Vincent de Paul lui demanda, en 1628, de devenir visiteuse générale pour les diverses confréries de la charité qui étaient sous sa responsabilité. Ils en vinrent au constat qu'il fallait une communauté pour assurer une stabilité à l'ensemble des œuvres ainsi que des personnes formées, respectueuses de l'esprit du fondateur des Confréries.

Au cours de ses missions, Vincent de Paul avait aussi fait la connaissance de Marguerite Naseau, une paysanne de Surennes, près de Paris, qui avait appris à lire et à écrire toute seule. Marguerite Naseau se joignit, en 1630, à Louise de Marillac, amenant avec elle d'autres filles, désireuses de servir les pauvres. Marguerite Naseau mourut de la peste en 1633. C'est le 29 novembre 1633 que Louise de Marillac accueillit, dans sa propre maison, près de Saint-Nicolas du Chardonnet, une douzaine de postulantes qui constituèrent la Congrégation des Filles de la Charité. Cependant, il y avait un problème à résoudre, dans cette fondation : à cette époque, on ne concevait des religieuses que cloîtrées dans un monastère. Vincent de Paul contourna le problème : il proclama que les Filles de la Charité étaient de pieuses personnes, vivant en commun (et non des religieuses dans le sens où on l'entendait alors) ; qu'elles n'avaient point de vœux, ni de cloître, ni de grille, point de chapelle privée ni d'office choral, point de costume particulier. « Elles auront pour monastère, les maisons des malades et celle où reste la supérieure ; pour cellule, une chambre de louage ; pour chapelle, l'église paroissiale ; pour cloître, les rues de la ville ; pour clôture, l'obéissance, ne devant aller que chez les malades ou aux lieux nécessaires pour leur service ; pour grille, la crainte de Dieu ; pour voile, la sainte modestie ; pour profession, la confiance continuelle dans la Providence, l'offrande de tout ce qu'elles sont » (extrait de la conférence de Vincent de Paul, du 24 août 1659, cité par Mezzadri et Nuovo, 1981).

Les Filles de la Charité portaient, tout comme les paysannes d'Île-de-France, une robe de serge grise et un bonnet de toile. Elles renouvelaient leurs vœux annuellement. En vue de leur formation, les Filles de la Charité se réunissaient régulièrement pour des conférences avec Vincent de Paul, des sortes de conversations au cours desquelles elles étaient invitées à émettre leurs avis sur les points de discussion en cours. Les Filles de la Charité furent affectées à différentes responsabilités et dans toutes les œuvres de Vincent de Paul qui estimait que c'était à l'institution qu'il revenait de s'adapter à la diversité des situations et non l'inverse. Ainsi, les Filles de la Charité assurèrent dans des paroisses la visite des familles pauvres et les soins à domicile des malades isolés ; dans les hôpitaux, elles s'occupèrent des vieillards seuls et abandonnés ; elles furent aussi chargées de la garde des enfants trouvés dans les orphelinats, de la visite des galériens dans les prisons, de l'instruction dans les écoles de campagnes éloignées. Les historiens d'aujourd'hui découvrent de plus en plus le rôle considérable que les Filles de la Charité exercèrent dans l'alphabétisation des femmes, en France. Louise de Marillac mourut le 15 mars 1660, la même année que Vincent de Paul. Elle fut canonisée en 1934, par le Pape Pie XI. En février 1960, le pape Jean XXIII déclara Louise de Marillac patronne de tous ceux qui s'adonnent aux œuvres sociales.

1638 : l'Œuvre des Enfants trouvés

De nombreux enfants (de 300 à 400 par année, à Paris) étaient laissés aux portes des églises et des monastères, soit parce que les parents n'avaient pas de quoi les nourrir, soit parce que les enfants étaient illégitimes. Plus tard, on instaura l'usage du « tour », une sorte de guichet tournant aux portes des hospices et des couvents, qui permettait, sans être reconnu, d'y abandonner un enfant. On espérait ainsi diminuer les infanticides. Parfois, les parents, dans l'espoir de reprendre l'enfant un jour, mettaient sur lui un papier découpé dont ils gardaient la partie correspondante ou une médaille brisée dont ils conservaient l'autre fragment (Cognet, 1959).

À l'époque où Vincent de Paul prit cette œuvre en main, les enfants mouraient la plupart du temps, faute de soins, ou ils étaient vendus à des femmes sans enfant ou même à des gueux qui les estropiaient pour exciter la pitié des passants. Les Dames de la Charité et les Filles de la Charité s'en occupèrent, soit en les adoptant soit en les plaçant en nourrice, dans les campagnes qu'elles visitaient régulièrement. Vincent de Paul fit construire à Paris un ensemble de maisons destinées aux enfants trouvés. L'Œuvre des Enfants trouvés est l'ébauche des services de l'assistance publique en France.

1639 : l'Œuvre des Secours nationaux.

Monsieur Vincent fut sollicité par les populations de l'Île-de-France, de la Champagne, de la Picardie, alors dévastées et pillées par les guerres avec les Anglais. Il lança une campagne d'information et fit publier « des relations », à 4 000 exemplaires : ces bulletins décrivaient les situations de détresse et sollicitaient les dons. De l'argent fut envoyé ainsi que des outils de travail, des charrues et des semences pour aider à la réorganisation de la vie économique. Monsieur Vincent mit à contribution, pour l'amorce des secours nationaux, toutes ses troupes : les Dames de la Charité, les Filles de la Charité, la Congrégation des Prêtres de la Mission.

1645 : les missions en terre étrangère

Vincent de Paul fut sollicité, en 1645, pour envoyer des missions de la Congrégation à Alger et à Tunis afin d'améliorer le sort des esclaves chrétiens tombés aux mains des musulmans. Les missionnaires furent nommés chapelains des consulats français. En 1648, des missionnaires partirent à Madagascar, à la suite d'un accord avec la Compagnie des Indes. De plus, entre 1643 et 1655,

Vincent de Paul envoya des missionnaires en Italie, en Pologne et même en Irlande et en Écosse, « pour y soutenir la foi des catholiques menacés par l'anglicanisme » (Cognet, 1959).

Dès 1644, Monsieur Vincent connut des problèmes de santé qui l'obligèrent à se retirer à la Mission de Saint-Lazare où les gens affluaient de partout pour solliciter son aide et ses conseils et où l'abondant courrier témoignait de l'étendue de son influence à travers le monde. Il parcourait également Paris, dans un carrosse que lui avait donné la duchesse d'Aiguillon pour visiter les diverses institutions qu'il avait créées. Il mourut paisiblement durant la nuit du 27 septembre 1660. Il fut canonisé en 1737 par le pape Clément XII.

Vincent de Paul, précurseur et visionnaire du travail social

Vincent de Paul, face aux malheurs de son époque, refusa de fermer les yeux, il prit la misère à bras-le-corps. Il fut sollicité de toutes parts, pour toutes sortes de situations d'injustice. Tout au long de son engagement social, ce sont les pauvres, uniquement les pauvres qui retiendront son attention : les pauvres, tels qu'ils sont et là où ils sont. Vincent de Paul, à l'instar d'autres prêtres comme François de Sales, évêque d'Annecy et plus tard de Genève, et Pierre de Bérulle, fondateur de l'Oratoire, adoptaient, à l'égard des démunis de toutes sortes, des comportements de douceur et de bonté qui contrastaient avec les comportements de méfiance et de répression de leurs contemporains, y compris au sein de l'Église. Depuis la grande peste de 1342, au Moyen Âge, les populations avaient souffert de multiples maux, disettes, invasions et de la crainte de perdre leur âme. L'Église chercha des boucs émissaires : le turc, le juif, les tziganes, les sorcières, les marginaux. Les comportements de Vincent de Paul et François de Sales représentèrent une voie vers l'espérance ; ils épousaient les idées prônées par le Concile de Trente, à savoir que l'homme est libre et foncièrement bon (Six et Loose, 1980) et « Saint Vincent de Paul est l'incarnation omniprésente de la sensibilité de la Contre-Réforme » (Aragon, 1991). Dans ses actions, il prit des positions qui allèrent totalement à l'encontre des conceptions de son temps : par exemple, au lieu d'enfermer les pauvres, il organisa les Confréries de la Charité pour les aider dans leurs familles, dans leurs domiciles, dans leurs paroisses. Il s'employa à réformer l'Église, par la Congrégation de la Mission et « à la convertir aux pauvres de manière à ce qu'elle soit de moins en moins un pouvoir et de plus en plus un don, un service, une diaconie » (Mezzadri et Nuovo, 1981).

D'autre part, en créant la Congrégation des Filles de la Charité, Vincent de Paul innove, en impliquant les femmes, de surcroît des jeunes filles du peuple, dans des fonctions jusqu'alors réservées à la noblesse et à la bourgeoisie. Les femmes comme les enfants, dans la société de l'époque, étaient rabaissées à des rôles secondaires ; de plus, les femmes étaient civilement des mineures, soumises à leur mari (ou à leur père) dont elles étaient l'humble servante, qu'il pouvait battre, enfermer, reléguer au couvent sans que la justice pût intervenir, les femmes étant considérées comme irresponsables et irrationnelles (souvent diaboliques ou sorcières). Vincent de Paul fit appel aux femmes désireuses de s'impliquer dans cet immense chantier du secours aux miséreux. Il allait à l'encontre de la soi-disant loi biologique d'une infériorité de la femme qui aurait besoin de l'homme (comme dans le mariage) ou de la loi (comme dans la clôture) pour agir dans le monde (Mezzadari et Nuovo, 1981). Il s'occupa également des enfants abandonnés dont on ne se préoccupait guère. Il accueillit en outre les malades mentaux à Saint-Lazare, sans les enfermer, alors qu'ils étaient généralement mis aux fers, c'est-à-dire enchaînés dans des prisons.

Vincent de Paul exerça la charité sous diverses formes, toujours concrètes, originales, avant-gardistes, répondant aux urgences, sollicitant les puissants, consolant les plus pauvres et les démunis. Vincent de Paul fut un homme d'action et non un théoricien de la spiritualité ou de la pastorale. Il a plutôt traduit en engagements concrets et en actions son amour de Dieu : « aimons Dieu, mais que ce soit aux dépens de nos bras, que ce soit à la sueur de nos visages… ». Il affirmait encore : « l'Église est une grande moisson qui requiert des ouvriers mais des ouvriers qui travaillent ». Pour lui, la réalité n'est jamais déduite des principes, elle est révélée par l'expérience. Dans toutes ses actions, il agit pour répondre aux nécessités les plus urgentes. C'est seulement après des expériences qu'il déduisait des règles de conduite.

Dans toutes les situations où il est intervenu (les mendiants, les hôpitaux, les prisonniers, les enfants trouvés, les secours nationaux), Vincent de Paul a toujours tenté, à partir d'une demande individuelle, de concevoir des solutions collectives, ralliant les personnes de toutes les catégories à ses œuvres : des filles du peuple aux dames de la noblesse, des paysans modestes aux hommes du pouvoir royal, des laïcs aux prêtres des paroisses (Morin, 1976). Il fut l'ambassadeur de ceux qui n'avaient pas de voix. Il frappa inlassablement à la porte des grands et des riches pour solliciter leur engagement : « en cela, il avait toutes les audaces » (Cognet, 1959).

On peut affirmer ainsi que plusieurs des œuvres de Vincent de Paul préfigurent et annoncent des types de pratiques actuelles du travail social : le développement d'associations de citoyens pour s'occuper de problèmes de pauvreté ; le travail d'assistance à domicile auprès des familles (les Confréries de la Charité) et des personnes âgées (l'Œuvre des Petits Ménages qui recueillait les vieux époux pour leur permettre d'achever ensemble leur vie) ; des actions de défense et de médiation sociale en faveur des exclus (l'Œuvre des Enfants trouvés, l'Œuvre des Galériens, la Congrégation des Filles de la Charité) ; l'assistance aux mourants (les Dames de la Charité) et le travail social international (les Missions d'Afrique du Nord). Peu avant sa mort, à 79 ans, Monsieur Vincent avait formé le projet de missions en Amérique du Nord (Six et Loose, 1980).

5.2.4.2. Le Canada sous le régime français

En terre canadienne, l'Église était la principale institution. Elle avait sous sa responsabilité deux grandes organisations :

– l'Hôpital général : Mgr de Laval, premier évêque de Québec, le consacra comme asile pour les pauvres, valides et invalides des deux sexes. L'édit royal d'établissement statuait qu'« ils y ser[aie]nt enfermés pour être employés aux ouvrages et travaux selon leur pouvoir, même à la culture des fermes dépendantes de l'Hôpital » (Poulin, 1954) ;

– les Bureaux des pauvres : comme l'enfermement à l'Hôpital répugnait à plusieurs familles et que cette mesure ne convenait pas, de toute façon, à tous les problèmes, les curés des paroisses recommandèrent la création de Bureaux des pauvres (comme ceux qui existaient à Paris depuis 1544). C'étaient des institutions publiques, administrées par un comité de bénévoles, composé du curé de la paroisse, d'un trésorier et d'un directeur des pauvres. Le curé avait expressément charge de débusquer les pauvres « honteux » (honnêtes et qui manifestaient de la pudeur à solliciter de l'aide) qu'on distinguait des pauvres « fainéants et glorieux ». Les fonds d'assistance provenaient de plusieurs sources : des collectes à domicile, des quêtes dans les églises, des dons volontaires et même des amendes imposées pour certains délits (Poulin, 1954 ; Anctil et Bluteau, 1986).

5.2.4.3. Le Canada sous le régime anglais

L'Église demeurait la seule structure organisée présente dans le domaine de la santé et de l'assistance. Elle dispensait, par l'intermédiaire de ses institutions, une aide complémentaire à la solidarité des groupes naturels que sont la famille et la paroisse. L'Hôpital y ajouta la prise en charge des malades mentaux dont le gouvernement s'engageait à défrayer les coûts.

5.3. La période de la révolution industrielle : le XIXe siècle (1800-1899)

> La pauvreté est une tare et un vice par manque de volonté. Le pauvre est un malade, un asocial qu'on doit soigner. L'assistance se fait par la philanthropie.

5.3.1. La société

5.3.1.1. L'Europe et la France

En Europe et en France, c'est l'époque de la transformation de la société rurale, agricole, en une société industrielle, urbaine. Les classes possédantes créent nombre de manufactures, dans les grandes villes de l'Europe occidentale (Allemagne, Angleterre, Belgique, France, Italie). Les riches propriétaires sont considérés, par nombre de penseurs (philosophes, économistes, politiciens) comme les citoyens par excellence de la société : « ils sont souverains par la grâce de Dieu et par la nature ; c'est grâce à eux, à leur labeur, aux travaux et aux avances de leurs ancêtres, si le pays peut se loger et manger ».

Le développement de la société industrielle provoqua la désagrégation des familles rurales et draina vers les villes quantité de gens. Une majorité d'hommes, de femmes, et même des enfants, peinaient de 12 à 15 heures par jour dans des manufactures où les conditions de travail étaient très difficiles et dangereuses. Le soir, ces mêmes populations se retrouvaient dans des logements insalubres, des taudis ou des asiles de nuit, au centre des villes et dans les banlieues où promiscuité, tuberculose, alcoolisme, prostitution constituaient des nids d'agitation sociale (Witmer, 1943 ; Fohlen et Bédarida, 1960 ; Delay-Malherbe, 1982).

Par contre, les conséquences du travail industriel ne furent pas seulement négatives. Un travail régulier et assidu dans les manufactures et le salariat conférèrent aux travailleurs une plus grande indépendance face aux employeurs, des facilités de se former à un métier, par comparaison aux modes d'apprentissage dans les anciennes corporations, et, pour certains jeunes gens, une autonomie à l'égard de l'autorité paternelle ou par rapport aux modes de vie traditionnelle du village et plus de liberté dans l'usage et la gestion de l'argent gagné par le travail. Ce nouveau mode de vie devint synonyme non seulement de liberté mais aussi de responsabilité personnelle. Il se creusa ainsi un fossé entre ceux qui travaillaient et ceux qui étaient en marge du monde du travail, par nécessité ou par choix (Delay-Malherbe, 1982).

5.3.1.2. Le Québec

Depuis les révolutions de 1776 aux États-Unis et de 1789 en France, des mouvements de révolte contre l'Angleterre surgirent au Canada pour réclamer plus de démocratie et l'autodétermination du peuple canadien. Des affrontements entre les Patriotes et les troupes anglaises se produisirent surtout dans la vallée du Richelieu, dans la grande région de Montréal dans les années 1837-1838. Ces soulèvements éclatèrent au moment même où John George Lambton, premier comte de Durham est nommé par l'Angleterre pour enquêter sur les rébellions et faire des propositions pour ramener la paix sociale dans les colonies. Dans son rapport *On the Affairs of British North America*, Lord Durham conclut que le problème du Bas-Canada n'est ni politique, ni administratif, mais plutôt lié à « la coexistence de deux groupes linguistiques aux intérêts divergents ». Il recommande que l'Angleterre fasse tout pour assimiler complètement les Canadiens francophones, en favorisant une immigration anglophone et en leur retirant les pouvoirs politiques qu'ils avaient acquis par la Constitution de 1791 : « La langue, les lois et le caractère du continent nord-américain sont anglais ; et toute race [autre] que la race anglaise [...] y apparaît dans un état d'infériorité. C'est pour les tirer de cette infériorité que je désire donner aux Canadiens notre caractère anglais. [...] On ne peut guère concevoir de nationalité plus dépourvue de tout ce qui peut vivifier et élever un peuple que celle que représentent les descendants des Français du Bas-Canada, du fait qu'ils ont conservé leur langue et leurs coutumes particulières » (extraits du Rapport Durham, 1839, cités par Bourdon et Lamarre, 1998).

Dès 1800, l'Angleterre adopta une politique d'émigration des indigents vivant sur le sol britannique vers les colonies canadiennes, comme solution aux problèmes de la pauvreté qui sévissait dans le pays. Ces émigrants amenèrent avec eux de nombreuses épidémies. Par exemple, dans les années 1840, l'Irlande vivait « la crise de la pomme de terre », aliment de base des Irlandais, elle connut alors des années de grande Famine (1846-1848) qui la plongèrent dans la misère la plus totale et qui provoqua une émigration massive — près d'un million d'Irlandais — vers les Amériques : les États-Unis et le Canada dont, entre autres, le Québec qui accueillit de nombreuses familles irlandaises, en raison de leur appartenance commune à l'Église catholique.

Comme l'assimilation proposée par Durham ne se réalisait pas et que les Canadiens français continuaient d'exercer une influence politique, en raison de leur poids démographique, cette situation irritait beaucoup les Anglais radicaux de Londres qui voulaient avoir les coudées franches pour diriger le pays. On essaya donc de limiter les effets du pouvoir francophone en créant une nouvelle entité politique et en concédant aux Canadiens anglais un certain pouvoir politique sur les territoires où ils étaient en majorité.

Au cours des années 1860, l'idée fit son chemin de procéder à un regroupement de toutes les colonies que l'Angleterre possédait en Amérique du Nord. Le 1er juillet 1867, une nouvelle constitution entra en vigueur : l'Acte de l'Amérique du Nord britannique créa le Canada, lequel comprenait quatre provinces : l'Ontario, le Québec, le Nouveau-Brunswick et la Nouvelle-Écosse, l'Angleterre gardant le plein contrôle sur le Canada, par le Conseil privé qui en limitait les pouvoirs. Par contre, la Confédération offrait aux Canadiens français une province où ils auraient des garanties pour protéger leur culture, incarnée par la langue et la religion. Les Québécois étaient toutefois politiquement encadrés par le gouvernement fédéral (Bourdon et Lamarre, 1998).

D'autre part, dès 1850 et jusqu'au début des années 1920, nombre de Canadiens français, en raison des conditions économiques difficiles et de l'échec de la colonisation agricole, quittèrent le Québec pour s'installer aux États-Unis, surtout dans les États de la Nouvelle-Angleterre. Cette émigration était considérée comme l'une des stratégies tout aussi valable que l'exode vers les centres urbains du Québec (Bourdon et Lamarre, 1998).

5.3.2. Les assistés

5.3.2.1. L'Europe et la France

L'état de pauvreté était directement lié à un non-travail (Castel, 1995). Beaucoup de personnes furent incapables de faire face et de s'adapter aux changements sociaux qu'entraîna la révolution industrielle et technique : mendicité, alcoolisme, délinquance, maladie mentale, prostitution allèrent de pair avec les types de réponses des sociétés concernées : prolifération des assistances privées, répression de la mendicité par les *workhouses*, l'emprisonnement, les placements d'office en institution, entre autres.

On en vint à penser que si la pauvreté n'était un destin ni pour l'individu ni pour la société, elle relevait peut-être de la responsabilité de chacun. Ainsi, la pauvreté devint un problème social dont les causes, croyait-on, étaient individuelles, des causes surtout d'ordre moral : débauche, intempérance, paresse, imprévoyance, mauvaise gestion de l'argent… mais un problème contre lequel la personne pouvait lutter, « par volonté de travailler, par volonté de s'en sortir ». Le pauvre fut considéré comme un malade, un déviant, un asocial qu'il fallait prendre en charge et soigner. Cette prise en charge visait à le transformer en vue de le réintégrer dans la société industrielle.

On instaura alors la distinction entre les « pauvres dignes et méritants » et les « pauvres indignes et non méritants ».

• *Les pauvres dignes* comprenaient les malades, physiques et mentaux, les handicapés, les vieillards, les jeunes enfants, les femmes enceintes, c'est-à-dire des individus inaptes au travail, «ceux qui ne pouv[ai]ent durablement (l'âge, l'infirmité) ou momentanément (la maladie) accéder et exercer un travail» (Marteau, 1998).

• Quant aux *pauvres indignes et non méritants*, «des pauvres valides mais qui ne travaill[ai]ent pas», ils étaient constitués de diverses catégories :
– d'abord, bien sûr, ceux qui refusaient de travailler ;
– puis, les travailleurs à bas revenus dont les salaires étaient insuffisants non seulement pour assurer leur subsistance et celle de leur famille mais encore plus, pour faire des économies, en cas d'imprévus. Ces travailleurs étaient soupçonnés de mal gérer leurs affaires. En outre l'Académie des sciences morales et politiques de Paris affirmait, en 1874, lors d'une réunion, que des salaires élevés étaient une incitation à la débauche ;
– et enfin, les personnes qui manifestaient des problèmes d'intégration à cette organisation nouvelle qu'était une société urbaine, industrielle, capitaliste. Les immigrants représentaient une catégorie de citoyens particulièrement vulnérables à cette intégration, du fait de leurs habitudes de vie, de leur mentalité, du manque de connaissance de la langue du pays d'accueil et de l'absence de qualification professionnelle. Pour un grand nombre d'entre eux, la délinquance, le vol, la prostitution étaient leurs seuls moyens de survie.

Des rapports de force s'instaurèrent et des conflits éclatèrent entre la classe bourgeoise possédante et la classe ouvrière, considérée comme dangereuse (Chevalier, 1984).

5.3.2.2. Le Québec

Aux malades, aux indigents, aux vieillards sans famille et aux orphelins, s'ajoutèrent les assistés issus de la vague d'immigrants en provenance des Îles britanniques et de l'Irlande qui arrivèrent au pays dans un état de santé déplorable, porteurs de maladies contagieuses et souvent à l'article de la mort. D'autre part, avec l'industrialisation et l'urbanisation qui firent leur apparition vers les années 1850, il se produisit un grand nombre de dislocations au sein des familles québécoises, coupées de leurs racines rurales (Poulin, 1954).

5.3.3. Les services

5.3.3.1. L'Europe et la France

Les mouvements charitables misèrent davantage sur des services d'éducation et de réhabilitation que sur les secours qui devinrent en quelque sorte l'ultime recours et le dernier maillon de la chaîne.

Les mesures pour les pauvres invalides consistaient généralement en placement en institutions ; en cas de non-admission en institution, on proposait des repas ou de la nourriture, des vêtements ou des bons de combustible, des logements ou des allocations.

Les mesures pour les pauvres valides correspondaient à plusieurs formules :
– l'instauration d'allocations compensatoires : à Londres, jusqu'en 1834, on expérimenta un régime d'allocations destinées aux pauvres valides pour pallier les bas salaires. Ces allocations étaient distribuées par des directeurs d'assistance. On admettait ainsi du coup que la pauvreté prenait ses racines dans l'organisation économique, et qu'elle n'était pas due à un vice de la personne. Les conséquences de ce système firent que les employeurs réduisirent les salaires (déjà bas) et que les travailleurs cessèrent de faire des efforts pour garder un emploi, s'appuyant sur les assistances et la charité pour subsister ;
– l'enfermement dans les *workhouses* pour les obliger à travailler : devant l'échec de l'assistance compensatoire, on crut qu'il fallait trouver davantage de moyens pour inciter les gens à travailler et que la pauvreté, au lieu d'être un mal à combattre, devrait être utilisée « comme un éperon qui force l'humanité au travail dont découlent les bénéfices de la richesse ». (Witmer, 1942). Au début, c'était la famille (y compris les enfants) qui était enfermée dans le *workhouse* susceptible d'accueillir plusieurs milliers de personnes. Les gens étaient en quelque sorte traités comme des esclaves, ne pouvant pas sortir pour se chercher un autre emploi. On maintenait volontairement une discipline et des conditions de vie insoutenables dans le but de décourager une fréquentation abusive de la part des pauvres. C'est ainsi que le *workhouse* devint un test : si le pauvre acceptait d'entrer dans le *workhouse* malgré tous ses désagréments, c'était la preuve suffisante qu'il avait réellement besoin de secours. On croyait ainsi qu'on n'avait plus besoin de faire une enquête minutieuse sur les besoins de la famille et sur sa moralité (Fohlen et Bédarida, 1960) ;
– la lutte contre le paupérisme : l'arrivée massive de populations dans les grandes villes, en quête d'emplois et mal préparées à la vie citadine, provoqua un problème d'intégration sociale qui se manifesta, chez bon nombre de gens, par une paupérisation accrue contre laquelle les associations de toutes sortes et les pouvoirs publics tentèrent de lutter à plusieurs niveaux :
   • un premier niveau avec des mesures de prévention générale, entre autres, par la destruction des taudis et la reconstruction de logements ; par l'assainissement urbain : installation d'égouts, adduction d'eau, goudronnage des rues ; la lutte contre les fléaux sociaux comme la prostitution, l'alcoolisme, la tuberculose ;
   • un deuxième niveau avec les mesures de soutien à la famille : la mise en place de crèches, de cliniques médicales et dentaires, de colonies de vacances ;
   • un troisième niveau avec l'assistance éducative : des associations proposèrent des services dont les visées étaient davantage pédagogiques. On essaya d'inculquer à l'ensemble de la population des modèles de vie capables de les faire participer aux structures de la société industrialisée. On tenta de stabiliser les classes populaires par l'apprentissage de la ponctualité et de la régularité au travail, du sens de l'effort et de la prévoyance, et par l'acquisition de principes d'hygiène corporelle, alimentaire, sexuelle (Delay-Malherbe, 1982).

5.3.3.2. Le Québec

L'Acte de l'Amérique du Nord britannique de 1867 désigna les provinces comme étant responsables du Bien-être social et de l'assistance. L'Église continua à dispenser les services hospitaliers par le truchement des hôpitaux appartenant aux communautés religieuses et l'assistance par les Sociétés Saint-Vincent-de-Paul dans les paroisses qui pourvoyaient aux besoins des plus démunis. S'y ajoutaient les services qui relevaient du gouvernement fédéral, comme les pénitenciers, les hôpitaux de la quarantaine, de la marine et des affaires indiennes (Mongeau, 1967).

5.3.4. Les instances

5.3.4.1. L'Europe et les États-Unis

Plusieurs associations privées menèrent des campagnes pour que l'État s'implique. Les gouvernements de l'Europe adoptèrent plusieurs lois parmi lesquelles (Delay-Malherbe, 1982) :
- les lois concernant le travail des enfants : les manufactures étaient considérées comme des lieux physiquement dangereux, inadaptés à leurs capacités physiques et en même temps dangereux moralement, les enfants étant exposés aux abus des adultes ;
- les lois rendant l'école obligatoire pour tous les enfants tant des classes populaires que des classes bourgeoises : l'école était considérée comme un moyen de prévention face aux dangers de la ville et de la rue qui guettaient les enfants des classes populaires. L'école permettait aussi de déceler les familles « déviantes » qui essayaient de se soustraire à la loi ;
- des lois visant la protection de l'enfance : la présence, dans les écoles, de médecins, d'infirmières, de contrôleurs d'absence, fit en sorte que l'identification « des familles à problèmes » fut possible. Les enfants battus, exploités, abandonnés, malades qui étaient jusqu'alors confinés dans le monde des familles, du voisinage, des fermes et des manufactures purent être connus des pouvoirs publics et des associations ;
- enfin, dès 1850, la plupart des pays d'Europe de l'Ouest adoptèrent aussi des lois concernant l'assistance publique et l'assurance-maladie.

Le droit des pauvres à obtenir des secours de la part de la société et des pouvoirs publics ne pouvait se légitimer d'aucune manière, n'étant pas « conforme à l'ordre naturel des choses ». Bien plus, l'assistance par l'État était considérée comme une prime à la paresse et au vice. En conséquence, l'assistance aux pauvres, toutes catégories confondues, devint le lot des mouvements privés philanthropiques. Et ce n'est que vers la moitié du XIXᵉ siècle que la classe ouvrière, ayant obtenu le droit de vote, obligea pour ainsi dire les politiciens à devenir attentifs à leurs problèmes, s'ils voulaient se maintenir au pouvoir et combattre les idées socialistes et communistes qui commençaient à faire leur chemin dans les rangs des travailleurs.

Il y eut, partout en Europe et en Amérique, un foisonnement de fondations charitables, d'associations religieuses, d'organisations privées qui militaient en faveur de telles ou telles catégories de pauvres ou qui luttaient contre tel ou tel problème social ou moral. De plus en plus de voix acquises aux idéaux humanistes et démocratiques s'élevèrent contre les méthodes d'enfermement des pauvres dans des institutions et la répression qu'on exerçait envers eux, comme dans le cas des *workhouses*. En France, par exemple, Frédéric Ozanam (1813-1853), historien et écrivain, fonda en 1833, avec six étudiants universitaires chrétiens, les Conférences (ou Sociétés) de Saint-Vincent-de-Paul, une organisation de laïcs voués à l'action charitable. Ozanam donna le nom de Conférences aux associations, en référence aux conférences littéraires ou d'histoire qu'il fréquentait comme étudiant. Les Sociétés de Saint-Vincent-de-Paul s'établirent dès 1845 aux États-Unis et en 1846 au Québec. En quelques années, elles couvrirent tout le territoire de l'Amérique du Nord (Denault, 1960).

Mais ce sont surtout deux associations privées, originaires d'Angleterre, qui furent à la base des fondements du service social : les *Charity Organization Societies* (COS) qu'on peut traduire en français par les Sociétés d'organisation de la Charité et les *Settlements Houses*, les Résidences sociales ou les Colonies sociales.

Les COS et les Settlements *en Angleterre*

Les COS

Au XIXᵉ siècle, de nombreuses fondations privées et associations religieuses exerçaient la charité sans discernement, de façon massive et avec une certaine émulation entre elles. Au lieu de combattre la pauvreté, on augmenta la dépendance. La pauvreté devint un véritable fléau social. C'est alors qu'un groupe de bénévoles composé, entre autres, de membres du clergé, de la noblesse et du Parlement eut l'idée de coordonner les efforts des organisations charitables et de formuler des principes généraux pour les guider dans leur travail. Il créa, en 1869, la *London Charity Organization Society* dont le chanoine Samuel Barnett de l'Église épiscopalienne fut un des membres fondateurs ; la COS était une fédération de quarante-deux *District Committees* correspondant aux divisions de la *Poor Law* dans la métropole de Londres (Mowat, 1957). Le chanoine Barnett et son épouse, Henrietta, dirigèrent pendant plusieurs années une COS locale dont les activités furent consignées dans un livre. Les Barnett furent aussi à l'origine de la fondation des *Settlements Houses* à Londres.

Les COS s'inspirèrent des idées et des réalisations de Vincent de Paul en France auprès des malades, des mourants, des prisonniers et des pauvres, ainsi que des écrits d'Ozanam. Elles prirent surtout comme modèle les pratiques du vicaire Thomas Chalmers (1780-1847), théologien presbytérien, prédicateur renommé, professeur de philosophie, philanthrope, qui exerça un ministère dans la paroisse de St John, à Glasgow en Écosse, de 1819 à 1823, dont il rendit compte dans un ouvrage qui exerça une très grande influence, *The Parochial System without a Poor Rate* (Chalmers, 1848). Il mit en place plusieurs mesures dont :
 – la division de la paroisse (elle comprenait 10 000 habitants) en vingt-cinq districts avec une personne responsable de la coordination des actions de charité auprès de cinquante familles ;

– la rencontre personnelle, sur une base amicale, de chaque pauvre qu'il tenait pour responsable de sa pauvreté, conséquence de son imprévoyance et de son ignorance : Chalmers était farouchement opposé aux secours matériels et pensait qu'on pouvait stimuler la volonté de la personne à s'en sortir ;

– le soutien à l'individu pour qu'il devienne l'agent de sa propre réhabilitation, en essayant d'impliquer dans cette mission tous ceux qui étaient susceptibles d'apporter une contribution : parents, voisins, amis, et aussi des personnes riches et influentes, tous ces gens étant qualifiés par Thomas Chalmers de « fonds invisibles de la charité » (Sand, 1931) ;

– et enfin, l'extinction de l'assistanat : Chalmers pensait que les aides fournies par la loi des Pauvres et par la charité désordonnée tarissaient les sources des « quatre fontaines » qui procurent aux gens des apports bénéfiques : la première fontaine et de loin, la plus productive, a trait aux habitudes et aux économies des gens eux-mêmes ; la deuxième fontaine, que le paupérisme tend à fermer et que son abolition rouvrira, concerne les attentions de la parenté ; la troisième fontaine sur laquelle le paupérisme pose un des plus mauvais plombages, c'est la compassion du riche envers le pauvre dans la société ; mais il y a une autre fontaine, plus productive, qui est la solidarité du pauvre pour les autres (Wooderoofe, 1966) (notre traduction).

Les COS tenaient l'exercice irréfléchi et massif de la charité pour responsable de l'augmentation de l'indigence. Par contre, elles considéraient l'argent et les biens matériels de l'assistance prodigués à bon escient comme des moyens pour amener les personnes à reprendre leur place dans la société et elles cherchaient à aider les solliciteurs d'assistance à en faire un usage constructif (Witmer, 1942). Les buts qu'elles poursuivaient étaient d'organiser les secours distribués à la population par la coordination des interventions de l'ensemble des associations charitables et de prévenir le paupérisme par un travail personnalisé auprès du demandeur. Les COS ne fournissaient pas d'assistance proprement dite mais se percevaient comme des organisations privées, destinées à servir de lien entre les solliciteurs et les organismes dispensateurs de services et d'aides. Elles déterminaient si l'assistance était nécessaire, et dans l'affirmative, en quoi elle devait consister et vers qui diriger le demandeur. Ce travail de coordination impliquait une connaissance par chacun du travail des autres organisations et l'enregistrement de tous les cas dans un fichier central.

Les actions que les COS exerçaient envers les solliciteurs d'aide portèrent, essentiellement sur deux éléments : l'investigation et l'attention personnalisée :

– *l'investigation* consistait, à partir d'une demande, à procéder à une enquête approfondie et minutieuse pour établir la nécessité des besoins. À l'exception de situation d'extrême urgence ou de mort imminente, il ne devait pas y avoir de secours assuré sans une investigation. Les COS allaient à l'encontre de ce qui se pratiquait dans l'ensemble des institutions de charité : « donner sans poser de questions ». Elles voulaient ainsi éviter d'entretenir la dépendance en ne donnant que dans les situations évaluées comme correspondant à un besoin ;

– *l'attention personnalisée* avait pour but de trouver, chez les bénéficiaires, les meilleurs moyens de les aider à se sortir de la pauvreté. Les contacts de personne à personne étaient alors privilégiés ; la distribution des secours aux personnes sollicitant de l'aide se faisait en présence et sous le contrôle d'un(e) bénévole. Les COS disposaient d'équipes composées d'agents salariés et de bénévoles qu'on appelait les visiteurs amicaux (les *friendly visitors*), qu'elles mettaient à la disposition des pauvres qui pouvaient alors exposer leurs difficultés sans perdre le respect d'eux-mêmes, ni recourir aux larmes, aux mensonges ou aux histoires inventées de toutes pièces, pour recevoir de l'assistance, ce qui était humainement dégradant. Ces bénévoles, généralement des femmes de la classe aisée, n'étaient pas payé(e)s pour faire les visites au domicile des gens. Elles donnaient des conseils au sujet des enfants, de la tenue de maison, de l'administration de l'argent, de la protection « contre le démon de l'alcool et de la paresse ». Les visiteurs amicaux étaient encadrés par des agents qui, eux, recevaient un salaire et qui remplissaient des rôles administratifs. Les familles ne recevaient donc aucune assistance financière des COS mais une aide morale pour reprendre une place dans la société. Les COS s'attaquaient à la tâche de la réforme du caractère et des écarts de conduite (l'indolence, l'ivrognerie, la dépendance) ou à des défauts de personnalité qui empêchaient les personnes de prendre une part active dans la société. Bref, elles essayaient d'aider les personnes qui avaient besoin d'encouragement et de soutien pour accomplir leurs devoirs de parents ou pour se préparer à occuper un emploi et à le conserver. C'était en quelque sorte un idéal de charité, conçue comme une aide de proximité dans laquelle chacun connaît l'autre et se sent une responsabilité mutuelle.

Les actions des COS auprès des œuvres de charité quant à elles consistaient à :
– coordonner les secours jusqu'alors distribués de façon désordonnée : aucun secours ne devait être fourni par une organisation charitable sans une recommandation des COS ;
– éviter la duplication des aides publiques et des aides privées ;
– diminuer les mesures répressives comme le test du workhouse qui visait à lutter contre les abus ;
– à combattre la pratique moralisante « victorienne » en introduisant les travailleurs sociaux dans les hôpitaux et les prisons (Breakwell et Rowett, 1982).

Cependant, en Angleterre, l'action des COS fut limitée à cause de l'intransigeance des principes moraux qui guidaient le travail d'assistance des comités locaux. Les bénévoles croyaient que, le plus souvent, la pauvreté était due à des tares (paresse, imprévoyance), à des fautes individuelles ou à de mauvaises conduites. Cette croyance conduisit à des aberrations : ainsi pour combattre la paresse et l'indolence, on laissait pâtir la famille d'un ivrogne pour ne pas enlever à celui-ci la chance de prendre conscience des conséquences malheureuses de son vice et de s'en corriger par la honte qu'il devait en éprouver. Bon nombre d'organisations charitables n'approuvaient pas les méthodes d'action des COS qu'elles trouvaient inhumaines. Il y avait également une certaine tendance des membres des comités à exercer de la censure : les bénévoles croyaient que les riches, comme tels, étaient intellectuellement et moralement supérieurs aux pauvres et que, conséquemment, ils étaient en droit de leur donner accès à l'assistance pécuniaire et d'exercer en même temps une dictature sur leurs vies (Witmer, 1942).

Trois personnages émergèrent des COS d'Angleterre :

• *Charles Loch (1849-1923)* fut le premier secrétaire général des COS d'Angleterre, pendant près de quarante ans, de 1875 à 1913. Pour lui, les COS avaient comme but principal de rendre les individus capables de mieux se servir des institutions sociales sans perpétuer la pauvreté ni la dépendance.

• *Octavia Hill (1838-1912)* exerça son action dans la COS de Londres dont elle fut l'une des fondatrices. Elle fit la promotion de l'individualisation de l'assistance et elle mit l'accent sur les relations interpersonnelles entre le bénévole et l'assisté : « pas d'aumônes mais un ami », telle était sa devise. C'est vers les années 1880 qu'Octavia Hill définit l'assistance comme étant un service personnel dans le but de développer les ressources des pauvres eux-mêmes. C'est à cette époque qu'on utilisa le terme *Case Work* pour désigner ce service personnel, mais ce n'est qu'en 1897 que le terme *Case Work* fut adopté aux États-Unis (Rich, 1956, rapporté par Denault, 1960). Elle s'illustra également dans des campagnes pour des logements convenables, des services sociaux aux aveugles, aux malades mentaux ainsi que pour la création de dispensaires pour tuberculeux et de services sociaux dans les hôpitaux.

• *Samuel A. Barnett (1844-1913)*, théologien de l'Église épiscopalienne, fut un des fondateurs de la COS de Londres, en 1869 et par la suite, en 1884, des *Settlements Houses*. Pour Barnett, la paresse, l'imprévoyance, la dépendance étaient les causes premières de la pauvreté. Aucun secours ne devait être accordé sans une enquête approfondie, laquelle enquête ou investigation devait permettre de trouver, dans le passé de la personne assistée, les meilleurs moyens de l'aider à surmonter ses difficultés et de s'appuyer sur ses possibilités personnelles. Samuel Barnett en vint, cependant, après plusieurs années, au constat que la paroisse n'était plus le système adéquat pour contrer les maux engendrés par la révolution industrielle, et il conçut l'idée de réformer les bas quartiers en créant un mouvement social : les *Settlements Houses*.

Les *Settlements Houses* en Angleterre

Les promoteurs des *Settlements* (du verbe anglais *to settle*, s'établir parmi, vivre avec) voulaient amener des gens aisés à aller vivre — et à faire ainsi partie de la communauté — au milieu des populations des classes laborieuses, victimes de la révolution industrielle ; dans ces conditions, elles pourraient aider à résoudre leurs difficultés, par le biais de l'éducation et de la culture (Kaeppelin, 1953).

Le pasteur Samuel Barnett et son épouse Henrietta créèrent en 1884, à l'est de Londres, dans le quartier des taudis de Whitechapel, un des quartiers les plus malfamés (là même où Jack l'Éventreur à l'automne 1888 commit ses horribles crimes contre des prostituées) le premier *Settlement*, le *Toynbee Hall*, ainsi nommé en mémoire de l'un des résidents du *Settlement* mort prématurément. Les Barnett invitèrent un groupe de jeunes gens de l'université d'Oxford et des personnes de divers horizons socio-économiques et culturels à venir résider à Whitechapel où ils organisèrent des clubs sociaux, des classes, des séminaires, des conférences, des concerts. La présence physique des *Settlements* dans les quartiers conduisit tout naturellement les leaders à faire des observations et des études de besoins de la population et à participer activement aux luttes sociales. Le personnel des

Settlements était constitué de plusieurs catégories d'intervenants : des habitants du quartier, des enseignants, des spécialistes des loisirs, des travailleurs sociaux qui pratiquaient presque exclusivement les méthodes de groupe et le travail communautaire (Barker, 1995 ; Durand, 1996).

Toynbee Hall devint rapidement un modèle. On vint observer le travail de l'équipe de Samuel Barnett de tous les horizons : Allemagne, Hollande, France, États-Unis.

Les instances aux États-Unis : COS et Settlements américains

Les idées prônées par les COS et les *Settlements* d'Angleterre trouvèrent un écho aux États-Unis d'Amérique : plusieurs bénévoles américains vinrent en Angleterre avant d'implanter ces structures d'assistance chez eux, dans le dernier quart du XIXᵉ siècle.

Les COS aux États-Unis

La première COS américaine fut fondée en 1877, à Buffalo dans l'État de New York par le Révérend S. Humphreys Gurteen, un prêtre de l'Église épiscopalienne. Quelques années plus tard, plus de vingt-cinq COS avaient été établies dans l'est et le centre est des États-Unis.

La situation qui prévalait en Amérique était, à peu de choses près, la même qu'en Angleterre : des fondations et des sociétés charitables existaient dans les villes et dans les communautés rurales ; les Églises complétaient les lois des Pauvres, administrées par les fonctionnaires gouvernementaux. Il y régnait le chaos des pratiques de la charité, jugées excessives et qui perpétuaient le paupérisme. En outre, les États-Unis disposaient de fonds de secours pour les différentes nationalités (Écossais, Français, Allemands, Italiens). Qui plus est, dès 1875, 29 grandes villes avaient élaboré des plans pour combattre la pauvreté massive : les *Associations of Improving the Conditions of the Poor* (AICP), ce qui favorisa l'implantation des COS (DuBois *et al.*, 1995). Dans les premières années de leur existence, leurs bénévoles étaient en grande majorité issus des classes moyennes et supérieures, souvent des gens ayant du temps libre en raison de leurs conditions économiques ou familiales ou encore des professionnels à la retraite (professeur, comptable, théologien). Il y avait deux catégories de travailleurs dans les COS : les responsables de district, « *paid agents* », généralement des hommes, salariés, qui occupaient des fonctions administratives et les visiteurs *amicaux*, « *friendly visitors* », généralement des femmes qui faisaient les visites à domicile, activité essentielle des COS, et qui travaillaient bénévolement (Lubove, 1965 ; Handel, 1982 ; Johnson et Schwartz, 1988).

Les actions des COS d'Amérique prirent trois directions (Witmer, 1942) :
- la suppléance aux déficiences de l'organisation sociale : par la fondation de toutes sortes d'organismes : bureaux de placement, fourniture de bois ou de charbon, buanderies, refuges, caisses de prêts, banques d'épargne, garderies pour enfants, cuisines, services de consultation légale, centres récréatifs, colonies de vacances, cliniques de puériculture ;
- l'amélioration de l'organisation sociale existante : par la constitution et le financement de commissions d'enquête et de groupes d'études sur le logement,

la tuberculose, la délinquance juvénile, la réforme pénale, la législation ouvrière et le travail des enfants ; par la coordination du travail des associations, par la création de conseils des œuvres qui procédaient aux levées de fonds pour l'ensemble des institutions ; par la tenue de conférences nationales annuelles de la Charité ;

– et surtout, le travail individuel auprès des assistés :

- l'abandon de la distinction entre client méritant et non-méritant, et la création de catégories de bénéficiaires : par exemple : mari déserteur, alcoolique, vagabond ;
- la systématisation de l'étude de cas ou d'enquête sociale, laquelle devait porter sur les conditions économiques, sociales et psychologiques plutôt que sur la moralité de la personne ; l'observation de faits plutôt que des impressions personnelles et la consignation des données dans un dossier ;
- l'établissement de « relations amicales » de personne à personne. La charité scientifique devait encourager chez les gens l'indépendance et préserver la famille, considérée comme l'unité de base de la société (Witmer, 1942 ; Pumphrey et Pumphrey, 1961).

Dix ans après leur implantation, les COS d'Amérique, grâce à la méthode d'étude de cas individualisée, en vinrent au constat que la pauvreté ne devait pas être attribuée à des vices de la personnalité : la pauvreté était la conséquence de causes ou de circonstances, en dehors de la volonté des personnes, comme la maladie, la vieillesse, l'abandon ou la mort d'un soutien de famille ; mais surtout que la pauvreté était liée à des déficiences de l'organisation sociale, caractérisée par le chômage, l'habitation insalubre, l'hygiène déficiente, les bas salaires, le prêt usuraire (Witmer, 1942 ; Handel, 1982). Par ces actions, les COS jetèrent les bases du service social individuel et de l'organisation communautaire.

Bien que les COS aient exercé une influence majeure sur la scène du *Welfare*, au début du siècle, elles connurent une période de déclin. Parce que les COS mettaient l'accent sur l'efficacité de la charité organisée, beaucoup de leurs bénévoles crurent que leur tâche première était l'élimination des abus et des fraudes, perdant ainsi de vue le but de la réhabilitation sociale. Les COS reçurent par contre un appui massif de la *Russell Sage Foundation* où Mary Richmond était devenue, en 1909, la directrice du Département de la *Charity Organization*. La *Russell Sage Foundation* fit, entre 1907 et 1937, la promotion du service social, contribuant à sa professionnalisation, par le financement de projets de recherche, par l'attribution de subventions pour la création d'associations professionnelles de travailleurs sociaux et par la diffusion de publications sur le service social (Wenocur et Reisch, 1989).

Les *Settlements* aux États-Unis

Le premier *Settlement* en Amérique du Nord fut ouvert en 1886. La *Neighbourhood Guild* (la Corporation de quartier), appelée plus tard *University Settlement*, fut installée dans le quartier de Lower East Side de New York, sous la direction de Stanton Coit, ministre du culte et philosophe. Coit avait fait un séjour à Londres au *Toynbee Hall*. La Corporation de quartier était pour lui une sorte d'institution nouvelle qui pouvait, indépendamment de toute affiliation religieuse, regrouper tous les habitants d'une ville — hommes, femmes et enfants, de toutes les rues et de tous les quartiers — dans un ensemble de clubs, créés par eux-mêmes ou en alliance avec d'autres. Ces clubs pouvaient mettre en place toutes les réformes de l'idéal social relatives à l'éducation, au travail, aux loisirs, à l'aide mutuelle.

Plusieurs *Settlements* s'établirent rapidement dans les centres-villes des grandes cités dont le *Henry Street Settlement* à New York, fondé par Lillian D. Wald et voué aux immigrants. Mais c'est surtout le *Settlement* de Chicago qui retint l'attention. En 1889, Samuel Barnett fit le voyage depuis Londres pour aider Jane Addams à établir un *Settlement* à Chicago : le *Hull House* qui devint le prototype des *Settlements*. Jane Addams concevait les *Settlements* comme des agents de changement social ; elle croyait que par l'implantation d'un *Settlement* on pouvait servir, dans la société américaine, les intérêts de toutes les classes sociales, et qu'on pouvait y pratiquer « la relation mutuelle des classes » et ainsi créer « une société d'amis ».

Le personnel des *Settlements* était constitué en grande majorité de jeunes gens de bonnes familles, aisés et instruits, remplis de l'idéal chrétien de l'Église primitive et attirés par les idées marxistes qui commençaient à circuler : les concepts de classes sociales et d'organisation du pouvoir ouvrier. Les *Settlements* adoptèrent des rôles de « bons voisins » plutôt que des rôles de « philanthropes ». Selon eux, l'origine des problèmes n'était pas attribuable à la personnalité et au style de vie des populations pauvres mais plutôt aux déficiences de l'organisation sociale. Ils firent des *Settlements* des lieux de formation pour éduquer les classes populaires ; ils développèrent des méthodes pour aider les populations à trouver des solutions aux problèmes que ces dernières identifiaient d'elles-mêmes (Woodroofe, 1966 ; Handel, 1982 ; Wenocur et Reisch, 1989).

Les *Settlements* étaient plus préoccupés de prévention que de traitement des problèmes vécus par les populations. Ils se percevaient plus comme des réformateurs sociaux que comme des travailleurs cliniques. Ils essayèrent, en étant implantés dans les quartiers, d'aider les pauvres, généralement des immigrants, à améliorer leurs conditions sociales. Ils ouvrirent des garderies pour les mères qui travaillaient dans les fabriques, des cliniques de santé, des classes de danse, d'art, de théâtre, de couture. Les *Settlements* s'attaquèrent par la suite à des problèmes sociaux d'envergure nationale. Graduellement, ils se politisèrent et poursuivirent des rôles de réformateurs en travaillant à l'adoption de législations et de politiques sociales conformes à leurs idéaux : par exemple des lois concernant le travail des enfants, le travail des femmes, les soins institutionnels aux personnes handicapées et aux déficients mentaux. Ils contribuèrent également à la création des services de bien-être à l'enfance et des tribunaux pour la jeunesse (Johnson et Schwartz, 1988 ; Johnson, 1995 ; Van Wormer, 1996).

Les résidences sociales en France

Inspirées du modèle anglais des *Settlements*, cinq résidences sociales furent implantées dans des quartiers populaires de Paris et de la banlieue, entre 1896 et 1910. Le premier *Settlement* français fut fondé à Paris, sous le nom de L'Œuvre sociale, dans le 11e arrondissement, par Marie Gahéry (1867-1932), au retour d'un long voyage d'études auprès, entre autres, des *Settlements* de Londres. L'Œuvre sociale s'installa dans le quartier de Popincourt, au 36, rue du Chemin-Vert, pour emménager un an plus tard rue de la Folie Regnault, où Mère Mercédès Le Fer de La Motte (1862-1933), religieuse d'origine bretonne de l'Oratoire de Saint-Philippe de Néri vint s'adjoindre à l'équipe des travailleuses sociales de L'Œuvre. À la fin de l'année 1898, Marie Gahéry quitta L'Œuvre et Mère Mercédès en devint la directrice, secondée par Apolline de Gourlet. En 1903, L'Œuvre ouvrit deux maisons sociales, l'une au 19, avenue d'Orléans, dans le 14e arrondissement, (appelée la Maison sociale de Montrouge), l'autre, au 43 bis, rue des Cloys (3e arrondissement), dans le quartier de Montmartre. C'est en 1903 que Marie-Jeanne Bassot (1878-1935) se joignit à l'équipe de Mère Mercédès (elles seront impliquées dans un procès dont on fera état plus loin dans ce texte). En 1905, les trois maisons acquirent une existence légale (loi de 1901) sous le nom de La Maison sociale. Cette année-là, l'association ouvrit deux autres maisons à Paris, rue d'Italie et rue de La Bastille. En 1907, une maison sociale fut fondée à Levallois-Perret, en banlieue, par Marie-Jeanne Bassot et Mathilde Girault.

Les résidences proposaient des services, tels des cercles d'études, des cours d'apprentissage, des consultations médicales, des conseils juridiques, des garderies d'enfants, de l'aide à la recherche d'emploi, en somme des activités à caractère social qui étaient en opposition avec le modèle médicosocial et le système de bienfaisance de l'époque. La visée des résidences sociales était « de se faire peuple », de participer au relèvement et à l'éducation des classes populaires.

Les résidences sociales rencontrèrent une vive opposition dans les milieux bien pensants de Paris, comme en témoigne l'histoire de Marie-Jeanne Bassot. Cette dernière, en mars-avril 1909, intenta un procès à ses parents, suite à une tentative d'internement psychiatrique, survenue en juillet 1908, que ces derniers avaient voulu lui imposer tant il était scandaleux à l'époque que des jeunes femmes, issues de la bourgeoisie, s'engagent auprès des classes populaires et commettent ainsi des actions considérées comme subversives. La mère de Marie-Jeanne l'avait fait enlever un dimanche, au sortir de la messe, pour l'amener de force en voiture, avec l'aide de son fils, d'infirmières et d'un ancien agent de police, dans une clinique en Suisse. Marie-Jeanne Bassot fut libérée immédiatement par le médecin psychiatre de l'institution. Cette affaire défraya la chronique dans les journaux de la capitale. Mère Mercédès Le Fer de La Motte y fut accusée de « fausse mystique se prenant pour sainte Thérèse » (Guerrand et Rupp, 1978) et d'exercer une emprise malsaine et suspecte sur les auxiliaires des Maisons sociales. Madame Bassot mère fut condamnée à un franc d'amende avec sursis. Cette affaire jeta le discrédit sur les Maisons sociales et les priva du financement et des appuis de la bourgeoisie. En octobre 1909, le comité-directeur de l'association décidait de fermer les portes des Maisons sociales. Deux maisons survécurent à cette crise : celles de Montmartre et de Levallois-Perret que Marie-Jeanne Bassot et Mathilde Girault réintégrèrent en 1910. Mère Mercédès se retira en Bretagne.

Plusieurs femmes parmi les « auxiliaires » des résidences sociales furent les initiatrices d'institutions majeures pour le service social français : Marie Gahéry, Apolline de Gourlet, Mathilde Girault et Marie-Jeanne Bassot contribuèrent à la création des premières écoles professionnelles de service social, à Paris au début du XXe siècle. De plus, Marie-Jeanne Bassot et Apolline de Gourlet, œuvrèrent à la création de la Fédération des centres sociaux de France (Guerrand et Rupp, 1978 ; Aron, 1978 ; Durand, 1996).

5.3.4.2. Le Québec

À compter des années 1800, des organisations de charité laïques et des associations de bénévoles furent créées : telles, en 1810, la Société de bienveillance de Québec qui s'occupait d'aide à domicile et, en 1819, la Société de Québec des Émigrés. Avec l'arrivée des épidémies, l'État mit sur pied plusieurs institutions : en 1823, l'Hôpital des Émigrés à Québec ; en 1832, l'installation sanitaire à Grosse-Île, près de Québec, pour combattre le choléra ; en 1834, l'Hôpital de la Marine, consacré aux soins des marins étrangers et malades (Poulin, 1954 ; Mongeau, 1967 ; Anctil et Bluteau, 1986). L'Église était toujours la principale institution dans les champs de la santé, des services sociaux et de l'éducation. Devant la croissance des besoins, mais aussi en raison du manque de religieuses et de religieux, les évêques de Québec et de Montréal, au cours des années 1840, firent venir de France des communautés religieuses pour répondre aux besoins des hôpitaux et de l'éducation — les Pères Oblats de Marie Immaculée (OMI) en 1841, les Jésuites en 1842 ; les Dames du Sacré-Cœur en 1842 et, en 1844, les religieuses du Bon Pasteur — et encouragèrent la création de nouveaux instituts religieux. Monseigneur Bourget, évêque de Montréal fonda, en 1842, la Congrégation des Sœurs des Saints Noms de Jésus et de Marie et, en 1844, les Sœurs de la Providence.

En 1846, les Sociétés ou Conférences Saint-Vincent-de-Paul, fondées en France dès 1833 (cf. *supra*), furent implantées partout au Québec. Elles remplacèrent les comités paroissiaux et constituèrent, avec les hôpitaux administrés par les communautés religieuses, l'essentiel de l'organisation de l'assistance sociale. Il existait une centaine de Conférences de Saint-Vincent-de-Paul dans les années 1890 dont les membres étaient en grande partie des ouvriers et des personnes peu aisées (Lallemand, 1895).

5.4. La période contemporaine : le XXe siècle (1900-2000)

La pauvreté est une injustice sociale et un défaut de la structure sociale. Le pauvre est un exclu, un inadapté. L'assistance se fait par les droits sociaux et un accompagnement personnalisé.

5.4.1. La société en Europe et en Amérique du Nord

L'industrialisation continue sa progression avec la concentration des populations dans les villes et les banlieues ainsi que l'universalisation du régime du salariat dans tous les secteurs de l'industrie, du commerce, de la bureaucratie. Tant en Europe qu'en Amérique, le capitalisme s'installe, caractérisé par la recherche du profit (qui se fait souvent au détriment des travailleurs) et par la concurrence effrénée entre les entreprises. Bon nombre de personnes, de familles issues des milieux ruraux, d'immigrants furent incapables de s'adapter et de faire face à la révolution industrielle.

Plusieurs événements, d'autre part, marquèrent le XXᵉ siècle, aggravant les problèmes sociaux liés à la révolution industrielle.

• *La séparation de l'Église et de l'État en France :* dès la proclamation de la République française en 1789, l'État démocratique avait remplacé la monarchie. Un siècle plus tard, avec la révolution industrielle, la société voit l'apparition des classes sociales et des injustices sociales vis-à-vis des travailleurs et des chômeurs. Résoudre « la question ouvrière » devint un enjeu majeur pour la République qui devait affirmer sa capacité à instaurer la justice, la démocratie, la fraternité. Une lutte s'engagea, à partir du milieu du XIXᵉ siècle, entre l'Église et l'État, entre le public et le privé. Le 15 mai 1891, le pape Léon XIII, dans l'encyclique *Rerum Novarum*, rappelait aux patrons leurs devoirs envers les ouvriers, entre autres, « de respecter chez l'ouvrier la dignité de l'homme » et « de donner à chacun le salaire qui convient ». Léon XIII, en même temps, dénonçait le socialisme comme étant une doctrine qui prône la haine, qui viole les droits naturels de la propriété et qui ébranle la société tout entière. Il rappelait également que l'Église pouvait apporter les meilleures solutions à la question ouvrière, en faisant appel, en vue de la réconciliation des classes sociales, à la bonne volonté de tous les acteurs. La République française, dès 1901, adopta des lois instaurant la séparation de l'Église et de l'État, la dissolution des congrégations religieuses et l'interdiction aux religieux d'enseigner dans les écoles, en raison de « l'influence pernicieuse des religieux qui portent atteinte à l'autorité de l'État ». On essaya aussi de remplacer la notion de *charité* (qui dépend du bon vouloir de certaines personnes ou groupes vis-à-vis d'individus qu'on connaît souvent un par un) par la notion de *solidarité* (équité envers tous les membres de la société). Beaucoup d'instituts religieux émigrèrent dans d'autres pays, d'autres se soumirent à la sécularisation obligatoire et plusieurs milliers d'écoles furent fermées (Donzelot, 1984 ; Castel, 1995 ; Rater-Garcette, 1996).

• *La Première Guerre mondiale (1914-1918) :* elle eut pour cause principale la concurrence que se livrèrent les pays dominants de l'Europe à propos des colonies et des matières premières. Le conflit opposa l'Allemagne-Autriche et ses alliés, la Turquie, la Bulgarie et la Serbie, aux pays d'Europe de l'Ouest et leurs alliés : l'URSS, le Japon, l'Italie, les États-Unis, la Chine, l'Amérique latine. À l'automne 1918, l'Allemagne capitula. Le traité de paix de Versailles fut signé le 28 juin 1919 et imposa à l'Allemagne, entre autres, la restitution de l'Alsace-Lorraine à la France et le versement de 20 milliards de marks or, à titre de réparation. Les pertes humaines furent évaluées à 8 millions de morts.

• *Le krach boursier de 1929 :* l'effondrement brutal des cours des valeurs à la Bourse de New York en octobre 1929 plongea tous les pays du monde dans une grande dépression et le chômage s'installa de façon massive (par exemple, il toucha un quart de la population des travailleurs aux États-Unis). On prit conscience alors que la misère n'était pas nécessairement le fait de l'imprévoyance personnelle mais qu'elle pouvait être le résultat d'une crise politique ou économique. On sentit la nécessité d'une économie régulée par l'intervention de l'État dans les différents secteurs de la production.

• *La Deuxième Guerre mondiale (1939-1945)* : les hostilités furent déclenchées par Hitler (1889-1945) qui voulait affranchir l'Allemagne des ententes imposées par les Alliés lors du traité de Versailles en 1919, ententes jugées humiliantes et impossibles à respecter par une Allemagne qui subissait une très grande inflation et qui était fortement affaiblie par la crise de 1929. Au nom du principe « de l'espace vital », Hitler chercha à annexer les territoires voisins (Tchécoslovaquie, Pologne…) à l'Allemagne. L'Allemagne fut appuyée par l'Italie et le Japon contre les pays d'Europe de l'Ouest, le Commonwealth, l'URSS, la Chine et les États-Unis, qui refusaient cette politique d'expansion et les méthodes d'extermination des populations jugées par Hitler inaptes génétiquement (les juifs, les tsiganes, les homosexuels, entre autres). En juin 1944, le Débarquement de Normandie amorça les débuts de la victoire des Alliés. Vaincu, Hitler se suicida le 30 avril 1945. L'Allemagne capitula le 8 mai 1945. Finalement, le Japon capitula à son tour fin août 1945, après les bombardements atomiques, le 6 août 1945, des ports d'Hiroshima et de Nagasaki, par les États-Unis d'Amérique dont Harry Truman (1884-1972) était alors président.

• *Le plan Marshall et les trente glorieuses (1945-1975)* : la reconstruction de l'Europe occidentale, épuisée et ruinée par ces deux guerres meurtrières, fut entreprise avec l'aide économique des États-Unis : le plan Marshall (du nom du secrétaire d'État du Président Truman qui adopta le plan en 1948). L'administration du plan fut confiée à deux organismes : l'un américain, l'Economic Coopération Administration (ECA) et l'autre européen, l'Organisation européenne de coopération économique (OECE). À la fin du plan Marshall, ces deux organisations furent fusionnées en 1961 pour devenir l'actuelle Organisation de coopération et de développement économiques (OCDE). George Catlett Marshall reçut le prix Nobel de la paix en 1953. La France connut une croissance économique sans précédent ; les années de 1945 à 1975 furent appelées « les trente glorieuses ».

• *Les deux Allemagnes (1948-1989)* : les conflits mondiaux ne cessèrent pas avec la fin de la Deuxième Guerre mondiale, en 1945. Ils engendrèrent plusieurs situations complexes dont l'occupation du territoire allemand et sa partition par trois pays alliés. D'un côté, les États-Unis, la France, la Grande-Bretagne décidèrent, en 1948, de la création d'un État fédéral dans leurs zones d'occupation respectives, la République Fédérale d'Allemagne (la RFA, avec Bonn comme capitale) ; de l'autre côté, l'URSS imposa la création de la République Démocratique Allemande (la RDA, avec Berlin-Est comme capitale). En 1961, la RDA érigea un mur entre Berlin-Est et Berlin-Ouest, pour empêcher l'émigration de ses citoyens vers l'Ouest. Ce système dura jusqu'à la chute du mur de Berlin, le 10 novembre 1989.

• *La guerre froide (1945-1990)* : au lendemain de la Seconde Guerre mondiale, le monde s'est divisé en deux blocs : le monde communiste, dominé par l'Union soviétique et le monde occidental ou capitaliste, représenté par les États-Unis d'Amérique. L'URSS et les États-Unis se présentaient comme deux voies ou deux modèles de l'évolution de l'humanité ; chacun revendiquait le titre de leader de l'histoire et voulait exercer une influence sur la marche du monde.

• *La guerre du Viêt Nam (1954-1975)* : l'Indochine (Viêt Nam) entreprit, entre 1945 et 1954, une guerre contre la France pour reconquérir son indépendance, laquelle fut reconnue par les accords de Genève qui partagèrent le pays en deux : le Viêt Nam du Sud (capitale Saigon), soutenu par les Américains et le Viêt Nam du Nord (capitale Hanoi), dirigé par Hô Chi Minh (1890-1969), fondateur du parti communiste indochinois, soutenu par l'URSS et la Chine populaire. Ce dernier mena une guerre contre le Viêt Nam du Sud et les États-Unis, dès 1960, pour la réunification du Viêt Nam qui eut lieu en 1976, après que les forces armées américaines se retirèrent en 1975.

• *Les décolonisations (1945-1990)* : un fort mouvement de décolonisation s'était amorcé dès le début du XIXᵉ siècle avec l'indépendance d'Haïti, en 1804, qui fut suivie, en 1889, par celle du Brésil. Mais c'est surtout le XXᵉ siècle, entre 1945 et 1990, qui vit l'effondrement des empires coloniaux et l'accession à l'indépendance de plusieurs pays (Figure 5.1).

Figure 5.1
Accession à l'indépendance des pays colonisés

1946 : Philippines	Gabon, Congo,	1966 : Lesotho et
1947 : Inde et Pakistan	Tchad, Mauritanie,	Botswana
1948 : Birmanie	Madagascar,	1968 : Maurice, Swaziland
1949 : Indonésie et Laos	Burkina et Bénin	et Guinée
1951 : Libye	1961 : Afrique du Sud,	Équatoriale
1954 : Viêt Nam et	Sierra Leone,	1970 : Gambie
Cambodge	Tanganyika,	1974 : Guinée-Bissau
1956 : Tunisie, Maroc et	Ouganda	1975 : Angola,
Soudan	1962 : Algérie	Mozambique et
1957 : Ghana et Malaisie	Burundi, Rwanda	Comores
1958 : Guinée et Niger	1963 : Kenya, Zanzibar	1976 : Seychelles
1960 : Nigeria, Sénégal,	1964 : Zambie et Malawi	1977 : Djibouti
Côte d'Ivoire,		1990 : Namibie

• *Une peste moderne, le sida* : le dernier quart du XXᵉ siècle a été marqué par l'apparition de la pandémie du syndrome immunodéficitaire acquis ou sida. Cette affection grave, transmissible par voie sexuelle et sanguine, frappa d'abord les communautés gays et les toxicomanes des pays occidentaux, pour se répandre ensuite dans l'ensemble des populations, par le biais, notamment, de la transfusion de sang contaminé. Cette pandémie finit par atteindre tous les pays du monde et elle prit des proportions gigantesques dans les pays en voie de développement, surtout en Afrique. En raison de son mode de transmission et de sa virulence, le sida a engendré une véritable psychose qui a renforcé les préjugés à l'endroit des homosexuels et des toxicomanes, et provoqué des réactions de rejet à l'égard de toute personne atteinte de cette maladie. La croyance en la toute-puissance de la médecine et des médecins a été aussi fortement ébranlée. Les patients sidéens ont fait émerger de nouveaux rapports entre les médecins, les équipes professionnelles et les malades, les associant comme acteurs premiers et co-intervenants dans les dispositifs de soins et de traitements (Defert, 1992).

• *La révolution informatique et la mondialisation des marchés* : en Amérique comme en Europe occidentale, des mutations importantes sont survenues dans les dernières décennies du XXᵉ siècle, en fait depuis la fin des trente glorieuses et ont bouleversé l'équilibre des rapports entre l'économique et le social. Elles contribuèrent à la diversification de la société salariale, telle qu'on l'avait connue jusqu'alors, ce qui a engendré un processus de dualité sociale, c'est-à-dire un clivage entre ceux qui sont « *in* » ou « en dedans de la société » et ceux qui sont « *out* » ou « en dehors ». Les « *in* » sont les individus qui accèdent au statut de travailleur salarié stable et aux relations sociales et économiques qui en dépendent. Les « *out* » sont ceux qui en sont exclus, vivant des situations d'extrême précarité et une fragilisation des supports traditionnels de protection sociale fournis par les réseaux de proximité et d'aide charitable (Castel, 1991 ; Rosanvallon, 1995 ; Laville, 1996 ; Cérézuelle, 1996 ; Ramonet, 1997).

5.4.2. Les assistés en Europe et en Amérique du Nord

Il est à noter qu'à compter du XXᵉ siècle, nous ne faisons plus de distinction concernant les assistés sociaux en Europe, en France, aux États-Unis ou au Québec. Les problèmes sociaux sont à peu de choses près les mêmes, les assistés aussi.

Au début du XXᵉ siècle, les besoins de sécurité, qui jusqu'alors étaient présentés comme principalement liés à la classe ouvrière, s'étendirent à toutes les classes de la société. Ainsi, le plan Beveridge en Angleterre, en 1942, proclamait que tout individu a droit à la garantie, par l'État, d'un revenu minimum (George, 1973) ; et, en 1946, la Constitution française stipulait que « tout être humain qui, en raison de son âge, de son état physique ou mental, ou de la situation économique se trouve dans l'incapacité de travailler, a le droit d'obtenir de la part de la collectivité des moyens convenables d'existence ». La garantie de sécurité de la part de l'État mais aussi par les assurances sociales et l'assistance publique (appelée l'aide sociale à compter des années 1960) caractérise la société de la première moitié du XXᵉ siècle.

Dans les sociétés industrialisées, la plupart des travailleurs deviennent des salariés. Le salaire apporte non seulement des revenus à la personne mais aussi des avantages indirects, par le biais des assurances sociales auxquelles le travailleur contribue et qui lui donnent des droits à des prestations sociales, lui procurant ainsi une sécurité face à certains risques : maladie, accidents du travail, vieillesse, chômage (Rea, 1997). Le travail productif est le fondement de la société ; il constitue l'apport de chacun à la richesse de la société et sa participation aux charges collectives. Il devint ainsi l'essentiel du processus d'intégration sociale de la personne dans la société (Castel, 1991, 1995).

Dès lors, et dans un premier temps, on considéra que le chômage était le résultat de carences personnelles : paresse, manque de volonté, handicaps psychologiques… et qu'il fallait offrir (et même imposer) des soutiens aux personnes (formation, aide psychologique, accompagnement, guidance) afin de maintenir la personne active dans la société et de protéger la collectivité des dangers que génère l'indigence : le vagabondage, la délinquance, l'assistanat. Mais, avec la crise de 1929, et avec la crise de l'emploi qui s'installa dès 1975, le chômage devint un risque social (et non, une faute personnelle) dont la responsabilité incombait aux employeurs et aux gouvernements et se révélait essentiellement sociale (Serrano Pascual, 1997). Il fallait, dans ces cas, assurer la défense des individus contre les préjudices que pouvait leur occasionner la société du fait du type d'organisation du travail (Castel, 1995 ; Rosanvallon, 1995 ; Rea, 1997).

Mais de nos jours, dans ces temps de chômage massif, les causes de la pauvreté sont vues comme multiples, contingentes et complexes. Le pauvre est perçu à la fois comme victime des conditions économiques et sociales et comme responsable de sa situation d'exclusion, eu égard à son engagement et à sa participation dans le projet de réinsertion sociale (Serrano Pascual, 1997). Avec le recul de l'implication de l'État-providence, il y a eu une dégradation des droits sociaux, un accroissement des inégalités entre les catégories de personnes et la mise en place d'un processus d'exclusion à l'encontre de ceux qui sont en marge du travail salarié : l'individu fait partie d'une collectivité parce qu'il est travailleur ou producteur. S'enclenchent pour la personne en chômage des processus de désaffiliation — rupture d'avec les réseaux d'aide et d'entraide —, de désinsertion — retrait des circuits de la vie active (Castel, 1991, 1995) — et de disqualification : beaucoup de personnes décrochent de leurs propres capacités à se mobiliser, à faire appel aux ressources, à faire valoir leurs droits (Nonain, 1997). Ils gonflent les rangs de ceux qu'on définit « comme des handicapés sociaux » dont les caractéristiques sont le manque de compétences sociales et de socialisation, l'absence de projet professionnel et personnel, le manque de motivation, l'incapacité à s'adapter (Alaluf, 1995 ; Serrano Pascual, 1997).

Depuis l'adoption de la Déclaration universelle des droits de l'homme par l'Assemblée générale des Nations Unies en 1948, et suite à l'évolution des idées concernant les droits sociaux des minorités, il n'y a pas que les chômeurs qui réclament de l'assistance. Des groupes de plus en plus nombreux, tant en Amérique du Nord qu'en Europe de l'Ouest, se sont tournés vers les professionnels des services sociaux dédiés aux personnes et aux communautés : par exemple, en 1960, les mouvements combattant la pauvreté liée aux classes sociales ; en 1970, la lutte contre le sexisme et pour les droits civils des gays ; puis, en 1980, la revendication des droits des personnes du troisième âge et des personnes handicapées, des droits « de mourir dans la dignité », et même des droits du fœtus, et enfin, en 1990, l'affirmation des droits des réfugiés, des sans-papiers et des sans domicile fixe (Moreau, 1991 ; Merrien, 1996).

5.4.3. Les services

Au début du XXe siècle, le bien-être social fut considéré en partie comme une réponse aux changements sociaux accompagnant le développement de la société moderne industrialisée et urbaine. La plupart des pays d'Europe de l'Ouest et de l'Amérique du Nord instaurèrent des systèmes de protection sociale, avec la cohorte des lois sur les accidents du travail, la retraite des ouvriers, l'assurance-maladie, les allocations familiales. Des lois concernant l'assistance aux vieillards infirmes et incurables ou aux femmes enceintes virent le jour, qui mettaient ainsi en application les principes énoncés au Congrès international d'assistance publique de Paris, en 1889 : « L'assistance publique doit être rendue obligatoire par la loi en faveur des indigents qui se trouvent temporairement ou définitivement dans l'impossibilité physique de pourvoir aux nécessités de l'existence ».

Les services offerts aux populations furent quelque peu différents dans la première moitié du XXe siècle en Europe de l'Ouest et en Amérique du Nord : l'Europe était confrontée à un travail de reconstruction des pays, suite aux deux guerres meurtrières qui avaient détruit le territoire, fait des millions de morts, laissé nombre d'orphelins, de veuves et de handicapés, tandis que l'Amérique du Nord faisait face à l'intégration d'immigrants de tous horizons qui devaient trouver au Nouveau monde une manière de vivre ensemble. Puis, avec l'avènement de la révolution informatique et la mondialisation des marchés, les services furent davantage orientés vers une tentative pour stopper les processus d'exclusion sociale, auprès d'une population de plus en plus diversifiée : les jeunes, même scolarisés, à la recherche d'un premier emploi, les jeunes sans qualification professionnelle, les chômeurs de longue durée, mais aussi des cadres ayant perdu leur emploi lors de fermeture ou de restructuration d'entreprises, et même des candidats hautement scolarisés (avec maîtrise et doctorat), sans parler des personnes avec des handicaps physiques ou mentaux ou psychologiques et des femmes monoparentales, responsables de famille.

5.4.3.1. La France

En France, l'entre-deux-guerres, c'est-à-dire la période comprise entre 1918 et 1939, fut marqué par des prestations de services d'aide et de soins, dans la lutte contre la tuberculose, la protection maternelle et infantile, le travail des femmes dans les usines d'armement. La tuberculose tout comme les maladies vénériennes (rebaptisées maladies sexuellement transmissibles ou MST) se développèrent durant cette période de façon alarmante et furent la cause principale de la mortalité infantile. On créa, dans les départements français, des dispensaires de dépistage des maladies contagieuses. En 1916, le gouvernement français légalisa le rattachement des infirmières visiteuses à ces dispensaires. Les infirmières visiteuses étaient différenciées des infirmières hospitalières et un diplôme d'État d'infirmière visiteuse fut créé en 1922, suivi, en 1932, du diplôme d'État d'assistante sociale. En 1938, ces deux diplômes furent fusionnés en un seul diplôme d'État d'assistant de service social (Pascal et De Robertis, 1994). Comme on connaissait, depuis la fin du XIXe siècle la manière dont les maladies contagieuses apparaissaient et se développaient, favorisées par de mauvaises conditions d'hygiène de vie, les infirmières visiteuses eurent pour fonction la prévention de la tuberculose et les soins aux malades à domicile. Elles enseignèrent aux mères de famille les règles d'une saine hygiène de vie ou de l'hygiène sociale : « ces règles, découvertes par le bon sens et mises au point par la science, sont avant tout basées sur l'ordre, c'est-à-dire en pratique sociale : plan de vie, budget, propreté et régularité, d'où découlent [...] la qualité de l'alimentation, du logement, qui doivent être sains et suffisants, l'équilibre du travail et du repos », comme l'affirmait Henri Sellier, ministre de la santé, à la 3e conférence internationale de service social, à Paris, en 1936. Ce discours annonce ce qui allait devenir la polyvalence de secteur en France (Bouquet et Garcette, 1998).

Quant à la protection de la maternité et de l'enfance, elle était considérée comme une des priorités. Dans la France de l'époque, beaucoup d'enfants mourant dès la première année, la Croix-Rouge française mit sur pied nombre de services : consultations de nourrissons, pouponnières, maisons maternelles. Dès 1922, chaque département eut un « Office de la protection maternelle et infantile ».

Le travail des femmes dans les usines d'armement s'amorça pendant la Première Guerre mondiale (1914-1918) : on embauchait essentiellement des ouvrières dans les usines de fabrication d'armes alors que les hommes étaient au front. Des femmes, engagées dans diverses actions sociales, étaient préoccupées par le sort de ces ouvrières. Elles créèrent la fonction de « surintendantes d'usine » : la mission des surintendantes était de veiller non seulement à l'amélioration de la productivité et à la prévention des conflits sociaux à l'intérieur des usines mais aussi à l'amélioration des conditions d'hygiène « toute spéciale que leur sexe exige ». Les surintendantes participèrent également à la création de crèches et de colonies de vacances. En 1917, une École des surintendantes fut ouverte à Paris afin de former des cadres à l'exercice de leurs fonctions dans les usines d'armement. Ces initiatives jetèrent les bases du service social d'entreprise. Après la guerre, les surintendantes s'occuperont des problèmes liés à la fin de la guerre : les réfugiés, l'organisation des services sociaux.

Après la Deuxième Guerre mondiale, les services en France s'inscrivirent dans les grandes orientations de la Sécurité sociale (Alfandari, 1977 ; Guerrand et Rupp, 1978). Les services offerts étaient de nature médicosociale et cherchaient à donner à des grandes catégories (les malades, les travailleurs, les handicapés) les prestations prévues par les lois. Les cycles de formation sur le travail social organisés par l'ONU tentèrent d'aiguillonner les services vers une optique psychosociale plutôt que médicale, à l'instar des méthodes du service social pratiquées en Amérique du Nord.

D'autre part, depuis les années quatre-vingt, de nouveaux dispositifs gouvernementaux sont mis en place pour lutter contre la délinquance et les problèmes urbains liés à la dégradation sociale et à l'insécurité, notamment dans les quartiers ou les banlieues dits sensibles (Autès, 1999). Il s'agit d'interventions de nature plus collective qui s'inscrivent dans des espaces comme le quartier, la zone, la ville, la région, ces espaces fournissant les ressources en terme de soins, de services et même d'emplois auxquels les individus peuvent avoir accès, de par les droits que leur procure la citoyenneté. D'autre part, depuis l'instauration, en 1988, de la loi sur le revenu minimum d'insertion (RMI), les chômeurs et les exclus de toutes sortes font l'objet d'une attention particulière pour les réinscrire dans les circuits de participation à la vie dans la société : emploi, formation, responsabilité civique, utilité sociale, reconnaissance des droits sociaux. Des prestations sociales sont allouées à toute personne qui présente un projet en vue de formation pour un éventuel emploi ; en retour l'État, par l'intermédiaire des collectivités régionales ou locales s'engage à fournir au bénéficiaire les moyens financiers pour la mise en œuvre de sa démarche d'insertion (Autès, 1999). Cette mesure s'inscrit dans une optique selon laquelle « la personne est l'acteur de son avenir de citoyen » (De Robertis, 1993). Le contrat RMI est « un dispositif pédagogique » (Lafore, 1989) qui sollicite l'adhésion minimale de l'individu et scelle pour ainsi dire un accord de collaboration ou de partenariat social. « À l'effort financier de la société, doit répondre un effort de la personne pour effectuer une démarche d'insertion sociale ou professionnelle » (Hatzfeld, 1998). Ce sont donc des types d'interventions très personnalisées qui prennent en compte les particularismes de chacun. Ces mesures, à l'usage, ne se révèlent pas toujours à la hauteur des effets escomptés : les perspectives d'emploi durable sont minimes (De Robertis, 1993) et le chômage devient d'ores et déjà une composante structurelle des économies des pays développés (Autès, 1997). Cependant les liens sociaux ne sont plus uniquement organisés en relation avec le travail ; ils se nouent aussi dans des espaces comme la ville, le quartier, la rue, la banlieue, autant de lieux qui peuvent représenter des possibilités « de stratégies positives de survie dans l'immédiat, de reconstruction des liens sociaux structurants et de transition pour apprendre à mieux contrôler son avenir » (Lucchini, 2000), mais aussi des lieux d'apprentissage à la qualification sociale : capacité à accepter les règles du jeu, à s'intégrer dans un collectif, à prendre des initiatives, à exercer des responsabilités (Cérézuelle, 1996).

5.4.3.2. Les États-Unis

Les États-Unis d'Amérique, quant à eux, s'attaquèrent aux problèmes liés à l'afflux de nombreux immigrants sur leur territoire, dans les débuts du XXe siècle ; puis, aux problèmes de pauvreté et de chômage causés par la grande dépression de 1929. Franklin D. Roosevelt (1882-1945) devint président des États-Unis en 1933, et fut réélu en 1936, 1940 et 1944 ; il tenta de redresser l'économie du pays, par une politique sociale — le *New Deal* —, en instaurant l'assurance-chômage pour tous les sans-emploi. On adopta la loi sur la Sécurité sociale en 1935. Il y eut, à cet effet, une organisation des services publics d'aide sociale qui prenaient en charge l'assistance financière tandis que les fondations privées, les associations caritatives et même des services marchands se consacraient aux besoins d'ordre émotionnel et éducatif (Newman, 1992).

La période qui a suivi la Deuxième Guerre mondiale connut une augmentation de l'emploi et une hausse générale de la prospérité économique. Jusque dans les années 1965, on entreprit de mener « la guerre contre la pauvreté », avec des législations sociales élaborées, au début, par John Fitzgerald Kennedy (1917-1963), président des États-Unis de 1960 jusqu'à son assassinat à Dallas, en 1963, puis par Lyndon Baines Johnson (1908-1973), président de 1963 à 1968. Kennedy et Johnson ont établi une aide financière pour les familles à bas revenus avec enfants. Avec l'élection, en 1968, du Président Richard Nixon (1913-1994), on mit un frein aux dépenses en matière d'aide sociale, et on transféra la responsabilité des programmes sociaux aux États et aux organisations privées.

5.4.3.3. Le Québec

Le Canada et le Québec connurent une vague d'immigration sans précédent dans les premières années du XXe siècle. Près de trois millions d'immigrants en provenance des États-Unis, de l'Angleterre mais aussi de l'Europe du Sud et de l'Est (Italie, Grèce, Pologne, Ukraine, Allemagne) s'installèrent en Ontario et, au Québec, surtout à Montréal, centre industriel majeur. Chaque communauté développa ses propres institutions et services, effet de l'isolement dans lequel les autorités franco-catholiques placèrent les nouveaux arrivants, de foi et/ou de langue différentes et considérés comme une menace à la survivance canadienne française (Bourdon et Lamarre, 1998).

En 1921, le Gouvernement du Québec adopta la loi d'assistance publique qui accordait des subsides aux institutions (hôpital, crèche, sanatorium, refuge) pour le placement des indigents, inaptes au travail. Puis, en 1926, ce fut la création des premières unités sanitaires, en Beauce, à Saint-Jean-d'Iberville et au Lac Saint-Jean, qui s'inscrivirent dans le traitement et la prévention des maladies infectieuses, la lutte contre la tuberculose, l'hygiène infantile — à la maison comme à l'école. Les unités sanitaires furent abolies dans les années 1975 et incorporées dans les centres locaux de services communautaires (CLSC) (Anctil et Bluteau, 1986; Desrosiers *et al.*, 1998).

La crise de 1929 qui jeta des milliers d'ouvriers à la rue provoqua un mouvement de retour à l'agriculture. Les gouvernements — fédéral et provincial — donnèrent des subventions aux chômeurs des villes pour aller s'installer dans des secteurs de colonisation : Abitibi, Bas Saint-Laurent, Gaspésie, Saguenay, Lac Saint-Jean. Après la crise, le Gouvernement du Canada, entre 1931 et 1941, adopta des lois pour garantir un revenu minimum aux accidentés du travail, aux personnes âgées, aux aveugles, aux mères nécessiteuses et aux chômeurs. À compter des années trente, plusieurs agences sociales relevant des diocèses furent créées au Québec pour prévenir la désintégration des familles ; dès 1950, elles furent implantées dans toutes les régions du Québec et reconnues comme « institutions sans murs », ce qui leur permettait de recevoir les subventions gouvernementales prévues dans la loi d'assistance publique de 1921. Les agences diocésaines administrèrent, dès les années soixante, la loi de l'assistance chômage. En 1941, le Gouvernement fédéral instaura un programme d'assurance-chômage, auquel le Québec n'adhéra qu'en 1959, et, en 1945, un régime d'allocations familiales. Vinrent s'ajouter, dès 1952, la sécurité vieillesse, l'assurance invalidité, l'assistance aux enfants et l'assistance aux aveugles. On passa ainsi d'une pratique d'assistance jusqu'alors axée sur le travail et le bien-être à des pratiques d'assurance destinées à protéger les droits sociaux des individus et des collectivités (Anctil et Bluteau, 1986). Le Québec connut, dans les années soixante, une période de changements importants sur le plan politique (*La Révolution tranquille*) : le Gouvernement se lança « dans une vaste entreprise de rattrape afin d'adapter les diverses structures de la société québécoise aux réalités du monde moderne » (Mayer, 1994). Le modèle d'organisation des agences sociales diocésaines de service social fut remis en cause par des Commissions d'étude (Commission Boucher, en 1963, sur l'assistance publique ; Commission

Castonguay-Nepveu, en 1972, sur la santé et les services sociaux). Il s'en suivi une importante réorganisation du secteur socio-sanitaire : abandonnant le modèle socio-charitable de leurs origines, les services sociaux furent administrés selon un modèle socio-étatique (Beaudoin, 1996). Un double réseau fut mis en place pour offrir des services entièrement dissociés des mesures d'aide sociale, accessibles à tous et gratuits :

– le réseau des centres locaux de services communautaires (CLSC) qui offrent des services de santé et de services sociaux de proximité, au niveau local ;

– le réseau des centres de services sociaux (CSS) qui accordent une priorité à l'enfance maltraitée et à la jeunesse délinquante, au plan régional (Mayer, 1994).

En même temps, il y eut une résurgence des initiatives privées : groupes communautaires, organismes et associations d'aide aux personnes dans le besoin et bénévolat (Langlois *et al.*, 1990).

Depuis les années quatre-vingt, partout dans le monde, on assiste à une recrudescence des mêmes maux sociaux : la pauvreté, le chômage, le décrochage social, le refuge dans la drogue, la délinquance, la maladie mentale, la montée du terrorisme. Depuis lors, les services, en France comme au Québec, sont davantage axés sur la promotion et la restauration des liens sociaux, c'est-à-dire des rapports qui s'établissent entre les individus et la collectivité, par le biais de la citoyenneté (appartenance à un État nation) et de la solidarité (appartenance à une même Humanité).

Ces mesures, en somme, peuvent constituer des formes d'organisation de résistance aux destructions des personnes, en leur redonnant confiance en leurs capacités, en leur savoir-faire et leur savoir-être en les amenant à contribuer, par les mécanismes de la solidarité, au développement local du quartier ou de la ville par exemple. Ces mesures sont vitales pour maintenir le sentiment d'être utile socialement et éviter ainsi l'exclusion sociale (Cérézuelle, 1996).

5.4.4. Les instances

5.4.4.1. L'Europe et la France

C'est lors d'un congrès international d'associations de bienfaisance, en 1893, qu'on préconisa, pour la première fois, la création d'instituts spécialisés dans la formation de travailleur social (Blum, 1970). En 1899, l'Institut de formation en service social fut créé aux Pays-Bas, à Amsterdam. L'Institut offrait une formation d'une durée de deux ans comportant un enseignement théorique et des stages. En 1903, la COS de Londres contribua à mettre sur pied la *School of Sociology* qui proposait une formation théorique et pratique d'une durée de deux ans.

À Paris, entre 1911 et 1917, plusieurs écoles de service social, à l'initiative de divers mouvements sociaux et religieux, furent fondées :

– en 1907, l'École pratique de formation sociale, sous la responsabilité de Marie Gahéry (1867-1932) préparait « des personnes à des carrières honorables et rétribuées comme directrices ou auxiliaires dans les œuvres » ;

– en 1908, l'École libre d'assistance privée, créée par l'abbé Jean Violet (1875-1956), était destinée à former des visiteurs sociaux professionnels ;

– en 1911, l'École normale sociale, sous la direction de Mme Andrée Butillard, promotrice du syndicalisme féminin, dispensait son enseignement auprès de deux types d'élèves : « les promotrices », issues de la bourgeoisie, qu'on préparait à diriger des « œuvres » sans percevoir de salaire, et « les propagandistes », des jeunes femmes destinées à occuper des fonctions de cadre dans les syndicats chrétiens ;

– en 1913, le pasteur Paul Doumergue, représentant l'Église protestante, fonda l'École pratique de service social ;

– en 1917, cinq femmes œuvrant dans des mouvements sociaux importants, Cécile Brunschvicg (Conseil des femmes françaises), Nicole de Montmort (Association des infirmières visiteuses), Marie Diemer (Guides de France), Madame Violet (Fédération des Ouvroirs de guerre) et Marie Routier (Assistance par le travail) mirent sur pied l'École des surintendantes ayant comme objectif de préparer des cadres pour travailler auprès des ouvrières embauchées dans les usines d'armement ;

– en 1919, l'École d'action sociale de Levallois-Perret fut fondée sous le nom de l'École Pro Gallia par Mme Marie Diemer : au décès de cette dernière, Marie-Jeanne Bassot en prit la direction.
(Bougé, 1947 ; Knibiehler, 1958 ; Bousquet, 1965 ; Guerrand et Rupp, 1978 ; Aron, 1988 ; Diebolt, 1997).

En Belgique, c'est l'État qui prit l'initiative des premières fondations d'écoles de service social (Van Gorp, 1986) :

– en 1920, l'École centrale de service social de Bruxelles et deux écoles catholiques, francophone et néerlandophone, de la Ligue nationale des travailleurs chrétiens ;

– en 1921 et 1922, l'École de service social d'Anvers et deux écoles ouvrières supérieures, francophone et néerlandophone, réunies et organisées par le Parti ouvrier.

5.4.4.2. Les États-Unis

En 1899, la COS de New York mit sur pied la *School of Philanthropy* qui offrait un séminaire de formation de six semaines, à l'intention des bénévoles œuvrant en son sein, et qui devint en 1904, la *New York School of Social Work* qui dispensa un enseignement d'une durée d'un an, puis, en 1911, de 2 ans. En 1963, elle changea de nom pour devenir la *Columbia University School of Social Work*. Et en 1908, ce fut la création de la *Chicago School of Civics and Philanthropy* qui sera intégrée à l'université de Chicago.

Jusqu'à la fin du XIXe siècle, tant en Europe de l'Ouest qu'en Amérique du Nord, on s'était davantage préoccupé des mesures à prendre pour venir en aide aux personnes et aux communautés en difficulté. Puis on en arriva à concevoir l'assistance non plus seulement sous l'angle des secours, mais aussi comme « un travail altruiste scientifiquement organisé » et « comme un travail de rééducation qui exigeait une intervention à caractère scientifique de la part de professionnels dûment formés » (Sand, 1931 ; Perrot, 1990). C'est au tout début du XXᵉ siècle que deux leaders œuvrant dans les deux mouvements sociaux les plus en vue en Amérique du Nord s'attaquèrent à la formation du personnel pour l'exercice d'un travail social professionnel à caractère scientifique : Mary Richmond pour les COS et Jane Addams pour les *Settlements*.

Mary Richmond (1861-1928)

Mary Richmond, née à Belleville, dans l'État de l'Illinois, vécut jusqu'en 1878, à Baltimore, une enfance isolée. Puis, jusqu'en 1888, elle occupa divers emplois : d'abord employée de bureau dans une firme de publicité à New York, puis comptable dans un magasin, à Baltimore, et plus tard, assistante à la réception dans une pension de famille. Mary Richmond accéda au monde du service social en 1889, lorsqu'elle obtint le poste de trésorière assistante à la COS de Baltimore ; en 1891, elle y occupa le poste de secrétaire générale et elle fut aussi nommée *friendly visitor*. Elle fit un séjour auprès d'Octavia Hill à Londres (Pumphrey, 1957) et publia un ouvrage sur la visite d'amitié, en 1897, *Friendly Visiting Among the Poor, Handbook for Charity Workers* avant de devenir, en 1900, la secrétaire générale de la *Philadelphia Society for Organizing Charity*. Jusqu'en 1909, elle travailla sur des projets pour l'instauration de législations en faveur des femmes abandonnées et elle fonda plusieurs organisations dont la *Pennsylvania Child Labor Committee*, la *Public Charities Association*, la *Juvenile Court* et la *Housing Association*. Entre 1905 et 1909, elle se consacra aussi à l'enseignement, pour le compte des COS américaines, au plan national. Puis, en 1909, sur invitation de la *Russell Sage Foundation* de New York, elle occupa la fonction de directrice du département de la *Charity Organization*.

Mary Richmond s'attaqua dès lors au problème récurrent des mouvements de charité : comment apporter de l'aide sans créer la dépendance ? Elle travailla sur deux thèmes : la charité organisée comme système pour améliorer le bien-être général d'une population et la « charité savante, associée à une compétence et à un savoir-faire » (Servoin et Duchemin, 1983) comme méthode pour aider les individus et les familles à surmonter les formes d'adversité auxquelles ils doivent faire face. De 1910 à 1922, elle organisa et anima des cours d'été à l'intention des secrétaires généraux des sociétés d'organisation de la Charité de tout le pays.

Mary Richmond codifia la pratique de l'assistance individualisée dans deux ouvrages : *Social Diagnosis* (1917) et *What is Social Casework ?* (1922, trad. fr. 1926). Dans *Social Diagnosis*, elle décrit les processus méthodologiques du service social, plus particulièrement les séquences de la recherche des faits et de l'investigation, par le travailleur social, auprès de diverses sources : les membres de la famille et de la parenté, les professionnels et les institutions — médecin, instituteur, employeur —, le voisinage et les agences sociales. Ensuite, ce matériel est l'objet de comparaison et d'interprétation qui conduit le travailleur social à définir un diagnostic de la situation. « Un des facteurs les plus importants concernant la vie concrète de tout être humain est le fait de son enchevêtrement avec la vie des autres. C'est dans ses relations sociales que l'histoire de l'individu est principalement inscrite ; c'est aussi dans ses relations sociales que les causes des désordres qui affectent son bonheur et son efficacité ainsi que les mesures pour les recouvrer doivent être recherchées » (*Social Diagnosis*, 1917, notre traduction).

Dans *What is social casework?*, Mary Richmond propose un essai de conceptualisation des éléments essentiels de l'intervention psychosociale (cf. *supra*, ch. 4, l'exposé de sa démarche méthodologique). Une des dernières tâches de Mary Richmond fut l'organisation de la célébration, en 1927, du 50e anniversaire de la fondation des COS d'Amérique (Richmond, 1922, trad. fr. 1926 ; Woodroofe, 1966 ; Turner, 1977 ; Longres, 1995).

Jane Addams (1860-1935)

Jane Addams, née à Cedarville, dans l'État de l'Illinois, était la dernière d'une famille de sept enfants. Son père, John H. Addams, quaker et abolitionniste, fut sénateur de l'État de l'Illinois de 1854 à 1870. Orpheline de mère dès son plus jeune âge, elle fut élevée par une belle-mère à compter de l'âge de huit ans. Aux dires de Jane, elle fut très influencée dans son cheminement philosophique et politique par son père. De 1877 à 1881, elle fit ses études au *Rockford Female Seminary*, dans l'Illinois. Jane raconte, dans son ouvrage *Twenty years at Hull House* (1910), qu'à un moment donné, avec cinq autres élèves, elles voulurent savoir ce que Thomas de Quincey avait ressenti lorsqu'il avait écrit ses confessions de mangeur d'opium dans le livre *Dreams*. Elles s'étaient procuré de l'opium et elles consommèrent la drogue ; elles prirent peur et elles se confièrent à une professeure qui leur administra un vomitif et leur conseilla de retourner dans leurs chambres (Addams, 1910). Cet incident illustre le caractère frondeur de Jane Addams (Ferguson, 1973).

Jane Addams s'inscrivit, par la suite, au *Woman's Medical College of Philadelphia*. Mais des ennuis de santé l'obligèrent à abandonner le collège au bout de quelques mois et à garder le lit pendant six mois chez l'une de ses sœurs. Après une période de dépression, elle poursuivit un programme de lecture et réussit les examens de la première année d'études médicales, qu'elle ne poursuivit pas par la suite. Elle passa quelques années en Europe où elle parcourut l'Angleterre, l'Italie, l'Allemagne, la France, l'Espagne, entre autres, avec Ellen Gates Starr, une amie de collège qui devait fonder avec elle *Hull House*. En 1888, elle fit un séjour à Londres, au *Settlement* dirigé par le pasteur Barnett et son épouse. C'est au cours de cette période de sa vie que Jane Addams se convainquit progressivement de la nécessité de louer une maison dans un quartier de Chicago où des problèmes sociaux majeurs existaient.

De retour à Chicago, dès janvier 1889, elle chercha avec son amie, Ellen Gates Starr (1859-1940), professeure d'art et de littérature, un quartier où mettre leurs plans à exécution. Avec les soutiens d'amis, issus de divers milieux (éducation, philosophie, politique), elles arrêtèrent leur choix sur une vieille maison construite en 1856 par un des pionniers de Chicago, Charles J. Hull. Cette maison était située rue Halsted, dans le South Side de Chicago, un quartier de bidonvilles à forte concentration d'immigrants (Allemands, Irlandais, Juifs russes, Canadiens français, Polonais, Italiens, Grecs…). Elles ouvrirent les portes de *Hull House*, le 18 septembre 1889. Des gens issus des classes moyennes et supérieures, des femmes célibataires, des étudiants, des enseignants, des médecins s'installèrent dans le quartier de South Side comme résidents (Van Wormer, 1996). Une nouvelle vague d'immigrants en provenance de l'Europe du Sud vint gonfler les rangs des chômeurs et des sans-abri. Jane Addams implanta le mouvement des *Settlements* en tant que ressource pour faire face aux problèmes d'assimilation et préparer les immigrants à vivre dans une nouvelle société (Hefferman *et al.*, 1997).

Hull House connut rapidement la renommée : c'était le *Settlement* où on offrait les services et les cours les mieux organisés des États-Unis ; de plus, c'était un lieu où des personnes de tous horizons et de tous pays venaient séjourner et travailler pour étudier les questions relatives au *social welfare*. Mackenzie King, le futur premier ministre du Canada, (1921-1930 et 1935-1948) fut l'un des hôtes de *Hull House* ainsi que John Dewey, Florence Kelly, Edith et Grace Abbott, pour n'en citer que quelques-uns des plus célèbres.

D'autre part, Jane Addams s'occupa de bien d'autres choses que de la direction de *Hull House* : elle fut inspecteur aux ordures ménagères de son quartier, représentante à la commission scolaire de la ville, militante dans les mouvements de suffragettes, activiste dans les mouvements féministes. Sur le plan national, elle participa aussi à plusieurs organisations : présidente de la *Conference of Charities and Correction*, membre du *Child Labor Committee*, de la *Recreation Association*, de l'*Association for the Promotion of Industrial Education*, de la *Conference of Social Work*. Elle mena des actions pour inciter les pouvoirs publics à voter des lois concernant le travail des enfants, le travail des femmes dans les manufactures et le droit de se syndicaliser. Dès 1912, elle joua un rôle important dans la constitution des partis politiques comme le *National Progressive Party*. À la déclaration de la Première Guerre mondiale, en 1914, Jane Addams se voua à la cause de la paix : elle devint, aux États-Unis, la première présidente du *Women's Peace Party* en janvier 1915 et, en avril, la présidente fondatrice du *Women's International Peace Congress* (futur *Women's International League for Peace and Freedom*). Elle participa également au *New Deal* de Roosevelt (Turner, 1977 ; Wenocur et Reisch, 1989 ; Courtney et Specht, 1994).

Jane Addams devint une des figures de proue de l'Amérique. Elle reçut, en 1931, le prix Nobel de la Paix, en co-récipiendaire avec Nicholas Murray Butler, un éducateur. Elle figure aussi au Temple de la Renommée des États-Unis. Dans les années soixante, la *Grace Cathedral* de San Francisco termina ses rénovations : dans la nef principale, on peut admirer des vitraux consacrés « aux réalisations de l'homme ». Le vitrail de Jane Addams voisine avec les vitraux, entre autres, d'Albert Einstein, de John Dewey, de Henry Ford, de John Ford, de Franklin D. Roosevelt, Frank Lloyd Wright, John Glenn.

L'émergence de la profession de travailleur social

Les pionniers du travail social eurent à résoudre deux problèmes :
– sortir les activités du travailleur social du bénévolat pour faire de celui-ci un professionnel salarié ;
– définir la nature des méthodes d'intervention sociale.

• *Le travailleur social est un professionnel salarié* : dès l'année 1890, tant en Angleterre qu'en Amérique, le personnel des COS commença à considérer son travail comme une profession, au même titre que le médecin, l'avocat, l'ingénieur. Il devint également évident pour les COS qu'elles devaient former et entraîner leurs bénévoles aux rôles et aux tâches qui leur étaient confiés pour maintenir l'idéal que les COS poursuivaient. Cela ne se fit pas sans créer des remous. Les agents de district — généralement des hommes qui avaient souvent travaillé auparavant comme enseignants ou comme ministres du culte — étaient des salariés des COS, des *« paid agents »*. Ils avaient comme fonction de recevoir les solliciteurs d'aide, de procéder à l'évaluation de la demande, de recommander ou de refuser la référence vers une organisation charitable ; ils étaient perçus comme dirigeant les *« friendly visitors »*, des femmes bénévoles sans rémunération aucune et qui effectuaient les suivis des familles, au cours des visites à domicile. Les *« paid agents »* rédigeaient également des dossiers concernant le travail accompli par les visiteurs amicaux (Wenocur et Reish, 1989). Les agents salariés en vinrent à se percevoir comme aidant les bénéficiaires et à être, dans les organisations charitables, ceux qui détenaient réellement des connaissances. Ils s'activèrent également, auprès des leaders des COS, pour combattre l'idée reçue selon laquelle « l'acceptation de travailler pour rien était le test de la sincérité d'un vrai travailleur de la charité ». Dans beaucoup de COS, il n'y eut plus assez de bénévoles ou de visiteurs amicaux ayant le temps et le désir de faire les visites à domicile. Petit à petit, ce travail fut assuré par les agents payés. Les bénévoles s'effacèrent et finirent par occuper des postes de membres des conseils d'administration dans des organisations qui employaient des travailleurs rémunérés ; ils pouvaient aussi être membres de comités « consultatifs » ou comités aviseurs et de comités de recherche de fonds. Par la suite, tout bénévole qui voulait travailler auprès des bénéficiaires devait être accepté et formé par les travailleurs salariés. Au début, la formation consista en l'observation du travail des plus anciens, puis elle impliqua des conférences, des discussions, des lectures et la supervision du travail exercé auprès des bénéficiaires.

• *Le travailleur social exerce une activité scientifique* : COS et *Settlements* étaient deux mouvements sociaux qui travaillaient, dans des perspectives et avec des moyens différents, à l'éradication de la pauvreté et à la diminution des effets néfastes de l'assistance. Les COS visaient à offrir des services de réhabilitation aux personnes qui avaient des problèmes de fonctionnement social et elles développèrent des méthodes d'intervention centrées sur les déficiences des personnes, qu'elles percevaient comme les causes principales de la pauvreté. Lors de ses interventions auprès des usagers, le travailleur social, tout comme le médecin, doit maîtriser les techniques du diagnostic social et du traitement social (Leiby, 1978 ; Geismar et Wood, 1989 ; Morales et Sheafor, 1989). Les COS, sous la gouverne de Mary Richmond, pratiquaient une charité qualifiée de scientifique, basée sur des méthodes qui s'inspiraient du monde des affaires et des professions libérales. Les COS mirent au point des méthodes et des procédures spécifiques pour accomplir leur travail, entre autres, des méthodes rigoureuses d'investigation de la situation ciblée et de diagnostic des problèmes liés aux interactions des personnes avec leur environnement social (Johnson et Schwartz, 1988). En somme, les visiteurs sociaux exerçaient une activité de charité associée à une compétence et à un savoir-faire (Servoin et Duchemin, 1983). Les COS adoptèrent des principes d'action et des lignes de conduite diamétralement opposées aux pratiques des organisations charitables de l'époque : l'emploi d'outils d'analyse coût/bénéfice pour déterminer les allocations, l'utilisation de formulaires standardisés, la production de rapports réguliers concernant l'usage des fonds de charité, la sélection des clients, l'analyse minutieuse des besoins et des stratégies à utiliser pour les combler et surtout la nécessité d'identifier les connaissances de base et les techniques qui distinguaient les travailleurs sociaux formés des bénévoles et qui pouvaient être transmises aux nouveaux travailleurs par les mécanismes de l'éducation professionnelle dans les universités (Wenocur et Reisch, 1989).

Les méthodes prônées par Mary Richmond suscitèrent de l'opposition tant à l'intérieur des COS qu'à l'extérieur. C'est surtout Jane Addams qui s'opposa de façon ferme aux idées « de l'exercice de la charité scientifique », dans deux ouvrages, *The Subtiles Problems of Charity* (1899) et *Democracy and Social Ethics* (1902). Addams rejetait les méthodes prônées par Richmond, en raison de leur trop grande rationalité et de leurs présupposés concernant la relation entre le travailleur social et le système-client. Selon Addams, le type de relation prôné par Richmond forçait le travailleur à exercer un rôle de gardien moral qui, creusant un fossé entre eux, les plaçait dans l'impossibilité d'établir des relations amicales. De plus, Addams attaqua « l'esprit pseudo-scientifique » de la méthode de Richmond, méthode « froide et sans émotion ». Mary Richmond répondit à Jane Addams, dans une lettre de sept pages écrite à la main : sa méthode ne cherchait qu'à donner une meilleure structure à l'intervention des *friendly visitors* ; la charité organisée était une chose malheureusement imparfaite, mais sa méthode constituait un grand avantage sur la désorganisation qu'elle remplaçait ; de plus, les causes de la pauvreté sont personnelles et sociales, intimement associées, comme les éléments de l'air ; quant à la relation du travailleur social avec son client, c'est une relation dans le contexte d'un service professionnel, et non une relation personnelle dans le cadre d'une amitié. Finalement, on en vint au constat, dans les années 1910, que deux groupes de personnes — les charitables et les radicaux — étaient tous deux également associés dans une démarche pour l'instauration de conditions sociales plus justes (Wenocur et Reisch, 1989 ; Wittaker et Tracy, 1989). Richmond et Addams consacrèrent alors temps et énergie à dégager les fondements théoriques et philosophiques de la profession de service social, vouée entièrement au soulagement de la misère des hommes. Elles mirent en lumière le fait que l'aide, pour être efficace et en même temps exempte d'effets pervers, devait s'appuyer sur « les ressources mêmes de la personne considérée dans son milieu social ou la communauté ». Et dès lors, les deux optiques du service social — le service social des cas individuels, centré sur la personne, de Mary Richmond et le service social de communauté, centré sur le milieu social, de Jane Addams — furent présentées, commentées, critiquées réciproquement pour, finalement, former un tronc commun.

5.4.4.3. Le Québec

À la fin du XIXᵉ et au début du XXᵉ siècle, plusieurs COS s'établirent au Canada anglais ; au Québec, c'est à Montréal que fut créée la première COS, sous le nom de *Family Welfare Association* (Denault, 1960). L'université McGill, en 1918, fonda la première école anglophone de service social, la *Montreal School of Social Work*.

Du côté des francophones, c'est durant la Deuxième Guerre mondiale que deux universités mirent sur pied des formations en service social :

– en 1940, sur l'initiative de l'abbé Lucien Desmarais, l'École catholique ouvrit ses portes, offrant un programme de formation bilingue, axé sur les méthodes (*case work*, groupe, organisation communautaire) ; elle fut annexée, en 1946, à l'université de Montréal, sous le nom de l'École de service social de Montréal. D'autre part, le nouveau Département de relations industrielles de l'université, sous la responsabilité du Père Émile Bouvier, proposa un programme spécialisé de service social administratif et industriel. Ce n'est qu'en 1948, que les deux programmes furent fusionnés en un seul dont l'administration fut confiée à l'École de service social et intégrée à la faculté des Sciences sociales, économiques et politiques. Le Père A.-M. Guillemette en fut le directeur (Vanier, 1961-1967 ; Groulx, 1983) ;

– en 1943, à Québec, l'École de service social fut ouverte, à l'initiative du Père Georges-Henri Lévesque, doyen de la faculté des Sciences sociales de l'université Laval, et de Mᵐᵉ Hayda Denault, une des premières travailleuses sociales diplômées du Québec et fondatrice du Service social familial de Québec. L'École de service social fut intégrée à la faculté des Sciences sociales, et le Père Gonzalve Poulin en fut le premier directeur (Denault, 1961, 1962 ; Lefebvre, 1984) ;

– puis, avec l'avènement de La Révolution tranquille, dès 1960 (cf. *supra*), douze collèges d'enseignement général et professionnel (CEGEP) offrirent une formation de techniques en assistance sociale. Au cours de la même période, l'université de Sherbrooke mit sur pied, en 1964, un département de travail social, sous la direction de Monsieur Jacques Gagné. Le Gouvernement du Québec créa, en 1969, une seconde université francophone à Montréal : l'université du Québec à Montréal (UQAM) et démarra le département de travail social. Par la suite, l'université du Québec procéda à la création de départements de Travail social dans plusieurs régions : à Hull en 1977 (UQAH) ; à Amos, en Abitibi-Témiscamingue (UQAT) en 1978, et à Chicoutimi (UQAC) en 1988 (Rondeau et Commelin, 2000).

Conclusion

Ce long parcours historique nous permet de dégager plusieurs constats concernant le service social.

• *Le service social, une méthode d'action sociale à caractères multiples* : le travail social comme profession et comme « science de la société en action » tire son origine des avatars et des limites des systèmes d'assistance aux pauvres et aux déshérités de toutes sortes, systèmes que les sociétés ont mis en place depuis un millénaire. Au XIXe siècle, l'action des COS permit l'expérimentation d'une approche humaniste et personnalisée dans le relèvement des déshérités tandis que les *Settlements* s'attaquèrent à la résolution des problèmes sociaux de plus grande envergure, en apportant un soutien aux communautés et aux groupes pour y développer l'entraide et le *leadership* social. Les idées de fond préconisées par les COS et les *Settlements* sont encore d'actualité aujourd'hui : toute personne possède des capacités qui lui sont propres, des capacités liées à ses appartenances sociales de proximité, sa famille, sa parenté, son voisinage, et également des capacités issues de sa participation à une société, avec ses divers paliers d'organisation et de vie collective. Il en est de même pour toute communauté et toute société qui disposent d'un capital social et d'une capacité à développer la solidarité entre les gens pour assurer non seulement la survie des personnes mais aussi celle des groupes, de la société et même de l'humanité tout entière.

Les pionniers du service social définirent des méthodes d'intervention et des techniques professionnelles conformes à ces idées, des méthodes qui constituèrent une thérapeutique sociale originale caractérisée par :
- la reconnaissance de l'autonomie des personnes et des communautés en situation de demande d'aide ainsi que leurs capacités à prendre des décisions les concernant ;
- l'étude des besoins et l'établissement de plans d'orientation pour sortir les personnes et les communautés de la dépendance et d'un sentiment d'inutilité ;
- l'implantation de services, au plus près des personnes dans leurs milieux de vie ;
- des actions d'intercession *(advocacy)* auprès des instances au pouvoir ;
- la concertation des diverses institutions avec le système-client.

Les précurseurs et les pionniers du service instaurèrent cette démarche à multiples volets, en référence aux droits humains et à la justice. Ces principes sont toujours, et plus que jamais, à la base de la pratique du service social actuel, comme viennent de le rappeler les fédérations internationales des travailleurs sociaux et des écoles de service social, en 2001 : « Les principes à la base des droits humains et de la justice sociale constituent les fondements du travail social » (FIAS et AIETS, 2001).

Les travailleurs sociaux se présentent comme des spécialistes des problèmes sociaux. Ils conçoivent leur savoir-faire comme étant relié à l'utilisation maximale des ressources de la personne et de la société, dans toutes les situations de transition de vie, lors d'épreuves individuelles, lors de crises économiques et sociales qui peuvent survenir dans la société et dans le monde, crises qui entravent non seulement le fonctionnement habituel de la personne mais aussi son fonctionnement dans ses échanges avec les autres et les systèmes liés à l'organisation de la vie en société.

• *La constitution progressive d'un corps professionnel formé s'est révélée nécessaire.* Dès l'époque de Vivès et de Vincent de Paul, on s'est préoccupé de faire appel à des hommes et des femmes de bonne volonté — des bénévoles — qu'on a préparés intellectuellement et moralement aux missions et tâches qu'on leur confiait, par des moyens toujours en vigueur dans l'exercice professionnel du service social : les rencontres, les réunions de synthèse ou conférences de cas, les échanges scientifiques. Ces professionnels reçurent, à partir du début du XXᵉ siècle, à peu près partout en Europe, une formation universitaire d'une durée de 2 à 3 ans avec, à la clé, des stages pratiques.

• *L'exercice du travail social est surtout le domaine des femmes.* La première famille d'accueil a vu le jour le dimanche 20 août 1617, date à laquelle Vincent de Paul fit appel à une famille qu'il paya pour s'occuper des enfants dont les parents étaient malades. Puis, quelques jours plus tard, Vincent de Paul réunit une équipe de femmes et leur lut un texte établissant la marche à suivre dans ces situations : les actuels protocoles de soins. En 1633, ce fut la création de la Compagnie des Dames de la Charité et, en 1634, celle des Filles de la Charité. Aristocrates et filles du peuple, laïques et religieuses formèrent des ponts, des relais, ouvrirent des passages en direction des démunis. Cette démarche s'est continuée avec l'avènement des COS et des *Settlements* auxquels riches, nobles et bourgeois étaient associés, généralement à des hommes d'Église, dans la lutte contre la pauvreté, avec l'aide d'équipes de femmes se rendant au domicile des familles pour évaluer les besoins et y apporter les assistances appropriées. Les pionnières, Louise de Marillac, Octavia Hill, Mary Richmond, Jane Addams, Marie-Jeanne Bassot sont des figures de proue. Les femmes constituent, dans tous les pays du monde où le travail social existe, un pourcentage élevé de la main-d'œuvre. Il y a, certes, des hommes dans ce métier mais, s'inscrivant davantage dans l'action syndicale et politique, ils sont minoritaires.

• *Le caractère international du travail social est incontestable :* dès ses origines et tout au cours de son développement, le service social s'inscrivit dans une démarche d'échanges entre les nations, échanges des deux côtés de l'Atlantique : l'Amérique et l'Europe. Bartholomé de Las Casas, originaire d'Espagne, fut, dès 1500, missionnaire en Haïti, puis évêque du Chiapas au Mexique ; Juan Luis Vivès, également originaire d'Espagne, parcourut l'Europe : France, Belgique, Angleterre ; Vincent de Paul envoya ses émissaires un peu partout en Europe et en Afrique du Nord. À la fin du XIXᵉ siècle et au début du XXᵉ siècle, les COS et les *Settlements* d'Angleterre furent exportés aux États-Unis et au Canada et le modèle des *Settlements* fut implanté à Paris, en 1896. Les cycles de formation sur le travail social, organisés par l'ONU dès 1950, ont grandement contribué à l'internationalisation du service social, de sa philosophie, de ses méthodes et techniques.

• *L'universalité du travail social s'est imposée :* les diverses solutions imaginées par les hommes, au cours des siècles, pour faire face aux problèmes sociaux, illustrent la nécessité pour toute société de disposer d'un corps d'agents professionnels qui agissent à titre de promoteurs de l'insertion sociale et des changements personnels et sociaux qui s'imposent, tout au long des parcours de vie des personnes, des communautés et des sociétés, et plus particulièrement, lors des mutations technologiques.

CONCLUSION GÉNÉRALE

La conjoncture actuelle pourrait se caractériser par une internationalisation de problèmes sociaux majeurs comme le chômage massif, le stress, la maladie mentale, la violence sous toutes ses formes (guerre, prise d'otages, violence conjugale et familiale), la constante remise en question des savoirs, la cohorte des décrocheurs du système scolaire et social, la transformation des modes de vie familiale et personnelle (monoparentalité, homoparentalité, rapports homme-femme, rapports enfant-adulte) sans parler de la grande peur collective du sida, pour des millions de personnes.

Les défis sont de taille, les problèmes n'épargnant aucun pays, aucun groupe humain, aucune catégorie socio-économique… Dans les pays occidentaux dits technologiquement avancés (Europe, Amérique du Nord), nous nous trouvons devant deux groupes : « ceux qui ont *vs* ceux qui n'ont pas » ; « ceux qui sont dans le système *vs* ceux qui sont en dehors ». En outre, nous assistons depuis quelques décennies à une démission générale de l'État quant à l'action sociale et à un sentiment d'impuissance non avouée masquée par les budgets insuffisants accordés au système sanitaire et social. Nous ne pouvons que constater une recrudescence des formes traditionnelles d'assistance sociale : les soupes populaires, les abris de nuit, la délivrance de bons de secours par les municipalités, le retour des communautés religieuses dans le secteur médico-social, et le bénévolat comme roue de secours.

Les travailleurs sociaux, devant ces situations, auront à jouer des rôles de soutien auprès des personnes démunies à quelque catégorie qu'elles appartiennent en s'assurant qu'ils leur apportent les aides et les soins adéquats, en leur proposant des remèdes et des systèmes de réadaptation liés au fonctionnement social, et en contribuant à développer leurs capacités pour faire face aux situations et mobiliser leurs ressources personnelles.

Auprès des institutions de l'action sociale et de certains groupes cibles, les travailleurs sociaux devront exercer des rôles d'intermédiaires et d'interlocuteurs :

d'une part, ils auront à porter à l'attention des responsables et des décideurs les constats de la situation de précarité de personnes et de groupes dont le nombre ne cesse d'augmenter ; d'autre part, il leur faudra faire participer les systèmes-clients à la recherche des solutions.

En ce début du IIIe millénaire, il s'avère indispensable, devant cette situation nécessitant la prise en compte d'une multiplicité d'éléments en interaction et impliquant un grand nombre d'acteurs sociaux, que les travailleurs sociaux développent des capacités à intervenir dans la complexité et l'ambiguïté, en partenariat avec d'autres acteurs sociaux, en insistant sur l'urgence d'une recherche concertée de solutions et l'intérêt de tous à s'y engager. Ils pourront en cela s'appuyer sur les valeurs prônées depuis toujours par la profession de service social et sur les savoirs pragmatiques qu'ils ont développés tout au long de leur histoire.

BIBLIOGRAPHIE

Aballéa F. (1987), « Les modes de vie », *Recherche sociale*, 101, janvier-mars.
— (1997), « Décentralisation et transformation du travail social », dans Lenoir R., Tsikounas M. (dir.), *Sociétés et Représentations*, Paris, CREDHESS, 5.
Aballéa F., Benjamin I. (1988), « Les associations de résidents face à l'évolution du contexte économique et sociopolitique », *Recherche sociale*, 107.
Abdennur A. (1987), *The Conflict Resolution Syndrome : Volunteerism, Violence and Beyond*, Ottawa, University Press.
Ackermans A., Andolfi M. (dir.) (1987), *La création du système thérapeutique*, Paris, Éditions ESF.
Adam G. (1980), « Négociation, médiation et service social », *Vie sociale*, 11-12.
Addams J. (1902), *Democracy and Social Ethics*, New York, The Macmillan Company.
— (1910), *Twenty years at Hull-House*, New York, Philips Publishing Company and The Macmillan Company.
— (1960), *A Centennial Reader*, New York, The Macmillan Company.
Afchain J. (1997), *Les Associations d'action sociale*, Paris, Dunod.
Aguilera D., Messick J. (1976), *Intervention en situation de crise*, Saint-Hyacinthe (Québec), Edisem.
Akoun A., Ansart P. (1999) (dir.), *Dictionnaire de sociologie*, Paris, Le Robert/Le Seuil.
Alaluf M. (1995), « L'insertion entre travail et emploi », *Actualité de la formation permanente*, 134.
Alary J. (dir.) (1988), *Solidarités. Pratiques de recherche-action et de prise en charge par le milieu*, Montréal, Boréal.
Albert M. (1991), *Capitalisme contre capitalisme*, Paris, Le Seuil.
Alexander C. (1977), « Social Work Practice : a Unitary Conception », *Social Work*, 22, 5.
— (1982), « Le service social dans les années 80 : problèmes et stratégies », *Le Travailleur social*, 30, 3.
Alfandari E. (1977), *Aide sociale. Action sociale*, Paris, Dalloz.
— (1995), *Systèmes d'assistance*, Paris, Encyclopædia Universalis.

Alinsky S. D. (1946), *Reveille for Radicals*, Chicago, University of Chicago Press.
— (1971, trad. fr. 1976), *Manuel de l'animateur social*, Paris, Le Seuil.

American Psychiatric Association (1995, version internationale, trad. fr. 1996*)*, *Manuel diagnostique et statistique des troubles mentaux*, Paris, Masson.

Amiguet O. (1994), «Travail social et systémique : contexte et/ou épistémologie», dans Amiguet O., Julier C. (dir.), *Travail social et systémique*, Genève, Éditions IES.

Amiguet O., Julier C. (1994) (dir.), *Travail social et systémique*, Genève, Éditions IES.

Ampleman G., Doré G., Gaudreau L., Lebœuf C., Ventelou D. (1983), *Pratiques de conscientisation*, Montréal, Nouvelle optique.

Ancelin J. (1953), Compte rendu du cours de Casework et de psychologie dynamique organisé par l'Union nationale des caisses d'allocations familiales (octobre 1953-octobre 1954), *Informations sociales*, 10, 1957.

Anciaux A. (1988), *René Sand et la culture des valeurs humaines*, Ottawa, CIAS.

Anctil H., Bluteau M.-A. (1986) (dir.), *La santé et l'assistance publique au Québec*, Québec, Ministère de la Santé et des Services sociaux.

Angel S. (1989), «Les références de l'intervention thérapeutique», *Informations sociales*, 1.

Ansart P. (1999), «Théories», dans Akoun A., Ansart P. (dir.), *Dictionnaire de sociologie*, Paris, Le Robert/Le Seuil.

Anthony W. (2002), «Pour un système de santé axé sur le rétablissement», *Santé mentale au Québec*, XXVII, 1.

Anzieux D., Martin J.-Y. (1971), *La dynamique des groupes restreints*, Paris, Presses universitaires de France.

APEC (1997), *Les métiers du social*, Paris, Les Éditions d'organisation.

Applegate J. S. (1997), «The Holding Environment : an Organizing Metaphor for Social Work Theory and Practice», *Smith College Studies in Social Work*, 86.1.

Aragon P. (1991), «Saint Vincent de Paul et l'abandon», dans *Enfance abandonnée et société en Europe XIVe-XXe siècle*, actes du colloque international de Rome, 30 et 31 janvier 1987, Rome, École française de Rome.

Arellano R., Gasse Y., Verna G. (1991), *Le monde de l'entreprise informelle : économie souterraine ou parallèle*, Québec, Centre Sahel/université Laval.

Arnaud P. (1988), «La trame et la chaîne. Le réseau des sociétés conscriptives (1870-1890)», dans Desjardins P. (éd.), *Du groupe au réseau*, table ronde CNRS, 25 au 26 octobre 1986, Paris, Éditions du CNRS.

Arnauld G. (1989), «Le conseil : comment être ou comment faire», *Connexions*, 53,1.

Aron S. (1988), «Un regard historique sur le service social», *La Revue de l'économie sociale*, XV, 1.

Arseneau J., Bouchard C., Bergeron M., Goupil G., Guay J., Lavoie F., Perreault R. (1983), *Psychothérapies attention !*, Québec, Presses de l'université du Québec.

Association internationale des Écoles de travail social (AIETS) (2001), Définition internationale du travail social, Department of Social Work Studies, Southampton, University of Southampton (England).

Assogba, Y. (1991), «L'organisation communautaire avec des communautés locales en Afrique», dans Doucet L., Favreau L., *Théorie et pratiques en organisation communautaire*, Québec, Presses de l'université du Québec.

Attneave C. A. (1969), «Therapy in Tribal Settings and Urban Network Intervention», *Family Process*, 8, 2.

Aubin A. (1984), *Passons à l'action. Programme de promotion de la femme*, Montréal, Secrétariat d'État à la condition féminine.

Auclair R., Issalys P. (1991), « Le revenu minimum garanti et les problèmes juridiques de sa mise en œuvre », *Les Cahiers du Droit*, 32, 3.

Ausloos G. (1991), « Collaborer, c'est travailler ensemble. Des parents-clients aux parents-collaborateurs », *Thérapie familiale*, 12, 3.

Autès M. (1984), « Familles « défavorisées » et interventions sociales », *COMM*, 22, 8.

— (1999), *Les Paradoxes du travail social*, Paris, Dunod.

Aznar G., Caillé A., Laville J.-L., Robbin J., Sue R. (1997), *Vers une économie plurielle*, Paris, Syros.

Babu A. (1998), « La médiation familiale. Se séparer en gérant le conflit », *Sciences humaines*, 84.

Backmann C., Simonin J. (1981), *Changer au quotidien. Une introduction au travail social*, t. 1, *Les Politiques et les acteurs*, Paris, Études vivantes.

— (1982), *Changer au quotidien. Une introduction au travail social*, t. 2, *Les Méthodes et les terrains*, Paris, Études Vivantes.

Badin P. (1977), *La psychologie de la vie sociale*, Paris, Le Centurion.

Baechler J. (1994), *Précis de la démocratie*, Paris, Calmann-Lévy/Unesco.

Bailleau F., Lefaucheur N., Peyre V. (1985), *Lectures sociologiques du travail social*, Vaucresson, Centre de recherche interdisciplinaire de Vaucresson/Paris, Éditions ouvrières.

Bandler R., Grinder J. (1975, trad. fr. 1982), *Les secrets de la communication*, Montréal, Le Jour éditeur.

— (1979), *Frogs into Princes*, Moab, (Utah), Real People Press.

— (1999), *Le recadrage : transformer la perception de la réalité avec la PNL*, Paris, InterÉditions.

Barclay Report (1982), *Social Workers : Their Role and Tasks*, London, Bedford Square Press.

Barel Y. (1973), *La reproduction sociale : systèmes vivants, invariances et changement*, Paris, Éditions Anthropos.

— (1981), « Modernité, Code et Territoire », *Les Annales de la recherche urbaine*, 10.

Barker R. G. (1968), *Ecological Psychology : Concepts and Methods for Studying the Environment of Human Behavior*, Stanford (Californie), Stanford University Press.

Barker R. L. (1995), *The Social Work Dictionary*, Washington (DC), National Association of Social Workers Press.

Barrère A. (1983), « Ce travail social qui nous interpelle », dans *Quel travail social pour notre temps ? Mutations des besoins. Mutations des pratiques*, Paris, Éditions ESF.

— (1987), « L'efficacité de la croissance économique et la réinvention du social », *Recherche sociale*, 103.

Barreyre J.-Y., Bouquet B., Chantreau A., Lassus P. (1995), *Dictionnaire critique de l'action sociale*, Paris, Bayard.

Bartlett H. M. (1958), « Toward Clarification and Improvement of Social Work Practice », *Social Work*, 3, 2.

— (1970), *The Common Base of Social Work Practice*, New York, National Association of social Workers (NASW).

Bateson G. (1977), *Vers une écologie de l'esprit*, Paris, Le Seuil.

— (1979, trad. fr. 1984), *La nature et la pensée*, Paris, Le Seuil.

Baubion-Broye A. (1980), « Approche générale du travail communautaire en France », *COMM*, 6-7.

Beauchamp C. (1992), « L'enseignement de la sociologie à des non-spécialistes », dans Aluas I., Gosselin G. (dir.), *Rencontre internationale sur l'enseignement de la sociologie*, Paris, Association des sociologues de langue française.

Beauchard J. (1981), *Le tiers social*, Paris, Éditions Réseaux.

— (1983), « Pour de nouvelles stratégies d'action du service social », dans *Métamorphose de la vie sociale*, Congrès de l'Association nationale des assistants de service social, Paris, Éditions ESF.

Beaudoin A., (1996), « À la lumière de 50 ans d'action sociale : perspectives et interrogations », dans *À la lumière de 50 ans d'action sociale. Célébrations du 50ᵉ anniversaire de l'École de service social de l'université Laval*, Actes du colloque tenu les 8 et 9 avril, 1994, Québec, École de service social.

— (1999), « L'utilisation de l'évaluation dans le développement des interventions sociales », *Service social*, 47, 1-2.

Bélanger G. (1977), « La *gestalt* thérapie », dans Dabrowski K., Granger L. *et al.*, *Psychothérapies actuelles*, Sainte-Foy, Les Éditions Saint-Yves.

Bélanger J.-P., Sullivan R., Sévigny B. (2000), *Capital social, développement communautaire et santé publique*, Québec, Éditions Association pour la santé publique du Québec.

Bellah R. *et al.* (1985), *Habits of the Hearth*, Berkeley, University of California Press.

Bellenger L. (1984), *L'argumentation. Principes et méthodes*, Paris, Éditions ESF.

Benoit J.-C., Malarewicz J.-A., Beaujean J., Colas J., Kannas S. (1988), *Dictionnaire clinique des thérapies familiales systémiques*, Paris, Éditions ESF.

Berg I. K. (1996), *Services axés sur la famille. Une approche centrée sur les solutions*, Montréal, Edisem/Bruxelles, Satas.

Berger P. L. (1978), *Les mystifications du progrès*, Paris, Presses universitaires de France.

Berne E. (1961, trad. fr. 1971), *Analyse et psychothérapie*, Paris, Payot.

— (1964), *Des jeux et des hommes*, Paris, Stock.

Bertalanffy L. von (1968, trad. fr. 1973), *Théorie générale des systèmes*, Paris, Bordas.

Bertin B. (1994), « Les enquêtes sociales des assistantes sociales », *Lien social*, 242.

Bertot J., Jacob A. (1991), *Intervenir avec les immigrants et les réfugiés*, Montréal, Éditions du Méridien.

Beyhum N. (1997), *Modes de vie : de Chicago à Beyrouth*, Beyrouth, Centre culturel français.

Bidou C. (1984), *Les aventuriers du quotidien*, Paris, Presses universitaires de France.

Bihr A., Pfefferkorn R. (1999), *Déchiffrer les inégalités*, Paris, Syros.

Bilodeau G. (1980a), « Perspectives et prospectives pour la pratique sociale des années 80 », *Intervention*, 59.

— (1980b), « Pour une réelle relation d'alliance entre travailleur social et client », *Service social*, 29, 3.

— (1982), « Un outil nécessaire : la négociation », *Service social*, 31, 2-3.

Bilodeau G., Bélanger M., Da Costa J., Grégoire C., Lavoie-Chiasson M., Mailloux J.-P., Millette N., Naltchayan M., Scott-Lachambre B. (1992), « Méthodologie de l'intervention sociale et interculturalité », *Service social*, 42, 1.

Binswanger L. (1930), *Rêve et existence*, Paris, Desclée de Brouwer.

— (1935), « De la psychothérapie », dans Binswanger L. (1972), *Introduction à l'analyse existentielle*, Paris, Éditions de Minuit.

Blanc B., Dorival M., Gérard R. *et al.* (1986), *Actions collectives et travail social. Tome I : Contextes et réalisations*, Paris, Éditions ESF.

— (1989), *Tome II : Processus d'action et d'évaluation*, Paris, Éditions ESF.

Blanchette L. (dir.) (1999), *L'approche systémique en santé mentale*, Montréal, Presses de l'université de Montréal.

Blum R. (1970), *Les dimensions sociologiques du travail social*, Paris, Le Centurion.

Bodart-Senn J. (1990), « Le travailleur social, un "néo-clerc" qui s'ignore ou se sous-estime ? », *Revue internationale d'action communautaire*, 26, 66.

Bodart J. (1981), « La méthodologie du travail social », *Service Social dans le monde*, 2.

— (1983), *Conceptions du travail social et positions d'intermédiaires*, dissertation doctorale, Louvain, Institut des sciences politiques et sociales, Université catholique de Louvain, ronéotypée.

Boeglin M. (1978), « Le travail social : une occupation, un métier ou une profession », *Service social dans le Monde*, 2.

Boehm W. W. (1959, trad. fr. 1960), « La nature du service social », *Service social*, 9, 1.

— (1968), *Séminaire sur l'aide psychosociale individuelle et familiale*, Montrouge, Institut de Service social et de recherches sociales, ronéotypé.

Bolle de Bal M. (1984), « Société éclatée et nouveau travail social », *Revue française de service social*, 142-143.

Bollinger D., Hofstede G. (1987), *Les différences culturelles dans le management*, Paris, Éditions d'organisation.

Bonin J.-G., Bonin M., Pellerin A. (1977), « L'analyse transactionnelle », dans Dobrowski K., Granger C. *et al.*, *Psychothérapies actuelles*, Sainte-Foy, Les Éditions Saint-Yves.

Bookchin M. (1976), *Pour une société écologique*, Paris, Christian Bourgois.

Borkman T. (1976), « Experiential Knowledge : A New Concept for the Analysis of Self-Help Groups », *Social Service Review*, 50.

Boszormenyi-Nagy I., Framo J.-L. (1980), *Psychothérapies familiales*, Paris, Presses universitaires de France.

Bouchard C. (1981), « Perspectives écologiques de la relation parent(s)-enfant : des compétences parentales aux compétences environnementales », *Apprentissage et Socialisation*, 4, 1.

— (2000), « Une approche écologique, communautaire, appropriative et promotionnelle du développement des enfants et une expérience en métissage des expertises », dans Gagnier G. P., Chamberland C., *Enfance et milieux de vie. Initiatives communautaires novatrices*, Québec, Presses de l'université du Québec.

Bouchard M.-A. (1990), *De la phénoménologie à la psychanalyse : Freud et les existentialistes américains*, Liège, Pierre Mardaga.

Boucher J. L. (1998), « Un tissu "développeur" », *Économie et Humanisme*, 346, novembre.

Boudon R. (1977), *Effets pervers et ordre social*, Paris, Presses universitaires de France, « Quadrige ».

— (1984), *La place du désordre*, Paris, Presses universitaires de France.

— (1986), *L'idéologie ou l'origine des idées reçues*, Paris, Fayard.

Bougé Y. (1947), *Préparation et activités de l'assistante sociale*, Paris, Librairie Bloud-Guay.

Boulding E. (1987), « Mère, père, enfant. Réflexion sur le statut social des rôles familiaux », *Transition*, 27,2.

Bouquet B., Garcette C. (1998), *Assistante sociale aujourd'hui*, Paris, Maloine.

Bouquet B., Chantreau A., Lagos M. (1981), « Intérêt et limites du travail communautaire », dans Beauchard J., *Le tiers social*, Paris, Éditions Réseaux.

Bourdieu P. (1987), *Choses dites*, Paris, Éditions de Minuit.

Bourdon L., Lamarre J. (1998), *Histoire du Québec, une société nord-américaine*, Laval (Québec), Groupe Beauchemin éditeur.

Bourgon M. (1987), « L'approche féministe en termes de rapports sociaux ou l'art de survivre sur la corde raide en talons hauts », *Service social*, 36, 2/3.

Bourque D. (1985), « L'approche communautaire en CLSC : les enjeux en cause et les conditions requises », *Service social*, 34, 2/3.

Bousquet M.-H. de (1965), *Le service social*, Paris, Presses universitaires de France, « Que sais-je ? ».

Bowers B. S. (1949), « The Nature and Definition of Social Casework », *Journal of Social Casework*, october.

— (1957), « Social Work as Helping and Healing Profession », *Social Work*, 2, 1.

Bray L. de (1967), *Travail social et délinquance*, Bruxelles, Éditions de l'Institut de sociologie, Université libre de Bruxelles.

Bray L. de, Tuerlinckx J. (1956), *Social Casework*, Bruxelles, Éditions COMETS.

Breakwell G. M., Rowett C. (1982), *Social Work : The Social Psychological Approach*, New York, Van Nostrand Reinhold.

Breton M. (1990), « Leçons à tirer de nos traditions en service social des groupes », *Service social*, 39, 1.

— (1999), « Empowerment Practice in a Post-Empowerment Era », dans Shera W., Wells L. M. (eds) *Empowerment Practice in Social Work*, Toronto, Canadian Scholars' Press Inc.

Brieland D. (1977), « Historical Overview », *Social Work*, 22, 5.

Brien R. (1997), *Science cognitive et formation*, Québec, Presses de l'université du Québec.

British Association of Social Workers (BASW) (1977), *The Social Work Task, a BASW Working Party Report*, Birmingham, BASW.

Brizais R. (1987), « La mise en œuvre des stratégies d'autonomisation du sujet par et dans l'institution spécialisée », *Confluences*, 2.

Brodeur C., Rousseau R. *et al.* (1984), *L'intervention de réseaux : une pratique nouvelle*, Montréal, Éditions France-Amérique.

Bronckart J.-P. (1998), « Langage et représentation », *Sciences humaines*, 21.

Bronfenbrenner U. (1979), *The Ecology of Human Development*, Cambridge (Massachusetts) ; London, Harvard University Press.

Brown R. H., Lyman S. M. (eds) (1978), *Structure, Consciousness and History*, New York, Cambridge University Press.

Brûlé P. (1984), « La bioénergie », dans Riel M., Morisette L., *Des nouvelles thérapies*, Québec, Presses de l'université du Québec.

Brunel M. L. (1989), « L'empathie en counseling interculturel », *Santé mentale au Québec*, XIV, 1.

Bruno F. J. (1948), *Trends in Social Work*, New York, Columbia University Press.

Bruto da Costa *et al.* (1995), « Pauvreté ou exclusion ? », *Service social dans le monde*, 1-2.

Bruyère M., Lerr M. *et al.* (1986), *Changements sociaux et actions communautaires*, Toulouse, Université de Toulouse-Le Mirail.

— (1986), « Formation initiale et travail social communautaire », dans *Changements sociaux et actions communautaires*, Toulouse, Université de Toulouse-Le Mirail.

Butrym Z. T. (1976), *The Nature of Social Work*, London and Basingstoke, The Macmillan Press.

Buzay E. (1995), « FreeNets : des réseaux communautaires sur Internet », *Sciences sociales*, 48, mars.

Caillé A. (1986), *Splendeurs et misères des sciences sociales : esquisse d'une mythologie*, Genève, Librairie Droz.

Camdessus B. (1983), « Les thérapies familiales », *Le Journal des psychologues*, 11.

Camilleri C., Cohen-Emerique M. (1989), *Chocs de culture : chocs et enjeux pratiques de l'interculturel*, Paris, L'Harmattan.

Camilleri J.-P. (1996), *(Re)Constructing Social Work*, Aldershot ; Brookfield (USA) ; Hong Kong ; Singapore ; Sydney, Avebury

Campiche R. J. (1997), « Le bénévolat social : planche du salut de l'État social ? », dans Vincent G. (dir.), *La place des œuvres et des acteurs religieux dans les dispositifs de protection sociale. De la charité à la solidarité*, Paris ; Montréal, L'Harmattan.

Carey-Bélanger E. (1974), « Le traitement à court terme : ses techniques et ses stratégies », *Service social*, 23, 2/3.

Carey-Bélanger E., Côté C. (1982), « Les interventions brèves : huit ans après », *Service social*, 31, 2/3.

Carkhuff R. R. (1973), *The Art of Problem-Solving*, Amherst (Massachusetts), Human Resource Development Press.

Castel R. (1991), « De l'indigence à l'exclusion : la désaffiliation », dans Donzelot J. (dir.), *Face à l'exclusion*, Paris, Éditions Esprit.

— (1995), *La métamorphose de la question sociale. Une chronique du salariat*, Paris, Fayard.

— (1997), « L'effritement de la condition sociale », dans Lenoir R., Tsikounas M. (dir.), *Sociétés et représentations. Le social en question*, Paris, CREDHESS, 5.

Castoriadis C. (1975), *L'institution imaginaire de la société*, Paris, Le Seuil.

Cataluccio M. (1991), « Les vagabonds et les pauvres dans l'œuvre de Bronislaw Geremek », dans Geremek B., *Les fils de Caïn*, Paris, Flammarion, « Avant-propos ».

Cauffman L., Igodt P. (1984), « Quelques développements récents dans la théorie des systèmes : les contributions de Maturana et de Varela », *Thérapie familiale*, 5, 3.

Centre de recherche pour l'étude et l'observation des conditions de vie (CREDOC) (1966), « Les conditions de vie des familles françaises », *Informations sociales*, 3.

Cérézuelle D. (1996), *Pour un autre développement social*, Paris, Desclée de Brouwer.

Cérézuelle D., Hassler J. (1983), *Le secteur rééducatif menacé*, Paris, Presses universitaires de France.

Chalmers T. (1848), *The Parochial System without a Poor Rate*, Edinburgh, Sutherland Knox.

Charles M. (1983), Winnicott, dans Sillamy N., *Dictionnaire usuel de psychologie*, Paris, Bordas.

Chaskin R. J. (1995), *Defining Neighbourhood : History, Theory and Practice*, Chicago, Chapin Hall Center for Children.

Chau K. (1990), « Dynamique culturelle et service social des groupes », *Service social*, 39, 1.

Chauvière M. (1985), « Essai de décomposition du travail social », dans Bailleau F., Lefaucheur N., Peyre V. (1985), *Lectures sociologiques du travail social*, Vaucresson, Centre de recherche interdisciplinaire de Vaucresson/Paris, Éditions ouvrières.

— (1989), « La volonté d'intervenir », *Informations sociales*, 1.

— (1998), « Pour une présentation historique des professions sociales », *Revue française de service social*, 189-190.

Chauvière M., Godbout J. T. (dir.) (1992), *Les usagers entre marché et citoyenneté*, Paris, L'Harmattan.

Chavis D. M., Wandersman A. (1990), « Sense of Community in the Urban Environment : a Catalyst for Participation and Community Development », *American of Community Psychology*, 18, 1.

Chazaud P. (1978a), *Le bénévolat de dévouement. Une conduite de valorisation narcissique et d'innocentement*, thèse de doctorat, Lyon, Université de Lyon.

— (1978b), *Tendances nouvelles de la psychanalyse*, Paris, Le Centurion.

Chess W. A., Norlin J. M. (1988), *Human Behavior and the Social Environnement*, Boston ; London ; Sydney ; Toronto, Alleyn and Bacon.

Chevalier L. (1984), *Classes laborieuses et classes dangereuses à Paris, pendant la première moitié du XIXᵉ siècle*, Paris, Hachette.

Coenen-Huther J. (1986), « La relation d'amitié comme objet d'investigation sociologique », *Cahiers de sociologie économique et culturelle (ethnopsychologie)*, 5.

Cognet L. (1959), *Saint Vincent de Paul*, Paris, Desclée de Brouwer.

Cohen-Emerique M. (1980), « Éléments de base pour une formation à l'approche de migrants et plus généralement à l'approche interculturelle », *Annales de Vaucresson*, 17.

— (1990), « Le modèle individualiste du sujet. Écran à la compréhension de personnes issues de sociétés non occidentales », *Cahiers de sociologie économique et culturelle*, 13.

Coleman J. S. (1988), « Social Capital in the Creation of Human Capital », *American Journal of Sociology*, 94.

— (1990), *Foundations of Social Theory*, Cambridge (Massachusetts), Harvard University Press.

Collins A., Pancoast D. (1976), *Natural Helping Networks*, Washington (DC), National Association of Social Workers.

Comeau Y., Favreau L. (1998), « Le développement économique communautaire en milieu urbain à Québec », *Les Politiques sociales*.

Comité national des écoles de service social de France (CNESS) (1993), *Note de synthèse sur l'évolution des compétences professionnelles des assistants sociaux*, Paris, ronéotypé.

— (1999), *Les assistants des services sociaux au début du XXIᵉ siècle*, Paris.

Commissariat général du Plan (1973), *Redéfinir le travail social. Réorganiser l'Action sociale*, Paris, La Documentation française.

Compernolle F. F. (1989), « L'autisme infantile et la famille. Le holding de Michele Zappella comme approche écopsychosomatique », *Thérapie familiale*, 10, 1.

Compher J. V. (1989), *Family-Centered Practice. The Interactional Dance beyond the Family System*, New York, Human Sciences Press.

Conseil économique et social (2000), *Mutation de la société et travail social*, Paris, Éditions des journaux officiels.

Conseil supérieur du travail social (CSTS) (1987), *Intervention sociale d'intérêt collectif*, Paris, Ministère des affaires sociales et de l'emploi.

— (1992), *Les formations au travail social dans la perspective de l'Europe de 1993*, Paris, Ministère des Affaires sociales, de la Santé et de la Ville.

— (1998), *L'intervention sociale d'aide à la personne*, Rennes, Éditions de l'ENSP.

— (2001), *Éthique de pratiques sociales et déontologie des travailleurs sociaux*, Rennes, Éditions de l'ENSP.

Contandriopoulos A. P., Champagne F., Potvin L., Denis J.-L., Boyle P. (1990), *Savoir préparer une recherche, la définir, la structurer, la financer*, Montréal, Les Presses de l'université de Montréal.

Cooley C. H. (1922), *Human Nature and the Social Order*, New York, Charles Scribner's Sons.

Coppin F. (1988), « L'avenir de la profession d'assistant de service social dans la perspective de 1992 », *Revue française de service social*, 155.

Corbeil C., Pâquet-Deehy A., Lazure C., Legault G. (1983), *L'intervention féministe*, Montréal, Éditions coopératives Albert Saint-Martin.

Corrigan P., Leonard P. (1978), *Social Work Practice under Capitalism. A Marxist Approach*, London, The MacMillan Press.

Costabile A. (1996), « Les politiques sociales et la mort : phénomènes sociaux et catégories analytiques », *L'Homme et la Société*, 119, 1.

Côté C. (1974), « Quelques considérations sur l'intervention planifiée à court terme », *Service social*, 23, 2/3.

— (1982), « L'utilisation de la programmation neurolinguistique », *Service social*, 31, 2/3.

— (1999), « Historique de la systémique (1920-1998) », dans Blanchette L. (dir.), *L'approche systémique en santé mentale*, Montréal, Presses de l'université de Montréal.

Côté L. (1999), *Le capital social. Examen de la notion à la lumière d'une étude empirique portant sur les conseils régionaux de développement du Québec*, Québec, Département des sciences politiques, Université Laval, ronéotypé.

Coulton C. J. (1981), « Person-Environment. Fit as the Focus in Health Care », *Social Work*, january.

Cournoyer B. R., Powers G. T. (2002), « Evidence-Based Social Work », dans Roberts A. R., Greene G. J. (eds), *Social Workers' Desk Reference*, New York, Oxford University Press.

Courtney H., Specht M. (1994), *Unfaithful Angels : How Social Work has Abandoned Its Mission*, New York, The Free Press.

Couture M., Dubé M., Hamel S., Leclerc G., Lefrançois R. (2002), « L'actualisation de la personne : définitions et instruments de mesure », *Vie et Vieillissement*, 1, 1.

Couturier G. (1997), « Droit du contrat et travail social », dans Lenoir R., Tsikounas M. (dir.), *Sociétés et représentations. Le social en question*, Paris, CREDHESS, 5.

Couturier Y. (2000), « Intervenir et coopérer : la question d'une langue partagée dans le travail interprofessionnel », *Intervention*, 112.

Cox F. M., Erlich J. L., Rothman J., Tropman J. E. (eds) (1987), *Strategies of Community Organization : Macro practice*, Itaska (Illinois), F. E. Peacock Publishers.

Coyle G. L. (1935), *Social Work Process in Organised Groups*, Hebron (Connecticut), Practioners's Press.

— (1948), *Group Work with American Youth*, New York, Harpers.

— (1959, trad. fr. 1960), « Quelques hypothèses de base à propos du service social des groupes », Québec, École de service social, Université Laval, ronéotypé.

Crapuchet S. (dir.) (1974), *Sciences de l'homme et professions sociales*, Toulouse, Privat.

Crespo E. (1997), Idéologies du travail dans une société en mutation, *Les Politiques sociales*, 3/4.

Crozier M. (1995), *La crise de l'intelligence*, Paris, InterÉditions.

Cuco i Giner J. (1993), « L'isolement renversé : l'amitié dans les conditions de la modernité », *Revue internationale d'action communautaire*, 29, 69.

Cullen J. (1997), « Critique pluraliste de la thérapie brève », *Le Travailleur social*, 65, 1.

Cyrulnik B. (2001), « Rien n'est jamais foutu », *Télérama*, 17 août.

— (dir.) (1998), *Ces enfants qui tiennent le coup*, Paris, Hommes et perspectives.

— (dir.) (1999), *Un merveilleux malheur*, Paris, Éditions Odile Jacob.

Daher P. (1980), « Les pratiques de réseaux : recherche-action », *Intervention*, 58.

Daigremont A., Guitton C., Rabeau B. (1979), *Des entretiens collectifs aux thérapies familiales en psychiatrie de secteur*, Paris, Éditions ESF.

Daniel-Rops H. (1959), *Monsieur Vincent*, Lyon, Éditions du Chalet.

Darcy De Oliveira R., Darcy De Oliveira M. (1975), « L'observation militante », *Institut d'action culturelle*, Genève, 9.

Darveau-Fournier L., Home A. (1980), « La spécificité du service social des groupes », *Service social*, 29, 1/2.

— (1983), « Les groupes de service social à Québec : recherche sur des rapports entre théorie et pratique », *Service social*, 32, 1/2.

David A. (1991), « Les associations en France », dans *Gestion et développement des associations sans but lucratif : enjeux québécois… expériences ethniques (France Belgique) et partenaires en philanthropie, Interaction*, Montréal, Commission de l'agriculture, des pêcheries et de l'alimentation du Québec (CAPAQ).

David M. (1962), *L'aide psychosociale*, Paris, Presses universitaires de France.

Davis A. F. (1977), « Settlements : History », dans Turner J. B. (ed.), *Encyclopedia of Social Work*, Washington (DC), NASW.

De la Bellacasa R. P. (1994), « Juan Luis Vives, Homo Homini Par », *Service social dans le monde*, 1/2.

De Ridder G. (1997a), « Mutations et interventions sociales », dans *Actes du 3ᵉ forum de travail social : mutations, travail social, cohésion sociale*, Bordeaux, Institut régional du travail social.

— (1997b), *Les nouvelles frontières de l'intervention sociale*, Paris, L'Harmattan.

De Robertis C. (1978), « La demande en travail social », *Revue française de service social*, 120.

— (1981), *Méthodologie de l'intervention en travail social*, Paris, Le Centurion.

— (dir.) (1993), *Le contrat en travail social*, Paris, Bayard.

De Robertis C., Pascal H. (1987), *L'intervention collective en travail social*, Paris, Le Centurion.

— (1994), « Évolution de la formation des assistants sociaux », *Revue française de service social*, 173-174.

De Shazer S. (1985), *Keys to Solution in Brief Therapy*, New York, W. W. Norton.

— (1991), *Putting Difference to Work*, New York, W. W. Norton.

— (1988), *Clues : Investigating Solutions in Brief Therapy*, New York, W. W. Norton.

Deegan P. E. (1993), « Le processus de "rétablissement" », *Le Partenaire*, 2, 2.

— (1996), « Le rétablissement. Un itinéraire de cœur », *Le Partenaire*, 5, 1.

Defert D. (1992), « Les personnes atteintes par l'infection au VIH sont-elles des usagers du système de santé ? », dans Chauvière M., Godbout J.-T. (dir.), *Les usagers entre marché et citoyenneté*, Paris, L'Harmattan.

Degoumois V. (1980), « L'action sociale et ses partenaires », *Service social dans le monde*, 2.

Dehousse F., Glinne E., Leaper R.A.B., Grandjeat P. (1973), *Le travail social de communauté dans les régions de l'Europe*, Marcinelle, Institut européen interuniversitaire de l'action sociale.

Delay-Malherbe N. (1982), « De la philanthropie au travail », dans Fragnière J.-P., Vuille M., *Assister, éduquer et soigner*, Lausanne, Éditions Réalités sociales.

Delecourt N., Happe-Durieux L. (1998), *Comment gérer une association*, Hericy, Éditions du Puits fleuri.

Delisle G. (1998), *La relation d'objet en Gestalt thérapie*, Paris, Éditions du Reflet.

Delmas P. (1991), *Le maître des horloges. Modernité de l'action publique*, Paris, Odile Jacob.

Delors J. (1979), « Le troisième secteur », *Autrement*, 20.

Denault H. (1960), « La pauvreté et le service social en Amérique du Nord », *Service social*, 9, 3.

— (1961-1962), « L'insertion du service social dans le milieu canadien-français », *Service social*, 10, 3 ; 11, 1.

Desbiens J.-Y. (1990), « Gérer une association philanthropique », dans Malenfant R. (dir.), *Le contexte associatif*, Montréal, Les Éditions du Cepaq.

Désigaux J., Thévenet A. (1985), *Les travailleurs sociaux*, Paris, Presses universitaires de France, « Que-sais-je ? ».

Desjeux D. (1987), *Stratégies paysannes en Afrique Noire. Le Congo. Essai sur la gestion de l'incertitude*, Paris, L'Harmattan.

— (1994), *Le sens de l'autre*, Paris, L'Harmattan.

Desrosiers G., Gaumer B., Kell O. (1998), *La santé publique au Québec*, Montréal, Les Presses de l'université de Montréal.

Devereux G. (1998), *Psychothérapie d'un Indien des Plaines*, Paris, Fayard.

Dhume F. (2001), *Du travail social au travail ensemble. Le partenariat dans le champ des politiques sociales*, Paris, Éditions ASH.

Diebolt E. (1997), « Travail social, histoire associative, vocation féminine et reconnaissance professionnelle », dans Lenoir R., Tsikounas M. (dir.), *Sociétés et représentations. Le social en question*, Paris, CREDHESS, 5.

Dinitto D. M., McNeece C. A. (1997), *Social Work. Issues and Opportunities in a Challenging Profession*, Boston, Allyn and Bacon.

Dockès P., Poly J.-P., Rossiaud J. (1982), *La mutation féodale. L'imaginaire de la société féodale*, L'Arbresle, Centre Thomas More.

Doise W., Palmonari A. (1986), *L'étude des représentations sociales*, Neuchâtel, Delachaux et Niestlé.

Donzelot J. (1984), *L'invention du social*, Paris, Fayard.

— (dir.) (1991), *Face à l'exclusion*, Paris, Éditions Esprit/Le Seuil.

Doré G. (1985), « L'organisation communautaire : définition et paradigme du service social », *Service social*, 34, 2-3.

Doron R., Parot F. (dir.) (1991), « Lieu de contrôle », dans *Dictionnaire de psychologie*, Paris, Presses universitaires de France.

Doucet L. (1997), « Le modèle de Rothman : « blue chips » de l'organisation communautaire », *Intervention*, 104.

Doucet L., Favreau L. (dir.) (1991), *Théorie et pratiques en organisation communautaire*, Québec, Presses de l'université du Québec.

Doumenc I., Groc I. (1998), « South Bronx : un contrepoint américain », *Esprit*, « À quoi sert le travail social ? », 241, 3/4.

Du Ranquet M. (1976), *La supervision en travail social*, Toulouse, Privat.

— (1981), *Les approches en travail social*, Montréal, Edisem/Paris, Le Centurion.

Dubet F. (1987), *La galère. Les jeunes en survie*, Paris, Fayard.

— (1994), *Sociologie de l'expérience*, Paris, Le Seuil.

— (1999), « L'expérience sociale », dans Akoun A., Ansart P. (dir.), *Dictionnaire de sociologie*, Paris, Le Robert/Le Seuil.

DuBois B., Miley K. K., O'Melia M. (1995), *Generalist Social Work Practice : an Empowering Approach*, Boston ; London ; Toronto ; Sydney ; Tokyo ; Singapore, Allyn and Bacon.

Dubost J. (1987), « Sur les sources techniques de l'intervention psychosociologique et quelques questions actuelles », *Connexions*, 49, 1.

Dufresne F., Dumont F., Martin Y. (dir.) (1985), *Traité d'anthropologie médicale. L'institutionnalisation de la santé et de la maladie*, Québec, Presses de l'université du Québec.

Dujardin P. (dir.) (1988), *Du groupe au réseau*, table ronde CNRS des 24 et 25 octobre 1986 tenue à l'université Lumière-Lyon II, Paris, Éditions du CNRS.

Dumas B., Séguier M. (1997), *Construire des actions collectives, développer les solidarités*, Lyon, Chronique sociale.

Dumas S. (1972), *Les filles du Roi en Nouvelle-France*, Québec, La société historique de Québec.

Dumont L. (1978), « La conception moderne de l'individu », *Esprit*, 2.

Dumouchel P. (1984), « Les effets pervers et le principe de rationalité », dans Revillard J.-P. *et al.*, *Les effets pervers dans la communication humaine*, Lyon, Les Presses universitaires de Lyon.

Duplantie J. P. (1987), « Être un établissement responsable. Exigences pour l'établissement, pour la population, pour le professionnel », *Le Travailleur social*, 45, 3.

Durand G. (1998), *L'abécédaire systémique du travailleur social*, Nantes, Éditions Opéra.

Durand M.-F., Lévy J., Retaillé D. (1992), *Le monde : espace et systèmes*, Paris, FNSP/Dalloz.

Durand R. (1996), *Histoire des centres sociaux. Du voisinage à la citoyenneté*, Paris, Syros.

Duss-Von Werdt J. (1990), « L'écosystème individuel », *Thérapie familiale*, Genève, 11, 3.
— (1991), « Individu, familles, systèmes plus larges – aller et retour », *Thérapie familiale*, 12, 4.
— (1994), « Travail social. Approche systémique : valeur et valeurs », dans Amiguet O., Julier C. (dir.), *Travail social et systémique : contexte et/ou épistémologie*, Genève, Éditions IES.

Dutrénit J.-M. (dir.) (1980), *Sociologie et compréhension du travail social*, Toulouse, Privat.
— (1982), « Contribution à une technologie sociale », *Sauvegarde de l'enfance*, 4.
— (1989), *Gestion et évaluation des services sociaux*, Paris, Economica.
— (1991), « Un logiciel évaluatif du travail social non-verbal », dans *Les voies non-verbales du travail social*, 6e Congrès du groupe régional européen, Association internationale des écoles de service social, Liège, Éditions de l'École supérieure d'action sociale.
— (1996), *Le Travail social*, Paris, La Documentation française.
— (1997), *La compétence sociale*, Paris, L'Harmattan.

Edwards R. L. (ed.) (1995), *Encyclopedia of Social Work*, Washington (DC), National Association of Social Workers.

Elias N. (1991), *La société des individus*, Paris, Fayard.

Elkaim M. (1987), *Les pratiques de réseau*, Paris, Éditions ESF.

Ellis A., Harper R. A. (1992), *L'approche émotivo-rationnelle*, Montréal, Éditions de l'Homme.

England H. (1986), *Social Work as Art : Making Sense for Good Practice*, London, Allyn and Bacon.

Enriques J. M. (1995), « Le développement local », *Service social dans le monde*, 1/2.

Esping-Andersen G. (1999), *Les trois mondes de l'État-providence. Essai sur le capitalisme moderne*, Paris, Presses universitaires de France.

Esprit (1972), *Pourquoi le travail social ?*, Paris, 413, 4/5
— (1998), *À quoi sert le travail social ?* Paris, 241, 3/4.

Estivil J. (1995), « Le partenariat », *Service social dans le monde*, 1/2.

Evers A., Liebig J., (1996), « La mise en œuvre d'un nouveau pluralisme : enseignements tirés du domaine des soins et des services sociaux aux personnes », dans Sauvage P., *Réconcilier l'économique et le social*, Paris, Organisation de coopération et de développement économiques (OCDE).

Evers A., Wintersberger H. (1990), *Shifts in the Welfare mix. Their Impact on Work, Social Sciences and the Welfare Policies, Frankfurt*, Boulder (Colorado), Campus/Westview.

Favreau L., Lévesque B. (1996), *Développement économique communautaire. Économie sociale et intervention*, Québec, Presses de l'université du Québec.

Fédération internationale des assistants sociaux (FIAS) (1997), « Code International de déontologie des assistants sociaux », *Revue française de service social*, 184.

— (2001), *Définition internationale du travail social*, Berne (Suisse).

Fédida P. (dir.) (1986), *Phénoménologie, psychiatrie, psychanalyse*, Paris, Échos-Centurion

— (2001), *Des bienfaits de la dépression. Éloge de la psychothérapie*, Paris, Éditions Odile Jacob.

Ferguson A. (1973), « La nouvelle gauche rencontre Jane Addams », *Hygiène mentale au Canada*, XXI, 1.

Fischer G.-N. (1990), *Les domaines de la psychologie sociale : le champ du social*, Paris, Dunod.

Fisher J. (1981), « The Social Work Revolution », *Social Work*, 26, 2.

Fisher R., Ury W. (1981), *Comment réussir une négociation*, Paris, Le Seuil.

Flament C. (1986), « L'analyse de similitude : une technique pour les recherches sur les représentations sociales », dans Doise W., Palmonari A. (dir.), *L'étude des représentations sociales*, Neuchâtel, Delachaux et Niestlé.

— (1987), « Pratiques et représentations sociales », dans Beauvois J.- L., Joule R.-V., Monteil J.-M., *Perspectives cognitives et conduites sociales*, Cousset, DelVal.

Fleury M.-J. (2002), « Émergence des réseaux intégrés de services comme modèle d'organisation et de transformation du système socio-sanitaire », *Santé mentale au Québec*, XXVII, 2.

Fohlen C. (1998), *Histoire de l'esclavage aux États-Unis*, Paris, Librairie académique Perrin.

Fohlen C., Bédarida F. (1960), *Histoire générale du travail. Tome III. L'ère des révolutions*, Paris, Nouvelle librairie de France.

Fontaine P. (1992), « Le temps et les familles sous-prolétariennes », *Thérapie familiale*, 13, 3.

Fortin A. (1993), « Nouveaux réseaux : les espaces de la socialité », *Revue internationale d'action communautaire*, 29, 69.

Foucault M. (1968), *Histoire de la folie à l'âge classique*, Paris, Gallimard.

Fragnière J.-P., Vuille M. (1982), *Assister, éduquer et soigner*, Lausanne, Éditions Réalités sociales.

Franco B. (1989), « La coordination sociale », *Revue d'action sociale*, 4.

Frankel S. (1990), « Brève réflexion sur l'unicité du service social », *Le Travailleur social*, 58, 2.

Freire P. (1971), *L'éducation : pratique de la liberté*, Paris, Le Cerf.

— (1974), *Pédagogie des opprimés*, Paris, Librairie François Maspero.

Freud S. (1890), « Traitement psychique (traitement d'âme) », dans (1984) *Résultats, idées, problèmes*, Paris, Presses universitaires de France.

— (1951), *Essais de psychanalyse*, Paris, Payot.

— (1991), *Sur la psychanalyse, cinq conférences*, Paris, Gallimard.

Freud S., Breuer J. (1956), *Études sur l'hystérie*, Paris, Presses universitaires de France.

Friedlander W. A. (1955), *Introduction to Social Welfare*, Englewood Cliffs (New Jersey), Prentice-Hall.

Fuller R.B. (1979), *Synergistics 2*, New York, Macmillan.

— (1981), *Critical Path*, New York, St-Martin's Press.

Fustier M. (1977), *La résolution de problème, méthodologie de l'action*, Paris, Éditions ESF.

Gagnier J.-P., Chamberland C. (dir.) (2000), *Enfance et milieux de vie : initiatives communautaires novatrices*, Québec, Presses de l'université du Québec.

Galaway B., Hudson J. (1998), « Le gouvernement en tant que personne ou acheteur de services d'aide à l'enfance », *Le Travailleur social*, 66, 1.

Gallup J.-R. (1994), « L'amitié, la société et la femme », *Philosophiques*, Québec, XXI, 2.

Garbarino J. (1992), *Children and Families in the Social Environment*, New York, Aldine.

Garbellini M., Nanchen M., Kuhfuss E. (1994), « Méthodologie relationnelle dans le cadre scolaire : un cas paradigmatique », *Thérapie familiale*, 5, 3.

Garland J.-A., Jones H. E., Kotodny R. L. (1973), « A Model for Stages of Development in Social Work Groups », dans Bernstein S. (ed.), *Explorations in Group Work*, Boston, Milton House.

Garnier J.-F. (1999), *Assistant social : pour la redéfinition d'un métier*, Paris ; Montréal, L'Harmattan.

Garrett A. (1949), « Historical Survey of the Evaluation Casework », *Social Casework*, 30, 6.

Garvin C. D., Tropman J. E. (1998), *Social Work in Contemporary Society*, Boston ; London ; Toronto ; Sydney ; Tokyo ; Singapore, Allyn and Bacon.

Gaudemet Y. (2002), « La subsidiarité en Europe : un principe ambigu et discutable », *Futuribles*, 280.

Gaudin T. (dir.) (1990), *2001. Récit du prochain siècle*, Paris, Payot.

Gaulejac V. de (1992), « La sociologie et le vécu », *Revue internationale d'action communautaire*, 28, 68.

Gauthier N. (1985), « Le concept de réseau et de crise comme fondements théoriques à l'intervention auprès de la personne âgée souffrant de maladie terminale », *Service social*, 34, 1.

Geismar L. L., Wood K. M. (1989), *Families at Risk*, New York, Human Sciences Press.

George V. (1973), « Pauvreté et assistance interindividuelle dans le monde féodal avant le XIVe siècle », dans Dutrenit J. M. (dir.) (1980), *Sociologie et compréhension du travail social*, Toulouse, Privat.

Geremek B. (1976), *Les marginaux parisiens aux XIVe et XVe siècles*, Paris, Flammarion.

— (1980), *Truands et misérables dans l'Europe moderne (1350-1600)*, Paris, Gallimard/Julliard.

— (1987), *La potence ou la pitié*, Paris, Gallimard.

— (1991), *Les fils de Caïn. L'image des pauvres et des vagabonds dans la littérature européenne du XVe au XVIIe siècle*, Paris, Flammarion

Germain C.B. (1979), *Social Work Practice : People and Environments : an Ecological Perspective*, New York, Columbia University Press.

— (1981a), « The Physical Environment and Social Work Practice », dans Maluccio A. N. (ed.) *Promoting Competence in Clients : a New/Old Approach to Social Work Practice*, New York, The Free Press ; London, Colliers Macmillan.

— (1981b), « The Ecological Approach to People-Environment Transactions », *Social Casework*, 62, june.

— (1983), « Technological Advances », dans Rosenblatt A., Woldfogel D. (eds), *Handbook of Clinical Social Work*, San Francisco ; Washington ; London, Jossey-Bass Publishers.

— (1985), « The Place of Community Work with an Ecological Approach to Social Work Education », dans Taylor S. H., Roberts R. W., *Theory and Practice of Community Social Work*, New York, Columbia University Press.

— (1991), *Human Behavior in the Social Environment. An Ecological View*, New York, Columbia University Press.

Germain C. B., Gitterman A. (1980), *The Life Model of Social Work Practice*, New York, Columbia University Press.

Ghai D. (1988), *Participatory Development: Some Perspectives from Grass Roots Experiences*, Genève, UNRISD.

Giddens A. (1984, trad. fr. 1987), *La constitution de la société. Éléments de la théorie de la structuration*, Paris, Presses universitaires de France.

— (1994), *Beyond Left and Right. The Future of Radical Politics*, Stanford (Californie), University Press.

Gil D. G. (1976), *Unravelling Social Policy*, Cambridge (Massachusetts), Schenkman Publisher.

Gilbert N., Specht H. (1986), *Dimensions of Social Welfare Policy*, Englewood Cliffs (New Jersey), Prentice-Hall.

Ginger S. (1985), « La *gestalt*: une troisième voie ? », dans Vanoye F., Ginger S. *et al.*, *Le développement personnel et les travailleurs sociaux*, Paris, Éditions ESF.

Gingras P. (1991), *Le traitement en première ligne des demandes individuelles d'aide en CLSC selon l'approche communautaire*, Québec, Ministère de la Santé et des Services sociaux en collaboration avec la Fédération des CLSC du Québec.

Girard-Buttoz F. (1982), *Les travailleurs sociaux*, Paris, Presses universitaires de France.

Glasser W. (1971), *La thérapie par le réel: la « reality therapy »*, Paris, Éditions de l'Épi.

Godbout J. T., Caillé A. (1992), *L'esprit du don*, Montréal, Boréal.

Gold L. (1998), « Médiation familiale aux États-Unis », *Sciences humaines*, 24.

Gonthier N. (1978), *Lyon et ses pauvres au Moyen Âge (1350-1500)*, Lyon, L'Hermès.

Goudet B. (1989), « La fonction d'agent de médiation des travailleurs sociaux engagés dans des actions collectives et ses légitimités », dans Blanc *et al.*, *Actions collectives et travail social, t. 2. Processus d'action et d'évaluation*, Paris, Éditions ESF.

Gout J. P. (1993), *Prévention et gestion des risques majeurs*, Paris, Éditions de l'environnement.

Graaff C. (1968a), « Principes, méthodes et techniques du travail de communauté », *Informations sociales*, 4-5.

— (1968b), « Élucidations », *Informations sociales*, 4-5.

Grof S. (1985), *Beyond the Brain*, New York, State University Press.

Groulx L. (1983), « Le service social confessionnel au Canada français », *Revue canadienne de service social*.

Guédon M.-C. (1980), « Le champ d'intervention: réseaux primaires et institutions sociales », *Service Social*, 29, 3.

Guerrand R. H., Rupp M.-A. (1978), *Brève histoire du service social en France. 1896-1976*, Toulouse, Éditions Privat.

Guntern G. (1986), « Éco-anthropologie et thérapie systémique: une nouvelle image de l'homme », *Thérapie familiale*, 1.

Haan N. (1989), « Coping with Social Conflict as Resiliency », dans Dugan T. F., Coles R. (eds), *The Child in our Times. Studies in the Development*, New York, Guilford Press.

Haesler W. (1955), *Enfants de la Grand-Route*, Neuchâtel, Delachaux et Niestlé.

Hahn G. (1983), « Les raisons d'être du travail social », dans *Quel travail social pour notre temps ? Mutations des besoins. Mutations des pratiques*, Paris, Éditions ESF.

Haley J. (1985), *Un thérapeute hors du commun: Milton H. Erickson*, Paris, Éditions de l'Épi.

— (1993), *Stratégies de la psychothérapie*, Toulouse, Éditions ESF.

Hamilton G. (1951, trad. fr. 1965), *Théorie et pratique du Casework*, Paris, Comité français de service social et d'action sociale (CFSSAS).

Handel G. (1982), *Social Welfare in Western Society*, New York, Random House.

Harper R. A. (1975, trad. fr. 1978), *Les nouvelles psychothérapies*, Toulouse, Privat.

— (1978), « Nouvelles perspectives de psychothérapies familiales », *Service social dans le monde*, 11.

Harris T. (1973), *D'accord avec soi et avec les autres*, Paris, Éditions de l'Épi.

Hatzfeld H. (1998), *Construire de nouvelles légitimités en travail social*, Paris, Dunod.

Hazebroucq A. (1999), « Pour un management des ressources humaines centrées sur le client ? », dans Schaller J.-J. (dir.), *Accompagner la personne en difficulté*, Paris, Dunod.

Hazzaz M. (1985), « Le travailleur social et les mesures d'urgence », *Service social*, 34, 1.

Heap K. (1985, trad. fr. 1987), *La pratique du travail social avec les groupes*, Paris, Éditions ESF.

Heber-Suffrin C. (1989), « Les réseaux de formation réciproque », *COMM*, 38, 12.

Heffernan J., Shuttlesworth G., Ambrosino R. (1997), *Social Work and Social Welfare. An Introduction*, Minneapolis/St Paul ; New York ; Los Angeles ; San Francisco, West Publishing Company.

Heidegger M. (1927, trad. fr. 1986), *Être et temps*, Paris, Gallimard.

Heireman M. (1989), *Du côté de chez soi*, Paris, Éditions ESF.

Heller K. (1989), « The Return to Community », *American Journal of Community Psychology*, 17.

Henderson P., Thomas D. N. (1992), *Savoir-faire et développement social local*, Paris, Bayard.

Heran F. (1987), « La seconde nature de l'habitus », *Revue française de sociologie*, XXVIII, 3.

Herman J. (1983), *Les langages de la sociologie*, Paris, Presses universitaires de France.

Hernandez S. H. *et al.* (1985), « Integrated Practice : an Advanced Generalist Curriculum to Prepare Social Problems Specialists », *Journal of Social Work Education*, 3.

Hervieu-Léger D. (1999), « Église et secte », dans Akoun A., Ansart, P. (dir.), *Dictionnaire de sociologie*, Paris, Le Robert/Le Seuil.

Hesnard A. (1960), « Psychanalyse », dans Porot A., *Manuel alphabétique de psychiatrie*, Paris, Presses universitaires de France.

Hesse R. (1981), *La sociologie de l'intervention*, Paris, Presses universitaires de France.

Hill K. (1987), *Je vous aide en m'aidant*, Ottawa, Conseil canadien de développement social.

Hipólito J., Mendes Coelho F. (1989), « Thérapie familiale. Perspective anthropoanalytique », *Thérapie familiale*, 10,4.

Hirschman A. O. (1984), *L'économie comme science morale et politique*, Paris, Gallimard/Le Seuil.

Hollis F. (1950), « The Techniques of Casework », dans Kasius C. (ed.), *Principles and Techniques in Social Casework*, New York, Family Service Association.

Hollis F. (1964), *Casework. A Psychosocial Therapy*, New York, Random House.

Home A., Tremblay Y. (1990), « De l'éducation à l'action : évolution d'un groupe de jeunes en milieu scolaire », *Intervention*, 85.

Hopmeyer E. (1990), « Entraide et service social des groupes », *Service social*, 39, 1.

Hugon P. (1982), « Secteurs souterrains et réseaux apparents », dans Deble I., Hugon P., *Vivre et survivre dans les villes africaines*, Paris, Presses universitaires de France.

— (1989), « Les politiques d'appui au secteur informel en Afrique », dans *Connaissances et politiques de développement du secteur informel en Afrique*, Québec, Centre Sahel, Université Laval, Dossier Séries 9.

— (1995), « Robinson ou Vendredi ? La rationalité économique en Afrique », *Sciences humaines*, 47.

Humbert C. (1975), *Conscientisation : expériences, positions dialectiques et perspectives*, Paris, L'Harmattan.

— (1985), « Éducation populaire et politique : l'urgence d'un renouvellement des modèles traditionnels de la gauche », *Service social*, 34, 2/3.

Humbert C., Merlot J. (1978), *L'enquête conscientisante : problèmes et méthodes*, Paris, L'Harmattan.

Hurtubise Y., Deslauriers J.-P. (1997), « La nouvelle donne de l'organisation communautaire : réponses aux contraintes imposées à la pratique par le néolibéralisme, le postmodernisme et la crise des finances publiques », *Intervention*, 104.

Ibañez R. M. (1994), « Juan Luis Vives », *Perspectives*, XXIV, 34.

Igodt P. (1988), « Thérapie familiale contextuelle », dans Benoit J.-C. (dir.), *Dictionnaire clinique des thérapies familiales systémiques*, Paris, Éditions ESF.

Ion J. (1990), *Le travail social à l'épreuve du territoire*, Toulouse, Privat.

— (1996), *Le travail social au singulier*, Paris, Dunod.

Ion J., Tricart, J.-P. (1984), *Les travailleurs sociaux*, Paris, La Découverte.

— (1985), « Nouvelles générations », dans « Les professionnels du travail social », *Informations sociales*, 1.

Irey K.V. (1980), « The Social Work Generalist in a Rural Context : an Ecological Perspective », *Journal of Education for Social Work*, 16, 3.

Institut régional de travail social, La Croix-Rouge Française (2001), *Présentation des professions sociales. Diplômes en travail social. Classement par niveau d'homologation*, Toulon, septembre, ronéotypé.

Jacques E. (1984), « Identités collectives et positionnement professionnel », *COMM*, 22,8.

James M., Jongeward D. (1978), *Naître gagnant. L'analyse transactionnelle dans la vie quotidienne*, Paris, InterÉditions.

Jayaratne S., Levy R. L. (1979), *Empirical Clinical Practice*, Chicago, University of Chicago Press.

Jenson J. (1998), *Les contours de la cohésion sociale : l'état de la recherche au Canada*, Ottawa, Réseaux canadiens de recherche en politiques publiques (RCRPP).

Jodelet D. (1993), *Les représentations sociales*, Paris, Presses universitaires de France.

Johnson L. C. (1983), *Social Work Practice : a Generalist Approach*, Boston, Allyn and Bacon.

Johnson L. C., Schwartz C. L. (1988), *Social Welfare : a Response to Human Need*, Boston, Allyn and Bacon.

Johnson H. W. (1995), *The Social Services : an Introduction*, Itasca (Illinois), F. E. Peacock Publishers.

Joseph J., Jeannot G. (dir.) (1995), *Métiers du public. Les compétences de l'agent et de l'espace de l'usager*, Paris, CNRS Éditions.

Joshi P., Grâce G.-R. de, Beaupré C. (1989), « Nature des contacts avec les amis et solitude chez les personnes âgées vivant dans la communauté », *Les Cahiers internationaux de psychologie*, 4.

Journet N. (1995a), « La logique des communautés. Un lien fondamental », *Sciences Humaines*, 48.

— (1995b), « Rencontre avec Bruno Latour », *Sciences humaines*, 48.

Jovelin E. (1998), « Le travail social est-il une profession ? », *Revue française de service social*, 189/190.

Julier C. (1980), « Modèles en service social : thérapies et formations personnelles », *Service social dans le monde*, 2.

Jutras S. (1987), « L'IPAH version canadienne française de l'échelle de Levenson mesurant le lieu de contrôle tridimensionnel », *Revue canadienne des sciences du comportement*, 19, 1.

Kaeppelin E. (1953), « Les centres sociaux américains », *Informations sociales*, 1.

Kahn A. J. (1969), *Theory and Practice of Social Planning*, New York, Russell Sage Foundation.

Kakar S. (1978), *The Inner World*, Delhi, Oxford University Press.

Kaplan L., Girard J. L. (1994), *Strengthening High-Risk Families*, New York, Lexington Books.

Karls J. M. (2002), « Person-in-Environment System. Its Essence and Applications », dans Roberts A. R., Green G. J. (eds), *Social Workers' Desk Reference*, New York, Oxford University Press.

Karls J. M., Wandrei K. E. (eds) (1994, trad. fr. 1996), *Manuel du système CFPE : classification du fonctionnement de la personne dans son environnement*, Montréal, Ordre professionnel des travailleurs sociaux du Québec (OPTSQ).

Karsz S. (1974), *Théorie et politique : Louis Althusser*, Paris, Fayard.

Karsz S., Mispelblom F. (1983), « Pour une analyse scientifique du travail social », *Cahiers de pratiques sociales*, 2.

Katz J. H. (1985), « The Sociopolitical Nature of Counseling », *The Counseling Psychologist*, 13, 4.

Kaufmann J.-C. (1992), « Pour une sociologie de l'individu », *Revue internationale d'action communautaire*, 28, 68.

Kemp S. P. (1998), « Practice with Communities », dans Mattaini M. A., Lowery C. T., Meyer C. H. (eds), *Foundations of Social Work Practice*, Washington (DC), NASW.

Khan M. M. R. (1972), « Une certaine intimité », dans Winnicott D. W., *La consultation thérapeutique et l'enfant*, Paris, Gallimard, « Préface ».

Khon-Feuermann A. (1978), *Relations humaines individuelles et communautaires*, Vienne, Centre intercommunal d'action sociale (CIAS).

Knibiehler Y. (1980), *Nous les assistantes sociales*, Paris, Aubier.

Kohn R. C. (1998), *Les enjeux de l'observation*, Paris, Anthropos.

Konaté M., Simard R., Giles C., Caron L. (1999), *Sur les petites routes de la démocratie. L'expérience d'un village malien*, Montréal, Les éditions Écosociété.

Konopka G. (1963), *Social Group Work : a Helping Process*, Englewood-Cliffs (New Jersey), Prentice-Hall.

Kramer R. M., Specht H. (1969), *Readings in Community Organisation Practice*, Englewood Cliffs (New Jersey), Prentice-Hall.

Kuhn R. (1986), « L'œuvre de Ludwig Binswanger, son origine et sa signification pour l'avenir », dans Fédida P. (dir.), *Phénoménologie, psychiatrie, psychanalyse*, Paris, Échos/Centurion.

Kuhn T. S. (1962, trad. fr. 1983), *La structure des révolutions scientifiques*, Paris, Flammarion.

Lacoursière J. (1975), *Histoire populaire du Québec. Des origines à 1791*, Sillery, (Québec), Les éditions du Septentrion.

Lacroix J.-L. (1990), *L'individu, sa famille et son réseau*, Paris, Éditions ESF.

Ladsous J. (1985), « Réponse à M. H. Soulet », *Informations sociales*, 1.

Lafore R. (1997), « Pour un renouveau du contrat social », dans *Actes du 3ᵉ forum du travail social : Mutation, travail social et cohésion sociale*, Bordeaux, Institut régional du travail social.

Laforest J. (1984), « La nature du service social », *Intervention*, 68, 22-23.

Lagache D. (1979), *La psychanalyse*, Paris, Presses universitaires de France, « Que sais-je ? ».

Lallemand L. (1895), *Les associations charitables dans la province de Québec (Canada)*, Paris, Librairie Alphonse Picard et fils.

— (1902), *Histoire de la charité. L'antiquité*, Paris, Librairie Alphonse Picard et fils.

— (1903), *Histoire de la charité. Les neuf premiers siècles de l'ère chrétienne*, Paris, Librairie Alphonse Picard et fils.

— (1906), *Histoire de la charité. Le Moyen Âge (du Xᵉ au XVIᵉ siècle)*, Paris, Librairie Alphonse Picard et fils.

— (1910), *Histoire de la charité. Les temps modernes : première partie (du XVIᵉ au XIXᵉ siècle)*, Paris, Librairie Alphonse Picard et fils.

— (1912), *Histoire de la charité. Les temps modernes : seconde partie : Europe*, Paris, Librairie Alphonse Picard et fils.

Lamarre S. (1998), *Aider sans nuire. De la victimisation à la coopération*, Montréal, Lescop.

Lamoureux H., Mayer R., Panet-Raymond J. (1984), *L'intervention communautaire*, Montréal, Éditions Saint-Martin.

Langlois S. *et al.* (1990), *La société québécoise en tendances 1960-1990*, Québec, Institut québécois de recherche sur la culture.

Larivière C. (1997), « Enjeux des transformations actuelles pour le travail social : une perspective nord-américaine », *Les politiques sociales*, 3/4.

Larouche G. (1987), *Agir contre la violence*, Montréal, La Pleine Lune.

Lascoumes P. (1982), « La division du travail dans le secteur médico-social », dans Fragnière J.-P., Vuille M., *Assister, éduquer et soigner*, Lausanne, Éditions Réalités sociales.

Lassegue-Moleres J.-B. (1983), *Le Père Bartholomé de Las Casas et l'École de Salamanque. Actes du colloque : Le combat pour la justice et la paix, la vie religieuse et la théologie*, L'Arbresle, Centre Thomas More.

Latour R. B. (1993), *La clef de Berlin*, Paris, La Découverte.

— (1995), *Le métier de chercheur. Regard d'un anthropologue*, Paris, Institut national de la recherche agronomique.

Laurent D. (1988), « La santé, maladie sociale ? », *Service social dans le monde*, 2.

— (1989), « Formation responsable et responsabilité professionnelle », *Service social dans le monde*, 1.

Laurent-Boyer L. (dir.) (1998), *La médiation familiale*, Cowansville, Les éditions Yvon Blais.

Lauzon G., Lecomte Y. (2002), « Rétablissement et travail », *Santé mentale au Québec*, XXVII, 1.

Laville J.-L. (1995), *Emploi et intégration sociale. La perspective de l'économie solidaire*, Hull, Université du Québec à Hull, « Cahiers du GÉRIS ».

— (1996), « Économie et Solidarité : linéaments d'une problématique », dans Sauvage P., *Réconcilier l'économique et le social*, Paris, OCDE.

Lazarsfeld P., Merton R. L. (1954), « Friendship as a Social Process : a Substantive and Methodological Analysis », dans Berger M., Abel T., Page C. (eds), *Freedom and Control in Modern Society*, New York, D. Van Nostrand.

Le Bossé Y. (1996), « *Empowerment* et pratiques sociales : illustration du potentiel d'une utopie prise au sérieux », *Nouvelles pratiques sociales*, Montréal, 9, 1.

— (2002), « L'approche centrée sur le développement du pouvoir d'agir : aperçu de ses fondements et de son application », *Revue canadienne de counseling*, 36, 2.

Le Goff J., Schmitt J.-C. (1999), Dictionnaire raisonné de l'Occident médiéval, Paris, Fayard.

Le Guen C., Flournoy O., Stengers I., Guillermain J. (1988), *La psychanalyse, une science?*, Paris, Les Belles Lettres.

Le Moigne J.-L. (1990), *La modélisation des systèmes complexes*, Paris, Dunod.

— (1998), «Les "Savoirs" du Service social : acquis positifs ou construits épistémiques», *Revue française de service social*, 189-190.

Lebbe-Berrier P. (1988), *Pouvoir et créativité du travailleur social*, Paris, Éditions ESF.

— (1994), «Approche systémique. Essai de modélisation», dans Amiguet O., Julier C. (dir.), *Travail social et systémique*, Genève, Éditions IES.

Leclerc G., Lefrançois R., Dubé M., Hébert R., Gaulin P. (1998), *Manuel d'utilisation de la mesure de l'actualisation du potentiel*, Sherbrooke, Centre de recherche en gérontologie et gériatrie.

Lecomte J. (1998a), «Pour en finir avec les conflits», *Sciences humaines*, 84.

— (1998b), «Entretien avec Serge Moscovici. Comment voit-on le monde? Représentations sociales et réalité», *Sciences humaines*, hors série, 21.

Lefebvre F. (1984), «Histoire orale du service social au Canada : entrevue avec Madame Hayda Denault», Ottawa, Association canadienne des travailleurs sociaux, ronéotypé.

Lefort C. (1986), *Essais sur la politique*, Paris, Le Seuil.

Legrand M. (1992), «Affects : entre psychanalyse, socioanalyse et phénoménologie. Pour une approche dialectique», *Revue internationale d'action communautaire*, 28, 68.

Leiby J. (1978), *A History of Social Welfare and Social Work in United States*, New York, Columbia University Press.

Lenoir R. (1975), *Les exclus : un Français sur dix*, Paris, Le Seuil.

Lenoir R., Tsikounas M. (dir.) (1997), *Sociétés et représentation. Le social en question*, Paris, CREDHESS, 5.

Leonard P. (1976), «Toward a Paradigm for Radical Practice», dans Bailey R., Brake M. (eds), *Radical Social Work*, New York, Pantheon Books.

Leplay E. (1976), «La formation à la méthodologie d'intervention en service social», *Revue française de service social*, 112.

Lescarbeau R., Payette M., Saint-Arnaud Y. (1990), *Profession : consultant*, Montréal, Les Presses de l'université de Montréal.

Lesemann F. (1985), «Néo-conservatisme et régulation aux États-Unis», *Pour*, 103/104.

Lessard-Hébert M. *et al.* (1990), *Recherche qualitative : fondements et pratiques*, Montréal, Éditions Agence d'Arc.

Levasseur R. (1990), «La dynamique des associations au Québec : démographie et morphologie : 1941-1981», dans Breault M.-M., Saint-Jean L., *Entraide et Associations*, Québec, Institut québécois de recherche sur la culture (IQRC).

Levenson H. (1974), «Activism and Powerful Others : Distinctions within the Concept of Internal-external Control», *Journal of Personality Assesment*, 38, 4.

Lévesque B., Ninacs W. A. (1997), *L'économie sociale au Canada : l'expérience québécoise*, Montréal, Institut de formation en développement économique communautaire (IFDEC).

Lévesque J. (1994), «L'évaluation et la pertinence de l'approche structurelle dans le contexte social actuel», *Service Social*, 43, 3.

— (1998), *Méthodologie de la médiation familiale*, Montréal, Edisem.

Lévesque J., Panet-Raymond J. (1987), «L'apprentissage d'une approche intégrée : l'expérience de l'approche structurelle», *Service Social*, 36, 2/3.

Lévy J. (1995), «Du monde à l'individu. La complexité dans les sciences sociales», *Sciences humaines*, 47.

Lewis E. (1983), « Le service social des groupes dans la vie communautaire : caractéristiques des groupes et rôles du travailleur social », *Service social*, 32, 1-2.

Lewis V. S. (1977), « Charity Organisation Society », dans Turner J. B. (ed.), *Encyclopedia of Social Work*, Washington (DC), NASW.

Lexis (1975), *Dictionnaire de la langue française*, Paris, Librairie Larousse.

Lieberman M. A., Borman L. D. (eds) (1979), *Self-Help Groups for Coping with Crisis*, San Francisco, Jossey-Bass.

Lindsay J. (1990), « Le service social des groupes : vers l'an 2000 », *Intervention*, 85.

— (1992) (dir.), *Textes de base sur le modèle de groupe autogéré*, Québec, École de service social, Université Laval, ronéotypé.

Lindsay J., Ouellet A., Bouchard J. (1997), *Intervention de groupe dans les situations d'urgence et de crise*, Québec, Laboratoire de recherche, École de service social, Université Laval.

Linn J.-M. (1956), *L'assistante sociale française*, Paris, La Colombe.

Lipiansky E. M. (1992), *Identité et communication*, Paris, Presses universitaires de France.

— (1995), « Comment se forme l'identité des groupes », *Sciences humaines*, 48.

Lippitt R., Watson J., Westley B. (1958), *The Dynamics of Planned Change*, New York, Harcourt, Brace and Wood.

Longres J. F. (1995a), « Richmond Mary Ellen (1861-1928) », dans Barker R. L., *The Social Work Dictionary*, Washington (DC), NASW.

— (1995b), *Human Behavior in the Social Environment*, Itasca (Illinois), F. E. Peacock Publishers.

Lopez M.-L. (1986a), « Formation au travail social et pratiques novatrices », *Revue d'Action sociale*, 23.

— (1986b), « Bénévoles et professionnels du travail social belge. Partenaires ou concurrents ? », *Service social dans le monde*, 1.

Lopez M.-L., Lardinois P. (1971), *Travail social. Promotion humaine*, Bruxelles, Éditions Vie ouvrière.

Lory B. (1975), *La politique d'action sociale*, Paris, Presses universitaires de France.

Lowen A. (1976), *La Bioénergie*, Paris, Éditions Tchou.

— (1977), *La dépression nerveuse et le corps*, Ottawa, Éditions Saint-Yves.

Lubove R. (1965), *The Professionnal Altruist. The Emergence of Social Work as a Career, 1880-1930*, Cambridge, Harvard University Press.

Lüssi P. (1992), « Approches systémiques : principes et méthodes », dans Amiguet O., Julier C. (dir.), *Travail social et systémique*, Genève, Les Éditions IES.

Lutz W. A. (1956), *Concepts and Principles Underlying Social Casework Practice*, Washington (DC), NASW.

Macarov D. (1995), *Social Welfare. Structure and Practice*, Thousand Oaks ; London ; New Delhi, Sage Publications.

MacIntyre A. (1993), *Quelle justice ? Quelle rationalité ?*, Paris, Presses universitaires de France.

MacIver R. M. (1924), *Community*, New York, Macmillan Co.

Madanes C. (1991), *Stratégies en thérapie familiale*, Paris, Éditions ESF.

Maffesoli M. (1988), *Le temps des tribus : le déclin de l'individualisme dans les sociétés de masse*, Paris, La Table ronde.

— (1993), *Au creux des apparences : pour une éthique de l'esthétique*, Paris, Plon.

— (1995), « Autour d'Anthony Giddens », *Société*, 48.

Malarewicz J. A. (1996), *Comment la thérapie vient au thérapeute*, Paris, Éditions ESF.

Maldiney H. (1986), « Daseinsanalyse : phénoménologie de l'existant », dans Fédida P. (dir.), *Phénoménologie, psychiatrie, psychanalyse*, Paris, Échos-Centurion.

Malenfant R. (1990), « Typologie des associations », dans Malenfant R. (dir.), *Le contexte associatif*, Montréal, Les Éditions du Centre d'études politiques et administratives du Québec (CEPAQ).

— (1991), « Le don : la base des associations », dans *Gestion et développement des associations sans but lucratif, Interaction*, Montréal, Les Éditions CEPAQ.

Malherbe J.-F. (1994), *Autonomie et prévention*, Louvain-la-Neuve, Artel/Montréal, Fides.

Maltais D. (dir.) (2002), *Catastrophes et état de santé des individus, des intervenants et des communautés*, Chicoutimi, Groupe de recherche et d'intervention régionale, Université du Québec à Chicoutimi.

Maltais D., Robichaud S., Simard A. (2001), *Désastres et sinistres*, Chicoutimi (Québec), Les éditions JCL.

Maluccio A. N. (ed.) (1981), *Promoting Competence in Clients : New-Old Approach to Social Work Practice*, New York, Free Press.

Manson C. (1997), « Quelles sont les alliances possibles entre les décideurs, les acteurs et les usagers de l'action sociale ? », *Service social*, 46, 2/3.

Marc E., Picard D. (1984), *L'école de Palo Alto*, Paris, Éditions Retz.

Marquès M.-F. (1988), « Charité, spectacle et travail social », dans Marquès M.-F., Walter J. (dir.), *Perspectives du travail social*, Paris, Éditions ESF.

Marteau E. (1998), « Travail social et société salariale, une fonction politique historiquement produite », *Contradictions*, 87.

Martel C. (2002), « Qu'est-ce que l'intervention psychosociale en sécurité civile au Québec ? », dans Maltais D. (dir.), *Catastrophes et état de santé des individus, des intervenants et des communautés*, Chicoutimi, Groupe de recherche et d'intervention régionale, Université du Québec à Chicoutimi.

Martindale D. (1966), *Institutions, Organizations and Mass Society*, Boston, Houghton Mifflin Company.

Marx C. (1983), « Winnicott », dans Sillamy N. (dir.), *Dictionnaire usuel de psychologie*, Paris, Bordas.

Massa H. (1976), « Avant-propos à l'édition française », dans Shulman L., *Une technique de travail social avec des groupes*, Paris, Éditions ESF.

Mathieu J. (2000), « L'aventure française en Amérique », dans Plourde M. (dir.), *Le français au Québec. 400 ans d'histoire et de vie*, Montréal, Fides.

Mattaini M. A., Lowery C. T., Meyer C. H. (eds) (1998), *The Foundations of Social Work Practice*, Washington (DC), NASW.

Mayer R., Ouellet F. (1991), *Méthodologie de recherche pour les intervenants sociaux*, Boucherville, G. Morin.

Mayer R. (1994), « L'évolution des services sociaux », dans Dumont F., Langlois S., Martin Y. (dir.), *Traité des problèmes sociaux*, Québec, Institut québécois de recherche sur la culture (IQRC).

MBemba I. (1989), *Le secteur informel : un aperçu des aspects conceptuels et méthodologiques. Quelques cas de l'Afrique sahélienne*, Québec, Centre Sahel, Université Laval.

McDougall J. (1978), *Plaidoyers pour une certaine anormalité*, Paris, Gallimard.

McPheeters H., Ryan R. (1971), *A Core of Competence for Baccalaureate Social Welfare and Curriculum Implications*, Atlanta, Southern Regional Education Board.

Médard J.-F. (1969), *Communauté locale et organisation communautaire aux États-Unis*, Paris, Armand Colin.

Megglé D. (1990), *Les thérapies brèves*, Paris, Retz.

Melucci A. (1983), « Mouvements sociaux, mouvements post-politiques », *Revue internationale d'action communautaire*, 10, 50.

Mendras H., Forsé M. (1983), *Le changement social*, Paris, Armand Colin.

Mercier C., Roy D., White D. (1993), *Concertation et continuité de soins en santé mentale : trois modèles*, Montréal, Groupe de recherche sur les aspects sociaux de la prévention, Université de Montréal.

Merrien F.-X. (1996), « État-providence et lutte contre l'exclusion », dans Paugam S. (dir.), *L'exclusion. L'état des savoirs*, Paris, La Découverte.

— (1999), *L'État-providence*, Paris, Presses universitaires de France, « Que sais-je ? ».

Mezzadri L., Nuovo L. (1981), *Saint Vincent de Paul par lui-même. Pages choisies*, Roma, CLV/Edizioni Vincenziane.

Mias C. (1998), *L'implication professionnelle dans le travail social*, Paris ; Montréal, L'Harmattan.

Middleman R. R., Goldberg G. (1974), *Social Service Delivery, a Structural Approach to Social Work Practice*, New York ; London, Columbia University Press.

Miermont J. (dir.) (2001), *Dictionnaire des thérapies familiales*, Paris, Payot.

Miljkovitch R. (2001), *L'attachement au cours de la vie*, Paris, Presses universitaires de France.

Million-Delsol C. (1993), *Le principe de subsidiarité*, Paris, Presses universitaires de France.

Minahan A. (1981), « Purpose and Objectives of Social Work Revisited », *Social Work*, 26, 1.

Ministère de la Santé et des Services sociaux (1994), *Informations générales sur divers types de sinistres naturels ou technologiques*, Gouvernement du Québec, Direction générale de la coordination régionale.

Minuchin S. (1979), *Familles en thérapie*, Paris, Jean-Pierre Delarge.

Mirabelli A. (1997), « Ériger une barrière au bord de la falaise. La politique familiale au Canada », *Transition*, 27, 1.

Mishra R. (1990), *The Welfare State in Capitalist Society*, London, Havester.

Mitchell J. (ed.) (1969), *Social Networks in Urban Situations*, Manchester, Manchester University Press.

Mohan B. (1980), « Human Behavior, Social Environment, Social Reconstruction and Social Policy : a System of Linkages, Goals and Priorities », *Journal of Education for Social Work*, 16, 2

Mongeau S. (1967), *Évolution de l'assistance au Québec*, Montréal, Éditions du Jour.

Monkman M. M. (1991), *Outcome Objectives in Social Work Practice : Person and Environment*, New York, NASW.

Morales A., Sheafor B. W. (1989), *Social Work. A Profession of Many Faces*, Boston, Sydney, Toronto, Allyn and Bacon.

Moreau M. J. (1979), « A Structural Approach to Social Work Practice », *Revue canadienne de service social*, 5, 1.

— (1982), « L'approche structurelle familiale en service social : le résultat d'un itinéraire critique », *Revue internationale d'action communautaire*, 47, 7.

— (1987), « L'approche structurelle en travail social : implications pratiques d'une approche intégrée conflictuelle », *Service Social*, 36, 2/3.

— (1991), « L'infériorisation sociale : un jeu de simulation pour l'enseignement de l'empathie envers les opprimés », *Service social*, 40, 3.

Morel S. (1996), « Le Workfare aux États-Unis », dans Paugam S. (dir.), *L'exclusion. L'état des savoirs*, Paris, La Découverte.

Morin E. (1969), *Introduction à une politique de l'homme*, Paris, Le Seuil.

— (1977), *La nature de la nature, La méthode*, t. I, Paris, Le Seuil.

— (1995a), *Les idées, La méthode*, t. IV, Paris, Le Seuil.

— (1995b), « Vers un nouveau paradigme », *Sciences Humaines*, 7.

Morin J. (1991), *Au temps de Saint-Vincent-de-Paul… et aujourd'hui. I. Carnets vincentiens*, Saint-Vincent-de-Paul, Le Berceau.

Moscovici S. (1961), *La psychanalyse, son image et son public*, Paris, Presses universitaires de France.

Mothé D. (1983), « Réflexion sur la militance des travailleurs sociaux », dans *Quel travail social pour notre temps. Mutations des besoins, mutations des pratiques*, Paris, Éditions ESF.

Mowat C. L. (1957), « Charity and Casework in Late Victorian London : the Work of the Charity Organisation Society », *Social Service Review*, XXXI, 3.

Mugnier J.-P. (1993), *L'identité virtuelle. Les jeux de l'offre et de la demande dans le champ social*, Paris, Éditions ESF.

Mullaly R., Robert P. (1993), *Structural Social Work : Ideology, Theory and Practice*, Toronto, McClelland and Stewart Inc.

Mullender A., Ward D. (1992), « En groupe, l'union fait la force », dans Lindsay J. (dir.), *Textes de bases sur le modèle de groupe autogéré*, Québec, École de service social, Université Laval, ronéotypé.

Muller R. T., Goh H. H., Lemieux K. E., Fish S. (2000), « The Social Supports of High-Risk Formelly Maltraited Adults », *Revue canadienne des sciences du comportement*, 32, 1.

Munro D. (1991), « Le "modèle de démarche graduée" pour aider les familles à défendre efficacement leurs intérêts », *Santé mentale au Canada*, 39, 1.

Munson C. (2002), « Guidelines for the Diagnostic and Statistical Manual. Multiaxial System Diagnosis », dans Roberts A. R., Greene G. J. (eds), *Social Workers'Desk Reference*, New York, Oxford University Press.

Nadeau J. (2000), « L'utilisation de l'intervention de groupe dans les situations de crise et d'urgence », dans Maltais D. (dir.), *Catastrophes et état de santé des individus, des intervenants et des communautés*, Chicoutimi, Groupe de recherche et d'intervention régionale, Université du Québec à Chicoutimi.

Nanchen M. (1990), « De l'individualisme à l'autonomie », *Thérapie familiale*, 11, 3.

Nardone G. (2000), « Le langage qui guérit : la communication comme véhicule de changement thérapeutique », dans Watzlawick P., Nardone G., *Stratégie de la thérapie brève*, Paris, Le Seuil.

Ndione E. S. (1987), *Dynamique urbaine d'une société en grappe : un cas*, Dakar, Environnement africain.

Neamtam N. *et al.* (1996), *Osons la solidarité*, Montréal, Groupe de travail sur l'économie sociale, Sommet sur l'économie et l'emploi organisé par le gouvernement du Québec, automne.

Nélisse C. (1992), « Aider et intervenir : essai de clarification de quelques difficultés », *Revue internationale d'action communautaire*, 28, 68.

— (1993), « L'intervention : une surcharge du sens de l'action professionnelle », *Revue internationale d'action communautaire*, 29, 69.

— (1997), « L'intervention : catégorie floue et construction d'un objet », dans Nélisse C., Zúñiga R. (dir.), *L'intervention : les savoirs en action*, Sherbrooke, Les Éditions GGC.

Neugeboren B. (1995), *Environmental Practice in the Human Services*, New York; London, The Haworth Press.

Newbrough J. R. (1992), « Community Psychology in the Post-Modern World », *Journal of Community Psychology*, 20, 1.

Newburn T. (1993), *Disaster and After*, London, Jessica Kingsley Publishers.

Newman P. A. (1992), « Des 13 colonies aux 1 000 points lumineux : une histoire du *Welfare* aux États-Unis », *Service social dans le monde*, 3/4.

Nigris D. (1996), « L'histoire et le modèle : clefs pour l'analyse des situations d'intervention et pour la formation des intervenants sociaux », *Les politiques sociales*, 3/4.

Ninacs W. A. (1990), « L'intervention communautaire : une alternative à l'intervention sociale », *Revue canadienne de santé mentale communautaire*, 9, 1.

— (1995), « *Empowerment* et développement local », *Économie locale et territoires*.

Noël A., Rosnoblet M. (1989), « Intervention de réseau », *Forum*, 50.

Nonain N. (1997), « Des relais pour l'accès aux soins dans un quartier de la banlieue parisienne », *Les politiques sociales*, 1/2.

Norcross J. C. (1994), *Psychothérapies intégratrices*, Paris, Desclée de Brouwer.

Nuttin J. (1968), *Psychanalyse et conception spiritualiste de l'homme*, Louvain, Publications universitaires/Beauvechain, Nauwelaerts.

Organisation des Nations unies (1950), *Formation en vue du service social : 2e enquête internationale*, New York, Département des questions sociales.

— (1959), *Formation en vue du service social : 3e enquête internationale*, New York, Département des Affaires économiques et sociales.

O'Hanlon W. H., Beadle S. (1994), *Guide du thérapeute au pays du possible*, Bruxelles, Éditions Satas.

O'Hanlon W. H., Weiner-Davis M. (1995), *L'orientation vers les solutions. Une approche nouvelle en psychothérapie*, Bruxelles, Éditions Satas.

Ogbu J. U. (1981), « Origins of Human Competence : a Cultural-Ecological Perspective », *Child Development*, 52.

Onnis L. (1991), « Le renouvellement épistémologique de la thérapie systémique », *Thérapie familiale*, 12, 2.

Ordre professionnel des travailleurs sociaux du Québec (OPTSQ) (1991), *Définition de l'acte professionnel*, Montréal.

Ouellet H., Tessier L. (2003), *Une pratique basée sur la preuve*, cours de recherche appliquée à l'intervention, École de service social, Université Laval, ronéotypé.

Paturet J.-B. (2001), « Préface », dans Miramon J.-M., *Manager le changement dans l'action sociale*, Rennes, Éditions ENSP.

Panitch A. (1974), « Advocacy in Practice », *Social Work*, 19, 3.

Papell C., Rothman B. (1983), « Le modèle du courant central du service social des groupes en parallèle avec la psychothérapie et l'approche de groupe structuré », *Service social*, 32, 1-2.

— (1990), « Service social des groupes en contexte d'autorité », *Service social*, 39, 1.

Pâquet-Deehy A., Hopmeyer E., Home A., Kislowicz L. (1985), « A Typology of Social Work Practice with Groups », *Social Work with Groups*, 8, 1.

Parad H. (1965), *Crisis intervention : Selected Readings*, New York, FSAA.

Paré S. (1956), *Groupes et Service social*, Québec, Les Presses de l'université Laval.

Parsons R. J. (1995), *Empowerment Based Social Work Practice : a Study of Process and Outcomes*, San Diego, Council of Social Work Education.

Parsons T. (1937), *The Structure of Social Action*, New York ; London, McGraw-Hill Book Company.

Pascal H. (1981), « Sciences humaines et travail social », dans De Robertis C., *Méthodologie de l'intervention en travail social*, Paris, Centurion.

— (2000a), « Incidence de l'histoire de la formation du travail social en France », *Vie sociale*, 2.

— (2000b), « Sur l'histoire de la méthodologie en service social », *Revue française de service social*, 198.

Paugam S. (dir.) (1996), *L'exclusion. L'état des savoirs*, Paris, La Découverte.

Pelt J.-M. (1990), *L'homme re-naturé*, Paris, Le Seuil.

Perlman H. H. (1957, trad. fr. 1972), *L'aide psychosociale interpersonnelle*, Paris, Le Centurion.

Perrot G. (1990), « L'entraide sociale organisée comme concept fédérateur de l'intervention sociale », *Forum*, 51.

Pctot J.-M. (1991), « Maintien. Maniement », dans Doron R., Parot F. (dir.), *Dictionnaire de psychologie*, Paris, Presses universitaires de France.

Petrella R. (1996), *Le bien commun. Éloge de la solidarité*, Bruxelles, Éditions Labor.

— (1997), *Écueils de la mondialisation*, Montréal, Fides/Québec, Musée de la Civilisation.

Pincus A., Minahan A. (1973), *Social Work Practice : Model and Method*, Itasca (Illinois), F. E. Peacock Publishers.

Piperno R. (1987), « La fonction de la provocation dans le maintien homéostatique des systèmes rigides », dans Ackermans A., Andolfi M. (dir.), *La création du système thérapeutique*, Paris, Éditions ESF.

Pitaud P., Vercauteren R. (1994), « De l'État-providence à l'intersolidarité : un sens nouveau à l'intégration », *Service social dans le monde*, 3/4.

Pitrou A. (1984), « Réflexions problématiques à propos de la marginalité et de l'exclusion sociale », *COMM*, 22,8.

Pluymaekers J. (dir.) (1989), *Familles, institutions et approche systémique*, Paris, Éditions ESF.

Policar A. (1998), « Sociologie et morale : la philosophie de la solidarité de Célestin Bouglé », dans Ferréol G. (éd.), *Intégration, lien social et citoyenneté*, Villeneuve-d'Ascq, Presses universitaires du Septentrion.

Pollitt C. (1998), « Retour au gestionnariat », dans Peters B. G., Savoie D. (dir.), *Réformer le secteur public : où en sommes-nous ?*, Québec, Les Presses de l'université Laval.

Pommerleau J. (1994), *Les coureurs de bois*, Sainte-Foy, Éditions Dupont.

Popple P. R. (1995), « Social Work Profession : History », dans Edwards R. L. (ed.), *Encyclopedia of Social Work*, Washington (DC), National Association of Social Workers (NASW).

Poulin G. (1954), « Évolution historique des services d'assistance de la Province de Québec », *Service social*, 4,3.

— (1964), « Les problèmes du bien-être et de la santé dans la Province de Québec de 1921 à 1954 », *Service social*, 13, 2/3.

Pray K. (1947), *Social Work in Revolutionary Age*, New York, Columbia University Press.

Prestini-Christophe M. (1998), « La professionnalisation en formation initiale », *Revue française de service social*, 189-190.

Prieur B. (1989), « Aide demandée, aide imposée », *Informations sociales*, 1.

Provencher H. L. (2002), « L'expérience du rétablissement : perspectives théoriques », *Santé mentale au Québec*, XXVII, 1.

Pumphrey M. W. (1957), « The "First Step". Mary Richmond's Earliest Professional Reading 1889-1891 », *Social Service Review*, XXXI, 2.

Pumphrey R.-E., Pumphrey M. W. (eds) (1961), *The Heritage of American Social Work*, New York, Columbia University Press.

Putnam R. D. (1996), *La société civile en déclin: pourquoi? Et après?*, Ottawa, La Conférence John L. Manion.

— (2000), *Bowling Alone: the Collapse and Revival of American Community*, New York, Simon and Schuster.

Putnam R. D., Leonardi R., Nanetti R. Y. (1993), *Making Democracy Work: Civic Traditions in Modern Italy*, Princeton, Princeton University Press.

Putnam R. D., Panancello F., Leonardi R., Nanetti R. Y. (1981), « L'évaluation de l'activité régionale: le cas italien », *Pouvoirs*, 19.

Quivy R., Van Campenhoudt L. (1995), *Manuel de recherche en sciences sociales*, Paris, Dunod.

Racine L. (1977), « Nouvelles thérapies et nouvelle culture », *Sociologie et société*, 9, 2.

Ramonet I. (1997), *Géopolitique du chaos*, Paris, Éditions Galilée.

Rapp C. A. (1998), *The Strengths Model Case Management with People Suffering from Severe and Persistent Mental Illness*, New York, Oxford University Press.

Rappaport J. (1990), « Research Methods and the Empowerment Social Agenda », dans Tolan P. H., Key C., Chertok F., Jason L. (eds), *Researching Community Psychology*, Washington (DC), American Psychological Association (APA).

Rappoport J. (1987), « Terms of Empowerment/Exemplars of Prevention: Toward of a Theory for Community Psychology », *American Journal of Community Psychology*, 15, 5.

Rater-Garcette C. (1996), *La professionnalisation du travail social*, Paris; Montréal, L'Harmattan.

Rea A. (1997), « La crise de légitimité de l'État social », *Les Politiques sociales*, 3/4.

Régnier F. (1984), « De l'éthique du changement au changement de l'éthique », dans Revillard J.-P., Oudot J., Morgon A. (dir.), *Les effets pervers dans la communication humaine*, Lyon, Presses universitaires de Lyon.

Reich W. (1971), *L'irruption de la morale sexuelle*, Paris, Payot.

Reid K. E. (2002), « Clinical Social Work with Groups », dans Roberts A. R., Greene G. J. (eds), *Social Workers' Desk Reference*, New York, Oxford University Press.

Reid W. J., Epstein L. (eds) (1977), *Task Centered Practice*, New York, Columbia University Press.

Remion G. (1984), « Émergence de groupes autogérés en service social », *Service social dans le monde*, 1.

— (1990), *La dimension humaine du développement local: un défi à relever!*, 25ᵉ congrès international de l'International Confederation of Social Workers (ICSW), ronéotypé.

Remy J., Voye L., Servais E. (1978), *Produire ou reproduire. Une sociologie de la vie quotidienne*, t. I: *Conflits et transaction sociale*, Bruxelles, Les Éditions ouvrières.

Rey A. (dir.) (1992), *Dictionnaire historique de la langue française*, Paris, Dictionnaires Le Robert.

Reynaert C. *et al.* (1993), « "Je", "Nous", "Vous", "Eux" et "Les autres". Quelle articulation entre le sentiment d'auto-maîtrise ("Locus of Control") et le vécu familial? », *Thérapie familiale*, 14, 2.

Reynolds B. C. (1951), *Social Work and Social Living*, New York, Citadel Press.

Rezsohazy R. (1973), *Action et changement*, Louvain, Publications de l'Institut des sciences politiques et sociales.

Rich M. E. (1956), *A Belief in People. A History of Family Social Work*, New York, FSAA.

Richmond M. E. (1917), *Social Diagnosis*, New York, Russell Sage Foundation.
— (1922, trad. fr. 1926, rééd. 2002), *Les méthodes nouvelles d'assistance*, Rennes, Éditions ENSP.

Riel M., Morissette L. (1984), *Guide des nouvelles thérapies*, Québec, Presses de l'université du Québec.

Rimlinger G. V. (1971), *Welfare Policy and Industrialization in Europe, America and Russia*, New York; London; Sydney; Toronto, John Wiley and Sons.

Rinfret-Raynor M. (dir.) (1989), *Intervenir auprès des femmes violentées : évaluation de l'efficacité d'un modèle féministe. Rapport de recherche*, Montréal, École de service social, Université de Montréal.

Ritzer G. (1991), *Metatheorizing in Sociology*, Lexington (Massachusetts); Toronto, Lexington Books.

Rivière C. (1969), *L'objet social*, essai d'épistémologie sociologique, Paris, Librairie Marcel Rivière et Cⁱᵉ.

Roberts A. R., Greene G. J. (eds) (2002), *Social Workers' Desk Reference*, New York, Oxford University Press.

Robichaud S. (1998), *Le bénévolat. Entre le cœur et la raison*, Chicoutimi, Les Éditions JCL.

Rodrigues F. P. (1995), « La participation », *Service social dans le Monde*, 1/2.

Rogers C. R. (1966), *Le développement de la personne*, Paris, Dunod.

Rogers C. R., Kinget M. (1962), *Psychothérapie et relations humaines*, Louvain, Publications universitaires/Paris, Béatrice-Nauwelaerts.

Roman J. (2001), « Exclusion et citoyenneté », dans Puyvuelo R. (dir.), *Penser les pratiques sociales. Une utopie utile*, Ramonville Saint-Agne, Éditions Érès.

Romeder J.-M. *et al.* (1989), *Les groupes d'entraide et la santé. Nouvelles solidarités*, Ottawa, Conseil canadien de développement social (CCDS).

Rondeau G., Commelin D. (2000), « La formation en travail social », dans Deslauriers J.-P., Hurtubise Y., *Introduction au travail social*, Québec, Les Presses de l'université Laval.

Rooney R. H. (1992), *Strategies for Work with Involuntary Persons*, New York, Columbia University Press.

Rosanvallon P. (1995), *La nouvelle question sociale. Repenser l'État-Providence*, Paris, Le Seuil.

Rosen A. (1993), « Systematic Planned Practice », *Social Service Review*, march.

Rosen A., Livne S. (1992), « Personal Versus Environmental Emphases », dans « Social Worker's Perceptions of Client Problems », *Social Service Review*, march.

Rosen A., Proctor E. K. (2002), « Standards for Evidence-Based Social Work Practice », dans Roberts A. R., Greene G. J. (eds), *Social Workers' Desk Reference*, New York, Oxford University Press.

Rosenblatt A., Waldfogel D. (eds) (1983), *Handbook of Clinical Social Work*, San Francisco; Washington; London, Jossey-Bass Publishers.

Rosnay J. de (1975), *Le macroscope*, Paris, Le Seuil.

Ross M. (1955), *Community Organization. Theory and Principles*, New York, Harper and Row.

Rothman J. (1979), « Three Models of Community Organisation Practice, their Mixing and Phasing », dans Cox F., Erlich J., Rothman J., Tropman J. E., *Strategies of Community Organisation*, Itaska (Illinois), Peacock Publishers.

Roudinesco É., Plon M. (1997), *Dictionnaire de la psychanalyse*, Paris, Fayard.

Rousseau J. (1978), « L'implantation de la profession de travailleur social », *Recherches sociographiques*, XIX, 2.

Rueveni U. (1979), *Networking Families in Crisis*, New York, Human Sciences Press.

Rupp M. A. (1969), *Le service social dans la société française d'aujourd'hui*, Paris, Le Centurion.

Ryan W. (1969), « Les soins collectifs vus dans une perspective historique », *Hygiène mentale au Canada*, 60.

Ryckmans G., Fuks F., (1981), *Évolution du volontariat à Bruxelles et en Wallonie*, Bruxelles, Association pour le volontariat.

Sailer Dʳ (1953), « Les principes de base du *casework* et son rôle », *Informations sociales*, 12.

Saint-Arnaud Y. (1983), *Devenir autonome*, Montréal, Éditions Le Jour.

— (1997), « Le savoir, un objet perturbateur non identifié (OPNI) », dans Nélisse C., Zúñiga R. (dir.), *L'intervention : les savoirs en action*, Sherbrooke, Les Éditions GGC.

Saleebey D. (1995), *The Strength Perspective in Social Work Practice*, New York, Longman.

Salomon G.-N. (1998), « L'identité professionnelle, ses invariants : les fondements de la professionnalité des travailleurs sociaux », *Revue française de service social*, 189/190.

Sand R. (1928), Première conférence internationale de service social, Paris.

— (1931), *Le service social à travers le monde*, Paris, Armand Colin.

— (1948), *Vers la médecine sociale*, Liège ; Paris, Desoer et Baillière.

Sanicola L. (dir.), *L'intervention de réseau*, Paris, Bayard.

Schneider H., Libercier M.-H. (1995), *Mettre en œuvre le développement participatif*, Paris, Organisation de coopération et de développement économiques (OCDE).

Schön D. A. (1994), *Le praticien réflexif : à la recherche du savoir caché dans l'agir professionnel*, Montréal, Éditions Logiques.

Schotte J. (1986), « Le dialogue Binswanger-Freud et la constitution actuelle d'une psychiatrie scientifique », dans Fédida P. (dir.), *Phénoménologie, psychiatrie, psychanalyse*, Paris, Échos-Centurion.

Schulberg H. C. (1969), « L'hygiène mentale collective : réalité ou fiction », *Hygiène mentale au Canada*, 63.

Schutz M., Gordon W. (1977), *The Social Work Generalist as Specialist*, New York, Council on Social Work Education (CSWE).

Schwartz W. (1961), *The Social Welfare Forum*, New York, Columbia University Press.

Schwartz W., Zalba S. R. (1971), *The Practice of Group Work*, New York, Columbia University Press.

Selvini Palazzoli M., Boscolo L., Cecchin G., Prata G. (1978), *Paradoxe et contre-paradoxe*, Paris, Éditions ESF.

Serrano Pascual A. (1997), « Réarticulation des logiques de protection sociale : vers une définition du lien social », *Les Politiques sociales*, 3/4.

Serres M. (1990), *Le contrat naturel*, Paris, F. Bourin.

Servoin F., Duchemin R. (1983), *Introduction au travail social*, Paris, Éditions ESF.

Shulman L. (1968, trad. fr. 1976), *Une technique de travail avec les groupes. Le modèle de médiation*, Paris, Éditions ESF.

— (1976), *The Skills of Helping Individuals and Groups*, Itasca (Illinois), F. E. Peacock Publishers.

— (1977), *Étude sur le processus d'aide*, Vancouver, University of British Columbia/ Ottawa, Association canadienne des écoles de service social.

— (1986), « The Dynamics of Mutual Aid », *Social Work with Groups*, 8,4.

— (1997), « Le travail de groupe et la double problématique du sida et de la consommation des drogues », *Service social*, 46, 2/3.

Sillamy N. (1983), *Dictionnaire usuel de psychologie*, Paris, Bordas.

Simon H. (1974), *La science des systèmes*, Paris, Épi.

— (1998), « Les représentations des relations interethniques dans un quartier », dans Ferréol G. (dir.), *Intégration, lien social et citoyenneté*, Villeneuve-d'Ascq, Presses universitaires du Septentrion.

Sinelnikoff N. (1998), *Les psychothérapies. Dictionnaire critique*, Paris, Éditions ESF.

Siporin M. (1970), « Social Treatment : A New-Old Helping Method », *Social Work*, 15.

— (1975), *Introduction to Social Work Practice*, New York, Macmillan Publishing/London, Collier MacMillan Publishers.

— (1983), « The Therapeutic Process in Clinical Social Work », *Social Work*, 28.

Sirim (1983), *Alors survint la maladie*, Montréal, Boréal Express.

Six J.-F. (1990), *Le temps des médiateurs*, Paris, Le Seuil.

Six J.-F., Loose H. N. (1980), *Saint Vincent de Paul*, Paris, Éditions du Centurion.

Skidmor R. A., Thackeray M. G. (1976), *Introduction to Social Work*, Englewood Cliffs (New Jersey), Prentice Hall.

Slaikeu K. A. (1990), *Crisis Intervention*, Boston ; London ; Sydney ; Toronto, Allyn and Bacon.

Sluzki C. E. (1993), « Le réseau social : frontière de la thérapie familiale », *Thérapie familiale*, Genève, 14, 3.

Solomon B. B. (1976), *Black Empowerment : Social Work in Oppressed Communities*, New York, Columbia University Press.

Souflée F. (1993), « A Metatheoretical Framework for Social Work Practice », *Social Work*, 38, 3.

Souty J. (2001), « Les sectes : religiosité déployée ou religions du futur », *Sciences humaines*, 122.

Specht H., Courtney M. (1994), *Unfaithful Angels : How Social Work Has Abandoned Its Mission*, New York, Free Press.

Speck R. V., Attneave C. L. (1973), *Family Networks*, New York, Pantheon Books.

Spivac G., Shure M. B., Platt J. J. (1976), *The Problem Solving Approach to Adjustment*, San Francisco ; Washington ; London, Jossey-Bass.

St-Germain L. (2000), « Outiller les familles et lutter contre la pauvreté. L'engagement social de l'organisation communautaire COMSEP », dans Gagnier J.-P., Chamberland C. (dir.), *Enfance et milieux de vie. Initiatives communautaires novatrices*, Québec, Presses de l'université du Québec.

Steiner J. (1930), *Community Organization*, New York, The Century.

Stoesz D. (1989), « A Theory of Social Welfare », *Social Work*, 34.

Strean H. (1972), « La fonction psychothérapeutique du travailleur social », *Hygiène mentale au Canada*, XX, 3/4.

Stroup H. H. (1960), *Social Work, an Introduction to the Field*, New York, American Book Company.

Swedner H. (1982), « L'action-recherche en travail communautaire », *COMM*, 15, 9.

Taléghani M. (1983), « Travail social et militance politique », dans *Travail social : pour une théorie de l'aide et des solidarités*, L'Arbresle, Centre Thomas More.

Tap P. (1988), *La société Pygmalion ? Intégration sociale et réalisation de la personne*, Paris, Dunod.

Taylor C. (1989, trad. fr. 1998), *Les sources du moi : la formation de l'identité moderne*, Montréal, Boréal.

Taylor S. H., Roberts R. W. (1985), *Theory and Practice of Community Social Work*, New York, Columbia University Press.

Théry I. (1983), « Les politiques d'action sociale confrontées aux exigences quotidiennes de la solidarité », dans *Quel travail social pour notre temps ? Mutations des besoins. Mutations des pratiques*, Paris, Éditions ESF.

Thomas N. (1997), « Perspectives historiques et méthodologie de diagnostic en santé mentale communautaire », *Les Politiques sociales*, 1/2.

Thro J. (1953), « Essai sur le *casework* », *Informations sociales*, 1.

Tiévant S. (1983), « Les études de « communauté » et la ville : héritage et problèmes », *Sociologie du travail*, 2.

Timmons-Plamondon G. (dir.) (1998), *Services sociaux éducatifs et juridiques. Le champ de l'intervention sociale*, Québec, Ministère de l'Éducation du Québec, Direction générale de la formation professionnelle et technique.

Tinguiri K. L. (1989), « Finance rurale au Sahel : le cas des tontines et garde-monnaies villageois au Niger », dans *Connaissances et politiques de développement du secteur informel en Afrique*, Québec, Centre Sahel, Université Laval, Série dossiers 9.

Titmuss R. M. (1959), *Essays on the Welfare State*, New Haven, Yale University Press.

— (1974), *Social Policy*, London, Allen and Unwin.

Toseland R. W., Rivas R. F. (1998), *An Introduction to Group Work Practice*, Boston, Allyn and Bacon.

Touré A. (1985), *Les petits métiers à Abidjan*, Paris, Éditions Karthala.

Tournier M. (1981), *Le vol du vampire*, Paris, Mercure de France.

Tousignant M. (1998), « Écologie sociale de la résilience », dans Cyrulnik B. (dir.) (1998), *Ces enfants qui tiennent le coup*, Paris, Hommes et perspectives.

— (1999), « De l'adversité à la résilience : de la part du milieu, de la part de l'enfant », *Prisme*, 29.

Touzard H. (1977), *La médiation et la résolution des conflits*, Paris, Presses universitaires de France.

Towle C. (1948), « Helping the Client Use his Capacities and Resources », *Social Service Review*, XXII, 4

Tremblay P. A. (1990), « Gérer une association communautaire », dans Malenfant R. (dir.), *Le contexte associatif*, Montréal, Les Éditions du Centre d'études politiques et administratives du Québec (CEPAQ).

Turcotte D., Lindsay J. (2001), *L'intervention sociale auprès des groupes*, Boucherville (Québec), G. Morin.

Turner J. B. (1977) (ed.), *Encyclopedia of Social Work*, Washington (DC), National Association of Social Workers (NASW).

Van Campenhoudt L. (1989), « Le travailleur social : entre l'institution et l'usager », *Revue d'action sociale*, 6.

Van Gorp A. (1986), « Bref historique des écoles de service social en Belgique », *Revue d'action sociale*, 2/3.

Van Poucke W. (1980), « Network Constraints on Social Action : Preliminaries for a Network Theory », *Social Networks*, 2, 2.

Van Wormer K. (1996), *Social Welfare. A World View*, Chicago, Nelson Hall Publishers.

Vandiver V. L. (2002), « Step-by-Step Practice Guidelines for Using Evidence-Based Practice and Expert Consensus in Mental Health Setting », dans Roberts A. R., Greene G. J. (eds), *Social Workers'Desk Reference*, New York, Oxford University Press.

Vanier N. (1961-1962), « Aperçu historique de l'École de service social de l'université de Montréal », *Service social*, 10, 3 ; 11, 1.

Veillard-Cybulsky M. (1969), *Introduction au travail social et à l'Action sociale*, Lausanne, Cartel roman d'hygiène sociale et morale.

Verde A. (1995), « Violence et crise d'identité », *Les Politiques sociales*, 3/4.

Verdès-Leroux, J. (1978), *Le travail social*, Paris, Éditions de Minuit.

Vigilante J. L. (1983), « Professional Values », dans Rosenblatt A., Waldfogel D. *Handbook of Clinical Social Work*, San Francisco ; Washington ; London, Jossey-Bass Publishers.

Vilbrod A. (1993), *La vocation renouvelée, Les déterminants sociaux du choix du métier d'éducateur spécialisé*, thèse de doctorat, Université de Nantes, Faculté des Lettres et Sciences Humaines.

   — (1995), *Devenir éducateur. Une affaire de famille*, Paris, L'Harmattan.

Vincent G. (dir.) (1997), *La place des œuvres et des acteurs religieux dans les dispositifs de protection sociale. De la charité à la solidarité*, Paris ; Montréal, L'Harmattan.

Von Glasersfeld E. (1996), « Introduction à un constructivisme radical », dans Watzlawick P., *L'invention de la réalité : comment savons-nous ce que nous croyons savoir ? Contributions au constructivisme*, Paris, Le Seuil.

Wallston B. S., Wallston K. A. (1978), « Focus of Control and Health : a Review of Literature », *Health Education Monographs*, 6, 2.

Walrond-Skinner S. (1980), *Thérapie familiale. Traitement de systèmes vivants*, Paris, Éditions ESF.

Walz T., Groze V. (1991), « The Mission of Social Work Revisited : An Agenda for the 1990's », *Social Work*, 36, 6.

Warren R. (1963), *The Community in America*, Chicago, Rand McNally and Company.

Wasserman H., Danforth H. E. (1998), *The Human Bond. Support Groups and Mutual Aid*, New York, Springer Publisher.

Watzlawick P. (1978), *La réalité de la réalité*, Paris, Le Seuil.

   — (1988), *Comment réussir à échouer*, Paris, Le Seuil.

   — (1996), *L'invention de la réalité : comment savons-nous ce que nous croyons savoir ? Contributions au constructivisme*, Paris, Le Seuil.

Watzlawick P., Nardone G. (2000), *Stratégie de la thérapie brève*, Paris, Le Seuil.

Watzlawick P., Weakland J., Fish R. (1975), *Changements, paradoxes et psychothérapie*, Paris, Le Seuil.

Webster R. (1995, trad. fr. 1998), *Le Freud inconnu*, Paris, Éditions Exergue.

Weiss D. S. (1999), *Franchir le mur des conflits*, Québec, Les Presses de l'université Laval.

Wenocur S., Reisch M. (1989), *From Charity to Enterprise*, Urbana, Chicago, University of Illinois Press.

Wharf B. (1998), « Le gouvernement en tant que décideur et dispensateur de services. Argument contre la sous-traitance », *Le Travailleur social*, 66, 1.

Whitaker C. (1985), *From Psyche to System*, New York, Guilford Press.

Whittaker J. K. (1976), « Formes diverses de traitement social », *Service social*, 25, 1.

Whittaker J. K., Garbarino J. (1983) (eds), *Social Support Networks*, Hawthome (New York), Aldine Publishing Company.

Whittaker J. K., Tracy E. M. (1989), *Social Treatment*, New York, A. de Gruyter.

Wigmore J. H. (1934), *Treatise on Evidence*, Boston, Little Brown.

Wilensky H. L., Lebeaux C. N. (1958), *Industrial Society and Social Welfare*, New York, Russell Sage Foundation.

Wilson G. (1959, trad. fr. 1960), *Le rôle du travailleur social dans les situations de groupe*, trad. de Simone Paré, Québec, Université Laval, École de service social, ronéotypé.

— (1976), « From Practice to Theory, a Personalized History », dans Roberts R. W., Northern H. (eds), *Theories of Social Work with Groups*, New York, Columbia University Press.

Winnicott D. W. (1958, trad. fr. 1971), *De la pédiatrie à la psychanalyse*, Paris, Payot.

— (1965), *The Maturational Process and the Facilitating Environment*, New York, International Universities Press.

— (1975), *Jeu et réalité*, Paris, Gallimard.

Wirth L. (1984), « Le phénomène urbain comme mode de vie », dans Grafmeyer Y., Joseph I. (dir.), *L'École de Chicago*, Paris, Aubier.

Witmer H. L. (1942), *Social Work, an Analysis of Social Institution*, New York, Farrar and Rinehart.

Woodroofe K. (1966), *From Charity to Social Work*, London, Routledge Kegan Paul/Toronto, University Toronto Press.

Yelaja S. A. (1985), *An Introduction to Social Work Practice in Canada*, Scarborough (Ontario), Prentice-Hall Canada.

Young S. L., Ensing D. S. (1999), « Exploring Recovery from the Perspective of People with Psychiatric Disabilities », *Psychiatric Rehabilitation Journal*, 22.

Zastrow C. (1978), *An Introduction to Social Welfare Institutions*, Homewood (Illinois), The Dorsey Press.

Zastrow C., Kirst-Ashman K.-K. (1987), *Understanding Human Behavior and the Social Environment*, Chicago, Nelson-Hall Publishers.

Zinoviev A. (1999), *La Grande rupture. Sociologie d'un monde bouleversé*, Lausanne, L'Âge d'homme.

Zúñiga R. (1994), *Planifier et évaluer l'action sociale*, Montréal, Presses de l'université de Montréal.

— (1997), « La construction des autonomies dans l'intervention. Intentions et institutionnalisations », dans Nélisse C., Zúñiga R. (dir.), *L'intervention : les savoirs en action*, Sherbrooke, Les Éditions GGC.

Revues francophones (canadiennes, européennes et québécoises)

Actes de la recherche en sciences sociales, 52, rue du Cardinal-Lemoine, 75005 Paris, France.

Actualités sociales hebdomadaires (ASH), 187-189, quai de Valmy, 75494 Paris Cedex 10, France.

Association canadienne de counseling, 116, rue Albert, suite 702, Ottawa (Ontario), K1P 5G3, Canada.

Cahiers critiques de thérapie familiale et de pratiques de réseaux, De Boeck Université, 5-7 rue de la Gare, 92130 Issy-les-Moulineaux, France.

COMM (Community Work and Communication), Institut européen interuniversitaire de l'action sociale, 179, rue du Débarcadère, B-6001 Marcinelle, Belgique.

Contradictions, 2, avenue des Grenadiers, 1750 Bruxelles, Belgique.

Dialogue, Association française des centres de consultation conjugale, 44, rue Danton, 94270 Le Kremlin-Bicêtre, France.

Économie et humanisme, 14, rue Antoine-Dumont, 69372 Lyon, France.

Économie locale et territoires, Société d'aide au développement des collectivités (SADC) du Québec, 1001, route de l'Église, Sainte-Foy (Québec), G1V 3V7, Canada.

Esprit, 212, rue St-Martin, 75003 Paris, France.

Futuribles, 55, rue de Varennes, 75007 Paris, France.

Informations sociales, Caisse nationale d'allocations familiales, 23, rue Daviel, 75634 Paris Cedex 13, France.

Intervention (revue de l'Ordre professionnel des travailleurs sociaux du Québec), 255, boulevard Crémazie Et, bureau 520, Montréal, (Québec), H2M 1M2, Canada.

Institut d'études sociales, 28, rue Prévost-Martin, C.P. 179, 1221, Genève, Suisse.

Journal de l'action sociale et du développement social, 13, boulevard Saint-Michel, 75005 Paris, France.

Le Service Social, 26, rue de l'Abbaye, 1050, Bruxelles, Belgique.

Le Travailleur social (Association canadienne des travailleurs sociaux), 55, avenue Parkdale, Ottawa (Ontario), K1Y 1E5, Canada.

Les Cahiers de la recherche sur le travail social, Centre de recherche sur le travail social, Université de Caen, 14032 Caen, France.

Les Politiques sociales, Fondation internationale pour l'étude du changement dans les politiques sociales, rue du Gouvernement, 50, B. 7000, Mons, Belgique.

Lien social, rue Garance, BP 47310, 31673 Labège, France.

Lien social et politiques, Département de science politique, Université de Montréal, CP 6128, Succ. Centre-ville, Montréal (Québec) H3C 3J7, Canada ; *diffusion en France et en Europe* : Éditions ENSP, CS 74312, 35043 Rennes.

Nouvelles Pratiques sociales, École de travail social, Université du Québec à Montréal, 455, boul. René-Lévesque Est, Montréal, (Québec), H2L 4Y2, Canada.

Partenaire, Association québécoise pour la réadaptation sociale, C. P. 47099, Québec, (Québec), G1S 4X1, Canada.

Pour, Groupe de recherche pour l'éducation et la prospective, 13-15 rue des Petites-Écuries, 75010 Paris, France.

Recherche sociale, 48, des Petites-Écuries, 75010 Paris, France.

Recherches sociographiques, Département de sociologie et d'anthropologie, Université Laval, Québec (Québec), G1K 7P4, Canada.

Rencontre : cahiers du travailleur social, Mouvement chrétien de professions sociales, Éditions Erès, 11 rue des Alouettes, 31520 Ramonville, France *(arrêt publication en 1997)*.

Revue d'action sociale, 30, rue des Augustins, 4000 Liège, Belgique.

Revue canadienne d'éducation en service social, Association canadienne des Écoles de service social, 151, rue Slater, Ottawa (Ontario), K1P 5N1, Canada.

Revue de l'économie sociale, Coopérative de la vie mutualiste, 3-5, rue de Vincennes, 93108 Montreuil, France *(arrêt publication en 1992)*.

Revue française de service social, Association nationale des assistants de service social, 15, rue de Bruxelles, 75009 Paris, France.

Revue française de sociologie, Centre national de la recherche scientifique, 59-61, rue Pouchet, 75849 Paris Cedex 17, France.

Revue française des affaires sociales, Ministère des affaires sociales, Documentation Française, 29 quai Voltaire, 75007 Paris, France.

Santé mentale au Québec, C. P. 548, Succ. Place d'Armes, Montréal, (Québec), H2Y 3H3, Canada.

Santé Société, Direction des communications, ministère de la Santé et des Services sociaux, 1088, Raymond-Casgrain, Québec (Québec) G1S 2E4, Canada.

Sauvegarde de l'enfance, Union nationale des associations de sauvegarde de l'enfance, de l'adolescence et des adultes (Unasea), Elsevier France , 23, rue Linois, 75015 Paris, France *(arrêt publication en 2004)*.

Sciences humaines, 38, rue Rantheaume, BP 256, 89904 Auxerre, France.

Service social, École de service social, Université Laval, Québec, (Québec), G1K 7P4, Canada.

Service social dans le monde, rue du Gouvernement, 50, B. 7000, Mons, Belgique (publié depuis 1994 sous le titre *Les Politiques sociales*).

Thérapie familiale, Revue internationale en approche systémique, Éditions Médecine et Hygiène, CP 456, CH 1211, Genève 4, Suisse.

Vie sociale, Centre d'études de documentation, d'information et d'action sociales (CEDIAS-Musée social), 5, rue Las-Cases, 75007 Paris, France.

Revues anglophones
(américaines, britanniques et canadiennes)

Clinical Social Work Journal, Human Sciences Press, 233, Spring Street, New York, NY 1013-1578, USA.

Families in Society, PO Box 6649, Syracuse, NY 13217, USA.

Family Therapy, The Journal of California Graduate School of Family Psychology, Libra Publishers, 3089 Clermont Dr., Suite 383, San Diego, CA 92117, USA.

Journal of Community Practice, Association for Community Organization and Social Administration (ACOSA), Haworth Press, 10 Alice Street, Birghampton, NY 13904 – 1580, USA.

Journal of Continuing Social Work Education, School of Social Welfare, University at Albany/State, University of New York, 135, Western Avenue, Albany, NY 12222, USA.

Journal of Marriage and the Family, National Council on Family Relations, 3989, Central Avenue, NE, Suite 550, Minniapolis, MN 5521, USA.

Journal of Family Issues, National Council on Family Relations, Sage Publications, 2455, Teller Road, Thousand Oakes, CA 91320, USA.

Journal of Strategy and Systemic Therapy, Don Efron Box 2484, Station B, London, (Ontario), N6A 4G7, Canada.

Journal of Social Work Education, Council of Social Work Education, 1744, R. Street NW, Washington, DC 20009, USA.

The British Journal of Social Work, Oxford University Press, Pinkhill House, Southfield Road, Eunsham OX 8199, England.

Social Service Review, Faculty of the Graduate School of Social Service Administration, University of Chicago, P.O. Box 37005, Chicago, Illinois 60637, USA.

Social Work, National Association of Social Workers, 7981, Eastern Avenue, Silver Spring, Maryland 20910, USA.

Social Work with Groups, Journal of Community and Clinical Practice, The Haworth Press, 10 Alice Street, Birghamton, NY 13904 – 1580, USA.

INDEX THÉMATIQUE

A

Abus sexuels, 129-130
Acceptation inconditionnelle,
    ➡ Non-directivité
Action
    – autogérée, 156-157
    – collective,
    ➡ Organisation communautaire sociale, 17-18, 73, 156, 169
Actualisation de la personne ou de soi, 91, 173
Adaptabilité, ➡ *Coping*
Adaptation, 94, 104-105, 119-120, 136-137
Avocacy, ➡ Intercession
Agents
    – de relations humaines, 35
    – salariés *(paid agents)*, 219
Aidants naturels, 40
Aide interpersonnelle, 19, 41-42, 145, 152-153
Aliénation, 131, 156-157
Alliance, 65, 142, 144
Alphabétisation, 165-166
Amitié, ➡ Camaraderie
Analyse
    – des conditions et histoire de vie, 141, 178
    – de situations, 131, 162
    – et influence de l'observateur, 137-138
Analyse transactionnelle, 175-176
Ancrage, ➡ PNL
Animation (/travailleur social), 148
Appartenance sociale, 95, 97-98
Approches (définition), 117-118
Assistance, 19, 24
    – modalités et champs, 184, 213-217, 223, 234, 238-239

Assistant(e) social(e), 33, 34, 36
Association (Associative), 44, 82-84
Assurances sociales, 19
Ateliers de travail, ➡ *Workhouses*
Aumône, ➡ Charité
Autodétermination, ➡ Autonomie
Autonomie, 96, 138, 145
Autopoïesis, 138

B

Baccalauréat, 33
Behaviorisme, 177
Bénéficiaire,
    ➡ Système-client
Bénévolat, 81, 241
Bénévoles, 39, 80-84, 168, 217-219, 238
    ➡ Visiteurs amicaux
Besoins, 80, 85, 90,92-94, 114
Bien-être social, 17-18, 21-25, 30-31
Bilan psychosocial ou social,
    ➡ Diagnostic social
Bureaux des pauvres, 223

C

Ça, 171-172
Camaraderie, 77
Capacités (de la personne), 129-130, 137-138
Capital social, 112-114, 134
    ➡ Coexistence humaine et Tissu social
Care, 32, ➡ Soin
Carte(s)
    – cognitive(s), 71

– écologique(s), 102
– familiale(s), 102, 135
– institutionnelle(s), 102
– normative(s), 71
Case Work ou *Casework*, 218
Catharsis, 172
Centre social,
➠ Résidences sociales
Champs sociaux, 88
Changement
– organisationnel, 41-42, 55, 156-157
– personnel, 54, 108-109, 116, 123 *sq.*, 132 *sq.*, 147, 150 *sq.*, 166, 171, 177, 180
– social, 31-32, 44-45, 97, 155 *sq.*, 161-162, 168
– résistance au —, 71
Charité, 126, 186, 196, 202, 204, 205, 215
Citoyenneté, 18
CFPE, 106
Client, 22, 101, 194-195
Coexistence humaine, 92-93, 113
Code de déontologie, 23, 56
Cognitif (ve)(s), 70, 177-178
Collaboration,
➠ Partenariat
Collecte
– de données, 101-102
– de fonds, 85
Collège, 33
Colonies, 187-188, 190-193
➠ Décolonisation
Commande sociale, 62, 101-102
Communauté, 160-161
Compétence, 64, 96, 131
Comportement (modification du),
➠ Behaviorisme
Concertation, 134, 158, 167
– tables de —, 167-168
Conditionnement, 177
Conditions de vie, 67-69, 127, 131, 133, 142, 160-161, 166-167
Conférence de cas,
➠ Synthèse (réunion de —)
Confréries de la charité, 202-203
Confrontation (individu ou groupe), 140, 170
Connaissances (relations), 77
Connexion (travail social), 58-60
Conscientisation, 165-166
Consommateur de services,
➠ Système-client
Constructivisme, 138
Contestation, 169-170
Contrat, 107, 128
Contrôle (lieu de), 69
Coordination, 163, 165, 167-168, 215-216, 220

Coping, 92, 94
Coprésence humaine,
➠ Coexistence
Corporation
– de métiers, 182, 185, 210
– de mendiants, 195
– de quartier, 220
COS, 215-218, 219-220
Coulissier, 144
Counseling, 134
Coureurs des bois, 192, 196
Court terme planifié, 127-128
Courtier, 142, 169
COV, 67-69
Crise
– de/des personne(s), 125-127, 210, 224
– économique, 210, 224
Croisades, 183
Croissance (modèle de), 154-155
Croyances, 84, 88-89
Cuisine collective, 165
Cure *(talking cure)*, 172
Cybernétique (lois de la), 137
Cycles
– de vie, 124-125, 137
– de violence, 130
–/besoins, 174

D

Débriefing, 127
Décolonisation, 193, 226
Demande, 60, 101-102
Dépendance, 92-93, 96-99, 110-111, 215-218, 235, 241
Déportation, 188, 192, 197, 203
Dépression (Grande), 224, 231
Désaffiliation, 228
Désastre, 126-127
Désinsertion, 228
Dévalorisation, 100, 228
Développement
– de la personne, 113-137, 152-154, 171-172, 174
– de l'environnement, 117, 163-164
– des communautés, 163-166, 169, 171
➠ *Empowerment*
Diagnostic social, 104-105, 109
Diplôme d'études collégiales, 33
Diplôme d'État d'assistant social, 33
Dispositif(s) d'intervention, 18, 26-27, 30, 39, 97
Dispositions individuelles, 70, 134
Disqualification, 228
Double contrainte/lien, 136

Droits de l'homme et du citoyen, 189-190, 228
DSM IV, 106-107

E

Échelles d'évaluation, 109
Économie
  – marchande, 79-81
  – sociale, 81-82
Ego, 171
  ➡ Moi
Empathie, 156
Empowerment, 44, 131-134
Endogènes (Logiques), 69-72, 102
Enfants trouvés, 183, 206, 208
Enfermement, 181, 184, 196, 198, 209, 213, 215
Enjeux, 72
Enquête sociale, 102, 201, 213, 216-220
Entraide, 85, 155, 168-169
Environnement
  – familial, 77, 135-140
  – global, 30-42, 58-60, 64, 66-67, 70, 74, 153, 161
  – physique, 73
  – social, 73-87, 128-129, 141-144, 156-162, 169-170
  ➡ *Holding environment*
Équifinalité, 137
Esclave, esclavage, 188, 190, 206
Estime de soi, 94, 98
État-Providence, 18
Ethnocentrisme, 88
Étude sociale ou étude de cas, 102
Évaluation, 104, 108-109
Evidence-Based Practice, 66
Exclusion, 99-100, 228-229, 233
Exo-système, 75, 79, 86
Être (Modalités d'), 92-93
Existence (Conditions d'), 67-68, 72, 92-93
Exonération, 140
Expérience (Savoirs d'), 152-153
Expert, 64-66, 73, 104-105, 133-135, 154-155, 167-169
Exploitation, 142, 156

F

Fable des aveugles et de l'éléphant, 104
Faire face, ➡ *Coping*
Famille, 66-67, 72-76, 136-140
Feedback, 136
Féministe (Approche), 129-130
Fonctionnement
  – modes de —, 134
  – organisationnel, 157, 163
  – schémas de —, 117
  – social, 89-93, 123, 127-128, 145, 148, 154
Formation en travail social, 48
Friendly visitors, ➡ Visiteurs amicaux

G

Galériens (Œuvre des…), 203
Génogramme, 102
Gestalt, 174-175
Groupe(s)
  – définition, 146
  – d'appartenance, 66-67, 76-88, 96-99
  – d'entraide, de soutien, 82-86, 155-156
  – service social des —, 116, 145-158

H

Habitus culturel, 70
Holding environment, 110-114
Homéostasie, 137
Hygiène, 213, 220, 229-230, 232

I

Id, ➡ Ça
ICD-9, 107
Identité, 62, 77, 91, 93, 94, 98
Idéologie(s)
  – du professionnel, 62, 105-106, 138
  – des personnes, 87-89
Incompétence, 98-100
Industrialisation,
  ➡ Révolution industrielle
Infériorisation, 100
Infirmière, 214, 222, 229, 234
Influence, 63-64
Input, 136, 201
Intégration, 97, 212-213, 227, 229
Interaction latérale, 137
Intercession, 129, 143-144
Interdépendance, 85, 92, 94
Intérêts
  – des personnes, 71-72, 142-144, 146, 156, 160-161, 165-168
  – groupes d' —, 85-86
Interférence du travail social, 59
Intervention
  – définition, 34, 170
  – auprès des personnes, 119-145
  – auprès des groupes, 145-158
  – communautaire, 158-170
  – psychothérapies, 171-179
  – sociale, 60-66
Investigation, 102, 216, 218, 235, 238

K-L

Krach boursier de 1929, 224
Leadership, 133, 156-157
Legs, 140
Libido, 172
Liens
– communautaires, 159-160, 168-169
– de loyauté, 140
– entre personnes, 66-67, 178
– sociaux, 59, 94-97, 120, 164, 179
Lobbying, 86
Logiques endogènes, ➠ Endogènes
Loyalistes, 193
Loyauté familiale, 139-140

M

Macro-système, 87-88
Management, 167
Mandat
– institutionnel, 60
– judiciaire, 62, 102
Manipulation environnementale, 129
Médiation
– du travailleur social, 120, 124, 129, 159
– familiale, 141
Mendiants, 184, 194-202, 208
➠ Pauvres
Mendier (/législation), 196, 197
Mère suffisamment bonne,
➠ *Holding environment*
Méthodes en travail social (généralités), 30, 115-118
Méthodologie du service social, 100-109
– selon Mary Richmond, 121
Micro-politique, 76
Micro-système, 75-76
Modalités d'existence ou d'être, 92-93
– de présence auprès du système-client, 111-112
Mode analogique/digital, 136
Mode(s) de vie, 72-73
Modèles de pratique, ➠ Approches
Moi, 171-172
Mondialisation des marchés, 227
Motivation, 125, 170
MST, 155

N

Négociation, 120, 141-143
Néo-culturel (/changement social), 31
New Deal, 231, 237
Non-directivité, 173-174
Noosphère, 88

O

O.K. ➠ Positions de vie
Offre de service, 62, 102
ONU (formation en service social), 230
Opportunité(s), 125, 131, 151
Oppression, opprimés, 129-131, 142, 156-157, 165-166
Organisation (Niveaux d'), 75
Organisations (à orientation sociale), 73, 75, 78-79, 82-86, 113
Organismes communautaires, 82, 84, 86
Orientation (sensorimotrice), ➠ VAKO
Origine des problèmes sociaux (conceptions), 105
Output, 136

P

Paradigme
– définition, 57-58
– du travail social, 58-61
Partenariat, 63-65, 142, 167-169
Participation, 64, 78, 85, 97-98
Pauvre(s), Pauvreté, 181-187, 194-221, 241
– involontaires/volontaires, 183-184
– invalides, 196, 201, 212
– méritants/non méritants, 194, 197
– valides, 196-198, 201-202, 212-213
PCM, 168
Permanence (de la famille), 137
Personnalité
–/l'approche psychosociale, 123-124
–/Mary Richmond, 120-121
–/théories du développement, 171-172
Personne
– conceptions de la —, 66-67
–/environnement, 94-100
➠ Capacités de la —
Personne-en-situation, 53
Persuasion, 64, 134, 167, 170
➠ Influencer
Phase(s)
– de développement individuel, 171-172
– du développement d'un groupe, 146
–/intervention sociale, 100-101, 148
PIE, 106
Plan Beveridge, 227
Plan Marshall, 225
PSI, 108
Planning social, 127-128, 167-168
PNL, 179
Positions de vie, 175
Post-empowerment (pratique), 156
Précession, 137

Prescription (traitement social), 139
Pression (s), 91-92, 101-102, 156-157, 169-170
– (groupe de), 85-86
Prise en charge, 108, 168-169
Processus
– définitions, 65, 101
– d'intégration/exclusion, 91-97, 98-100, 227-229
– /résolution de problème, 100-101, 120, 124-125, 131-134, 141-142
– /phases d'intervention, 122, 148 *sq.*, 162-163
Professionnels de l'aide, 29
Programmation neurolinguistique, 179
Protection sociale (triangle de la), 26
Protocoles d'intervention, 66, 108-109
PSI, 107-108
Psychanalyse, 171-173

R

Rationalité contextuelle de l'acteur, 71
Réadaptation, 153-154
Réalisation de soi, 94, 147
Réalité
– lecture de la, 71
– thérapie de la, 178-179
Réciprocité, 78, 85, 97, 98, 112, 113, 155-156
Références théoriques
– définition, 119
– tableau de synthèse, 118
Référents, ➠ Protocoles
Regroupement (de personnes), 75, 82-84, 160
Représentations sociales, 69, 70, 98
Réseau (x)
– intervention de —, 60, 140-141
– sociaux, 64, 73-86, 89-100, 102, 112-113, 127, 129, 132, 153, 169, 216
Réseaugramme, 135
Résidences sociales, 215, 221-223
Résilience, 131-132
Résolution de problème, 124-125
Rétablissement *(Recovery)*, 132
Retribalisation, 140
Réunion de synthèse, 158
RMI, 231
Révolution
– française, 190
– industrielle, 181, 209-211, 218, 224
– informatique, 227-229

S

Salaire, salariat, 191, 210, 217, 223-224, 227
– bas salaires, 212-213, 220

Savoir(s)
– professionnel, 65-66, 104
– des personnes, 70, 82, 96, 152-153, 164, 233
Savoir-faire
– du professionnel, 62, 118, 179, 238, 241, 325
– des personnes, 133-134, 156-157, 169-170
Sectes, 84
Secteur, (économie sociale), 81-82
Sécurité physique, 93-94
Sens (théorie du), 69, 71
Settlements, 145, 158, 215-218, 222, 235-242
➠ Résidences sociales
Sida, 226-227
Sociosphère, 102-103
Soin (Prendre — de), 32, 90
Solidarité, 17-21, 25-26, 112-115, 117, 132, 153, 159
Soutien, 67, 82-87, 91, 97, 111-114, 123-148, 155-162, 169-170
Sphère
– associative, 82-87
– privée, 76, 79-80
– publique, 79
Stratégie
– d'adaptation, 126, 127
– de demande, 142
– d'intervention, 117, 122, 135, 144, 163, 170, 178
Structure
– administrative, 86
– /type, 75
Supervision, 158, 167, 238
Surmoi, 171-172
Synthèse (réunion de —), 158
Système-client, 66-72, 101-102, 105-109, 111, 126, 129, 134, 138
Systémique (Approche), 136-138

T

Territoire (latéral, vertical), 76
Théologie de la libération, 200
Théories (psychologiques), 171-180
Thérapie, 134-135, 173-179
Tiers (Intervenant comme — inclus), 138
Tiers secteur,
➠ Économie sociale
Tissu social, 58-59, 113
Transactionnelle (analyse), 175-176
Transactions, 57, 58, 73-78, 89-100, 105
Transformation
– de la famille, 137
Travail forcé,
➠ *Workhouses*

Travailleur(s) social (aux), 34-37, 59-66, 101-113, 119-169, 237-239

U

Urgence, ➠ Crise
Usager, ➠ Système-client

V

VAKO, 179
Valeurs,
➠ Croyances et Idéologies

Verbalisation,
➠ Débriefing
Vie,
➠ Communauté, Conditions de —,
– COV, Positions de —,
Violence conjugale et familiale, 129-130
Visiteurs amicaux, 217, 219, 238
Voisinage, 76-77

W

Welfare, 17-27, 30-31
Work to —, Workfare, 24
Workhouses, 198, 211, 213, 215, 217

INDEX DES NOMS PROPRES CITÉS

Addams, Jane, 158, 221, 236-237, 239, 242
Anna O., ➡ Oppenheim Bertha

Barnett, Henrietta O., 215, 218-219
Barnett, Samuel A., 215, 218-219, 221
Bassot, Marie-Jeanne, 222-223, 234, 242
Bérulle, Pierre de, 207
Bouglé, Célestin, 17
Bourget Mgr, 223
Bouvier, Émile, 240
Bowers, Swithun, 40, 51
Breuer, Joseph, 172
Brunschvicg, Cécile, 234
Butillard, Andrée, 234

Chalmers, Thomas, 215-216
Chauncey, Alexander, 54
Coyle, Grace L., 149

Denault, Hayda, 240
Desmarais, Lucien, 240
Diemer, Marie, 234
Doumergue, Paul, 234

Fourier, Charles, 17

Gagné, Jacques, 240
Gahéry, Marie, 221-223
Girault, Mathilde, 222-223
Gondi, famille, 203
Gonzague, Marie de, 204
Gourlet, Apolline de, 222-223
Guillemette, A.-M., 240
Gurteen, Humphrey S., 219

Hamilton, Gordon, 51
Hill, Octavia, 218, 235, 242
Hobbes, Thomas, 189
Hollis, Florence, 53

Jackson, Don, 135
Jarrett Mary, 50
Johnson, Lyndon Baines, 231

Kennedy, John Fitzgerald, 231

Lambton, John G., lord Durham, 210-211
Las Casas, Bartolomé de, 199-200, 242
Laval François de Montmorency, 208
Le Fer de La Motte, Mercédès, 222
Léon XIII, 224
Leroux, Pierre, 17
Lévesque, Georges-Henri, 240
Lincoln, Abraham, 190
Loch, Charles Stewart, 17, 218
Locke, John, 189
Lowen, Alexander, 176

Maistre, Joseph de, 17
Marillac, Louise de, 203, 205-206, 242
Marshall, George Catlett, 225
Montesquieu, 15, 189
Montmorency, Charlotte de, 204
Montmort, Nicole de, 234
Naseau, Marguerite, 205
Nixon, Richard, 231

O'Grady Mgr, 50
Oppenheim, Bertha, 172-173
Ozanam, Frédéric, 215

Perls, Frédéric, 174
Poulin, Gonzalve, 240

Reynolds, Bertha, 52
Richmond, Mary, 29, 38, 50, 57, 64, 120-122, 220, 235-236, 239, 242
Roosevelt, Franklin D., 231
Rousseau, Jean-Jacques, 189
Routier, Marie, 234

Sales, François de, 207
Sand, René, 39, 50, 120

Satir, Virginia, 135
Sellier, Henri, 230
Starr, Ellen Gates, 236

Taft, Julia, 50
Truman, Harry, 225

Vignerod, Marie de, 204
Vincent de Paul, 20 *sq.*, 242
Violet, Madame, 234
Violet, Jean, 234
Vives, Juan Luis, 200-201, 242

LISTE DES SIGLES

Organismes et associations

AA	Alcooliques anonymes
ADSP	Agence de développement des services de proximité
AICP	Association of Improving the Conditions of the Poor
AIETS	Association internationale des écoles de travail social
ANAS	Assocation nationale des assistants sociaux
APA	American Psychological Association
APEC	Association pour l'emploi des cadres
APS	American Psychiatric Association
BASW	British Association of Social Workers
BIT	Bureau international du travail
CAF	Caisse d'allocations familiales
CAPAQ	Centre pour l'avancement des associations du Québec
CCDS	Conseil canadien de développement social
CEDIAS	Centre d'études, de documentation, d'information et d'action sociales
CEPAQ	Centre d'études politiques et administratives du Québec
CFSSAS	Comité français de service social et d'action sociale
CIAS	Centre intercommunal d'action sociale
CLSC	Centre local de services communautaires
CNAM	Conservatoire national des arts et métiers
CNESS	Comité national des écoles de service social de France
COS	Charity Organization Societies
CPAS	Centre public d'aide sociale
CPEJ	Centre de protection de l'enfance et de la jeunesse
CREDHESS	Centre de recherche et d'étude des hautes études en sciences sociales
CREDOC	Centre de recherche pour l'étude et l'observation des conditions de vie
CSWE	Council on Social Work Education
CSTS	Conseil supérieur du travail social
DPJ	Direction de la protection de la jeunesse
ECA	Economic Cooperation Administration

FIAS	Fédération internationale des assistants sociaux, *voir FITS*
FISW	Family and Individual Support Worker
FITS	Fédération internationale des travailleurs sociaux, *voir FIAS*
FSAA	Family Service Assocation of America
GERIS	Groupe d'étude et de recherche en intervention sociale
IASSW	International Association of Schools of Social Work
ICSW	International Council on Social Work
IFDEC	Institut de formation en développement économique communautaire
IFS	Institut de formation sociale
IFSW	International Federation of Social Workers
IGAS	Inspection générale des affaires sociales
INRA	Institut national de la recherche agronomique
INTS	Institut national de travail social
IQRC	Institut québécois de recherche sur la culture
IRTS	Institut régional de travail social
MASCF	Ministère des affaires sociales et de la condition féminine
NASW	National Association of Social Workers
OCDE	Organisation de coopération et de développement économiques
OPTSQ	Ordre professionnel des travailleurs sociaux du Québec
PJJ	Protection judiciaire de la jeunesse
RCRPP	Réseaux canadiens de recherche en politiques publiques
SIRIM	Société internationale de recherche interdisciplinaire sur la maladie

Divers

ARH	Agent de relations humaines
ASBL	Association sans but lucratif
CEGEP	Collège d'enseignement général et professionnel
CESF	Conseiller en économie sociale et familiale
CFPE	Classification du fonctionnement de la personne dans son environnement
CHSLD	Centre hospitalier de soins de longue durée
CLI	Comité local d'insertion
CLSC	Centre local de services communautaires
COS	Charity Organization Society
COV	Conditions objectives de vie
DEC	Diplôme d'études collégiales
DSM	Diagnostic and Statistical Manuel
ICD	International Classification of Disease
MST	Maladie sexuellement transmissible
PCM	Prise en charge par le milieu
PIE	Person-in-Environment
PNL	Programmation neurolinguistique
PSI	Plan de service individualisé
RMI	Revenu minimum garanti
SDF	Sans domicile fixe

LISTE DES FIGURES

1.1 : Le triangle de la protection sociale, 26
3.1 : Paradigme du travail social, 61
3.2 : Activités et rôles des travailleurs sociaux dans les transactions personne-environnement, 63
3.3 : L'environnement physique et social, 74
3.4 : Système politique et structure administrative en France et au Québec, 86
3.5 : Exemples de fédérations d'organisations sociales en France, au Québec et au Canada, 87
3.6 : Valeurs et croyances des Blancs aux États-Unis, 89
3.7 : Construits liés au concept de « Prendre soin » ou « Se préoccuper de » *(Care)* dans différentes cultures, 90
3.8 : Effets des transactions personne-environnement, 95
3.9 : La sociosphère, 103
3.10 : Le rationnel de l'intervention, 108
4.1 : L'intervention sociale, système-clients et niveaux d'action, 116
4.2 : Méthodes et approches du service social : transactions personne-environnement, 118
5.1 : Accession à l'indépendance des pays colonisés, 226

TABLE DES MATIÈRES

Préface *par Cristina De Robertis* 7

Avant-propos 11

1. Le bien-être social / L'action sociale 17

   1.1. Définition.. 17

   1.2. Bien-être social et arrangements sociétaux.. 18

      1.2.1. L'aide naturelle 19

      1.2.2. La charité et la philanthropie 19

      1.2.3. L'aide mutuelle 19

      1.2.4. L'assistance publique 19

      1.2.5. Les assurances sociales 20

      1.2.6. Les services sociaux 20

   1.3. Les finalités du bien-être social 21

      1.3.1. Des actions à dimension promotionnelle 21

      1.3.2. Des actions à dimension assistantielle 21

   1.4. Les établissements et les professionnels du bien-être social........................... 22

   1.5. Les conceptions du bien-être social 23

      1.5.1. La conception résiduelle... 23

      1.5.2. La conception institutionnelle.. 24

      1.5.3. La conception pluraliste.. 25

         1.5.3.1. Le principe de subsidiarité 25

         1.5.3.2. L'insertion sociale 26

         1.5.3.3. Le triangle de la protection sociale...................................... 26

2. Le service social, une profession du bien-être social et de l'action sociale 29

   2.1. Le service social et les professions d'aide.. 29

   2.2. Le service social et le bien-être social / l'action sociale 30

   2.3. Le service social et le changement social 31

   2.4. Les missions du service social 32

   2.5. Questions de terminologie.. 32

      2.5.1. Les systèmes scolaires en France et au Québec 33

      2.5.2. La dénomination du service social et des professionnels du service social.. 33

2.5.2.1. Service social / travail social / intervention sociale 33
2.5.2.2. Travailleurs sociaux / assistants sociaux 34
2.6. Définitions du service social / travail social.. 37
   2.6.1. Les définitions de la période 1915-1945 38
   2.6.2. Les définitions de la période 1950-2000 39
2.7. Une définition internationale du service social 44

Annexes

Annexe 1 : L'organisation des enseignements en France............................... 46
Annexe 2 : L'organisation des enseignements au Québec.............................. 47
Annexe 3 : Comparatif des cursus scolaires français et québécois 48
Annexe 4 : Diplômes français en travail social. Classement par niveau d'homo-
          logation 49
Annexe 5 : Définitions du service social par ordre chronologique 50

3. Le paradigme du travail social. Interférences et connexions dans le tissu social. 57
3.1. Le paradigme 57
   3.1.1. Le concept de paradigme.. 57
   3.1.2. Le paradigme du travail social.. 58
      3.1.2.1. Les interférences 59
      3.1.2.2. Les connexions 59
3.2. Les éléments constitutifs du paradigme 60
   3.2.1. L'établissement : une organisation sociale 60
   3.2.2. Le travailleur social : activités et rôles 62
   3.2.3. L'intervention sociale 63
   3.2.4. Le système-client : personne ou groupe 66
      3.2.4.1. Les conditions objectives de vie 67
      3.2.4.2. Les logiques endogènes 69
   3.2.5. L'environnement 73
      3.2.5.1. L'environnement physique 73
      3.2.5.2. L'environnement social et les réseaux sociaux.................... 73
      3.2.5.3. L'environnement micro-système : les réseaux primaires.............. 76
      3.2.5.4. L'environnement méso-système : les réseaux secondaires............. 78
      3.2.5.5. L'environnement exo-système : les systèmes politiques 86
      3.2.5.6. L'environnement macro-système : les systèmes idéologiques........ 87
      3.2.5.7. Les champs sociaux 88
3.3. Le fonctionnement social et les modalités d'existence............................. 89
   3.3.1. Effets des transactions personne-environnement physique en regard des
      besoins de la personne 93
      3.3.1.1. La sécurité et la protection 93
      3.3.1.2. Les contacts sociaux 94
      3.3.1.3. L'identité et l'estime de soi 94
      3.3.1.4. La réalisation de soi 94
   3.3.2. Effets des transactions personne-environnement social en regard de l'adap-
      tation sociale.. 94
      3.3.2.1. Les transactions positives et leurs effets 96
      3.3.2.2. Les transactions négatives et leurs effets 98
3.4. La méthodologie de l'intervention sociale.. 100
   3.4.1. La phase initiale : la position du problème 101
      3.4.1.1. Première étape : la demande/commande 101
      3.4.1.2. Deuxième étape : l'exploration de la situation 102
      3.4.1.3. Troisième étape : la problématique sociale ou le diagnostic social. 104
   3.4.2. La phase intermédiaire : l'élaboration d'un plan et son exécution 107
   3.4.3. La phase terminale : l'évaluation des résultats et la fin de l'intervention 108
      3.4.3.1. L'évaluation des effets des interventions 108
      3.4.3.2. La fin de l'intervention 109
3.5. L'environnement facilitant ou le *holding environment*................................ 110
   3.5.1. Origine et définition 110

3.5.2. Le *holding* ou le maintien 110
3.5.3. L'environnement suffisamment bon.. 111
3.6. Le capital social 112

4. Méthodes et approches du service social.. 115
4.1. Le service social personnel 119
4.1.1. Les approches axées sur la personne... 123
4.1.1.1. L'approche psychosociale.. 123
4.1.1.2. L'approche fonctionnelle 124
4.1.1.3. La résolution de problème 124
4.1.1.4. La crise 125
4.1.1.5. Le court terme planifié 127
4.1.1.6. L'approche écologique.. 128
4.1.1.7. L'approche féministe... 129
4.1.1.8. L'*empowerment*... 131
4.1.1.9. L'approche centrée sur les solutions 134
4.1.2. Les approches axées sur les transactions familiales.................... 135
4.1.2.1. L'approche systémique.. 136
4.1.2.2. L'approche structurale.. 138
4.1.2.3. L'approche stratégique 139
4.1.2.4. L'approche intergénérationnelle 139
4.1.2.5. L'intervention de réseau 140
4.1.2.6. La médiation familiale.. 141
4.1.3. Les approches axées sur l'environnement 141
4.1.3.1. L'approche structurelle... 141
4.1.3.2. La négociation sociale 142
4.1.3.3. L'intercession sociale 143
4.2. Le service social des groupes... 145
4.2.1. Les approches axées sur le groupe lui-même.............................. 153
4.2.1.1. La réadaptation... 153
4.2.1.2. L'éducation 154
4.2.2. Les approches axées sur les transactions interpersonnelles 155
4.2.2.1. Le soutien social 155
4.2.3. Les approches axées sur l'environnement 156
4.2.3.1. L'action autogérée.. 156
4.2.3.2. Le fonctionnement organisationnel 157
4.3. L'organisation communautaire.. 158
4.3.1. Les approches axées sur la communauté...................................... 164
4.3.1.1. Le développement local... 164
4.3.1.2. La conscientisation 165
4.3.2. Les approches axées sur les transactions sociétales 167
4.3.2.1. Le planning social... 167
4.3.2.2. L'approche communautaire 168
4.3.3. Les approches axées sur l'environnement.................................... 169
4.3.3.1. L'intervention communautaire 169
4.4. Les références théoriques.. 171
4.4.1. Les théories d'orientation analytique... 171
4.4.2. Les théories d'orientation existentielle-humaniste 173
4.2.2.1. La non-directivité.. 173
4.2.2.2. La *gestalt* 174
4.2.2.3. L'analyse transactionnelle 175
4.2.2.4. La bioénergie.. 176
4.4.3. Les théories d'orientation cognitive... 177
4.4.3.1. Le behaviorisme 177
4.4.3.2. La thérapie cognitive-rationnelle-émotive 177
4.4.3.3. La thérapie de la réalité.. 178
4.4.3.4. La programmation neurolinguistique 179
Conclusion.. 179

5. Origines et histoire du service social 181

   5.1. La période médiévale : du xe siècle au xve siècle (900-1499) 182

      5.1.1. La société en Europe et en France 182

      5.1.2. Les assistés en Europe et en France 183

      5.1.3. Les services en Europe et en France 184

      5.1.4. Les instances en Europe et en France 185

   5.2. La période moderne : du xvie siècle au xviiie siècle (1500-1799) 186

      5.2.1. La société 186

         5.2.1.1. L'Europe et la France 186

         5.2.1.2. Le Canada sous le régime français (1608-1763) 190

         5.2.1.3. Le Canada sous le régime anglais (1763-1791) 193

      5.2.2. Les assistés 194

         5.2.2.1. L'Europe et la France 194

         5.2.2.2. Le Canada sous le régime français (1608-1763) 195

         5.2.2.3. Le Canada sous le régime anglais (1763-1791) 196

      5.2.3. Les services 196

         5.2.3.1. L'Europe et la France 196

         5.2.3.2. Le Canada sous le régime français 198

         5.2.3.3. Le Canada sous le régime anglais 199

      5.2.4. Les instances 199

         5.2.4.1. L'Europe et la France 199

         5.2.4.2. Le Canada sous le régime français 208

         5.2.4.3. Le Canada sous le régime anglais 209

   5.3. La période de la révolution industrielle : le xixe siècle (1800-1899) 209

      5.3.1. La société 209

         5.3.1.1. L'Europe et la France 209

         5.3.1.2. Le Québec 210

      5.3.2. Les assistés 211

         5.3.2.1. L'Europe et la France 211

         5.3.2.2. Le Québec 212

      5.3.3. Les services 212

         5.3.3.1. L'Europe et la France 212

         5.3.3.2. Le Québec 214

      5.3.4. Les instances 214

         5.3.4.1. L'Europe et les États-Unis 214

         5.3.4.2. Le Québec 223

   5.4. La période contemporaine : le xxe siècle (1900-2000) 223

      5.4.1. La société en Europe et en Amérique du Nord 223

      5.4.2. Les assistés en Europe et en Amérique du Nord 227

      5.4.3. Les services 228

         5.3.4.1. La France 229

         5.3.4.2. Les États-Unis 231

         5.3.4.3. Le Québec 232

      5.4.4. Les instances 233

         5.4.4.1. L'Europe et la France 233

         5.4.4.2. Les États-Unis 234

         5.4.4.3. Le Québec 240

   Conclusion.. 240

Conclusion générale.. 243

Bibliographie 245

Liste des périodiques spécialisés 278

Index thématique 281

Index des noms propres cités.. 287

Liste des sigles 289

Liste des figures 291

POLITIQUES *ET* INTERVENTIONS *SOCIALES*

Collection dirigée par
Cristina De Robertis, Éliane Leplay et Henri Pascal

La collection Politiques et interventions sociales *se propose de favoriser la transmission des savoirs professionnels du travail social et la diffusion d'informations sur les politiques sociales. Conçue comme un instrument de formation permanente pour les professionnels du travail social, les décideurs et tous les acteurs du secteur social, elle vise également à contribuer à l'élaboration de nouveaux savoirs dans ce domaine.*

TRAVAIL SOCIAL ET DROITS DE L'ENFANT
FITS, ANAS.

LES PIONNIÈRES DU TRAVAIL SOCIAL AUPRÈS DES ÉTRANGERS
Lucienne Chibrac – *Préface de Nicole Questiaux*

L'AVÈNEMENT DU DÉPARTEMENT PROVIDENCE
Nathalie Blanchard

INTERVENIR AU DOMICILE
Elian Djaoui

LES MÉTHODES NOUVELLES D'ASSISTANCE – LE SERVICE SOCIAL DES CAS INDIVIDUELS
Mary E. Richmond – Traduit de l'américain par P. de Chary et R. Sand – *Préface de Brigitte Bouquet*

ÉVALUER UNE ACTION SOCIALE
Pascal Lievre

LA LUTTE CONTRE L'EXCLUSION – UNE LOI, DES AVANCÉES, DE NOUVEAUX DÉFIS
Rina Dupriet, Jacques Ladsous, Dominique Leroux, Michel Thierry

L'INTERVENTION SOCIALE D'AIDE À LA PERSONNE
Conseil supérieur du travail social – *Avant-propos de Philippe Cholet*

INTRODUCTION À L'EUROPE SOCIALE
Annick Mallet, Marie-Cécile Milliat – *Préface de Jean-Baptiste de Foucauld*

LES ACCOMPAGNER JUSQU'AU BOUT DU CHEMIN – L'ACCUEIL DES PERSONNES HANDICAPÉES MENTALES VIEILLISSANTES
Fondation de France

DROITS DE L'HOMME ET TRAVAIL SOCIAL
FIAS, ANAS – *Préface de Guy Aurenche*

Manuels

GUIDE DE L'ÉPREUVE DE SITUATION SOCIALE
John Ward (dir.)

MANUEL D'INITIATION À LA RECHERCHE EN TRAVAIL SOCIAL – CONSTRUIRE UN MÉMOIRE PROFESSIONNEL
Pascal Lievre (dir.) – *Préface de J.-M. Barbier, professeur au CNAM*

Maquette couverture : V. Hélye
Mise en page : ennoïa, Rennes
Achevé d'imprimer sur les presses de
l'imprimerie Darantiere à Dijon-Quetigny
en juillet 2010

Dépôt légal : juin 2005
N° d'impression : 10-0926

IMPRIMÉ EN FRANCE